Ralf Siegel

Programmierhandbuch
ActionScript

Leitfaden für die Programmierung
von Flash MX-Anwendungen

Ralf Siegel

Programmierhandbuch
ActionScript

Leitfaden für die Programmierung von Flash MX-Anwendungen

HANSER

Der Autor:
Ralf Siegel, Dresden

Bibliografische Information Der Deutschen Bibliothek
Die Deutsche Bibliothek verzeichnet diese Publikation in der Deutschen Nationalbibliografie; detaillierte bibliografische Daten sind im Internet über <http://dnb.ddb.de> abrufbar.

© 2002 Carl Hanser Verlag München Wien
Gesamtlektorat: Sieglinde Schärl
Copy-editing: Manfred Sommer, München
Herstellung: Monika Kraus
Datenbelichtung, Druck und Bindung: Kösel, Kempten
Printed in Germany

ISBN 3-446-22116-6

www.hanser.de

Inhalt

Vorwort

ActionScript hat eine schwere Last zu tragen: *Flash*. Jenen proprietären bunten Sack also, der bei zappenden Zeitgenossen für leichte Kost und Pausenunterhaltung steht, den angeblich jeder aufmachen kann und der bei umstrittenen Druiden aus Übersee für hochgezogene Augenbrauen sorgt. Wäre die Sprache unter einem anderen Stern geboren, würde selbst der verbitterte Nachbar von nebenan zugeben müssen, dass der Sprössling mittlerweile kräftig zubeißen kann und gefordert werden will. *Macromedia* treibt die Technologie dazu weiter voran und hat dieses Jahr zum großen Rundumschlag auf breiter Linie ausgeholt: *Flash MX*, *Flash Remoting* und *Flash Communication Server MX* werden in den nächsten Monaten beweisen müssen, ob sie in der Lage sind, die Vision der neuen *Rich Clients and Next-Generation Internet Applications*[1] in die Welt zu tragen. Einige Wagemutige sehen im *Flash Player* sogar schon die Ablösung des konventionellen *Browsers* nahen: klein, leistungsstark und plattformübergreifend. Wie auch immer sich die Dinge in Zukunft entwickeln werden, eines steht schon heute fest – wer professionelle Flash-Anwendungen erstellen will, benötigt, neben einem breitgefächerten Wissen um die neusten Internet-Technologien, vor allem auch solide Programmierkenntnisse. Ein kurzlebiges Taschenbuch wird niemals einen langwierigen Lernprozess ersetzen – dennoch hoffe ich, Sie auf diesem steinigen Weg ein Stück begleiten, und, Sie für die Sprache *ActionScript* begeistern zu können. Betrachten Sie in diesem Sinne alle Beispiele und Skripte als Anregung für eigene Lösungen. Herunterladen können Sie diese unter der folgenden Adresse:

http://www.asnative.de

Respekt und Dankeschön gehen an *Klaus Grotz* (Buch-Poster), *Sieglinde Schärl* und *Monika Kraus* (Hanser Verlag), *Manfred Sommer* (Copy-editing), sowie Chattyfig's *Flashcoders* Liste, ohne die dieses Buch mit Sicherheit ein anderes wäre.

Ralf Siegel

Dresden, im August 2002

---

[1] *http://www.macromedia.com/software/mx/info/rich_client.html*

1

Die etwas andere Einführung

1 Die etwas andere Einführung

1.1 Aufwärmphase

Programmieren in Flash scheint an sich eine dankbare Aufgabe zu sein. Während sich die lieben Kollegen aus der Grafik-Ecke noch darüber streiten, ob denn die gepunktete Linie nun ein Pixel nach links oder rechts verschoben werden soll, muss der Programmierteil halt „einfach" funktionieren, nicht mehr und nicht weniger. Das ist auf der einen Seite ganz schön, denn man hat ein klar definiertes Ziel vor Augen, auf der anderen Seite gibt es gerade in ActionScript hinsichtlich Struktur und Performance immer noch etwas zu verbessern. Und ob Sie es glauben oder nicht – der geschriebene Programmcode hat neben dem funktionalen immer auch einen nicht zu verachtenden ästhetischen Aspekt.

1.1.1 Trockenübungen: Was ist ein Programm?

Halten wir uns am Anfang doch noch einmal kurz vor Augen, was denn ein Progamm eigentlich darstellt. Und tatsächlich begegnet uns eine Vielzahl von Programmen auch im täglichen Leben. Ein einfaches Waschmaschinen-Programm könnte zum Beispiel folgendermaßen aussehen:

Listing 1.1 Waschmaschinen-Programm

```
Wasser einfüllen
Waschen
Spülen
Schleudern
```

Wir haben es also hier mit einer Reihe von Tätigkeiten zu tun, die die Waschmaschine für uns ausführen soll, und zwar genau in dieser Reihenfolge, von oben nach unten. Diese *Schritt-für Schritt-Ausführung* kann man auch ins Fachchinesisch übersetzen, wo man dann von einer *sequentiellen Ausführung* spricht – für viele eine fast selbstverständliche Art der Ausführung. Allerdings haben wir damit schon das erste Problem am Hals, denn mit diesem Programm können wir zum Beispiel nicht zwischen Kochwäsche, Buntwäsche und anderer Wäsche unterscheiden, was uns einigen Ärger einbringen dürfte. Die Lösung könnte aber wie folgt aussehen.

Listing 1.2 Waschmaschinen-Programm mit einer bedingten Ausführung

```
Wasser einfüllen
Wenn der Drehschalter auf Kochwäsche steht,
  dann erhitze das Wasser auf 90 Grad,
ansonsten : wenn der Drehschalter auf Buntwäsche steht,
  dann erhitze das Wasser auf 40 Grad,
ansonsten erwärme das Wasser auf 30 Grad.
Waschen
Spülen
Schleudern
```

Das Wasser wird also entsprechend der Schalterstellung erhitzt, sehr elegant oder? Man spricht hier auch von einer *bedingten Ausführung*, einem wichtigen Baustein bei der Erstellung von Progammen, der Ihnen später in ActionScript in Gestalt der *if-else* und *switch*-Strukturen wiederbegegnen wird.

Ein anderer überaus praktischer Baustein drängt sich auf, wenn wir uns überlegen, dass der Vorgang des Spülens ja in Wirklichkeit aus mehreren kleinen Schritten besteht. Nun stellen Sie sich vor, wie unübersichtlich unser Waschmaschinen-Programm sein würde, wollten wir die Wäsche dreimal spülen. Zum Glück lassen sich diese einzelnen Schritte kompakt in einem so genannten *Unterprogramm* zusammenfassen.

Listing 1.3 Unterprogramm Spülen

```
Unterprogramm Spülen
{
  Pumpe frisches Wasser ein
  Lass die Trommel drei Minuten nach links drehen
  Lass die Trommel drei Minuten nach rechts drehen
  Pumpe die Lauge ab
}
```

Auf diese Wiese behält man den Überblick und – was noch viel besser ist – das Ganze lässt sich jederzeit bequem aufrufen, natürlich auch mehrmals hintereinander. *Unterprogramme* in Action-Script werden übrigens als *Funktionen* bezeichnet.

Als Letztes unserer doch recht feuchten Trockenübung noch ein Baustein, den Sie unbedingt kennen sollten, da dieser als so genannte *Schleife* in fast allen Programmen wiederzufinden ist. Der Hintergund: Es wird eine Tätigkeit solange immer wieder ausgeführt, bis etwas eintritt, womit wir zufrieden sind. Zum Beispiel soll so lange geschleudert werden, bis kein Wasser mehr aus der Wäsche tropft. In ActionScript können Sie später die verschiedensten Arten von Schleifen realisieren: *for, for-in, while* und *do-while*-Schleifen. All das werden wir noch ausführlich in die Mangel nehmen.

Halten wir aber hier erst einmal allgemein fest: Ein Programm ist eine Folge von Anweisungen, um eine bestimmte Aufgabe zu erledigen, zum Beispiel eben Wäsche waschen. Diese Anweisungen werden dann in einer Sprache formuliert, die man als *Programmiersprache* bezeichnet. Mit umgangssprachlichen oder gar literarisch wertvollen Formulierungen hat dies am Ende natürlich nicht mehr viel zu tun. Kurz und präzise heißt hier die Devise – nicht zuletzt deswegen, weil die meisten Programmierer wohl eher zu den tippfaulen Zeitgenossen gehören dürften.

1.2 Sprung ins kalte Wasser

Anliegen dieses Buches ist es, die Sprache ActionScript als vollwertige Programmiersprache mit allen Ecken und Kanten zu betrachten, als moderne Skriptsprache, welche entsprechend dem ECMAScript Standard (ECMA-262) entworfen wurde. Die Zeiten, in denen ActionScript nur eine lose Sammlung von Aktionen für etwas mehr Flash-Interaktivität war, sind längst vorbei. Sie werden in den Beispielen des Buches, ehrlich gesagt, auch keine einzige ansprechende Animation oder Grafik finden. Ich betrachte dies generell als Vorteil. Sie können sich voll und ganz auf den Text und das Skript konzentrieren, und ich bleibe bei meinen Leisten. Die meisten Beispiele arbeiten deswegen schlicht und einfach mit dem Ausgabefenster.

1.2.1 Ein erstes ActionScript-Programm

Die meisten ahnen vielleicht schon was nun kommt. Es geht um einen ersten Versuch, mit dem ActionScript Interpreter zu kommunizieren, ihn aus der vermeintlichen Reserve zu locken. Dieser Interpreter steckt in jedem Flash Player und hat die unglaubliche Fähigkeit, den gesamten Sprachschatz von ActionScript zu kennen. Alle Wörter, alle Regeln, alle Tricks. Haben wir in einem Film irgendwo ein Skript platziert, macht dieser Schlaufuchs genau das, was sein Name schon verrät – er versucht, dieses Skript zu interpretieren und, wenn möglich, entsprechend zu handeln. Nun wissen Sie ja möglicherweise selbst, welch unglückliche Figur man mitunter bei einer ersten Annäherung machen kann. Man stellt meist selten dämliche Fragen, nur um ins Gespräch zu kommen. Doch wer nichts riskiert, kann nicht gewinnen. Von magischer Hand geleitet, sehen wir uns also folgendes kleines Skript in das erste Bild eines neuen Filmes eintippen, und schicken das Ganze beherzt mit der Tastenkombination *STRG+ENTER* ab. Oder über das Menü der Entwicklungsumgebung *Steuerung → Film testen*.

Listing 1.4 Ein erstes ActionScript Programm zum Genießen

```
// Bildschirmauflösung ermitteln
var x = System.capabilities.screenResolutionX;
var y = System.capabilities.screenResolutionY;
// Die Frage formulieren
trace("Liebes ActionScript,");
trace("findest du, dass eine Auflösung von " + x + " x " + y + " Pixel");
```

```
trace("ausreicht, oder soll ich mir einen neuen Monitor kaufen ?");
// Die vernichtende Antwort
if (x <= 1024) {
   trace("Ja, kauf dir mal einen neuen.");
} else {
   trace("Ist schon recht.");
}
```

```
Liebes ActionScript,
Findest du, dass eine Auflösung von 1024 x 768 Pixel
ausreicht, oder soll ich mir einen neuen Monitor kaufen ?
Ja, kauf dir mal einen neuen.
```

Sie bekommen bei diesem Skript schon einen kleinen Vorgeschmack auf das, was Sie in den nächsten Kapiteln so alles erwartet. Aber der Reihe nach.

1.2.2 Kommentare

Da wären als Erstes die Kommentare zu erwähnen. Alle Skripte in diesem Buch enthalten relativ viele Kommentare. Dies sind Zeilen, welche beim Veröffentlichen, also dort wo auch das ganze Skript in Bytecode kompiliert wird, ignoriert werden. Wie etwa die folgende:

Listing 1.5 Einzeiliger Kommentar

```
// Bildschirmauflösung ermitteln
```

Kommentare sind dabei nicht nur eine höfliche Ergänzung, wie im obigen Skript, sondern oftmals ausschlaggebend, um ein Skript überhaupt zu verstehen. Wenn Sie später einmal umfangreiche Anwendungen erstellen, sind Kommentare so wichtig wie das Skript selbst. Sie helfen entscheidend, die Logik in einem Skript auch noch nach einem halben Jahr zu verstehen, und sind der erste Anhaltspunkt, der erste greifbare Strohhalm, wenn etwas den Bach runter geht. Nicht zuletzt deswegen unterscheiden sich gute und schlechte Entwickler immer auch in einem sehr hohen Maß hinsichtlich der Anzahl und der Qualität ihrer Kommentare. Zeig mir deine Kommentare und ich sag dir wer du bist. Neben den einzeiligen Kommentaren können Sie gerne auch ganze Romane schreiben, wenn Sie Langeweile haben.

Listing 1.6 Mehrzeiliger Kommentar

```
/*
   Alles, was sich zwischen diesen Zeichen befindet,
   dient dazu, meinem Kollegen zu erklären, wie er
   dieses Skript in seine Anwendung einbinden kann.
   Wenn das Skript beim Veröffentlichen kompiliert
```

```
wird, werden diese Zeilen ignoriert. Ich brauche
also keine Angst haben, dass ein Besucher meiner
Flash-Anwendung diese intimen Dinge lesen kann.
*/
```

Alles, was sich zwischen diesen beiden Zeichenfolgen befindet, wird als Kommentar erkannt und einfarbig markiert. Mit diesen Kommentarzeichen können Sie übrigens auch schnell bestimmte Stellen in einem Skript deaktivieren, was meist als „Auskommentieren" bezeichnet wird.

1.2.3 Ausgabefenster

Was für die einen DOS-Box, Nachrichten- oder Browserfenster, ist für uns das Ausgabefenster der Flash-Entwicklungsumgebung. Dorthin lassen sich im Testmodus einfache Textausgaben leiten. Das Ganze passiert mit einer einfachen vordefinierten Aktion, der *trace()*-Aktion.

```
trace("Ist schon recht.");
```

Das Ausgabefenster ist ein wichtiges Stilmittel in diesem Buch. Der Inhalt dieses Fensters wird dabei immer symbolisch durch eine schwarz umrandete Box gekennzeichnet, um es von einem Skript besser unterscheiden zu können.

```
Ist schon recht.
```

Nicht nur *trace*-Ausgaben werden so hervorgehoben, sondern auch Variablen und Objekte, welche sich im Testmodus über den Menüpunkt *Fehlersuche* auflisten lassen.

1.2.4 Zeilenabschluss

Die anderen Teile im ersten Programm werden Sie schon bald verstehen. Haben Sie noch etwas Geduld. Wichtig ist, dass Sie, wie oben gezeigt, eine Anweisung mit einem Semikolon abschließen. Aber das wissen Sie ja vielleicht schon.

1.3 Abtrocknen

Sprung überlebt? Gut. Obwohl ich für dieses Buch sichere Kenntnisse mit der IDE *(Integrated Development Environment)* von Flash MX vorraussetze, möchte ich im nächsten Kapitel auf einige versteckte Besonderheiten unserer Entwicklungsumgebung hinweisen und für die weitere Arbeit einen gemeinsamen Ausgangspunkt schaffen. Sie können dieses Kapitel natürlich gerne überspringen.

2

Ausloten der Entwicklungsumgebung

2 Ausloten der Entwicklungsumgebung

„Flesch Em Iks is voll bis unner de Degge mid de dollsden Objegde un pfiffsche Medoden.
Guggn un schdaun dorf jedor, aber dranrumwurschtln und de Gnebbchen driggen,
das derfen bloos mir: de Egsberden !"

(frei nach dem bekannten „Gombjuderraum" Klassiker)

2.1 Expertenmodus

Jeder Widerstand ist damit zwecklos. Es soll in Zukunft also permanent im „Expertenmodus"
gearbeitet werden. Lassen Sie sich also nicht lange bitten, lieber Leser oder liebe Leserin. Ich
meine, eine Fremdsprache lernt man schließlich auch nicht, wenn einem ständig jemand alles
vorsagt. Davon abgesehen, sind manche Hilfestellungen im „Normalmodus", wie ich finde, eher
missverständlich, wenn nicht gar falsch.

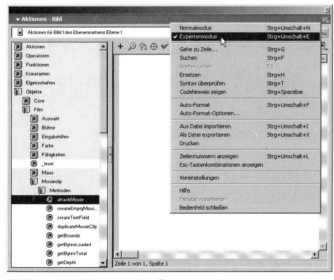

Abbildung 2.1 Wechsel in den Expertenmodus

2.2 Formatoptionen

Ein übersichtlich formatiertes Skript gehört zum guten Stil. Die neue Auto-Format-Option in Flash MX ist zwar noch nicht richtig perfekt, nimmt Ihnen aber die meiste Arbeit ab.

Abbildung 2.2 Auto-Format-Optionen, wie es Ihnen am liebsten ist

Im ActionScript-Fenster können Sie mit *STRG+UMSCHALT+F* das Skript mit diesen Einstellungen formatieren. Alle Skripte in diesem Buch wurden, mit einigen Ausnahmen, darüber formatiert. Ärgerlich ist beispielsweise, dass eine Skriptzeile wie

```
trace("Hallo"); // Ausgabe
```

nach der automatischen Formatierung so ausschaut

```
trace("Hallo");
// Ausgabe
```

Wenn Sie dies stört, schreiben Sie doch einfach an die „Wishlist" von Macromedia, vielleicht wird dies in der nächsten Version berücksichtigt.

2.3 Voreinstellungen

Die Voreinstellungen für den ActionScript-Editor sind natürlich persönliche Geschmackssache. Falls Ihnen die Standardvorgaben nicht gefallen oder Sie noch unschlüssig sind, welche Farben für die Skriptcolorierung angenehm sind, können Sie bei Gelegenheit ja einmal den Farbsatz aus der Tabelle probieren, den ich derzeit verwende. Mit Courier und einer Schriftgröße von zehn sind Sie, denke ich, im grünen Bereich für entspanntes Arbeiten.

Tabelle 2.1 Vorschlag für die Skript-Kolorierung

Bereich	RGB Farbwert
Vordergrund	#000000
Hintergrund	#FFFFFF
Schlüsselwörter	#FF0099
Kommentare	#009933
Bezeichner	#0000CC
Strings (Zeichenketten)	#999999

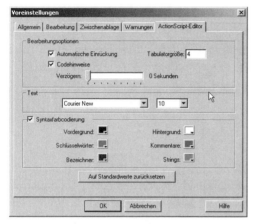

Abbildung 2.3 Voreinstellungen für das Arbeiten mit dem ActionScript Editor

2.4   Codehinweise

Neu in der IDE von Flash MX sind die so genannten „Codehinweise", entweder als Quickinfo beim Öffnen einer passenden runden Klammer, oder als Popup Menü. Wenn Sie also folgende Zeile schreiben wollen:

```
trace("Hallo");
```

erscheint beim Öffnen der Klammer ein Hinweis, wie die restliche Syntax auszusehen hat.

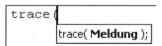

Abbildung 2.4 Quickinfo, wenn Sie die Klammer der Aktion schreiben

Ohne jetzt dem Thema vorzugreifen: in der folgenden Abbildung erscheinen sämtliche verfügbare Methoden eines MovieClip-Objektes in Form eines Popup-Menüs.

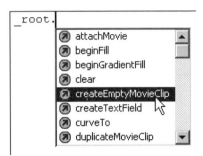

Abbildung 2.5 Popup-Menü bei einem bekannten Objektverweis

Manche mögen solche Hinweise, manche wiederum finden Sie eher lästig. In der Flash-Hilfe finden Sie weitere Informationen, wie Sie über Suffixe und eine bestimmte Kommentar-Gestaltung dieses Popup-Fenster erzwingen können.

2.5 Referenz

Ursprünglich war für dieses Buch im Anhang eine Kurz-Referenz vorgesehen. Aber mal ehrlich, wozu? Ich meine, ich finde es schon schwach, dass Macromedia keine gedruckte ActionScript-Referenz mehr mit Flash MX ausliefert. Ich blättere sehr gerne in einer Referenz, aber 600 Seiten sind kein Pappenstiel und die eingebaute Online-Hilfe ist nicht schlecht. Nutzen Sie diese Referenz, ich setze in vielen Kapiteln sogar voraus, dass Sie dort bei Bedarf nachschauen und die Syntax selbstständig erarbeiten. Schreiben Sie zum Beispiel das Wort *trace* im Editor und drücken Sie die Tastenkombination *SHIFT+F1* – voilà.

Abbildung 2.6 Referenz – jederzeit mit SHIFT+F1 zu erreichen

So, dann wäre alles gesagt und es kann losgehen.

3

Variablen

3 Variablen

3.1 Was sind Variablen?

Variablen sind die wahren Helden eines jeden Skriptes, welche anstandslos die bei Berechnungen anfallende Ergebnislast auf sich nehmen, welche sich Texteingaben bis ans Ende des Flashfilms merken können oder welche sich auch unerschrocken an die Fersen eines umherfliegenden Movieclips heften, indem sie eine Referenz auf diesen speichern. Eine Variable ist also wie eine Art virtueller Container, in den Sie während des Filmablaufs Informationen ablegen können, um sie später wieder verfügbar zu haben. Der Inhalt dieses Containers ist dabei jederzeit veränderbar, eben variabel – daher auch der Begriff der Variablen.

3.2 Deklaration

Um eine derartige überaus praktische Variable als geduldigen Wasserträger während des Filmablaufs an der Hand zu haben, müssen Sie sie als Erstes beim Interpreter anmelden, was so viel heißt wie, dass für diese Variable und die darin abzulegenden Daten ausreichend Speicherplatz reserviert wird. Dazu müssen Sie dieser Variablen eine eindeutige Bezeichnung geben, sonst finden Sie am Ende weder den Container noch die damit verbundenen Informationen auf dem virtuellen Stellplatz wieder. Diese ganze Anmeldeprozedur nennt man *Deklaration*. Erwähnt sei hier auch, dass der Interpreter dabei zwischen *lokalen*, *globalen* und *zeitleistenbezogenen* Variablen unterscheidet, doch dazu kommen wir später.

3.2.1 Deklaration einer Variablen

Im Folgenden wird im ersten Bild eines neu angelegten Flashfilms eine Variable mit dem Bezeichner *vorname* deklariert, indem wir das Schlüsselwort *var* voranstellen.

```
var vorname;
```

Wenn Sie den Film testen und sich die Variablen im Ausgabe-Fenster auflisten lassen, erhalten Sie Folgendes:

```
Stufe #0:
Variable _level0.$version = "WIN 6,0,40,0"
Variable _level0.vorname = undefined
```

Die soeben frisch deklarierte Variable taucht erwartungsgemäß in der Liste auf, für sie wurde Speicherplatz reserviert, doch sie hat noch keinen Inhalt. Wie sollte sie auch? Man sagt: Der Wert der Variablen ist noch nicht definiert *(undefined)*. Anders sieht die Angelegenheit im Ausgabefenster aus, wenn nach der Deklaration der Variablen *vorname* ihr auch tatsächlich ein Wert zugewiesen wird.

```
var vorname;
vorname = "ralf";
```

Der Variablen *vorname*, die auf der linken Seite des Gleichheitszeichens steht, wird der Wert von der rechten Seite zugewiesen, was Sie im Ausgabefenster gut nachvollziehen können.

```
Stufe #0:
Variable _level0.$version = "WIN 6,0,40,0"
Variable _level0.vorname = "ralf"
```

 Beachten Sie bitte, dass das Gleichheitszeichen in dem obigen Skript nicht im klassischen Sinne für Gleichheit steht, wie Sie es etwa aus dem Mathematikunterricht kennen. Das Gleichheitszeichen verkörpert hier einen Operator, den so genannten Zuweisungsoperator, welcher der linken Seite den Wert der rechten Seite zuweist. Auf Operatoren werden wir später noch ausführlich eingehen.

Neben der Möglichkeit, sich alle Variablen auflisten zu lassen, können Sie sich diese eine Variable auch gezielt mit der Aktion *trace()* im Ausgabefenster anzeigen lassen.

Listing 3.1 Ausgabe der Variablen vorname

```
var vorname;
vorname = "ralf";
trace(vorname);
```

```
ralf
```

Erinnern Sie sich allerdings noch einmal daran, dass Ihnen das Ausgabefenster nur innerhalb der Flash-Entwicklungsumgebung zur Verfügung steht. Das Auflisten der Variablen und die Aktion *trace()* funkionieren deshalb im Browser so nicht.

3.2.2 Deklaration mehrerer Variablen

Eine Variable kommt nicht nur in ActionScript meistens selten allein, und deswegen können Sie natürlich auch mehr als eine Variable deklarieren. Im folgenden Beispiel werden drei Variablen deklariert, eine mit dem Bezeichner *vorname*, eine zweite mit dem Bezeichner *nachname* und eine dritte mit dem Bezeichner *anzeigetext*. Die letzt genannte Variable *anzeigetext* ist diesmal sogar etwas Besonderes, weil ihr nicht bloß nur ein einfacher Wert zugewiesen wird, sondern gleich das Ergebnis einer Zeichenketten-Operation, genauer gesagt: die Verknüpfung der Inhalte von *vorname* und *nachname* mit Hilfe des +-Operators. Doch sehen Sie selbst.

Listing 3.2 Deklaration mehrerer Variablen

```
var vorname;
var nachname;
var anzeigetext;
vorname = "ralf";
nachname = "siegel";
anzeigetext = vorname + " " + nachname;
trace(anzeigetext);
```

```
ralf siegel
```

Lassen Sie sich auch nicht davon abhalten, in dem Skript Ihren eigenen Namen einzusetzen oder mit weiteren Variablen zu experimentieren. Übrigens, die Deklaration der Variablen lässt sich auch geschickt in einer einzigen Zeile realisieren, d.h. anstelle von

```
var vorname;
var nachname;
var anzeigetext;
```

können Sie auch

```
var vorname, nachname, anzeigetext;
```

schreiben, was auf jeden Fall übersichtlicher ausschaut, oder? Und es geht sogar noch ein bisschen eleganter, wie der nächste Abschnitt zeigen wird.

3.3 Initialisierung

Wie Sie sicherlich gemerkt haben, hat eine Variable nach der Deklaration noch keinen Wert, der Inhalt ist zunächst nicht definiert *(undefined)*. Nun, in den meisten Fällen möchte man dieser neugeborenen Variablen sofort einen bestimmten Wert zuweisen, wie zum Beispiel eine Zeichenkette. Und tatsächlich bietet Ihnen ActionScript diese Möglichkeit der gleichzeitigen Deklaration und Wertzuweisung, man spricht auch von einer Initialisierung. Die Variable ist praktisch von Anfang an mit einem Inhalt gefüllt.

Listing 3.3 Dynamische Initialisierung

```
var vorname = "ralf";
var nachname = "siegel";
var anzeigetext = vorname + " " + nachname;
trace(anzeigetext);
```

```
ralf siegel
```

Bei der Variablen *anzeigetext* spricht man auch von einer *dynamischen* Initialisierung, da hier erst der Wert ermittelt werden muss, den diese Variable als Startwert erhält. Dies aber nur ganz nebenbei, denn viel interessanter ist die Tatsache, dass es auch hier wieder möglich ist, das Skript zu verkürzen, indem Sie anstelle von

```
var vorname = "ralf";
var nachname = "siegel";
```

alles in eine Zeile schreiben.

```
var vorname = "ralf", nachname = "siegel";
```

Welche Variante Sie am Ende wählen, bleibt Ihnen überlassen, richtig sind auf jeden Fall beide. Und auch eine Mischform aus Deklaration und Initialisierung ist möglich, wie das folgende Skript zeigt.

```
var vorname = "ralf", nachname = "siegel", anzeigetext;
anzeigetext = vorname + " " + nachname;
trace(anzeigetext);
```

```
ralf siegel
```

3.3.1   Die speziellen Werte undefined und null

Wird eine Variable nur deklariert, so hat diese, wie Sie wissen, keinen definierten Inhalt *(undefined)*. Häufig gibt es aber Skripte, wo einer Variablen schon ein Wert zugewiesen wurde, dieser aber wieder, aus welchen Gründen auch immer, gelöscht werden soll. Sauber und ohne Rückstände passiert dies, indem Sie dieser Variablen wieder den Ausgangswert *undefined* zuweisen, oder *null*. Beide Schlüsselwörter nehmen sich nicht viel, denn sie repräsentieren nicht mehr und nicht weniger als *nichts*. Es gibt allerdings eine Gemeinheit, die das folgende Beispiel zeigen soll.

Listing 3.4 Die Werte undefined und null anzeigen

```
var a = 1, b = 2;
trace("a hat den Wert " + a);     // Ausgabe: a hat den Wert 1
trace("b hat den Wert " + b);     // Ausgabe: b hat den Wert 2
a = null;
b = undefined;
trace("a hat den Wert " + a);     // Ausgabe: a hat den Wert null
trace(a);                         // Ausgabe: null
trace("b hat den Wert " + b);     // Ausgabe: b hat den Wert
trace(b);                         // Ausgabe: undefined
```

Nicht spektakulär, doch der Teufel steckt wie immer im Detail. Der Wert *undefined* wird Ihnen im obigen Beispiel nur in der letzten Zeile angezeigt, nicht aber in der vorletzten Zeile, übrigens ganz im Gegensatz zur alten Version von Flash.

Tabelle 3.1 Unterschiedliche Ausgaben für null und undefined

	Flash 5	**Flash MX**
trace(null)	null	null
trace("Wert: " + null);	Wert: null	Wert: null
trace(undefined)		undefined
trace("Wert: " + undefined);		

Wir werden später dafür noch einen Erklärungsversuch starten. Wichtig ist jedoch, dass Sie sich diesen Stolperstein merken und möglichst den Wert *null* verwenden, wenn Sie den Inhalt einer Variablen löschen wollen. Dies erleichert eine eventuelle Fehlersuche im Ausgabefenster.

 Beachten Sie bitte, dass mit den speziellen Werten null und undefined immer nur der Inhalt einer Variablen gelöscht werden kann, die Variable selbst bleibt weiterhin deklariert und beansprucht somit auch weiterhin Speicherplatz. Wollen Sie dies vermeiden, müssen Sie die Variable explizit mit der Anweisung *delete(variable)* löschen. Außerdem gibt es Unterschiede bei der Lebensdauer von Variablen, worauf wir später noch genauer eingehen werden.

3.3.2 Initialisierung mit einer Zuweisungskette

Ein nützlicher und interessanter Spezialfall der Initialisierung ist folgende Situation, falls Sie einmal mehrere Variablen mit ein und demselben Wert initialisieren möchten. Dies lässt sich elegant mit einer so genannten Zuweisungskette realisieren.

Listing 3.5 Initialisierung mit einer Zuweisungskette

```
var a = b = c = 2;
trace("a hat den Wert " + a);
trace("b hat den Wert " + b);
trace("c hat den Wert " + c);
```

```
a hat den Wert 2
b hat den Wert 2
c hat den Wert 2
```

Im Ausgabefenster sehen Sie, dass alle Variablen tatsächlich den Wert zwei angenommen haben. Was ist hier passiert? Nun, das Ganze spielt sich von rechts nach links ab. Zuerst wird die Variable *c* mit dem Wert zwei initialisiert. Danach wird die Variable *b* mit dem Wert von *c* initialisiert (der ja mittlerweile zwei ist), und am Ende wird *a* mit dem Wert von *b* initialisiert. Eine klassische Kettenreaktion also, fast wie beim Domino.

3.4 Bezeichner

Für die Benennung von Variablen gibt es neben festgelegten Regeln auch Richtlinien, die der freiwilligen Selbstkontrolle unterliegen und die Sie möglichst beherzigen sollten. Beginnen wir mit Letzterem.

3.4.1 Konventionen

Wählen Sie als Bezeichner für Ihre Variablen möglichst immer sinnvolle Namen, die im Idealfall auch etwas über den Inhalt aussagen.

Listing 3.6 Aussagekräftige Bezeichner

```
var preis = 10.25;
var stadt = "berlin";
var rechnungBezahlt = true;
```

Diese Praxis wird Ihnen besonders hilfreich sein, wenn Sie nach längerer Abstinenz wieder Ihren eigenen Code verstehen wollen. Auch andere, die sich mit Ihrem Skript auseinander setzen müssen, werden es Ihnen danken. Es hat sich unter Programmierern eingebürgert, generell alle Variablen mit einem kleinen Buchstaben beginnen zu lassen, und im Bezeichner eventuell vorhandene eigenständige Wörter durch Großschreibung hervorzuheben, wie das etwa in *rechnungBezahlt* zu erkennen ist. Gelegentlich gibt es auch Variablen, bei denen Sie genau wissen, dass sich ihr Inhalt nicht ändern wird. Es handelt sich hierbei nicht um Variablen, sondern um

Konstanten. Um dies auch optisch zu verdeutlichen, empfielt sich in diesem Fall alles groß zu schreiben.

```
UMSATZSTEUER = 0.16;
```

3.4.2 Groß- und Kleinschreibung

Im Gegensatz zu den meisten anderen Programmier- und Skriptsprachen ist ActionScript ein genügsamer Esel, da nicht zwischen Groß- und Kleinschreibung in Bezeichnern unterschieden wird, wie das folgende Skript zeigt.

```
var heutigesWetter = "schön";
trace(heutigesWETTER);
```

```
schön
```

Dennoch sollten Sie sich einen guten Stil angewöhnen und immer diejenige Schreibweise verwenden, die Sie auch bei der Deklaration verwendet haben.

3.4.3 Erlaubte Zeichen

Welche Zeichen dürfen Sie nun benutzen? Grundsätzlich alle Zahlen, Buchstaben (aber keine Umlaute!), den Unterstrich und das Dollarzeichen – sonst aber keine Satz- und Sonderzeichen. Der Name der Variablen darf nicht mit einer Zahl beginnen. Außerdem darf der Bezeichner nicht mit einem ActionScript-Ausdruck oder einem reservierten Wort kollidieren.

```
var software-version = 2;        // falsch: Minus nicht im Namen erlaubt !
var software version = 2;        // falsch: keine Leerzeichen erlaubt !
var $softwareVersion = 2;        // korrekt
var softwareVersion = 2;         // korrekt
var 2teVersion = "ausverkauft";  // falsch: beginnt mit einer Ziffer !
var version2 = "ausverkauft";    // korrekt
var version_2 = "ausverkauft";   // korrekt
var break = true;                // falsch: break ist reserviertes Wort !
```

Generell sollten bei Ihnen sofort die Alarmglocken schrillen, wenn, wie im Falle von *break*, ein selbst gewählter Bezeichner im Editor farbig dargestellt wird. Dies bedeutet nämlich, dass ActionScript auf dieses Wort Besitzansprüche anmeldet. Dies gilt übrigens nicht nur für die Bezeichnung von Variablen, sondern, wie wir später noch sehen werden, auch für die Bezeichnung von Objekten.

3.4.4 Reservierte Wörter (keywords)

Die folgenden Wörter hat sich ActionScript reserviert. Diese dürfen Sie nicht zur Benennung von Variablen benutzen.

Tabelle 3.2 Reservierte Wörter in ActionScript

break	else	instanceof	typeof
case	for	new	var
continue	function	return	void
default	if	switch	while
delete	in	this	with

3.5 Gültigkeitsbereich und Lebensdauer von Variablen

Bisher haben wir immer völlig selbstverständlich mit dem Schlüsselwort *var* unsere Variablen deklariert. In Wirklichkeit gibt es aber in ActionScript drei verschiedene Arten von Variablen – lokale, globale und zeitleistengebundene – und insofern auch drei verschiedene Wege, um eine Variable zu deklarieren. Schön und gut, wo ist der Unterschied? Ähnlich einer Lokalzeitung haben auch lokale Variablen einen eingeschränkten Aktionsradius und das aus einem guten Grund. Schauen Sie, Lokalzeitungen sind dazu gemacht, sich vorrangig auf das Geschehen vor Ort zu konzentrieren, was Ihnen bei lokalen Ereignissen auch einen gewissen Geschwindigkeitsvorteil im Vergleich zu überregionalen Zeitungen einbringt. Zweitens, dadurch dass sie nur lokal aktiv sind, laufen sie auch wenig Gefahr, mit einem gleichnamigen Blatt in einer anderen Stadt verwechselt zu werden. Anders die überregionalen Zeitungen. Sie kümmern sich um das globale weltpolitische Geschehen und haben zudem den Vorteil, an jedem Kiosk in der Republik erhältlich zu sein. Beide Arten einer Zeitung haben unbestreitbar ihre Vorteile, und es mag weit hergeholt klingen: mit den Variablen in ActionScript verhält es sich ähnlich.

3.5.1 Lokale Variablen

Sicherlich erinnern Sie sich noch an das Spülprogramm aus der Einführung, und auch daran, dass Unterprogramme in ActionScript als Funktionen bezeichnet werden. Diese Funktionen sind genau der Ort, wo wir es mit lokalen Variablen zu tun haben. Beides ist untrennbar miteinander verbunden, ja man könnte fast von einer Symbiose sprechen. Lokale Variablen

- werden innerhalb eines Funktionsblockes mit dem Schlüsselwort *var* deklariert;
- sind nur innerhalb dieses Blockes gültig;
- werden automatisch gelöscht, wenn die Ausführung der Funktion beendet ist.

Als Gegenleistung für dieses doch vergleichsweise kurze, aber Ressourcen-schonende Leben genießen lokale Variablen dafür eine bevorzugte Bedienung. Sie werden vom Interpreter schneller als die anderen Variablen verarbeitet. Das folgende Beispiel soll den Umgang mit lokalen Variablen verdeutlichen und bietet zugleich einen Vorgeschmack auf das noch kommende umfangreiche Kapitel über Funktionen.

Listing 3.7 Definition einer lokalen Variablen innerhalb einer Funktion

```
spuelen = function() {
    trace("--- Unterprogramm aufgerufen ------");
    var x = 50; // x wird lokal initialisiert
    trace("Innerhalb der Funktion hat x den Wert " + x);
    trace("--- Unterprogramm beendet ---------");
}
// -----------------------------------------------
spuelen(); // Funktion aufrufen
// x existiert hier nicht mehr !
trace("Ausserhalb der Funktion hat x den Wert " + x);
```

```
--- Unterprogramm aufgerufen ------
Innerhalb der Funktion hat x den Wert 50
--- Unterprogramm beendet ---------
Ausserhalb der Funktion hat x den Wert
```

In der letzten Zeile des Skriptes wird für x nichts mehr ausgegeben, da x als lokal deklarierte Variable nur innerhalb des Anweisungsblockes der Funktion gültig war und mit Beenden der Funktion gelöscht wurde. Bevor wir aber auch einen richtig praktischen Nutzen für diese lokalen Variablen erkennen können, müssen wir noch die Zeitleistenvariablen ins Spiel bringen.

 Beachten Sie bitte, dass eine lokale Variable mit Beendigung der Funktionsabarbeitung tatsächlich gelöscht wird und demzufolge nicht mehr existiert. Wenn Sie also die Funktion ein zweites oder drittes Mal aufrufen, wird die Variable immer wieder neu deklariert. Gelegentlich wird angenommen, „dass sich die Funktion den Wert ihrer lokalen Variablen merkt", was aber falsch ist. Wichtig ist auch: Lokale Variablen lassen sich nicht manuell mit *delete* löschen.

3.5.2   Zeitleistenvariablen

Wird eine Variable außerhalb einer Funktion mit dem Schlüsselwort *var* deklariert, ist diese nicht mehr lokal. Wie ein Kaninchen, das seinen Bau verlässt und meilenweit sichtbar auf der Wiese steht, gibt es nun keinen schützenden Funktionsblock mehr, der den Lebensraum oder den Gültigkeitsbereich dieser Variablen eingrenzen könnte. Die Variable wird dadurch mit einem Schlag auf der ganzen Zeitleiste sichtbar, auf der sie deklariert wurde, und nicht nur dort. Sichtbar übrigens auch innerhalb von Funktionen, denn wenn Sie an das Kaninchen denken, dann sehen Sie dieses ja auch vom Bau aus auf der Wiese stehen.

Listing 3.8 Sichtbarkeit von Zeitleisten-Variablen innerhalb von Funktionen

```
bau = function() {
    trace("Das Kaninchen vom Bau aus " + kaninchen);
}
// -----------------------------------------------
var kaninchen = "sichtbar"; // Zeitleistenvariable !
trace("Das Kaninchen ist auf der Wiese " + kaninchen);
bau(); // Funktion bau() aufrufen
```

```
Das Kaninchen ist auf der Wiese sichtbar
Das Kaninchen vom Bau aus sichtbar
```

Aber was bedeutet es eigentlich noch, wenn eine Variable auf der ganzen Zeitleiste (Wiese) sichtbar ist? Nun, Sie schreiben zum Beispiel ein Skript im ersten Frame der Hauptzeitleiste und initialisieren dort die Variable *kaninchen* wie folgt.

```
var kaninchen = "sichtbar"; // Zeitleistenvariable !
```

Erinnern Sie sich noch an den Beginn dieses Kapitels? Wenn Sie sich jetzt wie gehabt im Ausgabefenster die Variablen auflisten lassen, erhalten Sie Folgendes:

```
Stufe #0:
Variable _level0.$version = "WIN 6,0,40,0"
Variable _level0.kaninchen = "sichtbar"
```

Das *_level0.kaninchen* macht uns deutlich, dass sich die Variable *kaninchen* auf der Zeitleiste von *_level0* befindet. Das bedeutet, dass diese Variable auch angesprochen werden kann, wenn sich der Abspielkopf gar nicht mehr im ersten Frame dieser Zeitleiste befindet! Überprüfen Sie das ganz einfach, indem Sie zur Variablen-Deklaration im ersten Frame noch zusätzlich im fünften Frame ein leeres Schlüsselbild erzeugen und dort die folgenden Zeilen eingeben.

Listing 3.9 Skript zum Testen der Gültigkeit einer Variablen auf der Zeitleiste

```
trace("Der Abspielkopf ist in Frame " + _currentframe);
trace("Das Kaninchen ist hier " + kaninchen);
stop();
```

```
Der Abspielkopf ist in Frame 5
Das Kaninchen ist hier sichtbar
```

Wenn Sie also auf der Wiese fünf Schritte weitergehen, werden Sie mit Sicherheit das Kaninchen immer noch sehen können. Was glauben Sie eigentlich, wird passieren, wenn das Kaninchen auf einen Baum klettert? Genau, es steht nicht mehr auf der Wiese. Das ist aber zu einfach. Sagen wir lieber, es steht auf einer neuen Zeitleiste. Und wir können es immer noch sehen. Wir können es sogar ansprechen, vorrausgesetzt, wir gehen auf dem richtigen Pfad *(Wiese → Baum → Kaninchen)*. In ActionScript sind solche Pfade zu Variablen und Objekten ein grundlegendes Modell für die Programmierung. So können wir statt eines Baumes auf der Wiese einen Movieclip auf der Hauptzeitleiste platzieren und über eine Pfadangabe dort eine Variable initialisieren.

Listing 3.10 Variablen-Deklaration mit Pfadangabe

```
_level0.createEmptyMovieClip("baum",1);
_level0.baum.kaninchen = "sichtbar";
trace(_level0.baum.kaninchen);
```

```
sichtbar
```

Sie dürfen anstelle des mit *createEmptyMovieClip()* erzeugten leeren Movieclips natürlich auch gerne kreativer sein. Legen Sie dazu einen selbstgezeichneten Baum als Symbol in der Bibliothek an und bringen Sie eine Instanz davon auf die Bühne. Vergessen Sie aber nicht, dieser Instanz auch einen richtigen Namen, in unserem Falle also *baum*, zu geben. Das ist ganz wichtig. Nicht oder falsch benannte Instanzen sind wohl mit die häufigste Ursache für nicht funktionierende Pfade und damit „unansprechbare" Variablen in ActionScript. Ist alles richtig, sollte das Ergebnis im Ausgabefenster so aussehen.

```
Movieclip: Ziel="_level0.baum"
Variable _level0.baum.kaninchen = "sichtbar"
```

Oh, haben Sie es bemerkt? Im obigen Skript wird diesmal nicht das Schlüsselwort *var* zur Deklaration verwendet, es würde hier sogar zu einer Fehlermeldung führen: Zeitleisten-Variablen mit Pfadangaben werden ohne *var* deklariert. Außerdem müssen Sie den Ort, an dem Sie sich gerade befinden, nicht explizit im Pfad angeben, auch wenn es der Übersichtlichkeit halber anzuraten wäre. Mit anderen Worten: Wenn Sie auf der Wiese stehen, geben Sie bloß etwa *Baum → Kaninchen* als Pfad an, oder noch eindeutiger: d*iese Stelle → Baum → Kaninchen*. Unser Beispiel hätten wir also auch so schreiben können:

```
createEmptyMovieClip("baum",1);
baum.kaninchen = "sichtbar";
trace(baum.kaninchen);
```

```
sichtbar
```

Oder in der wärmstens empfohlenen Schreibweise:

```
this.createEmptyMovieClip("baum",1);
this.baum.kaninchen = "sichtbar";
trace(this.baum.kaninchen);
```

wobei das Schlüsselwort *this* eine Referenz auf diejenige Zeitleiste darstellt, wo sich das Skript befindet. Unglaublich, aber wahr, es sind insofern mehrere verschiedene und dennoch vollkommen richtige Schreibweisen in ActionScript möglich, um eine Variable anzusprechen.

Listing 3.11 Verschiedene mögliche Schreibweisen, um eine Zeitleistenvariable zu initialisieren

```
var kaninchen = "sichtbar";
kaninchen = "sichtbar";
_level0.kaninchen = "sichtbar";
_root.kaninchen = "sichtbar";
this.kaninchen = "sichtbar";
```

Eine Pfadangabe gilt es im obigen Beispiel natürlich noch zu klären, und zwar die Angabe _root, welche immer auf die Hauptzeitleiste eines Levels verweist. Befindet sich das Skript zum Beispiel irgendwo in den Verzweigungen von „Level 2", dann verweist _root auf _level2, andernfalls würde _root in „Level 0" auf _level0 verweisen. Um dafür unser doch recht aktives Kaninchen zu bemühen – so hoch es sich auch in das komplizierte Geäst des Baumes vorgewagt haben mag, wenn es herunter möchte, fällt es sofort auf die Wiese und landet dabei neben der Baumwurzel. Back to the roots. So will es die Gravitation. Und so will es auch ActionScript. Verschiedene Levels können Sie sich übrigens als verschiedene Wiesen vorstellen, die übereinander liegen. Was aber, wenn das liebe Kaninchen nur einfach einen Zweig zurück klettern möchte, so wie wir auf unserem Pfad durch verschachtelte Zeitleisten vielleicht auch einfach nur einen Schritt zurückgehen wollen? Schauen Sie sich das folgende Beispiel an:

```
this.createEmptyMovieClip("baum",1);
this.baum._parent.kaninchen = "sichtbar";
trace(this.kaninchen);
```

```
sichtbar
```

Ausformuliert könnte man sagen: *Gehe von dieser Zeitleiste aus auf die Zeitleiste des Movieclips „baum", gehe dann wieder eine Zeitleiste zurück und weise dort der Variablen „kaninchen" den Wert „sichtbar" zu.* So einfach funktionieren Pfade in ActionScript. Unterm Strich ist diese anfangs vielleicht etwas gewöhnungsbedürftige so genannte **Dot-Syntax** ein wahrer Segen für die Programmierung, und Sie wissen jetzt auch, dass die Angabe _parent in ActionScript also „eine Zeitleiste zurück" bedeutet.

Tabelle 3.3 Analogien für Pfadangaben in ActionScript

Bäume und Wiesen	ActionScript
Wiesen	Levels
Bäume (Äste, Blätter, etc.)	Movieclips *(verschachtelte Movieclips)*
Dieser Platz (diese Wiese, dieser Ast, etc,)	this *(diese Zeitleiste)*
Einen Ast zurück	_parent *(eine Zeitleiste zurück)*
Zur Wurzel des Baumes	_root *(die Hauptzeitleiste)*

Was die Lebensdauer betrifft, so existieren die Variablen einer bestimmten Zeitleiste genau so lange, wie der dazugehörige Movieclip sich tatsächlich auf der Bühne befindet. Wird der Baum gefällt, gibt es auch kein Kaninchen mehr auf den Ästen. Das passiert zum Beispiel auch, wenn Sie einen zuvor duplizierten Movieclip etwa mit *removeMovieClip()* wieder von der Bühne entfernen. Denken Sie weiterhin bei der Arbeit mit externen Filmen daran, dass durch die folgenden Aktionen auch die dort auf der Zeitleiste befindlichen Variablen gelöscht werden:

- `unloadMovie()`
- `loadMovie()`
- `loadMovieNum()`
- `unloadMovieNum()`

Ansonsten können Zeitleistenvariablen auch noch über die Anweisung *delete()* entfernt werden. Wenn Sie in der Referenz blättern, wird dort auch von einem Operator *delete* die Rede sein, dann ohne Klammern. Zu Operatoren kommen wir später noch, richtig sind beide Varianten.

3.5.3 Globale Variablen

Oft benötigt man an mehreren Stellen einer Anwendung bestimmte Daten und Werte, zum Beispiel den Namen des Benutzers oder auch „nicht-variable" Variablen, sprich Konstanten, wie etwa den Euro-Umrechnungskurs. Eine recht passable Möglichkeit wäre, diese Variablen auf der Hauptzeitleise zu platzieren.

```
_level0.gUserName = "Ralf";
trace(_level0.gUserName); // Zugriff von jeder beliebigen Zeitleiste aus
```

Sie können aber auch seit Flash MX eine „richtige" globale Variable deklarieren.

```
_global.gUserName = "Ralf";
trace(gUserName); // Zugriff von jeder beliebigen Zeitleiste aus
```

Globale Variablen existieren bis zum Ende der Anwendung und können nur durch die Anweisung oder den Operator *delete* gelöscht werden. Sie sind intern an das Objekt *_global* gebunden und damit auf allen Zeitleisten einer Flashanwendung erreichbar. Praktisch ist, dass beim Zugriff auf globale Variablen eine Pfadangabe entfallen kann und diese im Ausgabefenster separat aufgelistet werden.

```
Globale Variablen:
   Variable _global.gUserName = "Ralf"
Stufe #0:
Variable _level0.$version = "WIN 6,0,40,0"
```

3.5.4   Bereichskette

Im Idealfall hat man als Programmierer alle Variablen im Überblick, es kann also nicht vorkommen, dass man einen Bezeichner doppelt vergibt – richtig oder falsch? Nun, in der Praxis sollte man lieber sicher gehen und möglichst mit lokalen Variablen arbeiten, da diese bekanntlich auf Grund ihres eingeschränkten Gültigkeitsbereiches besser zu kontrollieren sind und automatisch gelöscht werden. Da ist es letztlich egal, ob jede der hundert Funktionen eine lokale Variable x verwendet oder nicht. Sie kommen sich da nicht in die Quere. Interessant wird es aber, wenn man sich die Frage stellt, was zum Beispiel mit einer Zeitleistenvariable x passiert, die innerhalb einer Funktion plötzlich auf einen lokalen Namensvetter trifft? Gemäß dem Motto „es kann nur einen geben", setzt der Interpreter die Zeitleisten-Variable für die Lebensdauer der lokalen Variable scheinbar außer Kraft. In Wirklichkeit unterscheidet der Interpreter zwischen den verschiedenen Bereichen und sucht erst im lokalen Bereich, dann im Zeitleistenbereich.

Listing 3.12 Eine lokale Variable mit dem Namen einer Zeitleistenvariable

```
addieren = function () {
   trace(x);  // ergibt 50 !
   var x = 5; // lokale Variable !
   x = x + 5; // zum Wert x wird 5 addiert
   trace(x);  // ergibt 10 !
};
// -----------------------------------------------
var x = 50;  // Zeitleistenvariable da außerhalb der Funktion deklariert
trace("Zuerst hat x den Wert " + x);
addieren();          // Funktion Addieren aufrufen
trace("Nach der Addition hat x den Wert " + x);
```

```
Zuerst hat x den Wert 50
50
10
Nach der Addition hat x den Wert 50
```

Hieran erkennen Sie sehr gut, wie wichtig es in der Tat sein kann, lokale Variablen zu verwenden. Denn hätten Sie anstelle von *var x = 5* einfach nur *x = 5* für die Initialisierung verwendet, hätten Sie die Zeitleistenvariable *x* womöglich unabsichtlich überschrieben. Wie ordnen sich hier globale Variablen ein? Sie stehen am Ende der so genannten Bereichskette, wie das folgende Beispiel sehr schön zeigt.

Listing 3.13 Demonstration der Bereichskette bei gleichnamigen Variablen

```
mitspielen = function () {
   var spieler = "    Lokal will auch.";
   trace(spieler);
};
_global.spieler = "Global ist am Zug.";
trace(spieler);
this.spieler = " Zeitleiste ist am Drücker.";
trace(spieler);
mitspielen();        // Funktion aufrufen
trace(spieler);
delete (spieler);    // Zeitleistenvariable wieder löschen
trace(spieler);
```

Drei Variablen mit gleichem Bezeichner, doch mit unterschiedlichem Lebensraum, nämlich: Funktion, Zeitleiste und globaler Bereich. Drei Spieler, die vom Interpreter beeindruckend gut unterschieden werden. Im Ausgabefenster wird dementsprechend Folgendes angezeigt.

```
Global ist am Zug.
   Zeitleiste ist am Drücker.
     Lokal will auch.
   Zeitleiste ist am Drücker.
Global ist am Zug.
```

Schauen Sie sich das obige Skript ruhig etwas länger an. Wir werden zudem die Bereichskette an einer anderen Stelle im Buch noch genauer untersuchen.

Achten Sie bitte darauf, innerhalb von Funktionen möglichst immer lokale Variablen zu verwenden, um nicht aus Versehen globale Variablen oder Variablen der Zeitleiste zu überschreiben. Damit sind Sie auf der sicheren Seite und es macht Ihre Skripte wesentlich übersichtlicher. Wie Sie dennoch globale Werte auch innerhalb von Funktionen geschickt manipulieren können, erfahren Sie im Kapitel über Funktionen, wenn es um Argumente und Rückgabewerte geht.

3.5.5 Vergleichstabelle

Tabelle 3.4 Vergleich zwischen den Variablen in ActionScript

	Lokale Variablen	Zeitleisten Variable	Globale Variablen
Syntax	*var bezeichner*	*pfad.bezeichner* *bezeichner*	*_global.bezeichner*
Beispiel	*anzeige = function() {* *var auflage = 100;* *}*	*this.auflage = 40;* *_level3.auflage = 0;* *auflage = 250;*	*_global.auflage = 5;*
Bereich	Innerhalb derjenigen Funktion, wo sie deklariert wurde.	Auf der mit dem Pfad angegebenen Zeitleiste, d.h. auch in jedem Bild des entsprechenden Movieclips.	Global.
Besonderheit	Außerhalb einer Funktion mit *var* deklarierte Variablen, werden automatisch zu Zeitleistenvariablen.	Wird kein Pfad angegeben, dann ist die Variable auf der Zeitleiste gültig, auf welcher sie deklariert wurde.	Werden im Ausgabefenster gesondert angezeigt.
Lebensdauer	Bis zum Ende der Ausführung der Funktion.	So lange, wie der Clip sich auf der Bühne befindet, oder bis zum Neuladen/ Entladen von externen Filmen.	Bis zum Filmende.
Vorteile	Keine Konflikte mit globalen und Zeitleisten-Variablen. Ressourcen-schonend (wird am Ende des Anweisungs-Blocks wieder aus dem Speicher entfernt) Schneller Zugriff, da am Anfang der Bereichskette.	Keine Konflikte mit anderen Zeitleisten. Zugriff von jeder Stelle des Films aus – über eine Pfadangabe.	Zugriff von jeder Stelle des Films aus, ohne einen Pfad anzugeben.

3.6 Textfeld-Variablen

Wer schon vor der Einführung von Flash MX mit ActionScript programmiert hat, wird sich beim Blick auf die vorherige Tabelle eventuell gefragt haben, was denn hier eigentlich aus den Textfeld-Variablen geworden ist, welche ja letztlich nichts anderes als Zeitleisten-Variablen waren. Nun, die Antwort fällt recht kurz aus – es gibt sie in Flash MX nur noch aus Gründen der

Rückwärtskompatibilität, verwenden sollten Sie Textfeld-Variablen aber nicht mehr. An deren Stelle ist das neue *TextField*-Objekt getreten.

Listing 3.14 Das neue TextField-Objekt löst die Textfeldvariablen ab

```
// Neuer Stil: Alle Textfelder sind Objekte !
// Der Textinhalt wird in der Objekt-Eigenschaft 'text' gespeichert
this.createTextField("meinTextFeld", 0, 50, 50, null, null);
this.meinTextFeld.text = "Hallo, dies ist im Sinne des neuen Stils.";
this.meinTextFeld.autosize = "left";
// Alter Stil: Variablenwert ist gleich dem Inhalt des Textfeldes
// die Variable 'alterStil' ist eine Zeitleistenvariable
this.alterStil = "So bitte nicht mehr."
```

3.7   Vordefinierte Variablen

Ohne auch nur eine einzige Variable in ActionScript deklarieren zu müssen, hat man schon die Möglichkeit, zu Beginn eines jeden Films auf vordefinierte Variablen zuzugreifen.

3.7.1 $version

Diese Variable wird vom Interpreter geliefert und steht automatisch auf der Hauptzeitleiste von Level 0 zu Verfügung. Der darin gespeicherte Wert gibt Auskunft über das Betriebssystem und die Versionsnummer des Players. Die folgende Zeile kennen Sie ja bereits.

```
Stufe #0:
Variable _level0.$version = "WIN 6,0,40,0"
```

Das mit Flash MX eingeführte Objekt *System.capabilities* enthält diese Angabe übrigens auch und darüber hinaus noch wesentlich mehr Informationen zum System Ihrer Besucher.

```
trace(System.capabilities.version);
trace(System.capabilities.os) ;
```

```
WIN 6,0,40,0
Windows 2000
```

3.7.2   Definition über die URL

Gerade bei dynamisch generierten HTML-Seiten ist es wünschenswert, auch bestimmte dynamische Werte von Beginn an im Flashfilm zur Verfügung zu haben. Dies geht recht einfach, indem Sie in der Objektdefinition diese Variablen an die URL des Films hängen; im *embed*-Tag wäre dies zum Beispiel:

```
<embed src="filename.swf?vorname=willy&nachname=neugierig&alter=30">
```

und analog dazu in der Parameter-Definition:

```
<param name="movie"
value="filename.swf?vorname=willy&nachname=neugierig&alter=30">
```

Damit werden automatisch drei Variablen auf der Hauptzeitleiste von Level 0 initialisiert.

```
_level0.vorname = "willy";
_level0.nachname = "neugierig";
_level0.alter = "30";
```

Beachten Sie bitte, dass im obigen Beispiel die Zahl dreißig vom Datentyp Zeichenkette ist. Über die URL übergebene Variablen liegen im Flashfilm immer als Zeichenketten vor. Über Datentypen und deren bösartige Fallen reden wir später noch.

3.7.3   Definition über die FlashVars Eigenschaft

Diese recht neue und erst mit Flash Player 6 eingeführte Möglichkeit ist in der Technote #16417 beschrieben. Für das Beispiel oben würde sich Folgendes ergeben:

```
<embed
src="filename.swf" FlashVars="vorname=willy&nachname=neugierig&alter=30">
```

und analog dazu in der Parameter-Definition:

```
<param name="FlashVars" value="vorname=willy&nachname=neugierig&alter=30">
```

3.8   Variablenaustausch zur Laufzeit

Natürlich ist es auch möglich, erst zur Laufzeit externe Variablen in das Geschehen einzubringen. Dies kann einerseits über die schon leicht ergrauten Aktionen *loadVariables()* und *loadVariablesNum()* erfolgen, aber auch über das in Flash MX neu eingeführte und viel leistungsfähigere *LoadVars*-Objekt. Da es hierbei keineswegs nur um das Empfangen von Variablen geht, sondern auch um das Senden und die Server-Kommunikation allgemein, werden wir uns diesem komplexen Thema später noch ausführlich widmen.

3.9 Beispiel

Wir sind jetzt schon einen ganz schön weiten Weg gegangen, oder? Nach so vielen anstrengenden Pfaden ist es aber nun wirklich Zeit, entspannt zum Einkaufen zu gehen.

Listing 3.15 Beispiel Eurorechner (Datei finden Sie auf der Webseite zum Buch)

```
// Wechselkurs als globale Variable definiert
_global.EUROKURS = 1.95583;
//////////////////////////////////////////////////
// Umrechnungs - Funktionen für Eurorechner
// ------------------------------------------------
umrechnung_dm_nach_euro = function (dm) {
  var euro;  // die lokale Variable euro wird deklariert
  // Euro-Betrag auf zwei Kommastellen genau berechnen
  euro = Math.round(100*(dm / EUROKURS))/100;
  return euro;       // die Funktion gibt euro zurück
};
// ------------------------------------------------
umrechnung_euro_nach_dm = function (euro) {
  var dm; // die lokale Variable dm wird deklariert
  // DM-Betrag auf zwei Kommastellen genau berechnen
  dm = Math.round(100*(euro * EUROKURS))/100;
  return dm; // die Funktion gibt dm zurück
};
//////////////////////////////////////////////////
// Button Handler für Eurorechner
b_dm_euro.onPress = function() {
  // es wird die Funktion umrechnung_dm_nach_euro aufgerufen
  textFeld_Euro.text = umrechnung_dm_nach_euro(textFeld_DM.text);
};
// ------------------------------------------------
b_euro_dm.onPress = function() {
  // es wird die Funktion umrechnung_euro_nach_dm aufgerufen
  textFeld_DM.text = umrechnung_euro_nach_dm(textFeld_Euro.text);
};
```

4

Datentypen und Operatoren

4 Datentypen und Operatoren

4.1 Die Notwendigkeit von Datentypen

In den meisten Programmiersprachen muss bei der Deklaration von Variablen explizit angegeben werden, welche Sorte von Daten die Variable aufnehmen soll. Sind es Zahlen oder Zeichenketten, und wenn es Zeichenketten sind, wie viele Zeichen sind zu erwarten, und wenn es sich um Zahlen handelt, gibt es auch negative Zahlen zu speichern und so weiter. Dies ist nicht unbedingt eine Schikane, sondern dient dem Zweck, erstens die Speicher-Ressourcen des Computers effektiv aufzuteilen, und zweitens, auch tatsächlich die richtigen Operationen auf die Daten anzuwenden. Besonders Letzteres ist wichtig, denn stellen Sie sich vor, eine Telefonnummer und die Vorwahl aus einer Eingabemaske sollen mit einer Zeichenketten-Verknüpfung zu einer einzigen Nummer zusammengesetzt werden. Einfach? Schon: Nur woher soll der Computer wissen, ob die Zahlen jetzt addiert oder zusammengesetzt werden sollen? Unter anderem aus diesem Grund wird bei der Deklaration eben konkret gesagt: Vorwahl und Telefonnummern sind beides Zeichenketten, davon hat erstere maximal sechs, letztere maximal zwanzig Zeichen. Programmiersprachen wie beispielsweise Java oder C++, die nach dem genauen Typ der Daten bei der Deklaration verlangen, nennt man streng typisierte Sprachen *(strong typing)*.

Loose Typing

ActionScript arbeitet zwar intern aus besagten Gründen auch mit Datentypen, diese müssen aber nicht explizit bei der Deklaration angegeben werden. Wir haben also im Kapitel über Variablen nichts falsch gemacht, der Interpreter versucht automatisch, die Datentypen bei der Deklaration zu erkennen. Wie Javascript und die meisten anderen Skriptsprachen auch, zählt ActionScript damit zu den „locker" typisierten Sprachen *(loose typing)*.

Listing 4.1 Loose Typing: keine explizite Angabe des Datentyps bei der Deklaration

```
// Die Variable vorwahl erhält intern automatisch den Datentyp string,
// da der Interpreter wegen der Anführungsstriche erkennt, dass es sich
// um eine Zeichenkette handelt, und nicht etwa um die Zahl 30
var vorwahl = "030";
// Man kann sich den Datentyp einer Variable auch anzeigen lassen
```

```
trace(typeof(vorwahl)); // string
// Die Variable alter erhält intern den Datentyp number
var alter = 30;
trace(typeof(alter)); // number
```

```
string
number
```

Diese unkomplizierte Verfahrensweise gibt Ihnen eine gehörige Portion Freiraum, denn im Gegensatz zu streng typisierten Sprachen ist es in ActionScript sogar möglich, einer Variablen mal den einen und dann wieder den anderen Datentyp zuzuweisen. Im Sinne einer übersichtlichen Programmierung sollten Sie dies dennoch vermeiden, denn leicht kann es passieren, dass das Resultat nicht den Erwartungen entspricht.

Listing 4.2 Loose Typing: Der Datentyp einer Variable kann sich zur Laufzeit ändern

```
// Datentyp String zuweisen
vorwahl = "030";
telefon = "123456789";
trace(vorwahl + telefon); // 030123456789
// Datentyp Number zuweisen
vorwahl = 030;
telefon = 123456789;
trace(vorwahl + telefon); // 123456813
```

```
030123456789
123456813
```

Sehen Sie, wie wichtig es ist, zwischen den verschiedenen Datentypen zu unterscheiden? Bleibt die Frage, welche Datentypen es in ActionScript noch gibt.

4.2 Übersicht zu den Datentypen in ActionScript

Bisher haben wir eigentlich immer nur Zeichenketten und Zahlen benutzt, um Variablen mit Inhalt zu füllen. Was aber, wenn wir einen Verweis auf einen bestimmten Movieclip speichern wollen, um nicht immer den ganzen Pfad angeben zu müssen? Handelt es sich hier um eine Zeichenkette? Wäre es nicht kompliziert, die Antworten eines umfangreichen MultipleChoice-Fragebogens in Hunderten von Variablen als Zahlen zu speichern? Stimmt, und genau deshalb hält ActionScript eine Reihe weiterer Datentypen bereit. Hier eine kleine Übersicht:

- Zeichenketten | `string` – der einfache *(primitive)* Datentyp für Texte wie „Diesen Datentyp kenne ich schon aus dem vorigen Kapitel." Oder einfach das Zeichen „A".
- Zahlen | `number` – der einfache *(primitive)* Datentyp für alle Zahlen, egal ob positive ganze Zahlen wie 42 oder beliebige Gleitkommazahlen wie etwa 0.3135 *(Achtung: Kommazahlen werden groteskerweise nicht mit einem Komma, sondern immer mit einem Punkt geschrieben!)*.
- Boolesche Werte | `boolean` – der einfache *(primitive)* Datentyp der Wahrheitswerte, benannt nach dem Mathematiker G.Boole (1815–1864). Es gibt bei diesem Datentyp nur zwei Werte: *true* und *false* (wahr und falsch).
- Movieclip | `movieclip` – der Datentyp für Filmsequenzen, ein spezielles Objekt in Action-Script, um welches sich bekanntlich so ziemlich alles dreht. In Variablen wird dabei immer nur eine Referenz (ein Verweis) zu einem Movieclip-Objekt gespeichert, wie etwa *this. baum*.
- Objekte | `object` – der abstrakte Datentyp für Objekte in ActionScript. Ein Objekt ist per Definition eine ungeordnete Ansammlung von Eigenschaften, wobei jede Eigenschaft einen Namen und einen Wert besitzt. In Variablen wird dabei immer nur eine Referenz (ein Verweis) zu einem Objekt gespeichert , wie z.B. *this.meinePlattenSammlung*
- Spezielle Werte | `null, undefined` – diese beiden einfachen *(primitiven)* Datentypen kennen wir auch bereits. Beide beschreiben allerdings nur, dass keine Daten vorhanden sind oder nichts referenziert wird.

Mehr Datentypen gibt es nicht. Alles, was Sie sonst noch an Daten in ActionScript finden, lässt sich in eine dieser Kategorien einordnen, vor allem die zahlreichen Objekte. Denken Sie bei Datentypen einfach wieder an Ihren Wäscheberg, den Sie auch in Kategorien sortieren, um mit passender Temperatur und dem richtigen Waschmittel zu waschen. Programmiersprachen sehen vielleicht manchmal etwa entrückt aus, letztlich wird hier aber auch nur mit Wasser gewaschen. Vielleicht ist Ihnen sogar in der Liste oben aufgefallen, dass die Typen *string*, *number*, *boolean*, *null* und *undefined* als einfache *(primitive)* Typen ausgewiesen sind?! Das bedeutet, dass diese Datentypen tatsächlich nur einfache *(primitive)* Werte und eben keine komplexen Objekte wie etwa einen Movieclip repräsentatieren. Primitive Datentypen sind sozusagen die Socken und Taschentücher im Wäscheberg, die wir als erstes einweichen wollen, bevor wir uns später auf die Objekte stürzen.

4.3 Die einfachen Datentypen, Literale und Operatoren

4.3.1 String (Zeichenketten)

Zum Datentyp *string* wird jede beliebige Zeichenfolge gezählt, wobei der Player erstmals mit der Einführung von Flash MX eine vollständige Unicode-Unterstützung bietet. *Unicode* steht für einen vollständigen Zeichensatz, welcher sich als weltweiter Standard durchgesetzt hat und viele internationale Zeichensätze in sich vereint. Im Gegensatz zu den länderspezifischen 8-bit-

Zeichensätzen, wie etwa ISO-8859-1, basiert der Unicode-Zeichensatz auf 16-bit-Werten. Auf diese Weise lassen sich nicht nur maximal 256 Zeichen, sondern alle jemals in menschlichen Sprachen vorkommenden Zeichen darstellen. Wer jetzt glaubt, bei 65.535 Zeichen für den Maximalwert einer 16-bit-Zahl sei auch hier Schluss, hat weit gefehlt, denn Unicode arbeitet viel raffinierter. Ausführliche Informationen finden Sie unter folgender Adresse:

http://www.unicode.org

4.3.1.1 String-Literale

Vielleicht haben Sie den Begriff schon gehört – konstante Werte, die sich den einfachen *(primitiven)* Datentypen zuordnen lassen, bezeichnet man als Literale, nicht zu verwechseln mit den bilateralen Beziehungen. Der Begriff eines String-Literals steht dementsprechend in Action-Script für eine konstante Folge von Zeichen, wobei diese Zeichen entweder in doppelte oder in einfache Anführungszeichen eingeschlossen werden müssen, wobei natürlich auch einzelne Zeichen oder ein Leerzeichen korrekt sind.

```
"Bilaterale Beziehungen"
'Mit einfachen Anführungszeichen ist es auch richtig'
"A"
" "
```

Einen Haken hat die Sache aber hinsichtlich der Anführungszeichen. Wie kann ich denn Anführungszeichen im Text unterbringen, wenn damit immer auch das Ende einer Zeichenkette markiert wird? Der Versuch mit

```
trace("Die Sendung über die "CeBit" beginnt um 22.00Uhr");
```

```
Szene=Szene 1, Ebene=Ebene 1, Bild=1: Zeile 1: )' oder ',' erwartet
     trace("Die Sendung über die "CeBit" beginnt um 22.00Uhr");
```

führt zu einer Fehlermeldung, da für den Interpreter das Literal nach *"Die Sendung über die "* abgeschlossen ist und der darauf folgende Rest für ihn keinen Sinn ergibt. Hier helfen die so genannten *Escape-Sequenzen* weiter, die neben einer Sequenz für die Anführungszeichen auch noch Sequenzen für Steuerzeichen bieten, wie etwa für einen Zeilenumbruch. Auch die gezielte Eingabe von speziellen Oktalen und Unicode-Zeichen wird mit Hilfe der Escape-Sequenzen möglich.

Tabelle 4.1 Escape-Sequenzen

Escape-Sequenz	Beschreibung
\000 ... \377	Oktales 8-bit-Zeichen
\x00 ... \xFF	Hexadezimales 8-bit-Zeichen
\u0000 ... \uFFFF	Hexadezimales 16-bit-Unicode-Zeichen
\'	Apostroph
\"	Anführungszeichen
\\	Backslash
\r	Wagenrücklauf
\n	Neue Zeile (Line Feed)
\f	Form Feed
\t	Tabulator
\b	Backspace

Unser Beispiel „CeBit" würde mit Hilfe der Escape-Sequenz für das Anführungszeichen also wie folgt aussehen.

```
trace("Die Sendung über die \"CeBit\" beginnt um 22.00Uhr.");
```

```
Die Sendung über die "CeBit" beginnt um 22.00Uhr.
```

Ein Beispiel für einen Zeilenumbruch mit der entsprechenden Escape-Sequenz wäre.

```
trace("CeBit\nund hier beginnt die neue Zeile");
```

```
CeBit
und hier beginnt die neue Zeile
```

Ein Beispiel für die Ausgabe eines Unicode-Zeichens 00AE: Registrierte Marke.

```
trace("Registrierte Marke: \u00AE");
```

```
Registrierte Marke: ®
```

Die Escape-Sequenz für das Tabulator-Steuerzeichen ist auch sehr praktisch, um den Text im Ausgabefenster übersichtlicher zu gestalten.

```
trace("\ttapp\ttapp\ttapp");
```

```
        tapp    tapp    tapp
```

Das alles mag sehr seltsam aussehen und von eher theoretischer Natur sein, aber wenn Sie später einmal aus einer Flash-Anwendung heraus reine Textdaten mit einem Server austauschen wollen, ist die genaue Kenntnis dieser Escape-Sequenzen ein absolutes Muss. Diese Kenntnisse werden Sie auch immer wieder benötigen, denn Escape-Sequenzen sind keine Erfindung von ActionScript, sondern ein Plattform- und sprachübergreifender Standard.

4.3.1.2   Operatoren für den Datentyp string

Einen Operator für den Datentyp *string* kennen Sie schon ziemlich genau. Der +-Operator verknüpft zwei Zeichenketten zu einer.

```
var gesamtText = "Zusammen" + "gesetzt";
trace(gesamtText);
```

```
Zusammengesetzt
```

Fall Sie zu einer schon vorhandenen Zeichenkette eine weitere Zeichenkette hinzufügen wollen, können Sie auch einfach einen kombinierten Zuweisungs- und +-Operator verwenden.

```
var gesamtText = "Zusammen";
gesamtText += "gesetzt";
trace(gesamtText);
```

```
Zusammengesetzt
```

Hierbei wird der Inhalt der Variablen *gesamtText* mit der Zeichenkette „gesetzt" verknüpft und das Ergebnis dieser Operation wieder in der Variablen *gesamtText* abgelegt. Dies hat praktisch denselben Effekt, wie wenn Sie geschrieben hätten:

```
var gesamtText = "Zusammen";
gesamtText = gesamtText + "gesetzt";
trace(gesamtText);
```

```
Zusammengesetzt
```

Man könnte nun meinen, dass damit das Repertoire an Operatoren für Zeichenketten erschöpft ist, wenn es nicht noch die Vergleichsoperatoren gäbe. Wie der Name vermuten lässt, vergleichen diese Operatoren zwei Operanden, in unserem Fall also zwei Zeichenketten, und liefern je nach Wahrheitswert der aufgestellten Behauptung das Ergebnis *true* oder *false*, welches somit vom Datentyp *Boolean* ist.

```
// Testen auf Gleichheit
trace("Action" == "Action");              // true
trace("Action" == "action");              // false
// Testen auf Ungleichheit
trace("Action" != "action");              // true
trace("Action" <> "action");              // true
// Test auf Gleichheit oder Zeichencode
trace("Action" >= "Action");              // true
trace("Aktion" <= "Action");              // false;
// Testen auf Zeichencode
trace("Action" < "ActionScript");         // true
trace("Aktion" < "Action");               // false
trace("A" > "a");                         // false
```

Während das Testen auf *Gleichheit* und *Ungleichheit* sich von selbst erklärt, sind die Mechanismen der *größer-als (>)*- und *kleiner-als (<)*-Operatoren etwas tiefsinniger. Der Interpreter vergleicht hier nicht etwa die Länge der Zeichenkette, wie man das beim Vergleich von „Action" und „ActionScript" vermuten könnte, sondern er vergleicht von links nach rechts die Position jedes einzelnen Zeichens in der Zeichencode-Tabelle. Verkehrte Welt, werden Sie jetzt zu Recht rufen, denn beim Vergleich zweier Buchstaben sind Großbuchstaben immer „kleiner". Ganz einfach deswegen, weil kleine Buchstaben in einer Zeichencode-Tabelle, wie zum Beispiel der von ISO-8859-1 (Latin 1), erst hinter den Großbuchstaben angeordnet sind. Nehmen wir etwa das kleine „a" mit dem Zeichencode 97 und das grosse „A" mit dem Zeichencode 65, dann vergleicht der Interpreter also in Wirklichkeit

```
trace(65 > 97);                           // false
```

Aus demselben Grund wird dementsprechend der String „Aktion" vom Interpreter größer gewertet als der String „Action", da der Buchstabe „k" mit 107 einen höheren Zeichencodewert als der Buchstabe „c" mit dem Code 99 hat. Alles, was nach dieser Stelle kommt, hat übrigens keinen Einfluss mehr auf das Ergebnis. Und warum die Zeichenkette „ActionScript" im Vergleich größer als „Action" ausfällt? Nun, ein kleiner Buchstabe ist immer noch größer als gar keiner.

4.3.2 Boolean (Wahrheitswerte)

Für den einfachen Datentyp *Boolean* gibt es, wie schon in der Übersicht erwähnt, nur zwei gültige Literale: *true* und *false*. Seine weite Verbreitung verdankt er vor allem der Tatsache, dass sämtliche Vergleichsoperatoren in ActionScript diesen Datentyp als Ergebnis zurückgeben, so wie Sie das vorhin schon bei den Zeichenketten verfolgen konnten. Später werden wir diesem Datentyp vor allem bei den Verzweigungen wieder begegnen.

Listing 4.3 Je nachdem, wann Sie dieses Skript testen, wird das Jahr angezeigt

```
var action = "zeigeJahr";
if (action == "zeigeJahr") {
   // der obige Vergleich hat true ergeben
   var datum = new Date();
   trace(datum.getFullYear());
}
```

```
2002
```

Das Skript verzweigt nur dann in den durch die geschweiften Klammern eingeschlossenen Block, wenn der Vergleich *action == "zeigeJahr"* den Booleschen Wert *true* liefert, also beide Zeichenketten gleich sind. Mehr zu Verzweigungen gibt es später im entsprechenden Kapitel.

4.3.2.1 Logische Operatoren

Boolesche Werte sind untrennbar mit den drei logischen Operatoren &&, || und *!* verbunden. Sinn und Zweck dieser Operatoren ist es, Wahrheitsaussagen zu verknüpfen und eine eindeutige Antwort zu erhalten. Wenn also ein Junge meint, es sei *wahr*, dass der Kochtopf übergelaufen ist UND seine Schwester ebenfalls behauptet, es sei *wahr*, dann ist wohl in der Regel anzunehmen, dass es wirklich *wahr* ist und die Mutter wird hier in der Küche nachschauen müssen. In der Logik Boolescher Datentypen sind solche Entscheidungsprozesse, ob etwas wahr ist, oder nicht keine Ermessensfrage mehr, sondern das Ergebnis ist hier klar festgelegt. In früher Jugend noch mit Leiterplatte, Schaltkreisen und Lötkolben bewaffnet, bin ich damals sehr schnell bei einer Art Käsekuchen-Spiel gelandet. Schauen Sie sich doch bitte die beiden folgenden Tabellen an. Sie erhalten dort das Ergebnis einer logischen Verknüpfung, indem Sie mit dem Finger einfach auf das Kästchen tippen, wo sich die Spalte und die Zeile zweier Boolescher Werte kreuzen. So ergibt zum Beispiel eine UND-Verknüpfung nur dann *true*, wenn **beide** Operanden den Wert *true* aufweisen. Eine ODER-Verknüpfung hingegen ergibt immer *true*, es sei denn, beide Operanden haben jeweils den Wert *false*.

Tabelle 4.2 UND-Verknüpfung

	false	true
false	false	false
true	false	true

Tabelle 4.3 ODER-Verknüpfung

	false	true
false	false	true
true	true	true

Mit den folgenden Zeilen können Sie die Ergebnisse der Tabelle auch gerne in ActionScript überprüfen. Es kommt hier vor allem darauf an, einen Überblick zu erhalten, um später bei Verzweigungen und logischen Verknüpfungen immer den richtigen Operator aus der Tasche zu ziehen.

```
// UND-Verknüpfung (AND)
trace(true && true);            // true
trace(true && false);           // false
trace(false && false);          // false
// ODER-Verknüpfung (OR)
trace(true || true);            // true
trace(true || false);           // true
trace(false || false);          // false
// NICHT-Operator (NOT)
trace(!false);                  // true
trace(!true);                   // false
```

Das Ausrufezeichen ist ein so genannter unärer Operator, was nichts weiter bedeutet, als dass dieser Operator nur einen Operanden benötigt. Dessen delikate Aufgabe ist es, eine Aussage um 180 Grad zu verdrehen – aus wahr wird falsch und aus falsch wird wahr.

4.3.3 Number (Zahlen)

Zum Datentyp *number* sind alle Zahlen zu rechnen, egal ob positiv oder negativ, ob Ganzzahl oder Gleitkommazahl, und auch die anzunehmende Größe der Zahl spielt keine Rolle. In vielen anderen Programmiersprachen wird an dieser Stelle knallhart unterschieden.

4.3.3.1 Zahlenliterale

Analog zu den Zeichenketten, werden auch beim Datentyp *number* konstante Werte durch eine literale Darstellung erzeugt, die bestimmten Regeln folgt. Hierbei sind die gültigen Literale für Kommazahlen nach wie vor unangefochten auf Platz eins der Verwirrungsskala, denn diese enthalten eben kein Komma, sondern einen Punkt. Im Folgenden sehen Sie einige Beispiele für Zahlenliterale.

```
// Ganzzahlen (integer number)
var a = 23;                 // positive Ganzzahl
var b = -45;                // negative Ganzzahl
// Gleikommazahlen (floating point number)
var c = 0.1;                // positive Gleitkommazahl
var d = -0.99;              // negative Gleitkommazahl
// Exponentielle (wissenschaftliche) Darstellung
var e = 2E3;            // 2000
var f = 2E-3;           // 0.002
// Hexadezimale Darstellung
```

```
var g = 0xFF0000;            // 16711680 (hier auch RGB-Farbwert für Rot)
var h = 0x33;                // 51
// Oktale Darstellung
var i = 0123;                // 83
```

Die Literale zur Darstellung von hexadezimalen und okatalen Zahlen dürften Ihnen sogar noch von den *Escape-Sequenzen* her bekannt vorkommen. Das Oktalsystem spielt dabei aber eher eine untergeordnete Rolle, und in der Tat kann ich mich an kein Projekt erinnern, bei dem dieses zum Einsatz gekommen wäre. Anders sieht es schon mit dem Hexadezimalsystem aus, welches bekanntlich für die Darstellung von RGB-Farbwerten genutzt wird *(0xRRGGBB)*.

4.3.3.2 Gleitkomma-Genauigkeit

Immer wieder ein heikles Thema ist die Genauigkeit, mit der in ActionScript Zahlen gespeichert werden, und folglich damit auch die Genauigkeit, mit der in ActionScript gerechnet werden kann. Dabei muss man sich eigentlich nur merken, dass der Interpreter Gleitkomma-Arithmetik[1] betreibt und für jede Zahl maximal 15 Stellen reservieren kann, die sich aus der Summe der Stellen vor und nach dem Komma/Punkt ergeben (ohne redundante Nullen). Diese Genauigkeit, seit Urzeiten auch Gleitkomma-Genauigkeit genannt *(floating-point-precision)*, ergibt sich aus dem Gleitkommatyp, welcher intern 64bit an Speicherplatz belegt und damit einen Zahlenbereich von *4.94065645841247e-324* bis *1.79769313486231e+308* abdeckt. Wenn auch leicht abweichend, in anderen Sprachen, wie etwa Java, würde man hier von einem Typ doppelter Genauigkeit sprechen (`double`). Denken Sie vor allem auch daran, dass der Interpreter automatisch und ohne nachzufragen rundet, wenn Sie versuchen, ihm Zahlen mit einer höheren Genauigkeit unterzuschieben. Im Folgenden sehen Sie einige Beispiele, die all das verdeutlichen sollen.

```
// 0 + 16 = 16 Stellen : es wird gerundet
trace(0.999999999999999);        // 1
// 0 + 15 = 15 Stellen : ok
trace(0.99999999999999);             // 0.99999999999999
// 1 + 15 = 16 Stellen : es wird gerundet
trace(5.999999999999999);        // 6
// 1 + 14 = 15 Stellen : ok
trace(5.99999999999999);             // 5.9999999999999
// 4 + 12 = 16 Stellen : es wird gerundet
trace(2000.000000000001);        // 2000
// 4 + 11 = 15 Stellen : ok
trace(2000.00000000001);             // 2000.00000000001
// 16 + 0 = 16 Stellen : es wird gerundet
trace(1234567890123456);             // 1.23456789012346e+15
```

---

[1] *http://www.macromedia.com/support/flash/ts/documents/roundoff_error.htm*

```
// 15 + 0 = 15 Stellen : ok
trace(123456789012345);              // 123456789012345
// Maximaler und minimaler Zahlenwert
trace(Number.MAX_VALUE);             // 1.79769313486231e+308
trace(Number.MIN_VALUE);             // 4.94065645841247e-324
```

Letztere Zeilen verwenden zwei vordefinierte Eigenschaften des Objektes *Number*, um den Zahlenbereich zu ermitteln. Ohne jetzt dem Kapitel über Objekte vorzugreifen, verwechseln Sie niemals das vordefinierte Objekt *Number* mit dem primitiven Datentyp *number*. Der Datentyp *number* ist ein Datentyp, das Objekt *Number* gehört zu einem Datentyp, nämlich dem Datentyp *object*. Damit stellt das Objekt *Number*, wie jedes andere Objekt auch, einfach eine Ansammlung von Eigenschaften dar, wobei jede Eigenschaft einen Namen und einen Wert besitzt. Im obigen Fall sind das also zwei Eigenschaften mit dem Namen *MAX_VALUE* und *MIN_VALUE*, sowie den entsprechenden Werten. Beide Eigenschaften halten sich zu unserer großen Freude damit auch an die Konvention, Konstanten immer großzuschreiben.

4.3.3.3 Konstanten und spezielle Werte

Bevor es weiter zu den Operatoren geht, seien an dieser Stelle noch die anderen Konstanten erwähnt, die das Objekt *Number* bereithält. Auf diese Eigenschaften des Objektes greift der Interpreter immer dann zurück, wenn Sie versuchen, mit Typen zu rechnen, die keine Zahlen sind. Oder auch, wenn Sie durch 0 dividieren wollen. Da dies schneller passiert, als man denkt, sollten Sie die Zeichen des Interpreters deuten können.

```
trace(Number.MAX_VALUE);             // Obere Grenze des Zahlenbereichs
trace(Number.MIN_VALUE);             // Untere Grenze des Zahlenbereichs
trace(Number.NEGATIVE_INFINITY);     // Negative Unendlichkeit
trace(Number.POSITIVE_INFINITY);     // Positive Unendlichkeit
trace(Number.NaN);                   // Not a Number -> Keine Zahl
trace(2000/0);                             // Infinity
trace(-150/0);                             // -Inifinity
trace(3 * "Mit mir ist heute nicht zu rechnen"); // NaN
```

Zugegeben, ich kann mir das Schmunzeln nur schwer verkneifen, wenn hier von der negativen und der positiven Unendlichkeit die Rede ist. Auch mag es auf den ersten Blick widersprüchlich erscheinen, dass der Wert der Eigenschaft *NaN* zum Datentyp *number* gehört, so wie die anderen Eigenschaften *MAX_VALUE*, *MIN_VALUE*, *NEGATIVE_INFINITY*, *POSITIVE_INFINITY* auch.

```
trace(typeof Number.NaN);            // number
```

Aber wenn man länger darüber nachdenkt, ergibt es wieder Sinn, und in ActionScript sind damit alle Extremfälle abgedeckt, welche bei Rechenoperationen auftreten können.

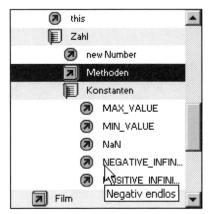

Abbildung 4.1 Negativ endlos

Gut, nun mal so rein philosophisch gefragt: was glauben Sie wohl, was die beiden Tooltips „Positiv endlos" und „Negativ endlos" bedeuten mögen?

4.3.3.4 Operatoren für den Datentyp number

Im hoffentlich beiderseitigen Interesse werde ich Ihnen hier nicht alle Rechenoperationen vorführen, aber es ist doch wichtig, auf einige Besonderheiten bei den Operatoren für Zahlen hinzuweisen.

Arithmetische Operatoren

Tabelle 4.4 Arithmetische Operatoren und Zuweisungsoperatoren

Operator	Bedeutung
+	Addition
–	Subtraktion
*	Multiplikation
/	Division
%	Modulo
+=	Additionszuweisung
–=	Subtraktionszuweisung
*=	Multiplikationszuweisung
/=	Divisionszuweisung
%=	Modulozuweisung
++	Inkrement
– –	Dekrement

Sie werden die meisten Operatoren aus der Schulalgebra kennen. Rechnen in ActionScript sieht zum Beispiel so aus:

```
var a = 5 + 7;
var b = 10 * 2;
var c = 7.5 - 11.3;
var d = 16 / 4;
// Verwenden Sie wie gewohnt auch Klammern
// Math.PI ist eine Eigenschaft des Math-Objekts mit dem Wert Pi (Konstante)
var e = 10 * ( 1.1 + Math.PI);
// Ausgabe
trace(a); trace(b); trace(c); trace(d); trace(e);
```

```
12
20
-3.8
4
42.4159265358979
```

Um Ihnen neben den Grundrechenarten auch etwas Neues zu bieten, habe ich in das Skript-Beispiel oben eine weitere Quelle für Konstanten einfließen lassen. Ähnlich dem Objekt *Number* gibt es in ActionScript noch ein weiteres vordefiniertes Objekt für rechenbegeisterte Mitmenschen, das Objekt *Math*. Auch dieses bietet zahlreiche Eigenschaften mit konstanten Werten, wie eben die Zahl π, Logarithmen und Wurzelwerte.

Der Modulo-Operator

Relativ unbekannt ist der %-Operator, auch Modulo-Operator genannt, welcher den Rest einer Divsionsoperation liefert, ähnlich wie man das früher noch vom Dividieren auf dem Papier her kannte. Interessant vor allem für Umsteiger aus anderen Sprachen ist die Tatsache, dass dieser Operator auch bei Gleitkommazahlen anwendbar ist (im Gegensatz etwa zu C/C++).

```
trace (10 % 10);          // kein Rest: 0
trace (13 % 10);          // Rest 3
trace (13.5 % 10);        // Rest 3.5
```

Ist also der Operand links vom Modulo-Operator ohne Rest durch den Operator rechts vom Modulo-Operator teilbar, dann ergibt diese Operation immer 0. Ein klassisches Beispiel für die Verwendung ist die Ermittlung von Stunden, Minuten und Sekunden aus einer Zeitangabe.

Listing 4.4 Ermittlung von Stunden, Minuten und Sekunden aus einer Zeit mit Hilfe des %-Operators

```
// Zeit liegt in Sekunden vor
var zeit = 1730;
// 1 Minute = 60 Sekunden -> Sekunden-Rest ss soll angezeigt werden
var ss = zeit % 60;
// Sekunden werden abgezogen -> Wert nun ganzzahlig durch 60 teilbar
var mm = (zeit - ss) / 60;
// 1 Stunde = 60 Minuten -> Minuten-Rest mm soll angezeigt werden
mm = mm % 60;
// Minuten und Sekunden werden abgezogen -> Wert ohne Rest durch 60 teilbar
var hh = (zeit - 60 * mm - ss) / 60;
// Anzeige von Stunden, Minuten, Sekunden
trace(hh + ":" + mm + ":" + ss);
```

```
0:28:50
```

Dies können Sie gerne auch noch auf Millisekunden oder gar Tage, Monate und Jahre erweitern. Später werden Sie noch erfahren wie sich das Skript auch optisch etwas aufbessern lässt, indem Sekunden, Minuten und Stunden bei Werten kleiner zehn eine 0 vorangestellt wird.

Arithmetische Zuweisungsoperatoren

Die meisten Programmierer sind relativ schreibfaul und ständig auf der Suche nach der Lösung mit den wenigsten Anschlägen pro Minute. Solange das keine negativen Auswirkungen auf die Anzahl der Kommentare hat, ist in der Praxis ein schlankes und kompaktes Skript in der Regel auch immer die bessere Variante. Blicken Sie auf das vorherige Beispiel mit der Zeitberechnung zurück, werden Sie gelegentlich ein lautes Grummeln hören.

```
mm = mm % 60;
```

Diese Zeile lässt sich in der Tat viel einfacher und auch übersichtlicher mit einer Kombination aus Zuweisungsoperator und Modulo-Operator schreiben.

```
mm %= 60;
```

Auch für die Grundrechenarten gibt es solche Kombinationen. Hier einige Beispiele:

```
var a = 20, b = 10, c = 30, d = 40;
a += 1;      // analog zu a = a + 1; ergibt 21
b -= 6;      // analog zu b = b - 1; ergibt 4
c *= 100;    // analog zu c = c * 100; ergibt 3000
```

```
d /= 20;        // analog zu d = d / 20; ergibt 2
trace(a); trace(b); trace(c); trace(d);
```

Inkrement- und Dekrement-Operatoren

Und es gibt noch mehr zu verkürzen. Wollen Sie den Wert einer Variablen nur um eins erhöhen, bzw. um eins verringern, bieten sich die Inkrement- bzw. Dekrement-Operatoren an.

```
a += 1;
b -= 1;
```

Dies ließe sich mit einem Inkrements- und einem Dekrement-Operator so formulieren:

```
a++;
b--;
```

Später werden Sie in dem entsprechenden Kapitel feststellen, dass diese Operatoren besonders in Schleifen sehr häufig anzutreffen sind, wie etwa hier bei einer *while*-Schleife.

Listing 4.5 Schon etwas vorgegriffen – eine while Schleife

```
// Das Skript soll alle Zahlen von 1 bis 11 im Ausgabefenster anzeigen
var i = 1;
// Die while-Schleife wird so lange ausgeführt,
// wie i<=11 den Booleschen Wert true ergibt
while (i<=11) {
   trace(i++); // der Wert von i wird bei jedem Durchlauf um eins erhöht
}
```

Beachten Sie bitte, dass beide Operatoren in zwei verschiedenen Formen vorkommen können. Einmal wie oben gezeigt in der *Postfix-Form*, wo der Operator nach der Variablen steht, aber auch in der *Prefix-Form*, wo der Operator vor dem Operanden steht. Die Unterschiede werden am besten an einem Beispiel deutlich:

```
var a = 20;
var b = a++;                     // Postfix-Form von ++
trace("a hat den Wert " + a);    // a hat jetzt den Wert 21
trace("b hat den Wert " + b);    // b hat noch den Wert 20
```

Hier wurde die *Postfix-Form* des ++-Operators verwendet. Dies bedeutet, dass **zuerst** der Variablen b der Wert von a zugewiesen und **danach** erst der Wert von a um eins erhöht wird. Anders funktioniert die *Prefix-Form* des ++-Operators:

```
var a = 20;
var b = ++a;                        // Prefix-Form von ++
trace("a hat den Wert " + a);       // a hat jetzt den Wert 21
trace("b hat den Wert " + b);       // b hat jetzt auch den Wert 21
```

Hier wird zuerst der Wert der Variablen a erhöht, und danach erst der (neue) Wert der Variablen b zugewiesen. Diesen kleinen, aber feinen Unterschied sollten Sie sich unbedingt merken. Denn nichts kann manchmal fatalere Auswirkungen auf das Wochenende haben, als wenn an Stelle der erwarteten Elf plötzlich die Spieler mit den Nummern zwei bis zwölf aufs Feld laufen.

Listing 4.6 Schon wieder vorgegriffen – noch eine while-Schleife

```
var i = 1;
while (i<=11) {
   trace(++i); // Prefix-Form von ++
}
```

```
2
3
4
5
...
10
11
12
```

Bitweise Operatoren

„Bitte ein Bit" werden Sie nach so vielen Operatoren rufen, und das sollen Sie auch bekommen. Denn trotz ihres Schattendaseins in ActionScript dürfen die bitweisen Operatoren nicht unerwähnt bleiben, auch wenn sie ausschließlich für fortgeschrittene Entwickler gedacht sind. Es soll und kann deswegen an dieser Stelle nur eine kurze Übersicht zum Schnuppern geben.

Tabelle 4.5 Bitweise Operatoren und Zuweisungsoperatoren

Operator	Bedeutung
&	Bitweises UND (AND)
|	Bitweises ODER (OR)
^	Bitweise exklusives ODER (XOR)
~	Bitweises unäres NICHT (NOT)
>>	Bitweise Rechtsverschiebung
>>>	Bitweise Rechtsverschiebung (ohne Vorzeichen-Beachtung)
<<	Bitweise Linksverschiebung
&=	Bitweise UND-Zuweisung

Operator	Bedeutung
|=	Bitweise ODER-Zuweisung
^=	Bitweise exklusive ODER-Zuweisung
>>=	Bitweise Rechtsverschiebungs-Zuweisung
>>>=	Bitweise Rechtsverschiebungs-Zuweisung (ohne Vorzeichen-Beachtung)
<<=	Bitweise Linksverschiebungs-Zuweisung

Bitweise Operatoren lassen sich in ActionScript generell nur auf Ganzzahlen anwenden. Versuchen Sie eine Fließkommazahl mit einem bitweisen Operator zu bearbeiten, schneidet der Interpreter alles hinter dem Komma einfach ab. Im Gegensatz zum dezimalen Zahlensystem mit der Basis 10, oder dem Hexadezimalen System mit der Basis 16 beruht das binäre Zahlensystem auf der Basis 2, wobei jede Stelle damit nur zwei Werte annehmen kann: 0 und 1. Die Wertigkeit der Bits verläuft dabei von rechts nach links, beginnend ganz rechts mit 2^0. Im Folgenden sehen Sie als Beispiel die binäre Repräsentation der Zahl 6.

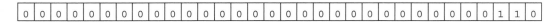

Wenn Sie per Hand nachrechnen wollen, müssen Sie wie folgt auf dem Papier vorgehen:

```
1*22 + 1*21  + 0*20 = 6
```

Oder Sie nutzen die sehr praktische Funktion *parseInt()*, um eine Binärzahl (Basis 2) in eine ganzzahlige Dezimalzahl umzuwandeln.

```
// parseInt(ausdruck, basis)
zahl = parseInt("110",2);
trace(zahl);  // Ausgabe: 6
```

Bitweise Operatoren manipulieren nun, wie der Name schon sagt, die einzelnen Bits dieser Zahl.

```
trace( parseInt("-0011",2));                        // -3
trace( parseInt("0110",2) & parseInt("0001",2));    // 0000 -> 0
trace( parseInt("0110",2) | parseInt("0001",2));    // 0111 -> 7
trace( parseInt("0010",2) ^ parseInt("0111",2));    // 0101 -> 5
trace(~parseInt("0111",2));                         // -1000 -> -8
trace( parseInt("0110",2) << 1);                    // 1100 -> 12
trace( parseInt("-0110",2) >> 1);                   // -0011 -> -3
trace( parseInt("-0011",2) >>> 1);                  // 2147483646
```

Übrigens, Sie könnten sich die Ergebnisse auch visuell in binärer Form anzeigen lassen, um die Auswirkungen der Operatoren besser nachzuvollziehen. Dazu finden Sie in der Werkzeugkiste von ActionScript die eingebaute Methode *Number.toString()*, eine praktische Methode zur Typ-konvertierung von Zahlen in Zeichenketten.

```
var meineBits = parseInt("0110",2) << 1                // 1100 -> 12
// Number.toString(Basis)
trace(meineBits.toString(2));                          // 1100
```

Dies greift zwar wieder dem Thema Objekte und Methoden etwas vor, ist aber sicherlich an dieser Stelle mehr als angebracht zu notieren.

4.4 Rangfolge der Operatoren

Wahrscheinlich kennen Sie noch aus der Schulzeit die alte Mathe-Weisheit „Punktrechnung geht vor Strichrechnung". Dies bedeutete, dass in einem Term die Operationen *Multiplikation* und *Division* Vorrang vor *Addition* und *Subtraktion* haben. Dies gilt auch für das Programmieren, nur dass man die Weisheit nicht mehr wörtlich nehmen darf, denn der Punkt als Operator zum Multiplizieren ist nun ein Sternchen und der Operator für das Dividieren ungünstigerweise ein Schrägstrich. Vielleicht wollen Sie sich ja aber „Schrägstrich-Sternchen-Rechnung geht vor Strichrechnung merken"?

```
trace(3 * 5 + 2);          // 17
trace(81 / 9 - 3);         // 6
```

Bekannt sein dürfte auch noch die Tatsache, dass in runde Klammern gefasste Operationen immer zuerst ausgeführt werden, was entsprechende Auswirkungen auf das Ergebnis hat.

```
trace(3 * (5 + 2));        // 21
trace(81 / (9 - 3));       // 13.5
```

Alles in allem gilt es also eine festgelegte Rangfolge zu beachten, welche in der folgenden Übersicht dargestellt wird. Erschrecken Sie dabei nicht – einige Operatoren in der Tabelle werden erst im Laufe des Buches behandelt, so aber sehen Sie alles auf einen Blick.

Tabelle 4.6 Rangfolge der Operatoren *(oberste Zeile: höchster Rang | unterste Zeile: niedrigster Rang)*

Runde Klammer, Postfix-Operatoren	()	[]	.	ausdruck++	ausdruck--
Alle unären Operatoren, Prefix-Operatoren	~	!	new delete typeof void	++ausdruck	--ausdruck
Multiplikativ	*	/	%		

Additiv	+	-			
Verschiebung	>>	>>>	<<		
Relational	>	>=	<	<=	instanceof
Gleichheit / Ungleichheit	==	!=			
Bitweises AND	&				
Bitweises XOR	^				
Bitweises OR	|				
Logisches AND	&&				
Logisches OR	||				
Bedingung	?:				
Zuweisung, kombinierte Zuweisungs-Operatoren	=	operator=			

Falls Sie sich einmal mit der Rangfolge nicht sicher sind, setzen Sie lieber eine Klammer mehr als zu wenig. Dies macht Ihr Skript zudem lesbarer, denn es lässt klarer für jeden erkennen, was passieren soll, und beugt somit zugleich Fehlern vor.

5

Funktionen

5 Funktionen

5.1 Wieso Funktionen grün sind

Funktionen sind nicht etwa das Salz in der Suppe eines jeden Skripts, sondern sie gehören schlichtweg zu den dicksten Brocken auf dem Tellerboden – aber nicht, weil Funktionen etwa schwer zu löffeln sind, sondern, ganz im Gegenteil, auf Grund ihrer Einfachheit und Vielfalt haben sie eine immense Bedeutung für jede Flash-Anwendung. Sie werden später erfahren, dass Funktionen sich als Handler für Ereignisse wie etwa einem Mausklick nützlich machen können, oder dass Funktions-Objekte gar den grundlegenden Baustein für Klassen und somit der objektorientierten Programmierung in ActionScript bilden. Dabei können Objekte wiederum eigene Funktionen besitzen, wobei man dann von Methoden des Objektes spricht. Sie sehen, wir stehen hier also davor, ein weites und fruchtbares Feld zu beackern. Vorerst lohnt es sich aber, erst mal nach dem durchaus schmackhaften Suppengrün zu fischen – der klassischen Funktion. Sicherlich kennen Sie noch eine Menge trigonometrischer Funktionen aus dem Mathe-Unterricht, oder Sie erinnern sich vielleicht an eines der vielen mühsam gezeichneten x-y-Diagramme?

- Sinusfunktion: `y = sin(x)`
- Cosinusfunktion: `y = cos(x)`
- Exponentialfunktion `y = e(x)`

Was passiert aber denn eigentlich, wenn man beim Taschenrechner einen Wert x eingibt und auf die Sinus-Taste drückt, um den Wert y zu erhalten? Nun, wenn es Wunder auf dieser Welt gibt, dann sicherlich nicht in der Rechentechnik, und so ist die Erklärung recht nüchtern und real – der Taschenrechner führt ein kleines *Unterprogramm* aus. Dieses könnte etwa auf den Namen „Sinus" hören und wenn durch Tastendruck aufgerufen, berechnet es für uns den Sinuswert für den eingegebenen Wert x. Wie das Unterprogramm den Sinuswert intern berechnet, ist dabei für uns völlig uninteressant, wichtig ist das Ergebnis. In ActionScript können Sie solche Unterprogramme eben in Form von Funktionen selber schreiben, oder, um das Rad nicht neu zu erfinden, auch eine der eingebauten Funktionen und Objekt-Methoden nutzen, die ActionScript für Sie bereithält.

Ein Beispiel wäre die vordefinierte Sinus-Methode des *Math*-Objektes.

```
var x = Math.PI/4;
var y = Math.sin(x);
trace(y);
```

```
0.707106781186547
```

Eine häufig benutzte vordefinierte Funktion von ActionScript ist auch die *getTimer()* Funktion, welche die seit Filmstart verstrichene Zeit in Millisekunden liefert.

```
var t = getTimer(); // die Funktion getTimer() gibt Zeit in ms zurück
trace("Seit dem Filmstart sind " + t + "ms vergangen"); // z.B.   24ms
```

```
Seit dem Filmstart sind 24ms vergangen
```

Wundern Sie sich nicht, wenn Sie hier Zeiten kleiner als 24ms erhalten. Dies bedeutet nur, dass Ihr Rechner wesentlich schneller als mein Laptop arbeitet, wovon ich aber gar nichts wissen will.

5.2   Eigene Funktionen definieren und aufrufen

Wer hätte nicht gerne eine Wunderlampe in der Tasche, um stets im rechten Augenblick die geballte Kraft des Universums auf sein Skript loszulassen, und so wird es Zeit für eine eigene Funktion, um den müden Geist aus der Reserve zu locken.

Listing 5.1 Definition einer Funktion mit dem Bezeichner „wunderlampe"

```
function wunderlampe()
{
   trace("Oh, Ihr habt gerufen, grosser Meister ?");
}
wunderlampe(); // Funktionsaufruf
```

```
Oh, Ihr habt gerufen, grosser Meister ?
```

Eigene Funktionen in ActionScript werden immer mit dem Schlüsselwort *function* definiert. Im obigen Beispiel folgt dem Schlüsselwort *function* der Bezeichner für die Funktion, hier also *wunderlampe*. Dieser Bezeichner, gefolgt von zwei runden Klammern gibt der Funktion einen eindeutigen Namen, so wie Sie das schon von den Regeln für die Bezeichnung von Variablen her kennen.

```
Variable _level0.wunderlampe = [Funktion 'wunderlampe']
```

Anhand dieses Namens wird die Funktion später dann aufgerufen, nämlich mit der Anweisung *wunderlampe()*. Der eigentliche Funktionskörper, also der Teil wo sich die Anweisungen des Unterprogramms sammeln, ist von geschweiften Klammern { } eingeschlossen. Dies war und ist der klassische Weg, eine Funktion zu deklarieren. Aber es gibt noch einen zweiten Weg, der Ihnen vor allem im Zusammenhang mit Event-Handlern später recht oft begegnen wird.

Listing 5.2 Definition einer Funktion ohne Bezeichner, aber mit Speicherung eines Verweises

```
wunderlampe = function ()
{
   trace("Oh, Ihr habt gerufen, grosser Meister ?");
}; // die Zuweisung immer ordentlich mit einem Semikolon abschliessen !
wunderlampe(); // Funktionsaufruf
```

```
Oh, Ihr habt gerufen, grosser Meister ?
```

Diesmal wurde der Funktion **kein** Name gegeben. Eigentlich ein klarer Fall für den Mülleimer, denn wie soll eine Funktion ohne Namen jemals aufgerufen werden. Stimmt, hätte ich nicht einen Verweis auf diese Funktion in einer Variablen *wunderlampe* gespeichert. Wie kann man sich dies aber vorstellen? Nun, als Erstes will ich Ihnen zeigen, dass Geister und Funktionen ohne Namen tatsächlich in der Versenkung verschwinden:

Listing 5.3 Definition einer Funktion ohne Bezeichner und ohne Verweis (nutzlos)

```
function ()
{
   trace("Oh, Ihr habt gerufen, grosser Meister ?");
}
```

Dies ist von der Syntax völlig korrekt, aber es gibt keine Möglichkeit, diese Funktion jemals aufzurufen, und somit ist sie für uns nutzlos. Wenn Sie sich die Variablen im Ausgabefenster auflisten lassen, werden Sie tatsächlich nicht die kleinste Notiz über diese Funktion finden. Ich habe hier also einen Geist ins Rennen geschickt, der keinen Namen besitzt und von dem keiner so richtig weiß, wo er sich befindet oder ob es ihn überhaupt noch gibt. Wenn ich aber jetzt jemanden beauftrage, diese Wunderlampe von Anfang an im Auge zu behalten, brauche ich den Namen und den Aufenthaltsort der Lampe gar nicht zu wissen, sondern kann jederzeit den Beobachter anrufen und fragen, wo das Ding steckt. Genau dies passiert bei dem zweiten Weg. Die Tarnung scheint somit perfekt und sieht im Ausgabefenster folgendermaßen aus:

```
Variable _level0.wunderlampe = [Funktion]
```

Diese Speicherung von Verweisen auf eine Funktion, oder zum Beispiel auch auf ein Objekt oder einen Movieclip, ist eine unglaublich praktische und sehr weit verbreitete Technik in

ActionScript, die Ihnen später oft begegnen wird. Variablen, welche einen Verweis halten, sind dabei in ihrer Funktionsweise praktisch nicht vom Bezeichner der Funktion zu unterscheiden. Im Folgenden deklarieren wir wie gehabt eine einfache Funktion und erstellen zusätzlich eine Variable mit einem Verweis.

Listing 5.4 Aufrufen der Funktion über den Bezeichner und den Verweis

```
function wunderlampe()
{
    trace("Oh, Ihr habt gerufen, grosser Meister ?");
}
// Speicherung einer Referenz zur Funktion wunderlampe
beobachter = wunderlampe;
wunderlampe();          // Funktionsaufruf
beobachter();           // Funktionsaufruf über Verweis
```

```
Oh, Ihr habt gerufen, grosser Meister ?
Oh, Ihr habt gerufen, grosser Meister ?
```

Das Auflisten der Variablen im Testmodus mit *Strg+Alt+V* zeigt dabei Folgendes:

```
Variable _level0.wunderlampe = [Funktion 'wunderlampe']
Variable _level0.beobachter = [Funktion 'wunderlampe']
```

Das Arbeiten mit Verweisen ist eine reine Kopfsache, woran Sie sich hoffentlich sehr schnell gewöhnen werden. Zeit, dem Geist nicht nur höfliche Bemerkungen zu entlocken, sondern ihm auch die ersehnten Wünsche zuzustecken.

5.3   Funktionen mit Parametern

So wie bei jedem Geist, zeigen auch die meisten Funktionen in ActionScript erst richtig ihre Muskeln, wenn man sie mit Übergabewerten füttert. Man spricht dabei auch von Argumenten oder Parametern, welche an die Funktion übergeben werden. Denken Sie zum Beispiel zurück an die Sinusfunktion, welche ohne einen Parameter x reichlich zwecklos wäre. Und auch eigene Funktionen lassen sich mit Argumenten für einen universellen Einsatz aufpäppeln.

Listing 5.5 Definition und Aufruf einer Funktion mit einem Argument „name"

```
function wunderlampe(name)
{
    trace("Oh, Ihr habt gerufen, " + name + " ?");
}
```

```
wunderlampe("kleiner Meister");    // Funktionsaufruf
wunderlampe("grosser Meister");    // Funktionsaufruf
```

```
Oh, Ihr habt gerufen, kleiner Meister ?
Oh, Ihr habt gerufen, grosser Meister ?
```

Was passiert hier genau? Nun, in den runden Klammern steht zunächst einmal der Name des Parameters, im vorliegenden Fall *name*. So weiß der Interpreter, dass er bei jedem Funktionsaufruf automatisch eine lokale Variable *name* innerhalb der Funktion deklarieren soll. Erinnern Sie sich an das Kapitel über Variablen? Die lokale Variable *name* ist nur innerhalb der Funktion gültig und wird automatisch am Ende der Funktion wieder gelöscht. Das hätten wir also auch einfacher haben können, werden Sie jetzt triumphieren, indem wir geschrieben hätten:

Listing 5.6 Der Gültigkeitsbereich von Parametern entspricht dem einer lokalen Variable

```
function wunderlampe()
{
   var name;
   trace("Oh, Ihr habt gerufen, " + name + " ?");
}
wunderlampe("kleiner Meister");    // Funktionsaufruf
wunderlampe("grosser Meister");    // Funktionsaufruf
```

```
Oh, Ihr habt gerufen,    ?
Oh, Ihr habt gerufen,    ?
```

Wie Sie sehen – Sie sehen nichts – die lokale Variable *name* hat hier natürlich keinen Wert. Der entscheidende Unterschied besteht nämlich darin, dass *name*, als Parameter in den runden Klammern gesetzt, den Wert zugewiesen bekommt, den man beim Aufrufen der Funktion angibt, wie etwa *„kleiner Meister"* oder *„grosser Meister"*. Dabei lässt sich jeder beliebige Datentyp übergeben, egal ob eine Zeichenkette, eine Zahl, ein Boolescher Wert oder ein Objekt. Aber damit nicht genug. Es lassen sich nicht nur ein Parameter, sondern mehrere gleichzeitig definieren. Die Namen der Parameter werden dabei jeweils durch ein Komma getrennt, wobei man die Reihenfolge beim Aufruf dann möglichst beachten sollte.

Listing 5.7 Definition und Aufruf einer Funktion mit zwei Parametern: „name" und „drink"

```
function wunderlampe(name,drink)
{
   trace("Oh, Ihr habt gerufen, " + name + " ?");
   trace("Darf ich Ihnen eine " + drink + " anbieten ?\n");
}
```

```
wunderlampe("kleiner Meister","Cola");         // Funktionsaufruf
wunderlampe("grosser Meister","Weinflasche");  // Funktionsaufruf
```

```
Oh, Ihr habt gerufen, kleiner Meister ?
Darf ich Ihnen eine Cola anbieten ?


Oh, Ihr habt gerufen, grosser Meister ?
Darf ich Ihnen eine Weinflasche anbieten ?
```

Falls Sie einmal aus Versehen oder auch mit Absicht an eine Funktion weniger Parameter übergeben sollten, als ursprünglich für diese definiert wurden, legt der Interpreter großzügig einen
Mantel des Schweigens über die Angelegenheit. Andere Programmiersprachen sind da wesentlich penibler und machen sich mit einer Fehlermeldung Luft. Im Sinne einer sauberen Programmierung sollten Sie dies jedoch nicht ausnutzen, und an Funktionen, welche zwei Parameter erwarten, auch wirklich zwei Parameter übergeben.

Listing 5.8 Funktion mit zwei Parametern, die aber mit nur einem Parameter aufgerufen wird (vermeiden!)

```
function wunderlampe(name,drink)
{
   trace("Oh, Ihr habt gerufen, " + name + " ?");
   trace("Darf ich Ihnen eine " + drink + " anbieten ?\n");
}
wunderlampe("kleiner Meister");            // Funktionsaufruf
```

```
Oh, Ihr habt gerufen, kleiner Meister ?
Darf ich Ihnen eine anbieten ?
```

5.4   Funktionen mit Rückgabewerten

Sie wissen jetzt, wie man einen Geist durch Rubbeln an der Wunderlampe aufruft. Sie wissen
auch, dass dieser Geist wieder in der Lampe verschwindet, wenn er seinen Dienst getan hat. Das
ist wichtig. Nun soll er aber, bevor er wieder zurück in die Lampe verschwindet, Ihnen noch ein
Säckchen Gold hinterlassen. Sprich, wir wollen von unserer Funktion einen Rückgabewert.

Listing 5.9 Funktion gibt einen Wert zurück

```
function wunderlampe(name)
{
   trace("Oh, Ihr habt gerufen, " + name + " ?");
   return 100000; // Rückgabewert
}
```

```
var kontostand = 0;
trace("Alter Kontostand: " + kontostand + " Taler");
// Das Ergebnis der Funktion wird einer Variablen zugewiesen
var kontostand = wunderlampe("Goldhamster");
trace("Neuer Kontostand: " + kontostand + " Taler");
```

```
Alter Kontostand: 0 Taler
Oh, Ihr habt gerufen, Goldhamster ?
Neuer Kontostand: 100000 Taler
```

Wussten Sie eigentlich, dass die Bezeichnung „Dollar" ihren Ursprung in der sächsischen Aussprache für Taler hat? Die Funktion *wunderlampe* hat hier jedenfalls mit dem Schlüsselwort *return* die Zahl 100000 zurückgegeben, welche ich Ihrem Kontostand gutgeschrieben habe. In der Regel wird aber der Rückgabewert in Abhängigkeit vom übergebenen Parameter ermittelt, sonst würde das ganze wenig Sinn ergeben. Passen Sie das folgende Skript Ihren Verhältnissen an, und Sie werden erkennen, was ich meine.

Listing 5.10 Funktion mit einem dynamischen Rückgabewert

```
function wunderlampe(kontostand)
{
    trace("Oh, mal sehen, was sich da machen lässt");
    kontostand += 5000;
    return kontostand; // Rückgabewert
}
// ändern Sie diesen Wert entsprechend Ihren Verhältnissen ;o)
var kontostand = 4000;
trace("Alter Kontostand: " + kontostand + " Taler");
var kontostand = wunderlampe(kontostand);
trace("Neuer Kontostand: " + kontostand + " Taler");
```

```
Alter Kontostand: 4000 Taler
Oh, mal sehen, was sich da machen lässt
Neuer Kontostand: 9000 Taler
```

5.5   Funktionen mit variabler Anzahl von Parametern

Es gibt Situationen, in denen Sie die Anzahl der Parameter, welche an eine Funktion übergeben werden sollen, bei der Definition der Funktion nicht kennen. Nun könnten Sie zwar vorsorglich mal eben einhundert Parameter auf Verdacht in der Funktion definieren, aber das ist erstens kein guter Stil und zweitens gibt die Wunderlampe spätestens beim Aufruf mit einhunderteins Parametern ihren Geist auf. Hier hilft ein spezielles Objekt weiter, das Array *arguments*. Dieses Array müssen Sie sich wie eine indizierte, also durchnummerierte Tabelle vorstellen, welche alle an die Funktion übergebenen Parameter enthält, wobei zusätzlich auch noch die Objekt-Eigenschaft *length* die Gesamtzahl der Parameter angibt. Und genauso einfach, wie Sie mit Ihrem Zeigefinger auf einer Tabelle von oben nach unten rutschen können, so einfach können Sie in ActionScript dieses Array mit Hilfe einer Schleife durchlaufen. Sie werden später noch sehen, wie eng Arrays und Schleifen miteinander verknotet sind.

Tabelle 5.1 Das Array *arguments*

Index	Wert
0	Der erste an die Funktion übergebene Parameter
1	Der zweite Parameter
2	Der dritte Parameter
...	...
length - 1	Der letzte Parameter

Listing 5.11 Durchlaufen des Arrays arguments innerhalb einer Funktion

```
function rennVerlauf()
{
    // Anzahl der Parameter ermitteln
    trace("Es sind noch " + arguments.length + " Pferde im Rennen");
    trace("Startnummer "  + arguments[0] + " liegt in Führung");
    trace(".... es folgen:");
    // Auflisten aller Parameter in einer Schleife
    for (var i=1; i<arguments.length; i++) {
        trace("Startnummer " + arguments[i]);
    }
}
rennVerlauf(1,3,6,10,15,21,28);
rennVerlauf(3,10,21,28);
```

```
Es sind noch 7 Pferde im Rennen
Startnummer 1 liegt in Führung
.... es folgen:
Startnummer 3
Startnummer 6
Startnummer 10
Startnummer 15
Startnummer 21
Startnummer 28
Es sind noch 4 Pferde im Rennen
Startnummer 3 liegt in Führung
```

```
.... es folgen:
Startnummer 10
Startnummer 21
Startnummer 28
```

Im obigen Beispiel wurden, abhängig natürlich vom Verlauf des Pferderennens, einmal vier und einmal sieben Startnummern als Argumente an die Funktion übergeben. So ein Pferderennen kann ja in der Tat einen dramatischen Verlauf nehmen, und die Funktion, welche dem gespannten Zuschauer Auskunft über den aktuellen Rennstand liefern soll, muss in der Hitze des Rennens darauf flexibel reagieren können. Ohne auch nur einen Parameter bei der Deklaration der Funktion in den runden Klammern angegeben zu haben, können wir mit Hilfe des Arrays *arguments* vollständig auf alle Startnummern innerhalb der Funktion zugreifen. Und als Zugabe gibt die Eigenschaft *length* Auskunft darüber, wie viele Pferde noch auf den Hufen stehen. Der Zugriff auf die übergebenen Parameter erfolgt dabei immer mit *arguments[index]* .

 Beachten Sie bitte, dass der erste an die Funktion übergebene Parameter im Array *arguments* nicht wie erwartet etwa den Index eins besitzt, sondern den Index 0. Entsprechend besitzt der letzte Parameter nicht den Index des Wertes von *length*, sondern *length-1*. Lassen Sie sich dadurch nicht verwirren.

5.6   Das Objekt Arguments – callee & caller

Sie wissen nun, dass die Eigenschaft *length* des Objektes *arguments* angibt, wie viele Parameter an die Funktion übergeben wurden. Es gibt aber noch zwei weitere Eigenschaften, auf die es sich lohnt hinzuweisen:

Tabelle 5.2 Die Eigenschaften des Objektes *arguments*

Eigenschaft	Wert
callee	verweist auf die Funktion, die gegenwärtig aufgerufen wird, also auf sich selbst
caller	verweist auf die aufrufende Funktion, natürlich nur wenn vorhanden
length	die Anzahl der Parameter, welche an die Funktion übergeben wurden.

Listing 5.12 Anzeigen spezieller Eigenschaften des Objektes *arguments*

```
function rennVerlauf()
{
   callee_rennVerlauf = arguments.callee; // [Funktion 'rennVerlauf']
   caller_rennVerlauf = arguments.caller; // [Funktion 'radioSprecher']
}
function radioSprecher()
```

```
{
   callee_radioSprecher = arguments.callee; //[Funktion 'radioSprecher']
   caller_radioSprecher = arguments.caller; // null
   rennVerlauf(); // Aufruf von rennVerlauf
}
radioSprecher();
```

Wichtig ist an dieser Stelle, dass Sie sich an den Beginn des Kapitels erinnern, wo es unter anderem auch um Verweise oder Referenzen zu Funktionen ging. Denn die Werte der Eigenschaften *callee* und *caller* sind eben Verweise auf Funktionen. Einmal auf sich selbst und einmal auf eine eventuell aufrufende Funktion. Im Ausgabefenster mit *STRG+ALT+V* ergibt sich für das Beispiel entsprechend der Tabelle Folgendes:

```
Variable _level0.rennVerlauf = [Funktion 'rennVerlauf']
Variable _level0.radioSprecher = [Funktion 'radioSprecher']
Variable _level0.callee_radioSprecher = [Funktion 'radioSprecher']
Variable _level0.caller_radioSprecher = null
Variable _level0.callee_rennVerlauf = [Funktion 'rennVerlauf']
Variable _level0.caller_rennVerlauf = [Funktion 'radioSprecher']
```

Die Funktion *radioSprecher()* wurde direkt aufgerufen, besitzt also keinen „Rufer", weshalb der Wert der Eigenschaft *arguments.caller* demzufolge *null* ist. Sinnvoll sind diese beiden Eigenschaften vor allem bei so genannten rekursiven Funktionen, Funktionen welche sich selbst aufrufen.

5.7 Mit rekursiven Funktionen ans Limit

Funktionen, die sich selbst aufrufen, nennt man rekursive Funktionen. Und um es vorweg zunehmen: der Interpreter erlaubt maximal eine Tiefe von 256 Rekursionsschritten, was in Flash 5 noch nicht so war. Mit einem denkbar einfachen Skript können Sie dies erzwingen;

Listing 5.13 Eine einfache rekursive Funktion, welche an die Grenze von 256 Schritten stößt

```
function radioSprecher()
{
   arguments.callee();      // Die Funktion ruft sich selbst auf
}
radioSprecher();
```

Wenn Sie den Film testen, erhalten Sie folgende Meldung im Ausgabefenster.

```
256 Rekursionsstufen wurden in einer Aktionsliste überschritten.
Es handelt sich wahrscheinlich um eine Endlosschleife.
In diesem Film werden keine weiteren Aktionen ausgeführt.
```

Nun ist es durchaus löblich, selbst aufrufende Radiosprecher im Zaum zu halten, aber was wäre denn eine sinnvolle Anwendung für rekursive Funktionen? Nun, es gibt da die tollsten Sachen besonders in der Mathematik, und auch beim Parsen von XML-Strukturen sind rekursive Funktionen nicht mehr wegzudenken. Aber um erst mal kleine Brötchen zu backen – wissen Sie noch, was die Fakultät einer Zahl ist?

Listing 5.14 Fakultät einer Zahl n mit einer rekursiven Funktion berechnen

```
// f(n) = 1 * 2 * 3 * ... * n
function fakultaet(n)
{
   trace(n);
   if (n == 1)
   {
      return 1; // gibt 1 zurück
   } else {
      // Da callee auf die Funktion fakultaet verweist,
      // wird hier praktisch fakultaet(n-1) aufgerufen
      return (n * arguments.callee(n - 1));
   }
}
// manueller Kontrollwert für 10
trace(1 * 2 * 3 * 4 * 5 * 6 * 7 * 8 * 9 * 10);
// jetzt mit rekursiver Funktion
var ergebnis = fakultaet(10);
trace(ergebnis); // 3628800
```

Damit haben Sie in dem Beispiel oben sowohl eine praktische Verwendung für die *callee* Eigenschaft des *arguments*-Objektes gesehen, als auch den „Evergreen" unter den rekursiven Funktionen kennen gelernt, die Berechnung der Fakultät einer Zahl. Da *arguments.callee* wie gesagt immer auf die eigene Funktion verweist, hätten Sie theoretisch für

```
return (n * arguments.callee(n - 1));
```

genauso gut folgende Zeile schreiben können:

```
return (n * fakultaet(n - 1));
```

Beides ist richtig, wie Sie einfach überprüfen können:

```
function fakultaet()
{
  trace(fakultaet === arguments.callee);
}
fakultaet();
```

Die erste Variante ist aber eher zu empfehlen, da sie unabhängig vom Bezeichner der Funktion ist. Beachten Sie bitte auch, dass der Interpreter bei einem Argument von 256 den Hahn abdreht. Generell ist diese Grenze für die Rekursionstiefe eine durchaus sinnvolle Schutzmaßnahme des Flash-Players, um ein Einfrieren des Rechners bei ungewollten Rekursionen zu vermeiden.

5.8 Unheimliches aus der Wunderlampe

Für den interessierten und schon etwas weiter fortgeschrittenen Leser gibt es an dieser Stelle Wissenswertes und Unheimliches vom Geist aus der Wunderlampe.

5.8.1 Einen Verweis auf sich selbst zurückgeben

Beginnen wir die Zeremonie mit einer nicht unbedingt sinnvollen, aber doch, wie ich finde, ganz netten Möglichkeit, eine Funktion mehrmals aufzurufen.

Listing 5.15 Der etwas andere Weg, dreimal Hallo zu sagen

```
function hallo() {
   trace("Hallo");
   return hallo; // Verweis auf sich selbst zurückgeben ;o)
}
hallo()()(); // Funktion 3x aufrufen
```

```
Hallo
Hallo
Hallo
```

5.8.2 Funktionsdeklaration mit einer bedingten Anweisung

In eine ausweglose Situation begeben Sie sich in ActionScript MX, wenn Sie versuchen, eine Funktion mit Bezeichner in einem bedingten Anweisungsblock zu deklarieren.

Listing 5.16 So funktioniert es nicht in MX (... funktionierte in Flash 5)

```
var geist = true;
if (geist) {
    trace("Der Geist ist wahr ...");
    function wunderlampe() {
        trace("Ich leuchte");
    }
}
wunderlampe(); // ... aber die Funktion nicht !
```

```
Der Geist ist wahr ...
```

Dieser Versuch scheitert, da Funktionen mit Bezeichner sich generell nicht mehr zur Laufzeit erstellen lassen. ActionScript geht damit in MX konform zum ECMAScript Standard, welcher angibt, die Anwendung nach deklarierten Funktionen zu durchsuchen. Und zwar vor der Ausführung des Skripts. Wenn Sie eine Funktion zur Laufzeit erstellen wollen, müssen Sie auf eine Funktion ohne Bezeichner ausweichen, welche Sie wie gehabt einer Variablen zuweisen.

Listing 5.17 So funktioniert es

```
var geist = true;
if (geist) {
    trace("Der Geist ist wahr ...");
    wunderlampe = function() {
        trace("Ich leuchte");
    }
}
wunderlampe(); // ... und nun auch das Licht !
```

```
Der Geist ist wahr ...
Ich leuchte
```

5.8.3 Aufruf vor Deklaration

Die Tatsache, dass der Interpreter Ihre Anwendung bereits vor der Ausführung nach deklarierten Funktionen durchsucht, zeigt sich auch daran, dass Sie diese im Skript schon vor der eigentlichen Deklaration aufrufen können.

Listing 5.18 Funktionen mit Bezeichner können schon vor der Deklaration aufgerufen werden

```
wunderlampe();
function wunderlampe() {
    trace("Ich leuchte");
};
```

```
Ich leuchte
```

Bei Funktionen ohne Bezeichner, welche erst einer Variablen zugewiesen werden müssen, funktioniert das hingegen so natürlich nicht, da die Zuweisung ja noch nicht passiert ist.

Listing 5.19 So funktioniert es nicht

```
wunderlampe();
wunderlampe = function () {
    trace("Ich leuchte");
};
```

Wie Sie sich auch entscheiden, Sie sollten sich generell keinen der beiden gezeigten Wege erst angewöhnen. Die Funktionen gehören immer vor dem ersten Aufruf deklariert, schon des guten Stils wegen. Dann kann auch nichts „anbrennen".

Listing 5.20 So funktioniert es

```
function wunderlampe() {
    trace("Ich leuchte");
};
wunderlampe();
```

```
Ich leuchte
```

Listing 5.21 So funktioniert es auch

```
wunderlampe = function() {
    trace("Ich leuchte");
};
wunderlampe();
```

5.8.4 Funktionen ohne Bezeichner (anonyme Funktionen)

Ein Blick ins Ausgabefenster zeigt für den folgenden Fall weder für die Funktion noch für den Verweis auf diese Funktion einen Bezeichner. Ärgerlich und verständlich zugleich werden Sie sagen, denn die Funktion hat ja auch keinen Namen.

Listing 5.22 Funktion hat keinen Bezeichner

```
wunderlampe = function ()
{
   trace("Ich leuchte");
};
var beobachter = wunderlampe;
```

```
Variable _level0.wunderlampe = [Funktion]
Variable _level0.beobachter = [Funktion]
```

Um nun trotzdem den Überblick im Ausgabefenster zu behalten, gibt es einen einfachen Trick. Der Bezeichner der Variablen erscheint nämlich dann als Bezeichner für die Funktion im Ausgabefenster, wenn Sie sich explizit auf die Zeitleiste der Variablen beziehen. Hier zum Beispiel lässt sich dies mit this erreichen.

Listing 5.23 Der Bezeichner der Variablen erscheint als Bezeichner der Funktion

```
this.wunderlampe = function ()
{
   trace("Ich leuchte");
};
var beobachter = wunderlampe;
```

```
Variable _level0.wunderlampe = [Funktion 'wunderlampe']
Variable _level0.beobachter = [Funktion 'wunderlampe']
```

5.9 Anmerkungen zu vordefinierten Funktionen

5.9.1 escape/unescape

Zwei sehr nützliche Funktionen, um Zeichenketten in eine URL-encodierte Form zu bringen.

```
trace(escape("Bitte keine Leerzeichen"));
trace(unescape("Bitte%20keine%20Leerzeichen"));
```

5.9.2 eval()

Ich muss zugeben, dass ich diese Funktion fast nie verwendet habe, und würde Ihnen sehr empfehlen, von Ausnahmen abgesehen, diese Funktion ruhen zu lassen und den [] -Operator für den Zugriff auf dynamische Variablen und Objekte zu benutzen. Besonders den Javascript-Programmierern unter Ihnen sei auch gesagt, dass *eval()* in ActionScript anders funktioniert. Es wird hier kein Code interpretiert, sondern es lassen sich nur Bezeichner für Variablen und Objekte evaluieren. Versuche wie etwa *trace(eval("1+2"))* führen nicht zum Erfolg. Für Umsteiger von Flash 5 ist es zudem wichtig zu wissen, dass *eval()* seit Flash MX nur noch auf der *rechten* Seite des Zuweisungs-Operators funktioniert. Dies entspricht dem ECMAScript Standard.

Listing 5.24 eval() - versucht den Ausdruck zu interpretieren

```
var zahl_1 = 5
trace(eval("zahl_" + 1));    // entspricht trace(zahl_1);
trace(this["zahl_" + 1]);    // gleiches Ergebnis, aber mit []-Operator
```

```
5
5
```

Falls Sie in Flash MX noch Filme im Flash 5 Format veröffentlichen, können Sie auch weiterhin *eval()* auf der linken Seite verwenden. Beachten Sie aber bitte die Technote #16187.

6

Bedingte Anweisungen

6 Bedingte Anweisungen

6.1 Wer stellt hier die Bedingungen?

Keine Frage, fast jeden Tag steht man vor mehr oder weniger wichtigen Entscheidungen oder muss die von Natur und Mitmenschen gestellten Bedingungen geschickt einordnen. Wenn es regnet, gehen wir ins Kino, ansonsten treffen wir uns im Biergarten. Sind wir drei Leute, spielen wir Skat, sind wir hingegen nur zu zweit, können wir im Keller Tischtennis spielen, und mit vier Leuten gründen wir eben eine Band und machen Musik. In allen Fällen ist also der weitere Tagesverlauf abhängig von der momentanen Situation des Betrachters. In der Programmierung hat man sich mit den bedingten Anweisungen und den Auswahlanweisungen von der Funktionsweise etwas Ähnliches ausgedacht, wobei man dabei auch häufig von Verzweigungen spricht. Zum Beispiel könnte man den Hintergrund einer Anwendung am Montag blau einfärben, am Dienstag grün und am Wochenende bleibt das Internet geschlossen. Wenn Sie sich jetzt noch an den Datentyp *boolean* und die entsprechenden Operatoren erinnern, kann es losgehen.

6.2 Verzweigungen mit der *if*-Anweisung

Bedingungen werden mit Hilfe der *if*-Anweisung formuliert. Wenn die gestellte Bedingung den Booleschen Wert *true* ergibt, wird die Anweisung in den geschweiften Klammern ausgeführt.

```
if( bedingung ) { anweisung }
```

In der Praxis würde ein einfaches Spiel mit dem Regen so aussehen.

Listing 6.1 Einfaches Beispiel für eine bedingte Anweisung

```
var regen = true;
if (regen == true) {
trace("Gut, wir gehen ins Kino.");
}
```

```
Gut, wir gehen ins Kino.
```

Achten Sie bitte darauf, dass die Bedingung immer in runden Klammern formuliert wird, gefolgt von der Anweisung in geschweiften Klammern. Die geschweiften Klammern dienen allerdings nur dazu, mehrere Anweisungen in einem geschlossenen Codeblock zusammenzufassen. Im obigen Beispiel gibt es hingegen nur eine einzige Anweisung – die geschweiften Klammern wären also nicht zwingend notwendig gewesen.

Listing 6.2 Geschweifte Klammern bei einer einzigen Anweisung nicht unbedingt notwendig

```
var regen = true;
if (regen == true) trace("Gut, wir gehen ins Kino.");
```

```
Gut, wir gehen ins Kino
```

Im Sinne einer besseren Übersichtlichkeit des Skriptes empfehle ich Ihnen jedoch immer, nach Möglichkeit auch Einzeiler in geschweifte Klammern zu setzen. Gut, was passiert aber hinter den Kulissen? Nun, die Aktion

```
trace("Gut, wir gehen ins Kino.");
```

wird nur dann ausgeführt, wenn der Ausdruck

```
regen == true
```

den Booleschen Wert *true* ergibt. Im Kapitel über Operatoren und den Datentyp *boolean* hatten wir so etwas wie folgt getestet, was zuverlässiger als jeder Regenschirm funktioniert.

```
var regen = true;
trace(regen == true); // true
```

Fällt Ihnen etwas auf? Genau, da ja die Variable *regen* selbst schon den Wert *true* besitzt, können wir sogar noch ein Stück weiter gehen und uns den == Operator schenken.

Listing 6.3 Formulierung einer Bedingung ohne Vergleichsoperator

```
var regen = true;
if (regen) {
trace("Gut, wir gehen ins Kino.");
}
```

```
Gut, wir gehen ins Kino
```

Sie müssen sich hier unbedingt für die Zukunft merken, dass egal, welcher Ausdruck in der runden Klammer steht, immer gilt: Ergibt der Ausdruck den Wert *true*, ist die Bedingung erfüllt.

Der *else*-Zweig

Gut, was passiert aber nun, wenn es nicht regnet? Momentan gar nichts, zum Glück gibt es noch einen optionalen Zweig, den *else*-Zweig.

Listing 6.4 Bedingte Anweisung mit *else*-Zweig

```
var regen = false;
if (regen == true)
{
    trace("Gut, wir gehen ins Kino.");
}
else
{
    trace("Ja, lass uns in den Biergarten gehen.");
}
```

```
Ja, lass uns in den Biergarten gehen.
```

In diesen *else*-Zweig verläuft sich der Interpreter nur, wenn die aufgestellte Bedingung *nicht* wahr ist. Um dies zu simulieren, hatte ich eben ganz unbemerkt der Variablen *regen* den Wert *false* zugewiesen. Aber, und das wird vielfach vergessen: Bedingungen lassen sich natürlich nicht nur mit dem Testen auf Gleichheit formulieren, sondern mit allen anderen Vergleichsoperatoren auch, die Sie bereits kennen. So hätten wir zum Beispiel genauso gut testen können, ob es nicht regnet, wie das folgende Beispiel zeigt.

Listing 6.5 Bedingung mit Test auf Ungleichheit

```
var regen = false;
if (regen != true)
{
    trace("Ja, lass uns in den Biergarten gehen.");
}
```

```
Ja, lass uns in den Biergarten gehen.
```

Oder auch wieder einfacher formuliert, indem der !-Operator vor die Variable gesetzt wird.

Listing 6.6 Bedingung mit dem unären !-Operator

```
var regen = false;
if (!regen)
{
    trace("Ja, lass uns in den Biergarten gehen.");
}
```

```
Ja, lass uns in den Biergarten gehen.
```

Die Anwendungsmöglichkeiten und Varianten, um eine Bedingung zu formulieren, sind schier unbegrenzt. Häufig wird zum Beispiel getestet, ob eine Variable einen bestimmten Schwellwert unterschritten hat.

Listing 6.7 Bedingung mit dem Kleiner-als-Vergleichsoperator

```
var kontostand = -1000;
if (kontostand < 0)
{
   trace("Das sieht aber gar nicht gut aus, Herr Siegel.");
}
```

```
Das sieht aber gar nicht gut aus, Herr Siegel.
```

Oder, es lassen sich auch weitaus komplexere Bedingungen formulieren, indem Wahrheitswerte mit Hilfe der bekannten Booleschen Operatoren verknüpft werden.

Listing 6.8 Bedingung mit logisch verknüpften Wahrheitswerten

```
var regen = true;
var film = "Die Olsenbande";
if (regen && film == "Die Olsenbande")
{
   trace("Ja, lass uns ins Kino gehen und " + film + " anschauen");
}
```

```
Ja, lass uns ins Kino gehen und Die Olsenbande anschauen
```

Übrigens – egal, ob der Interpreter den Anweisungsblock in den Verzweigungen abgearbeitet hat oder nicht, er fährt mit dem Skript nach der bedingten Anweisung normal weiter.

Listing 6.9 Abarbeitung des Skriptes wird fortgesetzt.

```
var regen = true;
var film = "Die Olsenbande";
if (regen && film == "Die Olsenbande")
{
   trace("Ja, lass uns ins Kino gehen und " + film + " anschauen.");
}
trace("Egal, was passiert, heute ist mir eh langweilig.");
```

```
Ja, lass uns ins Kino gehen und Die Olsenbande anschauen.
Egal, was passiert, heute ist mir eh langweilig.
```

Wenn Sie die Werte der Variablen *regen* und *film* ändern, können Sie den Ablauf, wie der Interpreter vorgeht, leicht nachvollziehen. Diese Reihenfolge scheint zwar von offensichtlicher Natur, aber bei verschachtelten *if*-Anweisungen muss man mitunter schon genauer hinschauen.

Verschachtelte *if*-Anweisungen

Mit verschachtelten *if*-Anweisungen können Sie bei Bedarf bis in den Himmel hineinragende Entscheidungs-Pyramiden in den Wüstensand setzen. Natürlich nur, wenn Sie es wollen und brauchen. In den meisten Fällen lassen sich nämlich verschachtelte *if*-Anweisungen durch andere Strukturen und Logik ersetzen. Nehmen wir aber einfach das vorhergehende Beispiel:

Listing 6.10 Verschachtelte if-Anweisung

```
var regen = true;
var film = "Die Olsenbande";
if (regen)
{
   trace("Ja, lass uns ins Kino gehen");
   // Beginn der verschachtelten if-Anweisung
   if (film == "Die Olsenbande")
   {
      trace(film + " hab ich aber schon 10x gesehen.");
   }
   else
   {
      trace(film + " will ich gar nicht sehen.");
   } // Ende der verschachtelten if-Anweisung
}
```

```
Ja, lass uns ins Kino gehen.
Die Olsenbande hab ich aber schon 10x gesehen.
```

Ist die Bedingung mit dem Regen erfüllt, verzweigt der Interpreter in den Anweisungsblock. In diesem Block wartet nun die nächste *if*-Anweisung auf den ultimativen Wahrheitstest, und so ließe sich das Spielchen noch eine ganze Weile weiter treiben.

 Sie sollten sich an dieser Stelle vielleicht auch kurz die Zeit nehmen, um die Auto-Format-Optionen für bedingte Anweisungen einzustellen. Diese erreichen Sie über das Fenster des Editor unter dem Menü-Eintrag „Auto-Format-Optionen ...". Mit der Tastenkombination *STRG+UMSCHALT+F* wird das Skript entsprechend diesen Einstellungen dann später automatisch formatiert.

Eine Folge von *else-if*-Anweisungen

Geht es nicht nur darum, einfache *Ja-Nein*-Entscheidungen zu treffen, sondern soll aus mehreren Möglichkeiten ausgewählt werden, ließe sich dies recht einfach mit einer Folge von *else-if*-Anweisungen realisieren. Die Betonung liegt dabei bewusst auf dem Wort „ließe", denn im Anschluss werden Sie mit der *switch*-Anweisung eine viel mächtigere Kontrollstruktur für genau diesen Zweck kennen lernen.

Listing 6.11 Auswahl treffen mit einer Folge von *if-else*-Anweisungen

```
var leute = 4;
if (leute == 1)
{
   trace("Alleine werde ich wohl Fernsehen schauen.");
}
else if (leute == 2)
{
   trace("Zu zweit könnten wir Tischtennis spielen.");
}
else if (leute == 3)
{
   trace("Mit drei Leuten wäre Skat drin.");
}
else if (leute == 4)
{
   trace("Lass uns eine Band gründen, aber ich will ans Schlagzeug.");
}
```

```
Lass uns eine Band gründen, aber ich will ans Schlagzeug.
```

6.3   Auswahl mit der *switch*-Anweisung

Eine der unauffälligsten, doch zugleich nützlichsten Erweiterungen in ActionScript MX ist die Auswahlanweisung, genauer gesagt die *switch*-Anweisung. Hierbei handelt es sich um eine universelle Kontrollstruktur für Fallunterscheidungen, die aber auch in anderen Sprachen wie etwa Javascript immer wieder gerne für Missverständnisse sorgt. Grund genug, einen genaueren Blick auf diesen Fall zu werfen.

Listing 6.12 Das Freizeitbeispiel mit einer switch-case-Struktur geschrieben

```
var leute = 2;
switch (leute)
{
```

```
case 1 :
  // springt hier rein wenn leute == 1 wahr ist
  trace("Alleine werde ich wohl Fernsehen schauen.");
  break; // springt wieder raus
case 2 :
  // springt hier rein wenn leute == 2 wahr ist
  trace("Zu zweit könnten wir Tischtennis spielen.");
  break; // springt wieder raus
case 3 :
  // springt hier rein wenn leute == 3 wahr ist
  trace("Mit drei Leuten wäre Skat drin.");
  break; // springt wieder raus
case 4 :
  // springt hier rein wenn leute == 4 wahr ist
  trace("Lass uns eine Band gründen, aber ich will ans Schlagzeug.");
  break; // springt wieder raus
}
```

```
Zu zweit könnten wir Tischtennis spielen.
```

Das Prinzip ist nun wie folgt. Der Interpreter vergleicht den Auswahlwert für jeden definierten Fall, von oben nach unten, mit dem Wert des Ausdrucks, welcher nach der *switch*-Anweisung in der runden Klammer steht. Im obigen Beispiel also mit dem Wert der Variablen *leute*. Stimmen beide Werte überein, werden alle Anweisungen für den entsprechenden Fall ausgeführt. Die *break*-Anweisung veranlasst den Interpreter, die Fallbearbeitung unverzüglich abzubrechen, womit wir auch schon beim Knackpunkt angelangt sind. Denn wenn Sie einmal die *break*-Anweisungen aus dem Skript entfernen, werden Sie vielleicht vom Ergebnis überrascht sein.

Listing 6.13 Das Auswahlbeispiel ohne break-Anweisungen

```
var leute = 3;
switch (leute) {
case 1 :
  trace("Alleine werde ich wohl Fernsehen schauen.");
case 2 :
  trace("Zu zweit könnten wir Tischtennis spielen.");
case 3 :
  trace("Mit drei Leuten wäre Skat drin.");
case 4 :
  trace("Lass uns eine Band gründen, aber ich will ans Schlagzeug.");
}
```

Das Ausgabefenster drängelt sich jetzt plötzlich mit zwei Vorschlägen ins Rampenlicht.

```
Mit drei Leuten wäre Skat drin.
Lass uns eine Band gründen, aber ich will ans Schlagzeug.
```

Was ist hier jetzt passiert? Ist der Interpreter „Euer Merkwürden" auf einen **Fall** *(engl. case)* getroffen, welcher die Geschworenen zu einem klaren und zweifelsfreien „schuldig" bewegt, werden laut Beschluss immer auch die Urteile der nachfolgenden Fälle ausgeführt. Es sei denn, jemand wirft ein kleinlautes *break* dazwischen. Dies mag zwar jedem gesunden Rechtsempfinden widersprechen, erweist sich aber in der Praxis des Programmierens als durchaus nützlich. Wenn Sie etwa herausbekommen wollen, was Sie alles mit einer bestimmten Anzahl an Leuten unternehmen können, brauchen Sie nur die Reihenfolge der Fälle im obigen Beispiel umdrehen, und voilà. Für unser aller Wohl hoffe ich allerdings, dass Sie dieses Skript niemals im wirklichen Leben benötigen werden.

Listing 6.14 Anweisungen der nachfolgenden Fälle werden auch abgearbeitet

```
var leute = 3; // probieren Sie selbst Werte von 1 bis 4
switch (leute) {
case 4 :
  trace("Band gründen");
case 3 :
  trace("Skat spielen");
case 2 :
  trace("Tischtennis spielen");
case 1 :
  trace("Fernsehen gucken");
}
```

```
Skat spielen
Tischtennis spielen
Fernsehen gucken
```

Bleibt die berechtigte Frage, was denn eigentlich passiert, wenn keiner der definierten Fälle eintritt. Und auch darauf hat das hohe Gericht eine Antwort. Denn was für die *if*-Anweisung der optionale *else*-Zweig, ist für die *switch*-Anweisung der optionale *default*-Fall. Sozusagen das Standardurteil, wenn es um saure Äpfel und knackige Nachbarn geht. Oder anders rum? Ein besonders beliebtes Anwendungsgebiet für solche Geschichten sind jedenfalls Tastaturabfragen in Flash. Auch wenn Sie noch keine Erfahrungen mit dem *Key*-Objekt und *Listener* haben, schauen Sie sich doch bitte folgendes Beispiel an und betätigen die Pfeiltasten nach Herzenslust.

Listing 6.15 Einfache Tastaturabfrage mit einer Auswahlanweisung und *default*-Fall

```
Key.addListener(this);
this.onKeyDown = function()
{
   switch (Key.getCode())
   {
   case Key.LEFT :
      trace("links");
      break;
   case Key.RIGHT :
      trace("rechts");
      break;
   case Key.UP :
      trace("hoch");
      break;
   case Key.DOWN :
      trace("runter");
      break;
   default :
      trace("Diese Taste gilt nicht");
   }
};
```

Die Fälle für alle vier Cursor-Tasten sind definiert und geben beim Tastendruck eine Meldung im Ausgabefenster aus. Drücken Sie hingegen eine andere Taste, wie etwa die Leertaste, tritt der *default*-Fall ein. Zum Abschluss möchte ich Ihnen noch einen Taschenspieler-Trick zeigen, wie Sie bei einer Fallunterscheidung auch mit Zahlenbereichen arbeiten können.

Listing 6.16 Aus der Trickfilmkiste: Fallunterscheidung mit Vergleichsoperatoren

```
var alter = 13;
switch (true) {
case (alter >= 18) :
   trace("Du darfst P18 Filme sehen.");
case (alter >= 16) :
   trace("Du darfst P16 Filme sehen");
case (alter >= 12) :
   trace("Du darfst P12 Filme sehen.");
default :
   trace("Du darfst Kinderfilme sehen.");
}
```

```
Du darfst P12 Filme sehen.
Du darfst Kinderfilme sehen.
```

Der Trick dabei ist so einfach wie wirkungsvoll. Bisher wurde immer ein fester Auswahlwert für jeden einzelnen Fall definiert. Im obigen Beispiel wäre dies bei der gegenwärtig hohen Alterserwartung milde ausgedrückt reichlich aufwändig. Der feine Unterschied ist nun der, dass dieser Auswahlwert kein fester Wert, sondern das Resultat einer Vergleichsoperation und damit vom Datentyp *boolean* ist. Überprüft wird also in Wirklichkeit immer nur, ob der Ausdruck *true* oder *false* ist.

6.4 Der ?: Operator

Programmierer sind schreibfaule Zeitgenossen. Man kann es nicht oft genug als Entschuldigung für allerlei seltsame Syntax-Auswüchse anbringen, und so ist auch das ?: -Gewächs wenig mehr als eine Kurzform der *if-else*-Anweisung. Es gibt im Grunde zwei Formen der Verwendung, einmal wird eine Anweisung ausgeführt, und dann wieder ein Wert zurückgegeben. Natürlich jeweils in Abhängigkeit davon, ob die Bedingung erfüllt wurde oder nicht.

Listing 6.17 Verwendung des ?: Operators

```
var wochentag = "Montag";
// 1. Verwendungsform von ?:
// (bedingung) ? Anweisung wenn erfüllt : Anweisung wenn nicht erfüllt
(wochentag == "Montag") ? trace("Wochenanfang") : trace("Wochenmitte");
// 2. Verwendungsform von ?:
// ergebnis = (bedingung) ? Wert wenn erfüllt : Wert wenn nicht erfüllt
var ergebnis = (wochentag == "Montag") ? "Wochenanfang" : "Wochenmitte";
trace(ergebnis);
```

```
Wochenanfang
Wochenanfang
```

Auch eine Variante als Mischform aus Anweisung und Zuweisung ist denkbar, welche aber wegen der Inkonsistenz im Verhalten nicht zu empfehlen ist.

Listing 6.18 Mischform aus beiden Varianten

```
var wochentag = "Montag";
ergebnis = (wochentag == "Montag") ? trace("Wochenanfang") : "Wochenmitte";
trace(ergebnis);
```

```
Wochenanfang
undefined
```

7

Schleifen

7 Schleifen

7.1 Jetzt wird Achterbahn gefahren

Zugegeben, ich hab' da möglicherweise etwas übertrieben, aber im Grunde genommen haben Schleifen in ActionScript denselben Erholungseffekt wie Achterbahnfahren auf dem Jahrmarkt. Anschnallen, zurücklehnen und schauen, was passiert. Schleifen stellen eine immens wichtige Kontrollstruktur dar und sind Ihre besten Freunde, wenn es darum geht, einen ganzen Sack voll Variablen und Objekte im Film zu erzeugen, zu verändern oder auch zu löschen. Mit einem verschmitzten Lächeln setzt Ihnen eine Schleife eben mal hundert Movieclips auf die Bühne und positioniert diese dann auch noch genau auf das Pixel. Schleifen kämpfen sich durch Berge an Daten in Arrays und bringen komplizierte Berechnungen fertig, die vor einhundert Jahren noch eine ganze Generation von Mathematikern beschäftigt hätte. Wir unterscheiden dabei vier verschiedene Formen von Schleifen in ActionScript:

- Die *while*-Schleife als bedingte Schleife, wobei die Bedingung am Anfang eines jeden Loops überprüft wird;
- die *do-while*-Schleife als bedingte Schleife, wobei die Bedingung hier erst am Ende eines jeden Loops überprüft wird;
- die *for*-Schleife als Zählschleife mit einer Schleifenvariablen als Zähler, welche individuell manipuliert werden kann;
- die *for-in*-Schleife als Ableger der *for*-Schleife mit einer Schleifenvariablen, welche sich durch die Eigenschaften eines Objektes arbeitet.

7.2 Die *while*-Schleife

Die *while*-Schleife ist in Ihrer Art der bedingten *if*-Anweisung recht ähnlich. Bei einer *if*-Anweisung wird der Anweisungsblock immer dann ausgeführt, wenn die aufgestellte Bedingung erfüllt wurde. Bei einer *while*-Schleife hingegen wird der Anweisungsblock **so lange** ausgeführt, wie die aufgestellte Bedingung erfüllt ist. Ein Blick auf die allgemeine Syntax macht die Seelenverwandtschaft zur *if*-Anweisung deutlich.

```
while ( bedingung ) anweisung;
```

Solange der Ausdruck *bedingung* in der runden Klammer den Booleschen Wert *true* ergibt, so lange wird die nachfolgende Anweisung *anweisung* ausgeführt.

Listing 7.1 Einfache *while*-Schleife

```
var i=10;
while(i>0) trace(i--);
```

```
10
9
8
7
6
5
4
3
2
1
```

Auch hier gilt, wie schon bei der *if*-Anweisung besprochen, dass erstens mehrere Anweisungen in geschweiften Klammern zusammengefasst werden müssen und zweitens auch einzeilige Anweisungen nach Möglichkeit in geschweiften Klammern stehen sollten, um das Skript lesbarer zu gestalten.

Listing 7.2 Einfache *while*-Schleife in der empfohlenen Formatierung

```
var i = 10;
while (i > 0)
{
    trace(i--);
}
```

Was passiert hier genau? Der Interpreter trifft auf die *while*-Anweisung und überprüft die aufgestellte Bedingung *i > 10* in der runden Klammer. Da die Variable *i* beim Eintritt in die Schleife den Wert 10 besitzt und damit zweifellos größer als 0 ist, ist die Bedingung erfüllt und der Interpreter tritt in den Anweisungsblock oder auch Schleifenkörper ein. Hier geben die Anweisungen den Wert der Variablen im Ausgabefenster aus und verringern danach diesen um eins. Falls Ihnen das etwas spanisch vorkommt, das Skript hätte man auch so schreiben können:

Listing 7.3 Dieselbe Schleife, etwas anders geschrieben

```
var i = 10;
while (i > 0)
{
```

```
    trace(i);
    i--; // der Wert der Variablen i wird um eins verringert
}
```

Nicht viel Neues werden Sie sagen, aber nun passiert der eigentliche Zauber. Der Interpreter verlässt nach Abarbeiten der Anweisungen nicht etwa die Schleife, sondern springt an den Beginn der Schleife zurück und überprüft die Bedingung erneut. Diesmal hat die Variable i nur noch den Wert 9 und so nimmt die ganze Sache ihren Lauf, bis i den Wert 0 angenommen hat und damit die Bedingung nicht mehr erfüllt ist. Merken Sie sich auch, dass der Interpreter gar nicht erst in eine *while*-Schleife verzweigt, wenn die Bedingung am Anfang nicht erfüllt ist. Dies ist ein Unterschied zur *do-while*-Schleife, die Sie bald kennen lernen werden.

Listing 7.4 Die Schleifenbedingung ist von Anfang an nicht erfüllt

```
var i = -1;
while (i > 0)
{
    trace(i--);
}
```

Schleifen sind, was die Loyalität zur Bedingung angeht, unglaubliche Dickköpfe, deshalb möchte ich Sie an dieser Stelle schon einmal vor dem Sensenmann in Gestalt einer Endlosschleife warnen. Denn glauben Sie nicht, dass Schleifen die Puste ausgeht, wenn sich die aufgestellte Bedingung als permanent wahr herausstellt. Einmal in Gang gekommen, laufen Schleifen hier ins Verderben. Um dies zu demonstrieren, wird im folgenden Skript die Variable i nicht heruntergezählt, wodurch diese den Wert *10* behält. Dies bedeutet, die Bedingung *i > 10* ist immer erfüllt. Bahn frei für die Endlosschleife.

Listing 7.5 Provozieren einer Endlosschleife

```
// Achtung, ausführen auf eigene Gefahr !!!
// Dieses Skript legt Ihren Rechner für mehrere Sekunden lahm
var i = 10;
while (i > 0)
{
    trace(i); // i wird hier nicht heruntergezählt und ist immer 10
}
```

Nach etwa 20–30 Sekunden erscheint eine Meldung des Interpreters, und fragt Sie, ob Sie das Skript abbrechen möchten. Wählen Sie nach Möglichkeit „Ja". Wenn Sie sich für „Nein" entscheiden, wird die Schleife weiterhin ausgeführt, was tatsächlich bis zum Absturz des Rechners führen kann.

Abbildung 7.1 Der Flash Player bricht eine Endlosschleife ab

Dieser Schutzmechanismus des Flash Player ist primär nicht einmal für Sie als Entwickler gedacht, obwohl ich persönlich diesem Schutz sehr verbunden bin, sondern in erster Linie für den wehrlosen Besucher Ihrer Anwendung. So, lieber Leser, nachdem Sie nun die Schattenseite der Schleife kennen gelernt haben, können wir uns wieder der Sonnenseite zuwenden: „*Komm, wir malen eine Sonne*". Das folgende Beispiel greift auf die Zeichenmethoden des *movieclip*-Objekts vor, was hoffentlich auch in Ihrem Sinne ist. Wenn Sie neugierig sind, können Sie natürlich gerne in der Referenz stöbern, was die Zeichenmethoden *lineStyle()*, *moveTo()*, *lineTo()* im Detail machen, oder Sie warten bis zum entsprechenden Kapitel.

Listing 7.6 Sonne zeichnen mit einer *while*-Schleife

```
var strahlen = 36, radius = 100;
var x0 = y0 = 100, b = 0, x, y;
var schrittweite = 2 * Math.PI / strahlen;
this.lineStyle(5, 0xFFFF00, 100);  // Linienstil definieren
while (strahlen > 0)
{
   this.moveTo(x0, y0);             // Stift zum Mittelpunkt bewegen
   b += schrittweite;              // Bogenmass ermitteln
   x = radius * Math.sin(b);       // x-Koordinate berechnen
   y = radius * Math.cos(b);       // y-Koordinate berechnen
   this.lineTo(x0 + x, y0 + y);    // Linie zum Punkt zeichnen
   strahlen--;
}
```

Stellen Sie sich vor, Sie müssten dieses Skript ohne Schleife realisieren. Aber vielleicht haben Sie auch Lust, das Ganze in eine Funktion zu packen? Denken Sie auch immer daran, dass es sehr wohl einen Unterschied ausmacht, **wann** Sie die Variable oder Bedingung verändern, also ob vor oder nach den Anweisungen. So werden im folgenden Skript nicht wie bisher die Zahlen von 1 bis 10 ausgegeben, sondern von 0 bis 9.

Listing 7.7 Variable i wird erst dekrementiert und danach der Wert ausgegeben

```
var i = 10;
while (i > 0)
{
   trace(--i); // vorher stand hier trace(i--)
}
```

```
9
...
1
0
```

Oder wieder in der anderen Schreibweise, um das Ganze zu veranschaulichen.

Listing 7.8 Dieselbe Schleife, anders geschrieben

```
var i = 10;
while (i > 0)
{
    i--;
    trace(i);
}
```

break

Übrigens gibt es auch für die *while*-Schleife einen geschickten Weg, um die Bedingung im Schleifenkörper selber zu formulieren und später mittels des Schlüsselwortes *break* aus der Schleife auszubrechen. Sicherlich erinnern Sie sich noch an die *switch*-Auswahlanweisung, in der es auch das Schlüsselwort *break* gab und wo ich Ihnen etwas Ähnliches gezeigt habe.

Listing 7.9 Schleife mit break beenden

```
var i = 10;
while (true)
{
    trace(i--);
    if (i <= 0) break;
}
```

Hierbei ist die Schleifenbedingung der *while*-Schleife für sich genommen immer erfüllt. Der Interpreter macht ja nicht mehr und nicht weniger, als den Ausdruck in den runden Klammern auf seinen Wahrheitsgehalt zu überprüfen, und dieser Ausdruck liefert, egal was passiert, immer den Wert *true*. Praktisch gesehen also eine Endlosschleife, die letztlich nur durch die zusätzlich aufgestellte *if*-Anweisung im Schleifenkörper samt *break* im Zaum gehalten wird. Solch eine Herangehensweise kann durchaus sinnvoll sein, wenn Sie komplexere Bedingungen aufstellen wollen, ohne den Komfort einer Schleife einbüßen zu wollen, und funktioniert auch mit den anderen Schleifentypen.

continue

Möchten Sie die Anweisungen für einzelne Werte in einer Schleife überspringen, dann hilft Ihnen das Schlüsselwort *continue* weiter. Aber passen Sie hier besonders auf, dass Sie dabei nicht die Anweisungen zum Manipulieren der Schleifenvariable überspringen, sonst finden Sie sich schnell in den Fängen einer Endlosschleife wieder. Wie schon *break*, funktioniert auch *continue* nicht nur mit einer *while*-Schleife, sondern kann auch in allen anderen Schleifentypen verwendet werden. Im folgenden Beispiel werden alle Zahlen von 0 bis 9 ausgegeben, mit einer Ausnahme – die Zahl 7 wird nicht angezeigt.

Listing 7.10 Wenn i den Wert 7 angenommen hat, wird die *trace*-Anweisung übersprungen

```
var i = 10;
while (i > 0)
{
   i--;
   if (i==7) continue; // wenn i=7 wird die trace-Anweisung übersprungen
   trace(i);
}
```

```
9
8
6
5
4
3
2
1
0
```

7.3   Die *do-while*-Schleife

Die allgemeine Syntax einer *do-while*-Schleife sieht wie eine verdrehte *while*-Schleife aus. Für einzeilige Anweisungen gilt folgende Schreibweise:

```
do anweisung while ( bedingung )
```

Mehrzeilige Anweisungen müssen auch hier in geschweiften Klammern gesetzt werden.

```
do { anweisung } while ( bedingung )
```

Der Unterschied zur *while*-Schleife besteht darin, dass die Bedingung erst nach dem Schleifen-durchlauf überprüft wird. Das folgende Beispiel offenbart aber tatsächlich vorerst keinen Unter-schied.

Listing 7.11 Einfache *do-while*-Schleife

```
var i = 10;
do
{
    trace(i--);
} while (i>0);
```

Dies wirkt sich erst aus, wenn die Schleifenbedingung von Beginn an nicht erfüllt ist. Denn die Anweisungen werden im Gegensatz zur *while*-Schleife wenigstens einmal ausgeführt.

Listing 7.12 Die Schleifenbedingung ist von Anfang an nicht erfüllt

```
var i = -1;
do
{
    trace(i--); // Ausgabe -1
} while (i > 0);
```

7.4 Die *for*-Schleife

Es kann wohl behauptet werden, dass die *for*-Schleife der gegenwärtig am häufigsten benutzte Schleifentyp in der ActionScript-Programmierung ist. Plausibel erklären lässt sich das eigentlich nicht, doch die Fakten sprechen für sich. Wenn man sich in einschlägigen Foren umschaut, ha-ben *for*-Schleifen eindeutig die Oberhand. Vielleicht ist aber das Prinzip, Zählervariable und Schleifenbedingung an einem Platz zu haben, für die meisten Fälle überschaubarer und somit gefälliger. Und so sieht der Schleifenliebling für einzeilige Anweisungen aus:

```
for (init_ausdruck; bedingung; mod_ausdruck) anweisung
```

Analog dazu die Schreibweise mit geschweiften Klammern, zwingend für einen Schleifenkörper mit mehreren Anweisungen, empfohlen auch für einzeilige Anweisungen:

```
for (init_ausdruck; bedingung; mod_ausdruck) { anweisung }
```

Lassen Sie uns vor dem ersten Beispiel diese Begriffe noch etwas genauer betrachten, denn hier kursieren mitunter recht ungenaue Vorstellungen hinsichtlich der Aufgaben der einzelnen Aus-drücke:

Tabelle 7.1 Begriffsbestimmung der Bestandteile einer *for*-Schleife

Ausdruck	Nicht ganz korrekt	Genauer gesagt
init_ausdruck	Startwert. Hier wird der Startwert der Schleifenvariablen definiert.	Initialisierungs-Ausdruck. Es handelt sich hierbei um einen Ausdruck, und nicht um einen Wert. Dieser Ausdruck initialisiert in den meisten Fällen eine Variable. Es lassen sich aber auch mehrere Variablen initialisieren oder auch eine Funktion aufrufen. Wird nur einmal zu Beginn ausgeführt. *Optionaler Ausdruck.*
bedingung	Prüft immer, ob die Zählervariable ihren Endwert erreicht hat.	Es handelt sich allgemein um eine Bedingung, die auch prüfen könnte, ob es Tag oder Nacht ist. Ist diese Bedingung erfüllt, wird die *for*-Schleife weiter fortgesetzt. Diese Bedingung prüft zwar in den meisten Fällen den Endwert der Zählervariable, dies ist jedoch nur eine von vielen Möglichkeiten. *Optionaler Ausdruck.*
mod_ausdruck	Hier wird immer die Zählervariable um eins erhöht.	Das ist meistens der Fall, aber hier ist allgemein Platz für Anweisungen, die nach jedem Schleifendurchlauf ausgeführt werden. Es könnte hier zum Beispiel auch ein Funktionsaufruf stehen. *Optionaler Ausdruck.*

Das folgende Beispiel zeigt so eine überaus kompakte und praktische *for*-Schleife, welche einmalig eine Zählervariable *i* mit dem Startwert 1 initialisiert. In der aufgestellten Bedingung wird **vor** jedem Schleifendurchlauf getestet, ob der Wert der Zählervariablen *i* größer oder gleich 10 ist. Und **nach** jedem Schleifendurchlauf wird der Wert der Variablen *i* um eins erhöht.

Listing 7.13 Einfaches Beispiel für eine *for*-Schleife

```
for(var i=1; i<=10; i++) {
   trace(i);
}
```

Es ist gar nicht so unbedeutend, sich vor allem auch zu merken, **wann** welcher Teil dieser Schleife ausgeführt wird, sonst stellt man wie im obigen Skript eventuell überrascht fest, dass die Variable *i* nach Beenden der Schleife zum Beispiel den Wert 11 besitzt und nicht etwa den Wert 10.

Listing 7.14 Es ist wichtig, sich zu merken, welche Ausdrücke der Schleife wann an der Reihe sind

```
for(var i=1; i<=10; i++) {
   trace(i);
```

```
}
trace("i hat jetzt den Wert " + i); // ergibt 11 und nicht 10 !
```

Wie ich in der Tabelle oben schon vermerkt hatte, sind alle drei Ausdrücke als Bestandteil einer *for*-Schleife immer optional. Sie könnten also zum Beispiel die monotone Aufgabe des Inkrementierens der Zählervariable in den Schleifenkörper verlagern:

```
for(var i=1; i<=10; ) {
  trace(i);
  i++;
}
```

Oder den Ausdruck der Bedingung:

```
for(var i=1; ; ) {
  if (i>10) break;
  trace(i);
  i++;
}
```

Oder die Schleife ohne alles dastehen lassen:

```
var i=1;
for(; ; ) {
  if (i>10) break;
  trace(i);
  i++;
}
```

Wobei Sie an dieser Stelle auch sehr deutlich erkennen können, wie die Aufgabenverteilung hinter der Fassade dieser Schleife in Wirklichkeit funktioniert. Auch eine Endlosschleife ist natürlich wieder mit sehr einfachen Mitteln drin.

Listing 7.15 Provozieren einer Endlosschleife

```
// Achtung, ausführen auf eigene Gefahr !!!
// Dieses Skript legt Ihren Rechner für mehrere Sekunden lahm
for( ; ; ) {}
```

Interessant ist auch, dass Sie nicht nur mit *break* aus der Schleife ausbrechen können, sondern auch mit Schlüsselwort *return*, welches Ihnen noch von den Funktionen her bekannt sein dürfte, aber das eigentlich hier nur am Rande.

Listing 7.16 Schleifenabbruch mit return

```
for(var i=1; ; i++) {
    trace(i);
    if (i==5) return;
}
```

Ein nahezu krisenfester Job für *for*-Schleifen in ActionScript ist es, Objekte wie zum Beispiel Bilder oder Quadrate in einer Art zweidimensionalem Feld auf der Bühne zu platzieren. Ähnlich also dem Aufbau und Aussehen eines Schachbretts.

Listing 7.17 Schachbrett zeichnen mit zwei *for*-Schleifen

```
// Funktion zum Zeichnen von Quadraten
// z: Position auf der z-Achse | a: Kantenlänge
function drawQuader(farbe, z, a)
{
    // neuen leeren Movieclip erstellen
    var q = this.createEmptyMovieClip("quader_" + z, z);
    // Zeichenmethoden
    q.lineStyle(2, 0xFF0000, 100);
    q.beginFill(farbe, 100);
    q.moveTo(0, 0);
q.lineTo(a, 0);
    q.lineTo(a, a);
    q.lineTo(0, a);
    q.lineTo(0, 0);
    // gibt Referenz auf den neuen Movieclip zurück
    return q;
}
// Zähler für die Anzahl der Quadrate
var index = 0;
var kantenlaenge = 25;
// Zwei verschachtelte for-Schleifen
for (var x = 1; x <= 10; x++)
{
    for (var y = 1; y <= 10; y++)
    {
        var farbe = ((x+y) % 2) * 0xFFFF00
        neuesQuadrat = drawQuader(farbe, index, kantenlaenge);
        neuesQuadrat._x = x * kantenlaenge;
        neuesQuadrat._y = y * kantenlaenge;
```

```
      index++;
   }
}
```

Probieren Sie doch auch einfach mal, die Schrittweite der beiden Schleifen von eins auf zwei zu verändern, was dann in etwa so aussehen würde:

```
for (var x = 1; x <= 10; x+=2)
{
  for (var y = 1; y <= 10; y+=2)
  {
    ...
  }
}
```

Wenn Sie dieses Beispiel mit dem Schachbrett ohne Durchfall verdaut haben, kann ich Ihnen wirklich nur gratulieren, denn in der Tat findet sich hier, bis auf die Zeichenmethoden, ein Großteil dessen wieder, was Sie bisher schon gelernt haben. Die neu in ActionScript MX eingeführten Zeichenmethoden sind insofern auch in diesem Stadium sehr praktisch, da Sie hier einfach nur das Skript einzutippen brauchen, es modifizieren können und sofort ein Ergebnis sehen. Und ich an Ihrer Stelle hätte sowieso schon längst vorgeblättert.

7.5 Die *for-in*-Schleife

Als letzter Typ im schlagkräftigen Schleifenensemble fehlt noch die *for-in*-Schleife, welche eine besondere Stellung in ActionScript einnimmt, da sie nur im Zusammenhang mit Objekten, und hier besonders gerne auch mit Arrays verwendet wird. Ein Thema aber, welches noch aussteht. Allgemein sieht die Schreibweise der *for-in*-Schleife wie folgt aus:

```
for (eigenschaft in objekt) { anweisungen }
```

Das Besondere an dieser Kontrollstruktur besteht nun darin, dass sie geradezu detektivisch genau sämtliche Eigenschaften eines Objektes aufspürt, ohne dass wir auch nur die leiseste Ahnung über Art und Anzahl dieser Objekt-Eigenschaften mitbringen müssten. Das ist so, als ob Sie einen Mechaniker im Blaumann neben sich stehen haben, der Ihnen mal eben sämtliche Teile und technische Daten Ihres klapprigen Autos auflistet. In der Tat müssen wir nicht einmal wissen, ob das Objekt überhaupt Eigenschaften besitzt oder ob das Auto schrottreif ist. In dem Fall verzweigt die *for-in*-Schleife nämlich gar nicht erst in den Schleifenkörper. Das ist sozusagen die versteckte Bedingung dieses Typs: *Verzweige nur dann in den Schleifenkörper, wenn das Objekt Eigenschaften besitzt, und durchlaufe die Schleife so oft, wie du noch Eigenschaften findest.* Dem mitlaufenden Index wird dabei wie von Geisterhand bei jedem Schleifendurchlauf der Name der gerade gefundenen Eigenschaft zugeordnet.

Listing 7.18 Durchlaufen der Eigenschaften eines selbst erstellten Objektes *auto*

```
var auto = new Object();
auto.farbe = "rot";
auto.motor = "10 Zylinder";
auto.ps = 220;
for (teil in auto) {
   trace(teil + " : " + auto[teil]);
}
```

```
ps : 220
motor : 10 Zylinder
farbe : rot
```

So kann man sich mit einfachsten Mitteln auch alle Eigenschaften und die dazugehörigen Werte eines schon vordefinierten Objektes, wie etwa *System.capabilities*, anzeigen lassen.

Listing 7.19 Anzeigen aller Systemeigenschaften mit einer *for-in*-Schleife

```
for (prop in System.capabilities) {
   trace(prop + " : " + System.capabilities[prop]);
}
```

Der Name der Objekt-Eigenschaft wird im obigen Beispiel bei jedem Schleifendurchlauf in der Variablen *prop* abgelegt. Dies geschieht tatsächlich ohne Ihr Zutun. Nur der Interpreter kennt die Namen aller Eigenschaften eines Objektes. Den Wert der Eigenschaft können Sie leicht mit dem *[]*-Operator oder auch Zugriffsoperator erhalten, hier mit *System.capabilities[prop]*. Die beiden ersten Zeilen ergeben auf meinem Rechner zum Beispiel Folgendes, werden aber auf Ihrem Rechner möglicherweise abweichen.

```
language : de
os : Windows 2000
...
```

Hier ist *language* der Name der ersten gefundenen Eigenschaft und „de" der dazugehörige Wert dieser Eigenschaft. Aha, ein deutschsprachiges Betriebssystem, gut zu wissen. Beim nächsten Durchlauf findet der Interpreter eine Eigenschaft mit dem Namen *os*, deren Wert wieder eine Zeichenkette zu sein scheint – „Windows 2000". Das geht so weiter bis zum Auflisten der Bildschirmeigenschaften und diversen anderen Details. Wir werden auf Objekte und Eigenschaften aber wie gesagt noch genauer eingehen, deshalb zum Abschluss nur eine kleine Vorschau und ein Beispiel mit einem speziellen Objekt, einem Array. Speziell deswegen, weil die Eigenschaften eines Array-Objektes laut den heiligen ECMAScript-Schriften immer **ganze Zahlen** wie 0, 1, 2 oder 3 sind und nicht etwa Zeichenketten wie „*language*" oder „os". Fragen Sie mich jetzt aber nicht nach „assoziativen" und „verschachtelten" Arrays – Sie werden es bald selbst herausbekommen.

Listing 7.20 Durchlaufen eines Arrays mit einer *for-in*-Schleife

```
var obst_und_gemuese = ["Äpfel", "Birnen", "Tomaten", "Gurken"];
for (vitamin_index in obst_und_gemuese) {
    trace(vitamin_index + ". " + obst_und_gemuese[vitamin_index]);
}
```

```
3. Gurken
2. Tomaten
1. Birnen
0. Äpfel
```

Jetzt, da Sie die Grundlagen von ActionScript kennen, und sogar schon am Autolack gekratzt haben, wird es erst richtig spannend. Das ist wie wenn man beim Gitarrespielen nicht mehr aufs Griffbrett schauen muss, sondern sich völlig der berauschenden Tiefe des Spielens hingeben kann.

Plug it in.

8

Objekte und Klassen

8 Objekte und Klassen

8.1 Sind Objekte der heilige Gral von Flash?

Vielleicht. Nur mit dem winzigen Unterschied, dass Sie den wundersamen Kelch, der Ihnen übernatürliche Kräfte und Macht in ActionScript verleihen soll, nicht mehr mit einer zusammengewürfelten Truppe von Archäologen zu suchen brauchen. Nein, Sie sitzen nämlich schon drauf. Die Technologie Flash basiert von vorne bis hinten auf Objekten und der Kommunikation zwischen Objekten. Die Sprache ActionScript hat ihre Wurzeln in *ECMAScript* (Standard ECMA-262), einem Objekt-basierten Skripting-Standard aus der Schweiz. Sie haben Recht, nicht alles ist ein Objekt, aber schauen Sie – wenn Sie ein neues Filmsymbol in der Bibliothek anlegen, ist dies ein Objekt. Wenn Sie dieses Symbol aus der Bibliothek auf die Bühne ziehen, erstellen Sie ganz unbemerkt eine Instanz dieses Symbols, wieder ein Objekt. Wenn Sie dieser Instanz einen Namen geben, weisen Sie der Objekteigenschaft _name wie selbstverständlich einen Wert zu. Wenn Sie dieses Objekt auf der Bühne verschieben, verändern Sie die Position und damit die Werte der Objekteigenschaften _x und _y. Und auch reine ActionScript-Objekte haben Sie schon kennen gelernt, denken Sie nur an die Eigenschaft π und die Sinus-Methode des *Math*-Objekts. Alle Objekte haben hier offensichtlich eines miteinander gemeinsam, sie besitzen ganz spezifische Eigenschaften, die das Objekt letztlich zu dem machen, was es ist.

Wenn Sie sich umschauen, bestimmen Objekte und Objekt-orientiertes Denken und Handeln unser tägliches Leben. Nehmen Sie eine Tomate, ein wahrhaft schmackhaftes Objekt aus dem Gemüseregal mit den Eigenschaften *Farbe*, *Geschmack* und *Festigkeit*. Die ausgewiesenen Frischewerte dieser Tomaten-Eigenschaften sollten im Idealfall lauten: „rot", „herzhaft" und „weicher als fest". Weiterhin besitzt so eine kleine Tomate auch bestimmte Fähigkeiten – sie lässt sich werfen, quetschen, schälen, und wenn sie matschig wird, fängt eine Tomate zu riechen an. Jeder Mensch ist prinzipiell mit Objekten, Eigenschaften und Fähigkeiten seiner Umwelt bestens vertraut und weiß damit umzugehen. Deswegen, und nur deswegen, liegt es natürlich nahe, Programmieraufgaben ebenfalls Objekt-orientiert anzugehen. Wir stehen hier also nicht vor dem gut behüteten Tempel göttlich begabter Informatiker, sondern vor dem uns seit der Wiege vertrauten Ansatz, komplizierte Gegenstände anzufassen, zu begreifen und Probleme zu lösen. Zu lösen auch, indem wir versuchen, Kompliziertes in kleineren Rationen zu verstehen und zu verdauen. Sie lernen eine Zeile, eine Strophe auswendig und können am Ende den ganzen Song zum Besten geben. Oder nehmen Sie das hochgezüchtete Vehikel eines Automobils. Um die Funktionsweise dieses Wunderwerks der Technik zu verstehen, nimmt man sich einzeln erst den Motor vor, dann das Getriebe, später das Lenksystem und selbst das ist noch relativ unüberschaubar und bedarf weiterer Zerlegung. Die Frage, was Objekt-orientiertes Denken und Programmieren ist, brauchen Sie deswegen so eigentlich gar nicht zu stellen, denn Sie wissen es bereits und sind mit dem Prinzip und der Idee aufgewachsen. Vielmehr ist die Frage zu stellen: Wie weit greift mir dabei die Sprache ActionScript unter die Arme, damit ich mich genauso gut zurechtfinde wie damals in der Krabbelkiste, und jemand auf mich hört, wenn ich schreie?

Der Weg zum Tempel

Zum einen indem es in ActionScript eine bescheidene, aber doch recht beachtliche Zahl an vordefinierten Objekten gibt. Sozusagen eine Hand voll Klappern, Rasseln und Quietsch-Entchen, mit denen man schon mal ganz gut Krach machen kann. Oder: Wenn Sie Flash als Gemüseladen betrachten, liegen Tomaten, Gurken und Petersilie ausgebreitet auf der Theke, nur darauf wartend, sich in Ihrem leckeren Salat wiederzufinden. In ActionScript ist leider etwas weniger Schmackhaftes im Angebot: *Key*, *Math*, *Mouse* etc.

Listing 8.1 Vordefinierte Objekte, Eigenschaften und Methoden verwenden

```
trace(Stage.width);               // width-Eigenschaft des Stage-Objektes
trace(Math.cos(0));               // Cosinus-Methode des Math-Objektes
```

Wenn Ihnen das nicht reicht, haben Sie als Nächstes die Möglichkeit, Ihr eigenes Obst und Gemüse zu ernten, sprich, eigene Objekte zu erzeugen. Dies geschieht bei einer Filmsequenz bereits, indem Sie manuell eine neue Instanz auf der Bühne erzeugen, oder in ActionScript über einen so genannten Konstruktor und das Schlüsselwort *new*.

Listing 8.2 Objektinstanz mit *new* erzeugen und als Datencontainer verwenden

```
var supermelone = new Object();            // neues Objekt erzeugen
supermelone.geschmack = "supersüss";       // Eigenschaft geschmack
supermelone.gewicht = 1000;                // Eigenschaft gewicht
trace("Die Supermelone ist " + supermelone.geschmack);
trace(".... und wiegt " + supermelone.gewicht + " Kilogramm");
```

Objekte sind hier scheinbar nichts weiter als ein abstrakter Datencontainer, um Informationen in einem bestimmten Kontext zusammenzuhalten, sprich die Eigenschaften *geschmack* und *gewicht* als Merkmale einer Supermelone zu deklarieren. Beides ist dabei immer untrennbar miteinander verbunden. Man kann nicht etwa sagen: Hier ist das Objekt und dies sind die Eigenschaften. Nein, die Eigenschaften machen ein Objekt aus, sie definieren es. Objekte zählen damit zu einem weitaus komplexeren Datentyp als diejenigen Datentypen, die Sie bereits kennen gelernt haben. Komplexer als die einfachen *(primitiven)* Datentypen *string*, *number* und *boolean*.

Wenn Sie sich die Variablen mit *STRG+ALT+V* auflisten lassen, sieht die Supermelone im inneren Kern tatsächlich folgendermaßen aus:

```
Variable _level0.supermelone = [Objekt #1, Klasse 'Object'] {
    geschmack:"supersüss",
    gewicht:1000
  }
```

Oh, werden Sie aufrufen, die Melone hat ja tatsächlich Klasse, wer hätte das gedacht. Und dann auch noch mit der *#1* auf der Pole-Position im Obstregal. Nun gut, mal im Ernst: Das Objekt mit dem Bezeichner *Supermelone* gehört hier der Klasse *Object* an, einer vordefinierten Klasse in ActionScript. Außerdem lässt der Interpreter intern einen Zähler mitlaufen, wie viele Objekte schon erzeugt wurden. Dies hat für Sie als Entwickler aber derzeit rein informativen Charakter und dient im schlimmsten Fall als Einschlafhilfe. Und neben der Möglichkeit, vordefinierte Objekte zu nutzen und eigene Objekte aus einer vordefinierten Klasse zu erzeugen, haben Sie drittens auch die Freiheit, eigene Klassen zu erstellen und davon Objekte zu erzeugen.

Listing 8.3 Eigene Klassen erstellen – hier die Klasse *Supermelone*

```
function Supermelone()
{
   this.geschmack = "supersüss";
   this.gewicht = 1000;
}
melone = new Supermelone(); // neues Objekt erzeugen
trace("Meine Melone ist " + melone.geschmack);
trace(".... und wiegt " + melone.gewicht + " Kilogramm");
```

Wenn wir die *Supermelone* mit *STRG+ALT+V* aufschneiden, sehen wir Folgendes:

```
Variable _level0.Supermelone = [Funktion 'Supermelone']
Variable _level0.melone = [Objekt #2, Klasse 'Supermelone'] {
    geschmack:"supersüss",
    gewicht:1000
  }
```

Nach diesem leckeren Probekosten können Sie sich erst mal die Hände waschen, denn es ist Zeit, sich mit den trockenen Evolutionsfragen der *Supermelone* auseinander zu setzen.

8.2   Haben Objekte auch wirklich Klasse?

Die Supermelone hat sicherlich Klasse, keine Frage. Nur verbirgt sich hinter dem Begriff Klasse keineswegs der Ausdruck für eine superlative Wertschätzung unserer Melonenzüchtung, sondern er wird im Sinne von Klassifizierung von Objekten verwendet. Denken Sie nur an die Golf-Klasse, die Polo-Klasse oder die Klasse der Säugetiere. Sie wissen ja, Menschen versuchen in der Regel alles in Kategorien zu packen, sonst verlieren sie leicht den Überblick. Manchmal übertreibt unsere Spezies da sicherlich etwas, aber in der Programmierung hat dies durchaus seine angenehmen und positiven Seiten. So lässt sich in ActionScript also am Ende jedes Objekt in eine bestimmte Klasse einordnen. Aber langsam, langsam. Eine Klasse ist mehr als nur einfach eine Kategorie oder die vielzitierte Schublade. In der Schublade steckt nämlich auch die exakte Vorlage, nach der neue Objekte detailgetreu konstruiert werden. Denken Sie beispielsweise an Ihren letzten IKEA-Besuch und das unter Schweiß zusammengeschraubte Regal. Dieses gehört der Klasse „Regale" an, wobei der alte Schwede Ihnen die genaue Vorlage und das Material liefert und Sie den Konstruktor spielen lässt. Das spart viel Zeit und Geld.

8.2.1   Konstruktor

ActionScript, Javascript und ECMAScript sind ausdrücklich objektbasierte Sprachen und keine klassenbasierten Sprachen. Die so genannten Klassen werden in ActionScript hier nicht formal mit dem Schlüsselwort *class* deklariert, wie das etwa in anderen Sprachen der Fall ist, sondern ausschließlich über eine spezielle Funktion, die als Konstruktor fungiert. Den gibt es zwar auch in Sprachen wie Java, aber ActionScript kennt nur diese Konstruktor-Funktion, deren Bezeichner gleichzeitig auch der Bezeichner der Klasse ist, welcher im Ausgabefenster bei den Objekten auftaucht. Vorhin sah das im Beispiel so aus: *[Objekt #2, Klasse 'Supermelone']*. Jeder Konstruktor ist dabei selbst auch wieder ein Objekt, ein Funktionsobjekt.

 Es ist wichtig, an dieser Stelle darauf hinzuweisen, dass im ECMAScript Standard, und damit auch in ActionScript, in Wirklichkeit gar keine echten Klassen existieren, so wie dies etwa bei Java oder C++ der Fall ist. ActionScript kennt nur die Konstruktor-Funktion. Wenn Sie darin keinen Unterschied zu einer herkömmlichen Funktion erkennen können, liegt das nicht an Ihren Augen – von der Schreibweise her gibt es in der Tat keinen Unterschied. Nur die Art und Weise der Handhabung, macht aus einer normalen Funktion eine Konstruktor-Funktion.

Es ist wichtig zu verstehen, dass der Konstruktor in ActionScript zwar eine Klasse deklariert, zu dieser aber weitaus mehr gehören kann als nur eine Konstruktor-Funktion, wie wir später noch sehen werden. Seien Sie ehrlich, Sie alleine mit Schraubenzieher in der Hand, machen noch kein Regal, oder? Lassen Sie sich auch nicht durcheinander bringen, der Begriff *Konstruktor* ist einfach eine Kurzform für Konstruktor-Funktion, englisch: *constructor*. Ich persönlich finde den Begriff Konstruktor ja überaus treffend gewählt, denn das erinnert mich wenigstens immer wieder an den Heimwerker im Blaumann und mit einem Riesen-Schraubschlüssel, bereit, das Unmögliche möglich zu machen.

Listing 8.4 Deklaration einer Klasse „Regal" über eine Konstruktor-Funktion „Regal"

```
function Regal() {
  // Konstruktorfunktion
  this.boeden = 5;
  this.material = "holz";
}
var arbeitsregal = new Regal();
```

Bezeichner für Klassen und Konstruktor-Funktionen

Der Bezeichner für eine Klasse, und damit in direkter Konsequenz der Bezeichner für eine Konstruktor-Funktion, sollte immer mit einem großen Buchstaben beginnen. Dies ist eine sprachübergreifende Konvention, die eine Klasse eindeutig von einer Instanz unterscheiden soll.

Listing 8.5 Beachten Sie die Konventionen

```
// Richtig, entspricht der Konvention
function Regal() {}
var arbeitsregal = new Regal();
// Nicht unbedingt falsch, aber entspricht nicht der Konvention
function regal() {}
var arbeitsregal = new regal();
```

8.2.2 Überblick über vordefinierte Klassen in ActionScript

Neben den eigenen Klassen, denen wir uns noch ausgiebig zuwenden werden, gibt es in Action-Script eine ganze Reihe schon vorhandener Klassen. In der folgenden Tabelle erhalten Sie eine Orientierung darüber, was Sie in ActionScript noch in Zukunft erwarten könnte und welche Klassen und damit auch Konstruktoren zur Verfügung stehen. Im weiteren Verlauf des Buches werden wir uns damit noch intensiv beschäftigen.

Tabelle 8.1 Übersicht über die vordefinierten Klassen und Konstruktoren in ActionScript

Standard-Klassen	*Communication*-Klassen	*Flash Remoting*-Klassen (nicht in der Standard-Installation)
Array	Camera	DataGlue
Boolean	LocalConnection	NetConnection
Button	Microphone	NetDebug
Color	NetConnection	NetDebugConfig
Date	NetStream	NetServices
Function	SharedObject	RSDataProviderClass
LoadVars	Video	
MovieClip		

Standard-Klassen	Communication-Klassen	Flash Remoting-Klassen (nicht in der Standard-Installation)
Number		
Object		
Sound		
String		
TextField		
TextFormat		
XML / XMLNode		
XMLSocket		

8.2.3   Instanzen mit dem Schlüsselwort new erzeugen

Mit dem Schlüsselwort *new* vor einem Konstruktor wird eine **neue** Instanz der Klasse erzeugt. Dies bedeutet, es wird Speicherplatz für das neue Objekt beansprucht und die Konstruktor-Funktion ausgeführt. Diese Instanz ist dabei, wie schon des Öfteren erwähnt, wiederum ein Objekt, weswegen man manchmal von Objekten, manchmal von Instanzen und gelegentlich auch von Instanz-Objekten spricht. Der Begriff einer Instanz macht allerdings die Tatsache deutlicher, dass hier ein neues Objekt erzeugt wurde. Dies alles reicht aber noch nicht, um dieses Objekt in den Händen zu halten, wie die folgende Zeile zeigen soll.

```
new Object(); // Object ist eine eingebaute Konstruktorfunktion
```

Ähnlich wie bei der namenlosen Funktion haben wir es oben erst mal mit einer namenlosen Instanz zu tun, welche scheinbar in den ewigen Jagdgründen verschwunden ist. Gut, es mag offensichtlich erscheinen, aber es ist wichtig zu verstehen, dass bei der Erzeugung eines neuen Objektes dieses immer sofort einer Variablen zugewiesen werden muss, was praktisch in einem Schritt passiert. Diese Variable hält tatsächlich das Objekt und nicht nur einen Verweis auf dieses. Sprich, die Instanz bekommt letztlich einen Namen.

```
var neuesObjekt = new Object();
```

Das Auflisten der Variablen im Ausgabefenster fördert nun folgendes Objekt zu Tage:

```
Variable _level0.neuesObjekt = [Objekt #1, Klasse 'Object'] {}
```

Ausformuliert könnte man die Geschehnisse so an die Tagespresse weiterleiten: *„Nachdem der Konstruktor Object() gegen Sonnenaufgang überraschend mit dem Schlüsselwort new aufgerufen wurde, kam es zur raschen Bildung eines neuen Objektes im Speicher. Dieses wurde durch die vor Ort befindlichen Einsatzkräfte sofort einer Variablen neuesObjekt zugewiesen, welche sich zu diesem Zeitpunkt auf der Hauptzeitleiste _level0 aufhielt. Wir bitten Sie bei Rückfragen* *in Zukunft diese neue Instanz am besten immer über die Adresse _level0.neuesObjekt zu kontaktieren. Vielen Dank."*

8.2.4 Konstruktor-Funktion mit Argumenten

Jetzt schimmert es auch langsam mit der Morgensonne am Horizont, welche Rolle die Konstruktor-Funktion vor allem noch im Tagesgeschäft mit Objekten spielt. Sie dient nämlich nicht nur dazu, eine Klasse zu definieren oder dieser Klasse einen Bezeichner zu geben. Nein, sie wird im Zusammenhang mit dem Schlüsselwort *new* vor allem auch ausgeführt. Wie jede andere Funktion in ActionScript auch. Dabei hat der Konstruktor die einzigartige Möglichkeit, das neu entstandene Objekt quasi in der Stunde Null zu formen und diesem Objekt spezielle Eigenschaften mit auf den Weg zu geben. Ein Konstruktor, als Funktion, kann selbstverständlich auch mit Parametern aufgerufen werden, sofern er welche mag. So akzeptiert beispielsweise der *Object()* Konstruktor als Argument eine Liste mit Eigenschaften und Werten.

```
var neuesObjekt = new Object({eigenschaft:"irgendein Wert"});
```

```
Variable _level0.neuesObjekt = [Objekt #1, Klasse 'Object'] {
    eigenschaft:"irgendein Wert"
}
```

Sie werden später sehen, dass fast alle eingebauten Konstruktoren (*Array*, *Date*, *Sound* etc.) in ActionScript Argumente akzeptieren. Und auch der fleißige Heimwerker im Blaumann und mit Schraubschlüssel könnte dahingehend instruiert werden, aus einer Klasse zwei verschiedene Regale zu montieren. Natürlich nur mit etwas Phantasie, aber dies ist sowieso Bedingung.

Listing 8.6 Eigene Konstruktorfunktion mit Argumenten

```
function Regal(boeden,material) {
  // Konstruktorfunktion mit Argumenten
  this.boeden = boeden;
  this.material = material;
}
var arbeitsregal = new Regal(5,"stahl");
var wohnregal = new Regal(6,"holz");
```

```
Variable _level0.Regal = [Funktion 'Regal']
Variable _level0.arbeitsregal = [Objekt #2, Klasse 'Regal'] {
    boeden:5,
    material:"stahl"
}
```

```
Variable _level0.wohnregal = [Objekt #3, Klasse 'Regal'] {
    boeden:6,
    material:"holz"
}
```

8.2.5 Eigenschaften und Methoden

Laut ECMAScript ist ein Objekt eine ungeordnete Liste von Eigenschaften, mit weiteren Attributen, die bestimmen, ob oder ob nicht diese Eigenschaft 1) sichtbar ist, 2) gelesen oder 3) überschrieben werden kann. Diese Attribute sollen uns aber an dieser Stelle erst mal nicht weiter interessieren. Wichtig ist, dass jede Eigenschaft eines Objektes entweder einen primitiven Wert wie *undefined*, *null*, *number*, *boolean*, *string*, oder eine Methode oder sogar ein Objekt repräsentieren kann. Gut, die primitiven Werte sind sicherlich noch bekannt, aber wie war das mit den Methoden? Wenn Sie sich an die Beispiele vom Anfang dieses Kapitels erinnern, hatte ich unter anderem gesagt, dass Objekte als Datencontainer dienen können, um Informationen im Kontext eines Objektes zu speichern. Hier zeigt sich jetzt, dass man auch Funktionen im Kontext eines Objektes definieren kann, wobei man solche Funktionen dann eben einfach Methoden eines Objektes nennt. Methoden erwecken ein Objekt erst richtig zum Leben und geben diesem bestimmte unverkennbare Fähigkeiten. Ein Lehrer hat zum Beispiel richtige Methoden. Oder denken Sie an die Tomate, die fliegen kann, und an das Auto, welches fahren kann. Passen Sie dabei immer genau auf, wenn Sie sich mit anderen über Objekt-Eigenschaften in ActionScript unterhalten. Meistens werden mit den Eigenschaften eines Objekts nur diejenigen mit primitiven Werten verstanden, dabei zählen laut Standard auch Methoden und eben Objekte dazu. Gestandene Java-Programmierer, die ins ActionScript-Lager abgedriftet sind, fassen wiederum kurzerhand Methoden und Eigenschaften als Elemente *(members)* zusammen. Hier treffen Sie auf verschiedene Interpretationen, wobei ich zur ersten Interpretation neige.

Listing 8.7 Vordefinierte Eigenschaften des *Math*-Objektes nutzen

```
// Eigenschaften des Math-Objektes
trace(Math.PI);                 // PI - ein primitiver Wert (number)
trace(Math.atan(0));            // atan() - eine Methode
```

Listing 8.8 Eigene Funktionen und Werte als Eigenschaften des Objektes Supermelone

```
// Eigenschaften des Objektes Supermelone
var supermelone = new Object();
supermelone.geschmack = "supersüss";      // primitiver Wert (string)
supermelone.schmeckt = function() {       // eine Methode
    trace("mhh, ich schmecke aber gut :o)");
}
supermelone.samen = new Object();         // ein weiteres Objekt
```

```
trace("Die Supermelone ist " + supermelone.geschmack);
supermelone.schmeckt();
```

Während die Eigenschaften des *Math*-Objekts vorerst für uns im Ausgabefenster verborgen bleiben, lässt sich sehr schön erkennen, was der ECMAScript-Standard uns mit der Definition der Eigenschaften sagen wollte. *STRG+ALT+V* bitte.

```
Variable _level0.supermelone = [Objekt #1, Klasse 'Object'] {
    geschmack:"supersüss",
    schmeckt:[Funktion 'schmeckt'],
    samen:[Objekt #3, Klasse 'Object'] {}
  }
```

8.2.6 Zugriff auf Eigenschaften und Methoden

8.2.6.1 Der gepunktete Weg – die DOT-Syntax

An dieser Stelle ist die Gelegenheit noch einmal günstig, sich des Ansprechens der Eigenschaften und Methoden eines Objekts bewusst zu werden. Die Betonung liegt dabei auf bewusst, was mit einmal Tief-Durchatmen verbunden ist. Wie schon beim Ansprechen von Variablen auf verschiedenen Zeitleisten, das Ihnen ja bestens in der Form

```
filminstanz.variable
filminstanz.funktion()
filminstanz.eingebettete_filminstanz.variable
filminstanz.eingebettete_filminstanz.funktion()
```

vertraut sein dürfte, werden auch Eigenschaften und Methoden eines beliebigen Objekts mittels der Punkt-Schreibweise *(→ engl. Dot-Syntax)* angesprochen.

```
objekt.eigenschaft
objekt.methode()
objekt.eingebettetes_objekt
objekt.eingebettetes_objekt.eigenschaft
objekt.eingebettetes_objekt.methode()
```

Erkennen Sie dabei, was hier in Wirklichkeit vor sich geht? Richtig, wir reden hier über ein und dieselbe Sache! Filminstanzen sind ja auch „nur" Objekte, und die Variable auf der Zeitleiste einer solchen Filmsequenz ist nichts weiter als einfach wiederum eine Eigenschaft dieser Filmsequenz, dieses Objekts vom Datentyp *movieclip*. Diese Variablen können einfache Werte,

Funktionen (Methoden) oder Objekte aufnehmen, und so schließt sich der ganze Kreis zu einem gefälligen runden Ding.

8.2.6.2 Mit allen gleichzeitig – die Aktion *with*

Hat man es mit vielen Eigenschaften und Methoden eines Objektes zu tun, kann es recht nervig sein, jedes Mal den vollständigen Pfad mit der Punktschreibweise anzugeben. Irgendwann kommt man dann auch noch auf die Idee den Namen einer Instanz zu ändern, was in Mehrarbeit ausartet, die meistens keiner bezahlen will. Hier hilft das kleine Wörtchen *with* weiter. Mit dieser Aktion können wir sagen: *Mit (→ engl. with) dem Objekt modifiziere diese Eigenschaften oder rufe diese Methoden auf.* Das gilt natürlich immer für alle Objekte, entsprechend also auch für Objekte vom Typ *movieclip*, für Filmsequenzen.

Listing 8.9 Eine dicke Lippe riskieren mit *with*

```
this.createEmptyMovieClip("dickeLippe",0);
with ( _root.dickeLippe)
{
   lineStyle(20, 0x880000, 100);
   moveTo(100, 100);
   curveTo(150, 150, 200, 100);
   curveTo(150, 0, 100, 100);
}
```

Ohne die Aktion *with* hätten wir das obige Beispiel schreiben müssen:

Listing 8.10 Eine dicke Lippe riskieren ohne *with*

```
this.createEmptyMovieClip("dickeLippe",0);
_root.dickeLippe.lineStyle(20, 0x880000, 100);
_root.dickeLippe.moveTo(100, 100);
_root.dickeLippe.curveTo(150, 150, 200, 100);
_root.dickeLippe.curveTo(150, 0, 100, 100);
```

8.2.6.3 Zugriff auf alles – der Zugriffsoperator [ ]

Eine weitere Möglichkeit, auf sämtliche Eigenschaften und Methoden eines Objektes zuzugreifen, bietet sich mit dem Zugriffsoperator [], ein leistungsfähiger Operator mit hoher Popularität. Der Name der Eigenschaft wird hierbei als Zeichenkette angegeben.

```
objekt["eigenschaft"]
```

Listing 8.11 Eine dicke Lippe mit dem [ ]-Operator und *dickeLippe* als Objekteigenschaft

```
this.createEmptyMovieClip("dickeLippe",0);
_root["dickeLippe"].lineStyle(20, 0x880000, 100);
_root["dickeLippe"].moveTo(100, 100);
_root["dickeLippe"].curveTo(150, 150, 200, 100);
_root["dickeLippe"].curveTo(150, 0, 100, 100);
```

Relativ wenig bekannt und genutzt wird hierzulande die Möglichkeit, mit dem [ ]-Operator auch auf Methoden eines Objekts zuzugreifen. Eventuell liegen die Ursachen für diese recht stiefmütterliche Zuneigung in der sich daraus ergebenden gewöhnungsbedürftigen Schreibweise: rechteckige Klammer, runde Klammer.

```
objekt["methode"]()
```

Listing 8.12 Zugriff auf Methoden mit dem [ ]-Operator

```
// Eine dicke Lippe riskieren
this.createEmptyMovieClip("dickeLippe",0);
_root.dickeLippe["lineStyle"](20, 0x880000, 100);
_root.dickeLippe["moveTo"](100, 100);
_root.dickeLippe["curveTo"](150, 150, 200, 100);
_root.dickeLippe["curveTo"](150, 0, 100, 100);
```

Populär ist dieser Operator vor allem deswegen, weil sich der Operand, als Bezeichner einer Eigenschaft, dynamisch generieren lässt.

Listing 8.13 Viele Lippen riskieren – Bezeichner der Eigenschaft wird dynamisch zusammengesetzt

```
for (var lippe = 1; lippe <= 3; lippe++)
{
  // Eine dicke Lippe riskieren
  this.createEmptyMovieClip("dickeLippe_" + lippe, lippe);
  var x = y = lippe * 100;
  _root["dickeLippe_" + lippe].lineStyle(20, 0x880000, 100);
  _root["dickeLippe_" + lippe].moveTo(x, y);
  _root["dickeLippe_" + lippe].curveTo(x+50, y+50, x+100, y);
  _root["dickeLippe_" + lippe].curveTo(x+50, y-100, x, y);
}
```

8.2.7 Strenge Verweise, oder der Letzte knipst das Objekt aus

Verwirrung herrscht gelegentlich, wenn es um so genannte Verweise oder Referenzen zu Objekten geht. Vielleicht erinnern Sie sich noch an das Kapitel über Funktionen, an den Agenten und den stillen Beobachter, und daran, dass es sich bei Verweisen stets um eine Art Zeigefinger handelt, welcher eben auf eine Funktion, ein Objekt oder auch eine Filmsequenz gerichtet ist. Gespeichert in einer einfachen Variablen, sind Verweise unglaublich praktisch und tückisch zugleich, und es gibt einige Fallgruben, die Sie auf Ihrem weiteren Weg mit einem roten Kreuz auf der Landkarte einzeichnen sollten.

Listing 8.14 Eine neue Instanz erzeugen und eine Referenz auf diese Instanz speichern

```
var otto = new Object();
otto.nase = "gross";          // Objekteigenschaft
// Referenz auf das Objekt otto in Variable zeiger speichern
var zeiger = otto;
trace(otto.nase);             // Ausgabe: gross
trace(zeiger.nase);           // Ausgabe: gross
```

Im Ausgabefenster ergibt sich folgendes Szenario:

```
Variable _level0.otto = [Objekt #1, Klasse 'Object'] {
    nase:"gross"
  }
Variable _level0.zeiger = [Objekt #1, Klasse 'Object']
```

Mit einem Verweis auf ein Objekt arbeiten bedeutet, dass *otto* nicht direkt beim Namen genannt wird, sondern über den Verweis *zeiger* auf das Objekt *otto* gezeigt wird, um die Größe der Nase zu erfahren.

 Im Ausgabefenster wird nicht explizit angegeben, dass es sich hier nur um einen Verweis handelt. Der Unterschied zwischen einer Variablen, in welcher ein Verweis auf ein Objekt gespeichert ist, und einer Variablen, welche tatsächlich das Objekt primär enthält, ist im Ausgabefenster an den geschweiften Klammern und eventuell den aufgelisteten Eigenschaften zu erkennen.

Im direkten Zusammenhang damit, merken Sie sich bitte unbedingt, dass mit der Zeile

```
var zeiger = otto;
```

keinesfalls das Objekt *otto* in die Variable *zeiger* etwa kopiert wird, sondern wirklich nur ein Verweis gespeichert wird. Dies ist einer der am häufigsten Denkfehler beim Arbeiten mit Objekten und Verweisen. Änderungen an Ottos Nase spiegeln sich demzufolge immer auch über den Verweis im Ergebnis wider.

Listing 8.15 Änderungen der Objekt-Eigenschaften spiegeln sich über den Verweis wider

```
var otto = new Object();
otto.nase = "gross";          // Objekteigenschaft
```

```
// Referenz auf das Objekt otto in Variable zeiger speichern
var zeiger = otto;
trace(otto.nase);          // Ausgabe: gross
trace(zeiger.nase);        // Ausgabe: gross
// Ändern der der Objekt-Eigenschaft
otto.nase = "krumm";
trace(otto.nase);          // Ausgabe: krumm
trace(zeiger.nase);        // Ausgabe: krumm
```

Damit stehen wir auch schon vor der tiefsten Fallgrube. Was passiert im obigen Beispiel, wenn Sie das Objekt *otto* löschen? Wird dann der Verweis der Variablen *zeiger* auf *otto* auch gelöscht, oder wird gar die Variable selber gelöscht? Nein, nichts von all dem, lieber Leser.

Listing 8.16 Ein Objekt wird gelöscht, auf welches noch ein Verweis existiert

```
var otto = new Object();
otto.nase = "gross";       // Objekteigenschaft
// Referenz auf das Objekt otto in Variable zeiger speichern
var zeiger = otto;
delete otto;               // otto löschen
trace(zeiger.nase);        // Ausgabe: gross !
```

Nicht nur, dass Ottos Nase immer noch groß ist, obwohl *otto* gar nicht mehr existiert, nein, auch das Ausgabefenster weiß Wundersames zu berichten:

```
Variable _level0.zeiger = [Objekt #1, Klasse 'Object'] {
    nase:"gross"
  }
```

Das Objekt wurde also offensichtlich gar nicht wirklich gelöscht, sondern ist mit Sack und Pack zur Variablen *zeiger* übergelaufen, die Variable also, welche ehemals nur auf das Objekt *otto* verwiesen hatte. Nun, wie kann man sich das erklären, ohne viel Verwirrung zu stiften? Lassen Sie noch mal den Prozess der Objekt-Erzeugung mit *new* aus diesem Kapitel Revue passieren. Das Objekt wird zur Laufzeit erzeugt, egal, ob Sie dieses Objekt einer Variablen zuweisen oder nicht. Dieses Objekt befindet sich in dem Moment zunächst nur im Arbeitsspeicher Ihres Computers. Weisen Sie dieses Objekt gleichzeitig einer Variablen zu, scheint es zwar so, als ob das Objekt in dieser Variablen gespeichert wird, in Wirklichkeit zeigt die Variable aber nur auf den Platz im Arbeitsspeicher, wo sich das Objekt befindet. Von diesem ganzen Prozess bekommen Sie nichts mit und es hat auch relativ wenig Sinn, sich damit zu beschäftigen. Es hilft aber an dieser Stelle ungemein, um das oben gezeigte Phänomen wenigstens ansatzweise zu verstehen und somit vor unliebsamen Überraschungen gewappnet zu sein. Denn versuchen Sie das Objekt *otto* mit *delete otto* zu löschen, erkennt der Interpreter dies sofort und sagt: *„Stopp, da gibt es* *noch einen Verweis auf dieses Objekt. Ich kann deswegen nur die Variable otto löschen und teile vorher der Variablen zeiger noch mit, wo sich das Objekt im Arbeitsspeicher des Rechners befindet".* Gesagt, getan, am Ende scheint es so, als ob das Objekt von der Variablen *otto* zur Variablen *zeiger* wandern würde. Ein Objekt wird also tatsächlich erst dann wirklich im Arbeitsspeicher gelöscht wenn es keinen einzigen Verweis mehr auf dieses Objekt gibt, wodurch auch die Überschrift jetzt hoffentlich einen Sinn ergibt: *Der Letzte knipst das Objekt aus.* Diesen Aspekt sollten Sie stets im Auge behalten, denn nutzlose Objekte und nicht gelöschte Verweise können den Rechner Ihrer Kunden und Anwender im schlimmsten Fall völlig in die Knie zwingen, da hier Rechner-Ressourcen schlichtweg verschwendet werden. Nur wenn alle Verweise zu einem Objekt gelöscht sind, greift die interne Müllsammlung *(Garbage Collection)* des Flash-Players und putzt die nicht mehr benötigten Objekte aus dem Arbeitsspeicher Ihrer Klientel. Auch ein Setzen des Wertes der Objektvariable auf den primitiven Wert *null* schafft keine Abhilfe. Hier erkennt der Interpreter ebenfalls, dass noch ein Verweis besteht, und handelt, wie oben beschrieben. Sie müssen wohl oder übel am Ende immer den Überblick über Objekte und Verweise bewahren. Mit einem sauberen Programmierstil sind Sie da aber auf der sicheren Seite.

Listing 8.17 Eine Objektvariable wird auf null gesetzt

```
var otto = new Object();
otto.nase = "gross";        // Objekteigenschaft
// Referenz auf das Objekt otto in Variable zeiger speichern
var zeiger = otto;
otto = null;                // otto auf null setzen
trace(zeiger.nase);         // Ausgabe: gross !
```

Die Ausgabe zeigt, was in diesem Fall analog passiert ist:

```
Variable _level0.otto = null
Variable _level0.zeiger = [Objekt #1, Klasse 'Object'] {
    nase:"gross"
  }
```

Und so wird es richtig gemacht. Erst alle Verweise zu einem Objekt löschen und dann das Objekt selbst. Überzeugen Sie sich bitte selbst im Ausgabefenster vom Ergebnis der Aufräumarbeiten.

Listing 8.18 So werden Objekt und zugehörige Verweise richtig entfernt

```
var otto = new Object();
otto.nase = "gross";        // Objekteigenschaft
// Referenz auf das Objekt otto in Variable zeiger speichern
var zeiger = otto;
```

```
delete zeiger;          // 1.) Verweis(e) löschen
delete otto;            // 2.) Objekt löschen
```

Zum Schluss möchte ich Sie noch daran erinnern, als Bezeichner für einen Verweis möglichst immer auch einen Namen zu verwenden, der den Bezug zum Objekt widerspiegelt. Das macht es viel leichter, den Überblick zu behalten. Asche auf mein Haupt, ich hätte also eher den Bezeichner *zeiger_auf_otto* wählen sollen. Na, vielleicht das nächste Mal.

8.2.8 Überblick über vordefinierte Objekte in ActionScript

Wir schreiten mit großen Schritten auf dem kurvigen Pfad durch den Wald voller Objekte und Klassen. Jetzt kann Sie sicherlich nur noch wenig umhauen, und wenn doch, fallen Sie jetzt weich ins Moos. Vielleicht haben Sie sich aber die ganze Zeit schon gefragt, wieso in der Konstruktor-Übersicht von vorhin zum Beispiel etwas so Wichtiges wie das *Key*-Objekt gefehlt hat, oder das *Mouse*-Objekt. Nun, die Erklärung ist recht einfach, diese Objekte und noch einige weitere sind in der Tat gar keine Konstruktoren, sondern einfache Objekte, sprich Instanzen, welche der Klasse *Object* angehören. Jeder Konstruktor ist zwar ein Objekt, aber nicht jedes Objekt ein Konstruktor. Hier eine Übersicht:

Tabelle 8.2 Übersicht der eingebauten Objekte

Standard Objekte	
Key	Accessibility
Math	CustomActions
Mouse	System
Selection	System.capabilities
Stage	System.security

Diese Objekte sind fix und fertig erzeugt, eingebaut, dokumentiert. Komplett mit allen Eigenschaften. Betrachten Sie immer wieder das Objekt als Datencontainer, um einfache Werte, Methoden und zusätzliche Objekte im Kontext eines Objektes zu speichern. Der Name dieses Objekts sollte Aufschluss darüber geben, um welche Art von Daten es sich handelt. Auf diese Weise können Sie sich dieses Objekt wie eine Werkzeugtasche unter den Arm klemmen, eine Tasche, auf der „Fahrradwerkzeug" draufsteht, und verfügen immer über sämtliches Werkzeug, um am Fahrrad zu schrauben. Ohne lange rumzusuchen, oder gar etwas zu vergessen, und fein säuberlich getrennt vom Uhrenwerkzeug. Sämtliche Mathe-Funktionen, wie etwa *Sinus*, *Cosinus* und zahlreiche Konstanten wie *Pi* und *E*, werden im Kontext eines Objektes mit dem überaus glücklich gewählten Namen *Math* gespeichert.

Listing 8.19 Simulation, wie man das Math-Objekt hätte selbst bauen können

```
Math = new Object();
Math.sin = function(arg) {
```

```
  // Das wäre die Sinusfunktion
}
Math.cos = function(arg) {
  // Das wäre die Cosinusfunktion
}
Math.PI = 3.1415;
```

Nebenbei bemerkt: Wenn Sie, so wie ich, mit dem Auswendiglernen schnell baden gehen und deswegen lieber Brücken bauen, um nicht ins Wasser zu fallen, dann können Sie jederzeit mit dem *typeof*-Operator überprüfen, ob es sich bei den vordefinierten Objekten im ActionScript-Panel um ein reines Objekt vom Datentyp *object* oder um einen Konstruktor handelt.

```
trace(typeof Math);   // object -> Math ist ein Objekt aber kein Konstruktor
trace(typeof Object); // function -> Object ist ein Konstruktor
```

Und Sie werden bald lernen, die meisten Standardklassen und Objekte in der Praxis geschickt und elegant einzusetzen. Es kommt niemals darauf an, alles zu wissen, sondern zu wissen, worauf es ankommt. Vorher sollten Sie aber die letzten Hemmungen abgelegt haben, denn wir wollen nicht nur Instanzen erzeugen und Objekte nachbauen, sondern auch eigene Klassen erstellen.

8.3 Die eigene Klasse

So sah Sie aus, die Klasse *Supermelone*, genauer gesagt der Konstruktor *Supermelone,* und ist dabei immer noch so saftig wie am Anfang dieses Kapitels. Erinnern Sie sich hier bitte noch einmal an das bisher Gesagte. ECMAScript in der jetzigen Ausgabe – und damit als Hund an der Leine auch ActionScript – kennt keine richtigen Klassen (es gibt allerdings Vorschläge in dieser Richtung für die kommende vierte Ausgabe). Vorerst werden Klassen in ActionScript aber ausschließlich über die Konstruktor-Funktion deklariert, welche sich oberflächlich und genau betrachtet rein gar nicht von einer konventionellen Funktion unterscheidet.

```
function Supermelone()
{
  this.geschmack = "supersüss";
  this.gewicht = 1000;
}
```

```
Variable _level0.Supermelone = [Funktion 'Supermelone']
```

Diese Funktion wird erst durch die spezielle Verwendung zusammen mit dem Schlüsselwort *new* zu dem, was man einen Konstruktor nennt, wobei der Bezeichner der Funktion gleichzeitig immer auch als Klassen-Bezeichner am Taufbecken herhalten muss: „Supermelone".

```
var melone = new Supermelone();
```

```
Variable _level0.Supermelone = [Funktion 'Supermelone']
Variable _level0.melone = [Objekt #2, Klasse 'Supermelone'] {
    geschmack:"supersüss",
    gewicht:1000
  }
```

Die Klasse *Supermelone* enthält dabei den genetischen Code, um ein Melonen-Objekt auch zweifelsfrei eine Melone werden zu lassen, oder mehrere Melonen. Trotzdem: Finden Sie nicht, dass dies ein bisschen wenig für eine Klasse ist? Schön, bald werden Sie erfahren, dass wir hier tatsächlich nur mit dem Messer an der Oberfläche der Schale kratzen, denn unsere Klasse beschränkt sich momentan einzig und allein auf die Konstruktor-Funktion, die jedem neuen Objekt zwei Eigenschaften verpasst.

```
this.geschmack = "supersüss";
this.gewicht = 1000;
```

Sie dürfen gespannt sein, da ist viel mehr drin für unsere Züchtung. Übrigens, was danach mit jeder einzelnen Melone passiert, bestimmt der raue Alltag, wie das folgende Skript zeigt.

Listing 8.20 Objekteigenschaften individuell verändern

```
function Supermelone()
{
  this.geschmack = "supersüss";
  this.gewicht = 1000;
}
var melone_gelb = new Supermelone();
var melone_gruen = new Supermelone();
melone_gelb.geschmack = "faulig";  // Geschmack ändern
melone_gelb.gewicht -= 300;        // 300 abziehen vom ursprünglichen Wert
```

Das Wichtigste, was Sie hierbei mitnehmen müssen, ist die Erkenntnis, dass eine Klasse immer nur eine Vorlage ist, welche die Eigenschaften und die Werte eines Objekts zum Zeitpunkt der Erzeugung bestimmt. Im Minimalfall besteht eine Klasse nur aus einer Konstruktor-Funktion. Außerdem müssen Sie sich merken, dass jede einzelne Instanz, einmal in die Welt gesetzt, durchaus frei für Veränderungen ist. Denken Sie einfach an zwei Instanzen einer Filmsequenz. Die eine befindet sich in der linken oberen, die andere in der rechten unteren Ecke, d. h. beide Objekte können unterschiedliche _x, _y Eigenschaften haben, und gehören trotzdem immer noch ein und derselben Klasse an.

8.3.1 Das Schlüsselwort *this*

Haben Sie Ihren Kopf schon mal in eine Supermelone gesteckt? So vom Ansatz her wie der grandios weihnachtlich gestimmte Rowan Atkinson in der klassischen Szene als Mr. Bean mit dem Geflügelvieh? Mhm, ich auch noch nicht, aber wenn Sie es täten, würden Sie mit Sicherheit sagen: „Mhm, **diese** hier ist aber supersüß". Oder wenn Sie dann mit der Melone auf dem Kopf zur klingelnden Tür eilen müssten, würden Sie vermutlich schnaufen: „Uh, **diese** hier scheint eine Tonne zu wiegen". Wenn Sie eine Klasse in ActionScript erstellen, also eine Vorlage für Objekte entwerfen, müssen Sie so tun, als hätten Sie Ihren Kopf später einmal direkt im erzeugten Objekt stecken. Das Schlüsselwort *this* bezieht sich immer auf das jeweilige Objekt und nicht etwa auf alle erzeugten Objekte oder sonst etwas. Dies wird oft missverstanden, und zugegeben, dieser Knoten muss auch erst mal im Kopf platzen. Das folgende Beispiel, zusammen mit den frisch erworbenen Kenntnissen über Verweise, hilft dabei hoffentlich weiter.

Listing 8.21 Überprüfen, dass *this* tatsächlich auf die jeweilige Instanz zeigt

```
function Supermelone(geschmack, gewicht, farbe)
{
    this.geschmack = geschmack;
    this.gewicht = gewicht;
    this.farbe = farbe;
    // Eigenschaft mit einem Verweis auf sich selbst anlegen;
    this.selber = this;
}
var melone_gelb = new Supermelone("supersüss", 300, 0xFFFF00);
var melone_gruen = new Supermelone("süss", 500, 0x00FF00);
trace(melone_gelb.selber === melone_gelb); // true
trace(melone_gruen.selber === melone_gruen);// true
```

```
Variable _level0.Supermelone = [Funktion 'Supermelone']
Variable _level0.melone_gelb = [Objekt #2, Klasse 'Supermelone'] {
    geschmack:"supersüss",
    gewicht:300,
    farbe:16776960,
    selber:[Objekt #2, Klasse 'Supermelone']
  }
Variable _level0.melone_gruen = [Objekt #3, Klasse 'Supermelone'] {
    geschmack:"süss",
    gewicht:500,
    farbe:65280,
    selber:[Objekt #3, Klasse 'Supermelone']
  }
```

Lassen Sie uns dieses Beispiel etwas auseinandernehmen, denn es ist sehr wichtig zu verstehen, was hier passiert. Im Konstruktor wurde neben den Dingen, die eine Melone so im täglichen Leben braucht, wie eben Geschmack, Farbe und Gewicht, zusätzlich eine Objekt-Eigenschaft *selber* definiert, wobei dieser Eigenschaft das Schlüsselwort *this* zugewiesen wurde. So stellen sich die Dinge dar, wenn Sie den Kopf mitten in der Melone stecken haben:

```
this.selber = this;
```

Die Eigenschaft *selber* speichert also einen Verweis auf dasjenige Objekt, dem sie selber angehört. Schwierig? Ich hoffe Sie überleben das, aber wenn Sie vielleicht versuchen könnten, einen Finger in die Melone zu stecken und auf die Melone zu zeigen, würde mir das viele Erklärungen ersparen. Den Kopf hingegen aus der Melone gezogen, sehen Sie wieder zwei Melonen, und dann sehen die Verhältnisse so aus:

```
melone_gelb.selber === melone_gelb
melone_gruen.selber === melone_gruen
```

Oder schauen Sie einfach mal drei Minuten aus dem Fenster und überlegen, welche Aufgabe denn das Schlüsselwort *this* im Zusammenhang mit einer Filmsequenz-Instanz hat, um zum Beispiel eine Variable auf einer Zeitleiste anzusprechen. Denn, ob Sie es glauben oder nicht, wir reden wieder über ein und dieselbe Sache: Filmsequenz-Instanzen sind eben auch Objekte. Nur, dass man sich vermutlich leichter vorstellen kann, auf einer imaginären Zeitleiste zu stehen, als den Kopf in einer Melone zu haben. Aber sehen Sie selbst, so lässt sich beides doch wenigstens miteinander vergleichen.

- *Die Variable auf dieser Zeitleiste* → `this.variable`
- *Die Eigenschaft von diesem Objekt* → `this.eigenschaft`

8.3.2 Die Vorlage bekommt Methoden

Bisher haben wir stets nur Eigenschaften mit einfachen Werten in unserer Vorlage definiert. Jetzt wird es Zeit, den Melonen auch richtige Fähigkeiten mit in die Wiege zu legen. Die Klasse Supermelone soll also jetzt auch Methoden definieren, welche jede aus dieser Klasse erzeugte Instanz erhalten soll. Nichts einfacher als das.

Listing 8.22 Methoden im Konstruktor definieren

```
function Supermelone(geschmack, gewicht, farbe)
{
    this.geschmack = geschmack;
    this.gewicht = gewicht;
```

```
    this.farbe = farbe;
    // Methoden
    this.rollen = function() {
        trace("Juchu, ich rolle.");
    }
}
var melone_gelb = new Supermelone("supersüss", 300, 0xFFFF00);
var melone_gruen = new Supermelone("süss", 500, 0x00FF00);
melone_gelb.rollen();        // Ausgabe: Juchu, ich rolle.
melone_gruen.rollen();       // Ausgabe: Juchu, ich rolle.
```

Das Beste aber ist, dass diese Methode über den Verweis *this* auch auf alle anderen Objekt-Eigenschaften bequem zugreifen kann.

Listing 8.23 Die Methode greift auf andere Eigenschaften zu, hier auf das Gewicht

```
function Supermelone(geschmack, gewicht, farbe)
{
    this.geschmack = geschmack;
    this.gewicht = gewicht;
    this.farbe = farbe;
    // Methoden
    this.rollen = function() {
        trace("Hier rollen " + this.gewicht + " kg den Berg runter");
    }
}
var melone_gelb = new Supermelone("supersüss", 300, 0xFFFF00);
var melone_gruen = new Supermelone("süss", 500, 0x00FF00);
melone_gelb.rollen();        // Hier rollen 300 kg den Berg runter
melone_gruen.rollen();       // Hier rollen 500 kg den Berg runter
```

Wenn Sie dies ausprobiert haben, würde ich Sie bitten, dies am besten gleich wieder zu vergessen. Denn überlegen Sie einmal, wie es Tausenden Melonen erginge, wenn man an dieser Stelle mehr als eine Methode definieren würde. Oder wenn es sich um eine sehr komplexe Methode mit vielen hundert Skriptzeilen handelt. Methoden verkörpern schließlich Programmcode und keine Daten. Es ist also reichlich uneffektiv, wenn jede Instanz eine exakte Kopie dieses Programmcodes Huckepack tragen würde. Im obigen Beispiel also entsprechend eine Kopie der Methode *rollen*.

```
Variable _level0.melone_gelb = [Objekt #2, Klasse 'Supermelone'] {
    geschmack:"supersüss",
    gewicht:300,
```

```
      farbe:16776960,
      rollen:[Funktion 'rollen']
   }
Variable _level0.melone_gruen = [Objekt #4, Klasse 'Supermelone'] {
      geschmack:"süss",
      gewicht:500,
      farbe:65280,
      rollen:[Funktion 'rollen']
   }
```

Dies kann also nicht der Stein der Weisen sein. Höchste Zeit, einmal gründlich den Acker nach anderen Murmeln umzupflügen.

8.3.3 Die Eigenschaft *prototype*

Der Antrieb für technischen Fortschritt ist meistens eine Mischung aus Bequemlichkeit und Problemen. Das Problem, welches uns hier in die Enge und zum eventuellen Fortschritt treibt, besteht darin, dass jedes Objekt bei der Erzeugung der Instanz sämtliche Methoden in den Rucksack bekommt. Es müsste eine zentrale Sammelstelle geben, wo alle Methoden einer Klasse platziert sind, so dass sämtliche Instanzen darauf zugreifen können. Etwas versteckt, aber diesen Ort gibt es in der Tat.

Listing 8.24 Methode als Eigenschaft des prototype-Objekts

```
function Supermelone(geschmack, gewicht, farbe)
{
   this.geschmack = geschmack;
   this.gewicht = gewicht;
   this.farbe = farbe;
}
/////////////////////////////////////////////////
// Supermelone::rollen()
Supermelone.prototype.rollen = function()
{
   trace("Hier rollen " + this.gewicht + " kg den Berg runter");
};
var melone_gelb = new Supermelone("supersüss", 300, 0xFFFF00);
var melone_gruen = new Supermelone("süss", 500, 0x00FF00);
melone_gelb.rollen();
melone_gruen.rollen();
```

Das Wichtigste: Das Skript funktioniert nach wie vor! Das Zweitwichtigste: Ein Blick ins Ausgabefenster zeigt, die Methode *rollen()* gibt es tatsächlich nur einmal und zwar eingebettet als Eigenschaft eines Objekts mit dem wohlklingenden Bezeichner *prototype*. Nun, und dieses Objekt weist sich wiederum als Eigenschaft der Funktion *Supermelone* aus.

```
Variable _level0.Supermelone = [Funktion 'Supermelone'] {
    prototype:[Objekt #2, Klasse 'Object'] {
      rollen:[Funktion 'rollen']
    }
  }
}
Variable _level0.melone_gelb = [Objekt #4, Klasse 'Supermelone'] {
    geschmack:"supersüss",
    gewicht:300,
    farbe:16776960
  }
Variable _level0.melone_gruen = [Objekt #5, Klasse 'Supermelone'] {
    geschmack:"süss",
    gewicht:500,
    farbe:65280
  }
```

Der Konstruktor hier plötzlich als Objekt, und Instanzen, bei denen nicht vorhandene Methoden funktionieren ? Hier scheinen Kräfte am Werk zu sein, bei denen man lieber den Stecker aus der Steckdose ziehen möchte. Dennoch lässt sich alles mit irdischen Mitteln erklären.

8.3.4 Funktionen sind auch Objekte

Das Ausgabefenster gaukelt in der Tat keine Fata Morgana vor, und ich hatte es auch schon kurz erwähnt: Der Konstruktor ist ein Objekt. Jeder Konstruktor ist ein Objekt. Alle Funktionen, die Sie in ActionScript jemals deklarieren, sind in Wirklichkeit Objekte. Funktionsobjekte. Jedes Funktionsobjekt hat dabei von Anfang an eine spezielle Eigenschaft, die *prototype*-Eigenschaft. Diese Eigenschaft verkörpert selbst auch wieder ein Objekt, ist aber bisher verborgen geblieben. Mit einem Griff in die Werkzeugkiste lassen sich die Zusammenhänge sichtbar machen.

Listing 8.25 Die *prototype*-Eigenschaft einer Funktion sichtbar machen

```
function Sprecher()
{
  trace("Konstruktor aufgerufen");
}
// Werkzeugkasten (s. Anhang)
ASSetPropFlags(Sprecher.prototype, null, 8, 1);
```

Im Ausgabefenster lässt sich jetzt deutlich die *prototype*-Eigenschaft des Funktionsobjektes erkennen. Interessant, oder? Manchmal glaube ich wirklich schon, vor einem Mikroskop zu sitzen und Bakterien zu zählen.

```
Variable _level0.Sprecher = [Funktion 'Sprecher'] {
    prototype:[Objekt #2, Klasse 'Object'] {
      constructor:[Funktion 'Sprecher'],
      __proto__:[Objekt #3] {}
    }
  }
```

Das *prototype*-Objekt besitzt wie jedes andere Objekt Eigenschaften, welche momentan jedoch nicht relevant sind. Vielmehr war ja die Frage zu klären, wieso zum Kuckkuck auf eine Methode, welche als Eigenschaft dieses mysteriösen *prototype*-Objekts daherkommt, seinerseits von jeder Instanz aus zugegriffen werden kann.

 Der Begriff „prototype" als solcher erlebte seit der Einführung von Flash 5 ActionScript in der Flash Community einen ungeahnten Hype, welcher von vielen Entwicklern auch aus dem Bereich anderer Sprachen teils amüsiert und teils staunend verfolgt wird. Die *prototype*-Eigenschaft finden Sie z.B. auch in Javascript. Markige Sprüche wie „Wir machen auch Prototypes" oder „Gibt's die Funktion auch als Prototype?" zeugen leider von relativ wenig Kenntnis der Zusammenhänge. Auch wenn es uncool ist, und sich anders schwer auszudrücken lässt – Methoden sind keine „Prototypes".

8.3.5   Die Eigenschaft __*proto*__

Um dies zu klären, fügen wir der Sprecher-Klasse eine Methode hinzu, greifen nochmals in die Werkzeugkiste und stellen das Mikroskop etwa schärfer. Dann sehen Sie Folgendes:

Listing 8.26 Die __*proto*__ Eigenschaft einer Instanz sichtbar machen

```
function Sprecher()
{
  trace("Konstruktor aufgerufen");
}
Sprecher.prototype.sag = function(was)
{
  trace(was);
};
var otto = new Sprecher();          // neue Instanz erzeugen
otto.sag("Hallo");                  // Methode aufrufen
// Werkzeugkasten (s.Anhang)
ASSetPropFlags(otto, ["__proto__"], 8, 1);
ASSetPropFlags(Sprecher.prototype, ["sag"], 8, 1);
```

```
Variable _level0.Sprecher = [Funktion 'Sprecher'] {
    prototype:[Objekt #2, Klasse 'Object'] {
       sag:[Funktion 'sag']
    }
  }
Variable _level0.otto = [Objekt #4, Klasse 'Sprecher'] {
    __proto__:[Objekt #2, Klasse 'Object']
  }
```

Jede Instanz hat eine Eigenschaft mit dem kryptischen Namen __proto__. Die __proto__ Eigenschaft des Objekts *otto* verweist hier auf die *prototype*-Eigenschaft des Funktions-Objekts *Sprecher*, dem Klassen-Konstruktor. Jetzt brauchen Sie nur noch zu wissen, dass der Interpreter genau bei diesem Verweis nachschaut, wenn er eine Eigenschaft in der Instanz *otto* nicht finden kann und alles ist in Butter. Aber noch mal langsam, weil dieser Zusammenhang sehr wichtig für die objektorientierte Programmierung in ActionScript ist: Wenn die Methode in der Zeile

```
otto.sag("Hallo");
```

aufgerufen wird, schaut der Interpreter als Erstes in der Eigenschaftsliste des Objektes *otto* nach, ob es eine solche Methode gibt. Nun, die gibt es offensichtlich nicht, wie Sie oben erkennen können. Also, schaut er weiter, auf welches Objekt die Eigenschaft __proto__ verweist. Sie verweist auf die *prototype*-Eigenschaft des Klassen-Konstruktors, und dort findet er am Ende der Rundreise die Methode *sag()*. Technik kann begeistern, oder? Die Reihenfolge, wie der Interpreter vorgeht, ist im ECMAScript Standard festgelegt. Und halten Sie die Luft an: Dies ist die Grundlage, wie Vererbung in ActionScript funktioniert. Dazu aber später noch mehr. Sie brauchen sich jedenfalls nicht den Kopf zu zerbrechen, warum der Interpreter so vorgeht. Wissen brauchen Sie hier wirklich nur, dass dem so ist und dass dies nicht nur für Methoden gilt, sondern allgemein für alle nichtgefundenen Eigenschaften.

Listing 8.27 Einfacher Wert als Eigenschaft des *prototype*-Objekts

```
function Sprecher() {
  trace("Konstruktor aufgerufen");
}
Sprecher.prototype.sag = function(was) {
  trace(was);
};
Sprecher.prototype.medium = "radio"; // Einfacher Wert als Eigenschaft
var otto = new Sprecher();
otto.sag("Hallo");                    // Methode des prototype-Objekts
trace(otto.medium);                   // Eigenschaft des prototype-Objekts
```

```
Variable _level0.Sprecher = [Funktion 'Sprecher'] {
    prototype:[Objekt #2, Klasse 'Object'] {
       sag:[Funktion 'sag'],
       medium:"radio"
    }
  }
Variable _level0.otto = [Objekt #4, Klasse 'Sprecher'] {}
```

An dieser Stelle wird es auch noch mal richtig spannend. Was glauben Sie wird passieren, wenn die Instanz *otto* oder eine andere Instanz selbst eine Eigenschaft *medium* besitzt? Nun, ganz einfach. Der Interpreter findet diese und braucht dewegen nicht beim *prototype*-Objekt nachzuschauen. Im Folgenden hat die Instanzeigenschaft *medium* Vorrang vor der gleichnamigen Eigenschaft des *prototype*-Objekts.

Listing 8.28 Die Instanzeigenschaft *medium* hat Vorrang

```
function Sprecher()
{
   trace("Konstruktor aufgerufen");
}
Sprecher.prototype.sag = function(was)
{
   trace(was);
};
Sprecher.prototype.medium = "radio";
var otto = new Sprecher();
var anna = new Sprecher();
anna.medium = "tv";
trace(otto.medium);
trace(anna.medium);
```

```
Variable _level0.Sprecher = [Funktion 'Sprecher'] {
    prototype:[Objekt #2, Klasse 'Object'] {
       sag:[Funktion 'sag'],
       medium:"radio"
    }
  }
Variable _level0.otto = [Objekt #4, Klasse 'Sprecher'] {}
Variable _level0.anna = [Objekt #5, Klasse 'Sprecher'] {
    medium:"tv"
  }
```

Erkennen Sie den Sinn und Zweck diesen ganzen Prozesses? Genau, alle Eigenschaften und Methoden einer Klasse können und sollen erst mal als Eigenschaften des *prototype*-Objekts angelegt werden. Sie bilden also die Vorlage und stehen allen Instanzen von Anfang an zur Verfügung. Erst wenn eine Instanz der Meinung ist, es müsse anders sein als die anderen, erst dann kann dieses Objekt seine Eigenschaften verändern, ohne die anderen Objekte zu beeinflussen. Dies passiert entweder gleich über den Konstruktor, oder nach der Objektbildung direkt am Objekt. Sie sehen, wie hier plötzlich all die vielen kleinen Fäden zusammenlaufen, die nun einen dicken Strick ergeben. Objekte, Verweise auf Objekte, Instanzen, Eigenschaften, Instanzen, die ihre Eigenschaften verändern können, Funktionen und vieles mehr. Alles, von der Wunderlampe bis zu Ottos Nase, wird jetzt hier ins Feuer geworfen.

8.3.6 Feuerwehr – Löschen von Objekten mit einer Objektmethode

Nicht selten wünscht man sich für Objekte eine „Suicide-Methode" und stellt plötzlich fest, dass dies gar nicht so einfach ist. Das folgende Beispiel funktioniert nämlich nicht.

Listing 8.29 Gescheiterter Versuch, ein Objekt mit einer Objekt-Methode selbsttätig zu löschen

```
function Feuer(arg)
{
   this.brennstoff = arg;
}
Feuer.prototype.loeschen = function()
{
   delete this; // funktioniert nicht !
}
lagerfeuer = new Feuer("holz");
lagerfeuer.loeschen();
trace(lagerfeuer); // [object Object]
```

Nun, was auf den ersten Blick verwundert, ist auf den zweiten Blick ganz plausibel. Denn wenn Sie zurückdenken an den Abschnitt über Verweise zu Objekten, dann ist *this* ein Verweis auf das Objekt selbst, welcher als Eigenschaft des lokalen Variablen-Objekts nicht mit *delete* gelöscht werden kann und am Ende der Funktion sowieso sein Leben verliert. Es besteht aber noch ein Verweis von außerhalb, nämlich *lagerfeuer*, und insofern wird das Objekt nicht entsorgt! Sie müssen praktisch den Verweis auf das Objekt von außerhalb vernichten, um das Feuer zu löschen. Dies können Sie entweder tun, indem Sie generisch nach diesem Verweis suchen.

Listing 8.30 Nach der Objekt-Referenz suchen und diese löschen

```
function Feuer(arg)
{
   this.brennstoff = arg;
}
Feuer.prototype.loeschen = function()
{
   var zeitleiste = valueOf(); // Verweis auf Zeitleiste
   for (var i in zeitleiste) {
      if (zeitleiste[i] === this) {
         delete zeitleiste[i];
      }
   }
}
lagerfeuer = new Feuer("holz");
lagerfeuer.loeschen();
trace(lagerfeuer); // undefined
```

Es gibt noch zahlreiche andere, mehr oder weniger elegante Ansätze, zum Beispiel auch indem Sie den Namen des Objekts als Parameter dem Konstruktor übergeben.

Listing 8.31 Ansatz über den Namen des Objekts

```
function Feuer(id, arg)
{
   this.brennstoff = arg;
   this.id = id;
}
Feuer.prototype.loeschen = function()
{
   delete _root[this.id]; // wieder über einen Verweis zur Zeitleiste
}
lagerfeuer = new Feuer("lagerfeuer","holz");
lagerfeuer.loeschen();
trace(lagerfeuer); // undefined
```

Wichtig ist vor allem, dass Sie das Prinzip erkennen, um dann für sich die richtige Variante austüfteln zu können. Denken Sie aber immer wieder daran, dass auch dies nur funktioniert, wenn es tatsächlich keine anderen Referenzen mehr auf das Objekt gibt. Wenn Sie also so einen „Selbstkiller" implementieren, müssen Sie sicherstellen, auch wirklich alle Verweise zum Objekt zu erwischen.

8.3.7 Die ideale Klasse – eine Zusammenfassung für die Praxis

Ich fand es an der Uni damals, am Ende einer Vorlesung, immer ganz nett, wenn der Nachbar einen aufweckte, und kurz erzählte, was passiert war. Also gut, hier die Zusammenfassung:

- Eine Klasse wird immer über eine Konstruktor-Funktion deklariert, wobei der Name dieser Funktion gleichzeitig auch der Bezeichner der Klasse ist. *(Zum Beispiel könnte dies die „Golf-Klasse" sein.)*
- Diese Konstruktor-Funktion besitzt wie jede Funktion eine spezielle Eigenschaft, die so genannte *prototype*-Eigenschaft. Die *prototype*-Eigenschaft selbst ist wiederum ein Objekt mit Eigenschaften. *(Der Konstruktor ist der Mechaniker, der das Auto erstellt und nach einem Plan entsprechend einem „Golf-Prototypen" zusammenschraubt. Ohne ihn geht gar nichts.)*
- Alle Eigenschaften und Methoden einer Klasse gehören in das *prototype*-Objekt, um nicht unnötig Ressourcen durch dupliziertem Code und Eigenschaften in den Instanzen zu verschwenden. *(Dieses prototype-Objekt kann hier mit einem „Prototypen" verglichen werden, welcher etwa in der Autoindustrie gebaut wird, bevor ein Auto in Serie geht. Daher auch der Name.)*
- Spezifische Werte für Instanz-Eigenschaften können sofort im Konstruktor gesetzt werden, oder natürlich auch später am Objekt. Werden Werte als Parameter an die Konstruktor-Funktion übergeben, sollte dies optional sein und abgefragt werden. *(Denken Sie an die verschiedenen Ausstattungen und Lackfarben eines Autos den Kundenwünschen entsprechend.)*

Wenn man diese Punkte beachtet, würde eine ideale *Supermelonen*-Klasse aussehen, wie das folgende Skript zeigt.

Listing 8.32 Eine Klasse Supermelone, wie sie aussehen sollte

```
function Supermelone(gewicht)
{
   // Instanz erhält nur eigene Eigenschaft, wenn angegeben
   if (gewicht != undefined)
   {
      this.gewicht = gewicht;
   }
}
/////////////////////////////////////////////////
// Eigenschaften der Klasse - einfache Werte
Supermelone.prototype.gewicht = 1000;
/////////////////////////////////////////////////
// Methoden der Klasse
Supermelone.prototype.rollen = function()
{
   trace("Hier rollen " + this.gewicht + " kg den Berg runter");
```

```
};
//////////////////////////////////////////////
// Instanzen erzeugen
var kleine_melone = new Supermelone(300);
var normale_melone = new Supermelone();
var grosse_melone = new Supermelone(1200);
//////////////////////////////////////////////
// Methoden aufrufen
kleine_melone.rollen();
normale_melone.rollen();
grosse_melone.rollen();
```

```
Variable _level0.Supermelone = [Funktion 'Supermelone'] {
    prototype:[Objekt #2, Klasse 'Object'] {
      gewicht:1000,
      rollen:[Funktion 'rollen']
    }
  }
Variable _level0.kleine_melone = [Objekt #4, Klasse 'Supermelone'] {
    gewicht:300
  }
Variable _level0.normale_melone = [Objekt #5, Klasse 'Supermelone'] {}
Variable _level0.grosse_melone = [Objekt #6, Klasse 'Supermelone'] {
    gewicht:1200
  }
```

Denken Sie immer daran, dass es niemals nur einen Weg gibt. Wenn Sie sich mit einer anderen Variante wohler fühlen, auch gut.

8.4 Eine Klasse erweitern – Hopp oder OOP?

Bücher über objektorientierte Programmierung und deren Auswüchse können sich mit den Seitenzahlen schnell jenseits der Tausender-Schallmauer bewegen und behandeln dabei nicht selten gerade einmal die allgemeinen Aspekte. Ein empfehlenswerter Klassiker auf dem Gebiet ist zum Beispiel „Object-Oriented Software-Construction" von Bertrand Meyer mit seinen über 1200 Seiten. Von den drei OOP-Grundprinzipien – Kapselung, Vererbung und Polymorphie haben Sie eventuell schon gehört; in ActionScript lassen sie sich nur bedingt umsetzen. Hier muss ich Ihre Erwartungen leider etwas bremsen. Dieser Abschnitt soll sich deswegen dem widmen, was wesentlich und sinnvoll für die Programmierung in ActionScript ist. Wir sprechen hier über das, was im ECMAScript-Standard angedacht und festgehalten ist – die „Prototype-basierte Vererbung". Auf geht's zu den Ahnen.

8.4.1 Prototype-basierte Vererbung

Vererbung bedeutet allgemein, dass ein Objekt die Eigenschaften und Methoden eines anderen Objektes erwirbt. So, wie wir bestimmte Eigenschaften und Fähigkeiten unserer Eltern geerbt haben. Vererbung in ActionScript wird durch „*Prototype-basierte Vererbung*" realisiert *(prototype-based inheritance)*. Jede Objekt-Instanz erbt dabei die Eigenschaften und Methoden der Klasse, wobei sich alle Instanzen einer Klasse diese Eigenschaften dann teilen *(shared properties)*. Das hatten Sie ja schon kennen gelernt – die Eigenschaft *__proto__* einer jeden Instanz zeigt auf das *prototype*-Objekt der Klasse. Nun stellen Sie sich beim Begriff Vererbung noch eine alte, staubige Ahnentafel vor, mit vielen Verzweigungen und Sie wissen, wie „*Prototype-basierte Vererbung*" in ActionScript ausarten kann. Denn nicht nur Instanzen erben von einer Klasse, sondern eine Klasse kann auch von einer anderen Klasse erben, indem nämlich die Eigenschaft *__proto__* dieser *neuen* Klasse auf den *prototype* der *alten* zeigt. Und diese könnte auch wieder auf den *prototype* einer weiteren Klasse zeigen und so weiter. Schon bald reicht die Ahnentafel bis ins Mittelalter zurück. Nein, im Ernst – so funktioniert die so genannte *prototype*-Kette *(prototype chain)*. So funktioniert Vererbung in ActionScript. Hier ein erstes Beispiel:

Listing 8.33 Die Klasse Tochter soll von der Klasse Mutter erben

```
function Mutter()
{
   // Konstruktor (Klasse Mutter)
}
// Der prototype der Klasse Mutter erhält eine Eigenschaft „schlau"
Mutter.prototype.schlau = true;
function Tochter()
{
   // Konstruktor (Klasse Tochter)
}
// __proto__ soll auf den prototype der Mutter verweisen
Tochter.prototype.__proto__ = Mutter.prototype;
// Instanz der Klasse Tochter bilden
anna = new Tochter();
trace(anna.schlau);        // Ausgabe: true
```

```
Variable _level0.Mutter = [Funktion 'Mutter'] {
    prototype:[Objekt #2, Klasse 'Object'] {
      schlau:true
    }
  }
Variable _level0.Tochter = [Funktion 'Tochter']
Variable _level0.anna = [Objekt #4, Klasse 'Tochter'] {}
```

Sie sehen, dass weder das Objekt *anna*, noch die Klasse Tochter eine Eigenschaft *schlau* besitzen. Trotzdem ist *anna* schlau, denn *anna* hat über die *prototype*-Kette tatsächlich die Schlauheit ihrer Mutter quasi geerbt. Es funktioniert! Lassen Sie uns noch mal verfolgen, wie der Interpreter die Schlauheit von *anna* sucht, d. h. die angeforderte Eigenschaft *schlau* in der letzten Zeile des Skripts. Der Interpreter schaut zuerst im Objekt *anna* nach, wo er diese Eigenschaft nicht findet. Dann schaut er im *prototype*-Objekt von *Tochter* nach, wieder nichts. Also schaut er im *prototype*-Objekt von Mutter nach und findet dort letztlich die gesuchte Eigenschaft *schlau*. Ganz schön *schlau* der Interpreter, huh? Etwas deutlicher lässt sich es wieder mit unserem Leuchtmittel aus dem Werkzeugkasten machen. Hängen Sie die beiden folgenden Zeilen an das obige Skript:

Listing 8.34 Erweiterung zum obigen Skript, um die *prototype*-Kette sichtbar zu machen

```
// Werkzeugkasten
ASSetPropFlags(Tochter.prototype,["__proto__"],8,1);
ASSetPropFlags(anna,["__proto__"],8,1);
```

```
Variable _level0.Mutter = [Funktion 'Mutter'] {
    prototype:[Objekt #2, Klasse 'Object'] {
      schlau:true
    }
  }
Variable _level0.Tochter = [Funktion 'Tochter'] {
    prototype:[Objekt #4, Klasse 'Mutter'] {
      __proto__:[Objekt #2, Klasse 'Object']
    }
  }
Variable _level0.anna = [Objekt #5, Klasse 'Tochter'] {
    __proto__:[Objekt #4, Klasse 'Mutter']
  }
```

Hier erkennen Sie wunderschön, wie sich durch die *prototype*-Kette die Vererbung bis hin zur Mutter zieht. Und wie das im Leben so ist, kommt die Tochter zwar nach der Mutter oder dem Vater, aber sie hat auch ihren eigenen Kopf. In ActionScript können wir der Klasse Tochter spezielle zusätzliche Eigenschaften geben, ohne das Erbe der Mutter einzubüßen. Hier zum Beispiel die Fähigkeit zu singen, also eine Methode.

Listing 8.35 Die Klasse Tochter erhält eine eigene Methode singen()

```
// Klasse Mutter
function Mutter(){}
Mutter.prototype.schlau = true;
Mutter.prototype.haarfarbe = "schwarz";
```

```
// Klasse Tochter
function Tochter(){}
Tochter.prototype.__proto__ = Mutter.prototype;
// Tochter erhält zusätzliche Eigenschaften
Tochter.prototype.singen = function()
{
   trace("Tralalala");
};
// Instanz der Klasse Tochter bilden
anna = new Tochter();
trace("Anna's Haarfarbe ist " + anna.haarfarbe); // schwarz
anna.singen(); // Methode singen aufrufen
```

8.4.2   Überschreiben von Eigenschaften und Methoden

Falls sich die Tochter einmal die Haare blond färben will, ist auch dies sehr einfach möglich mit der Vererbungs-Strategie von ActionScript. Ähnlich wie bei den Objekten können Sie auch die Eigenschaften und Methoden einer Klasse überschreiben. Wenn man es genau nimmt, überdecken Sie eigentlich ja nur diese Eigenschaften, man sagt, die Eigenschaften und Methoden werden neu implementiert. Denken Sie immer wieder daran, wie der Interpreter sich auf der Kette entlang hangelt, um die gesuchten Eigenschaften zu finden, dann werden Sie immer wissen, welche Eigenschaften Ihr Objekt letztlich aufweist.

Listing 8.36 Überschreiben der Eigenschaft haarfarbe in der Klasse Tochter

```
// Klasse Mutter
function Mutter(){}
Mutter.prototype.schlau = true;
Mutter.prototype.haarfarbe = "schwarz";
// Klasse Tochter
function Tochter(){}
Tochter.prototype.__proto__ = Mutter.prototype;
// Tochter erhält zusätzliche Eigenschaften
Tochter.prototype.singen = function()
{
   trace("Tralalala");
};
Tochter.prototype.haarfarbe = "blond"; // Eigenschaft überschreiben
// Instanz der Klasse Tochter bilden
anna = new Tochter();
trace("Anna's Haarfarbe ist " + anna.haarfarbe); // blond
anna.singen(); // Methode singen aufrufen
```

8.4.3 Macromedia hebt den Finger: new vs. __constructor__

Das Mutterschiff aus San Francisco würde an dieser Stelle bei allen bisherigen Beispielen zur Vererbung bei Klassen warnend den Finger heben und sagen: *So wurde das zwar in Flash 5 meistens realisiert, jetzt in MX empfehlen wir aber, eine Vererbung anders zu realisieren. Vor allem auch weil der in MX neu eingeführte* super-*Operator mit dem oben gezeigten Weg nicht funktioniert. Wir empfehlen den folgenden Weg:*

```
Tochter.prototype = new Mutter();
```

Da nach der Bildung einer Instanz mit dem Schlüsselwort *new*, wie Sie wissen, letztlich auch die Eigenschaft __proto__ dieser Instanz auf den Prototypen der Klasse zeigt, entsteht hier also genauso eine Kette zwischen den beiden Klassen. Zum Vergleich noch einmal der Weg, wie die Klasse *Tochter* bisher mit der Klasse Mutter „verlinkt" wurde.

```
Tochter.prototype.__proto__ = Mutter.prototype;
```

Zuerst einmal ist zu sagen, dass die Diskussion über den optimalen Weg teilweise recht heftig ausgetragen wird und Sie sich als Entwickler am Ende aber selbst entscheiden müssen. Zum zweiten hat Macromedia völlig Recht, der *super*-Operator funktioniert (noch) nicht mit dem obigen Weg in MX, aber es gibt eine einfache Lösung, um dies zu korrigieren. Was dieses *super* bedeutet, werden Sie übrigens gleich im Anschluss erfahren. Es ist wichtig lieber Leser, dass Sie hier genau wissen, worin der Unterschied liegt.

Tabelle 8.3 Gegenüberstellung offizieller und alternativer Weg

Tochter.prototype = new Mutter();	Tochter.prototype.__proto__ = Mutter.prototype;

Variable _level0.Mutter = [Funktion ‚Mutter'] {
  prototype:[Objekt #2, Klasse ‚Object'] {
    constructor:[Funktion ‚Mutter'],
    __proto__:[Objekt #3] {},
    schlau:true,
    haarfarbe:"schwarz"
  }
}
Variable _level0.Tochter = [Funktion ‚Tochter'] {
  prototype:[Objekt #5, Klasse ‚Mutter'] {
    __proto__:[Objekt #2, Klasse ‚Object'],
    constructor:[Funktion ‚Mutter'],
    __constructor__:[Funktion ‚Mutter'],
    singen:[Funktion ‚singen'],
    haarfarbe:"blond"
  }
}
Variable _level0.anna = [Objekt #7, Klasse ‚Mutter'] {
  __proto__:[Objekt #5, Klasse ‚Mutter'],
	Variable _level0.Mutter = [Funktion ‚Mutter'] {
	  prototype:[Objekt #2, Klasse ‚Object'] {
	    constructor:[Funktion ‚Mutter'],
	    __proto__:[Objekt #3] {},
	    schlau:true,
	    haarfarbe:"schwarz"
	  }
	}
	Variable _level0.Tochter = [Funktion ‚Tochter'] {
	  prototype:[Objekt #5, Klasse ‚Mutter'] {
	    constructor:[Funktion ‚Tochter'],
	    __proto__:[Objekt #2, Klasse ‚Object'],
	    singen:[Funktion ‚singen'],
	    haarfarbe:"blond"
	  }
	}
	Variable _level0.anna = [Objekt #7, Klasse ‚Tochter'] {
	  __proto__:[Objekt #5, Klasse ‚Mutter'],

Tochter.prototype = new Mutter();	Tochter.prototype.__proto__ = Mutter.prototype;
constructor:[Funktion ‚Tochter'], __constructor__:[Funktion ‚Tochter'] }	constructor:[Funktion ‚Tochter'], __constructor__:[Funktion ‚Tochter'] }
Der Konstruktor von *Mutter* wird aufgerufen, um die *prototype*-Kette zu bilden, was eventuell zu ungewollten Ergebnissen führen kann (z.B. wenn Sie die Anzahl der erzeugten Instanzen zählen)	Der Konstruktor wird nicht aufgerufen, die *prototype*-Kette wird manuell gebildet.
Die Eigenschaft *constructor* der Klasse *Tochter* zeigt auf den Klassen-Konstruktor *Mutter*. Das ist falsch!	Die Eigenschaft *constructor* zeigt richtig auf den Klassen-Konstruktor *Tochter*.
Die Eigenschaft *__constructor__* zeigt auf die Konstruktor der übergeordneten Klasse, der Klasse *Mutter*. Wichtig, damit der *super*-Operator funktioniert.	Es fehlt bei der Klasse *Tochter* die Eigenschaft *__constructor__* welche auf den Konstruktor der Klasse *Mutter* verweist. Der *super*-Operator funktioniert so nicht.
Das Objekt *anna* weist sich im Ausgabefenster falsch als Instanz der Klasse *Mutter* aus	Das Objekt *anna* weist sich richtig als Instanz der Klasse *Tochter* aus.

Wenn man nun beide Wege miteinander vergleicht, stellt man überrascht fest, dass der von Macromedia favorisierte Weg eigentlich mit mehr Unzulänglichkeiten behaftet ist als unser alternativer Weg. Vorausgesetzt, wir bringen natürlich die Sache mit dem *super*-Operator in Ordnung, d.h. wir müssen die fehlende Eigenschaft *__constructor__* manuell hinzufügen, was hiermit geschehen soll.

```
Tochter.prototype.__proto__      = Mutter.prototype;
Tochter.prototype.__constructor__ = Mutter;
```

Die Eigenschaft *__constructor__* muss immer auf den Konstruktor der übergeordneten Klasse zeigen, von welcher geerbt werden soll. Damit funktioniert auch unsere Vererbungsstrategie einwandfrei. Allerdings gibt sich die Klasse *Mutter* nun ärgerlicherweise im Ausgabefenster als Klasse *__constructor__* aus. Ärgerlich, aber nur ein Schönheitsfehler in der Ausgabe.

Tabelle 8.4 Gegenüberstellung mit korrigierter alternativer Vererbungsstrategie

Tochter.prototype = new Mutter();	Tochter.prototype.__proto__ = Mutter.prototype; Tochter.prototype.__constructor__ = Mutter;
Variable _level0.Mutter = [Funktion ‚Mutter'] { prototype:[Objekt #2, Klasse ‚Object'] { constructor:[Funktion ‚Mutter'], __proto__:[Objekt #3] {}, schlau:true, haarfarbe:"schwarz" } }	Variable _level0.Mutter = [Funktion '__constructor__'] { prototype:[Objekt #2, Klasse 'Object'] { constructor:[Funktion '__constructor__'], __proto__:[Objekt #3] {}, schlau:true, haarfarbe:"schwarz" } }
Variable _level0.Tochter = [Funktion ‚Tochter'] { prototype:[Objekt #5, Klasse ‚Mutter'] { __proto__:[Objekt #2, Klasse ‚Object'], constructor:[Funktion ‚Mutter'],	Variable _level0.Tochter = [Funktion 'Tochter'] { prototype:[Objekt #5, Klasse '__constructor__'] { constructor:[Funktion 'Tochter'],

Tochter.prototype = new Mutter();	Tochter.prototype.__proto__ = Mutter.prototype; Tochter.prototype.__constructor__ = Mutter;

__constructor__:[Funktion ‚Mutter'],
    singen:[Funktion ‚singen'],
    haarfarbe:"blond"
   }
 }
 Variable _level0.anna = [Objekt #7, Klasse ‚Mutter']
 {
    __proto__:[Objekt #5, Klasse ‚Mutter'],
    constructor:[Funktion ‚Tochter'],
    __constructor__:[Funktion ‚Tochter']
 }
	__proto__:[Objekt #2, Klasse 'Object'],
	    __constructor__:[Funktion ' __constructor__'],
	    singen:[Funktion 'singen'],
	    haarfarbe:"blond"
	   }
	 }
	 Variable _level0.anna = [Objekt #7, Klasse 'Tochter']
	 {
	    __proto__:[Objekt #5, Klasse ' __constructor__'],
	    constructor:[Funktion 'Tochter'],
	    __constructor__:[Funktion 'Tochter']
	 }

Der Konstruktor von *Mutter* wird aufgerufen, um die *prototype*-Kette zu bilden, was eventuell zu ungewollten Ergebnissen führen kann (z.B. wenn Sie die Anzahl der erzeugten Instanzen zählen)	
	Klasse / Konstruktor *Mutter* erscheint als Klasse / Konstruktor __*constructor*__
Die Eigenschaft *constructor* der Klasse *Tochter* zeigt auf den Klassen-Konstruktor *Mutter*. Das ist falsch!	
Das Objekt *anna* weist sich im Ausgabefenster falsch als Instanz der Klasse *Mutter* aus	

Der offizielle Weg von Macromedia hat nach wie vor drei Schönheitsfehler. Die Entscheidung liegt, wie gesagt, vollkommen bei Ihnen. Macromedia unterstützt natürlich nur die offizielle Variante mit dem Schlüsselwort *new*. Für die Erstellung der beiden Tabellen wurde übrigens wieder das Leuchtmittel aus dem Werkzeugkasten im Anhang bemüht. Unabhängig davon, welchen Weg man geht – es ist immer gut zu wissen, was hinter den Kulissen passiert, oder?

```
// Werkzeugkasten
ASSetPropFlags(Mutter.prototype,null,8,1);
ASSetPropFlags(Tochter.prototype,null,8,1);
ASSetPropFlags(anna,null,8,1);
```

Es existieren noch andere, weitergehende Ansätze, wir wollen es aber dabei belassen. Sie sehen, dass ActionScript in dieser Beziehung noch nicht hundertprozentig ausgereift ist. Viele Entwickler sehen hier Handlungsbedarf und erwarten zudem die Einführung einer formalen Klassen-Deklaration in einer zukünftigen Version von Flash.

8.4.4 Der *super*-Operator

Der *super*-Operator wird auf zwei Wegen verwendet, wobei den Wenigsten klar ist, wieso *super* überhaupt ein Operator ist. So können Sie einmal mit *super()* den Konstruktor der übergeordneten Klasse *(der Super-Klasse)* aufrufen, um etwa die Werte für Eigenschaften zu setzen, welche beiden Klassen gemein ist. Auch Argumente lassen sich dabei übergeben.

Listing 8.37 Aufrufen des Konstruktors Mutter mit super()

```
// Klasse Mutter
function Mutter(nachname)
{
   trace("Konstruktor von Mutter aufgerufen.");
   this.nachname = nachname;
}
// Klasse Tochter
function Tochter(vorname, nachname)
{
   trace("Konstruktor von Tochter aufgerufen.");
   this.vorname = vorname;
   super(nachname);
}
// Tochter.prototype = new Mutter(); // offizielle Weg
Tochter.prototype.__proto__ = Mutter.prototype;
Tochter.prototype.__constructor__ = Mutter;
// Instanz der Klasse Tochter bilden
anna = new Tochter("Anna","Feldbusch");
trace(anna.vorname);          // Anna
trace(anna.nachname);         // Feldbusch
```

Zum anderen können Sie auch Eigenschaften abfragen, sowie Methoden dieser Super-Klasse aufrufen, indem Sie *super* als Objektpfad verwenden, also als Pfad zur Super-Klasse. Genauer gesagt, zum Prototypen der Klasse. Nun werden Sie sich wundern, warum dies überhaupt nötig ist, denn schließlich werden doch die Eigenschaften und Methoden geerbt. Richtig, nur manchmal haben Sie diese Eigenschaften „überritten" *(override*, wie der Engländer sagt), wollen aber trotzdem auf die Eigenschaften und Methoden der Super-Klasse zurückgreifen.

Listing 8.38 Eine Eigenschaft der Super-Klasse mit super ansprechen

```
// Klasse Mutter
function Mutter() {}
Mutter.prototype.wesen = "fürsorglich";
// Klasse Tochter
function Tochter(wesen)
{
   this.wesen = wesen;
   trace("Diese Tochter ist " + this.wesen);
```

```
    trace("Aber alle Mütter sind " + super.wesen);
}
// Tochter.prototype = new Mutter(); // offizielle Weg
Tochter.prototype.__proto__ = Mutter.prototype;
Tochter.prototype.__constructor__ = Mutter;
Tochter.prototype.wesen;
// Instanz der Klasse Tochter bilden
anna = new Tochter("zickig");
```

```
Diese Tochter ist zickig
Aber alle Mütter sind fürsorglich
----------------------------------
Variable _level0.Mutter = [Funktion '__constructor__'] {
    prototype:[Objekt #2, Klasse 'Object'] {
       wesen:"fürsorglich"
    }
  }


Variable _level0.anna = [Objekt #5, Klasse 'Tochter'] {
    wesen:"zickig"
  }
```

 Beachten Sie bitte, dass super als Pfad verwendet immer auf das prototype-Objekt der Super-Klasse zeigt. Sie können also nur Eigenschaften und Methoden ansprechen, die im Prototyp der Super-Klasse auch tatsächlich gesetzt wurden. Falls Sie die Methode super() aufrufen, um damit Werte zu setzen, setzen Sie damit die Werte für Eigenschaften der Objekt-Instanz. Oftmals erliegt man hier dem Trugschluss, dass über super() initialisierte Eigenschaften auch über den Pfad super ausgelesen werden können. Dem ist aber nicht so.

Im folgenden Beispiel wird die Methode der Super-Klasse innerhalb der Methode der Unterklasse aufgerufen. Dies ist der Weg, um Funktionalitäten einer Klasse zu erweitern und nicht einfach zu überschreiben. Zwei lachende Menschen sind doch immer wieder was Schönes.

Listing 8.39 Beim Aufrufen der Methode lachen(), hört man Tochter und Mutter lachen

```
// Klasse Mutter
function Mutter(){}
Mutter.prototype.lachen = function() {
  trace("ha ha ha");
}
// Klasse Tochter
function Tochter(wesen){}
// Tochter.prototype = new Mutter(); // offizieller Weg
```

```
Tochter.prototype.__proto__ = Mutter.prototype;
Tochter.prototype.__constructor__ = Mutter;

Tochter.prototype.lachen = function() {
  trace("hi hi hi");
  trace("Aber die Mutter lacht so:" );
  super.lachen();
}
// Instanz der Klasse Tochter bilden
anna = new Tochter();
anna.lachen();
```

Super, nicht wahr? Und damit Sie sich nicht immer mit dem manuellen Aufbau der Kette herumschlagen müssen, kann man sich auch leicht eine universelle Methode basteln, was dann in etwa so aussieht:

Listing 8.40 Erweitern einer Klasse mit extends()

```
// Praktische universelle Methode, um eine Klasse zu erweitern
Function.prototype.extends = function(SuperClass)
{
  this.prototype.__proto__ = SuperClass.prototype;
  this.prototype.__constructor__ = SuperClass;
  ASSetPropFlags(this.prototype, ["__constructor__"], 1);
};
// Klasse Mutter
function Mutter(){}
Mutter.prototype.lachen = function()
{
  trace("ha ha ha");
};
// Klasse Tochter
function Tochter(wesen){}
// Tochter.prototype = new Mutter(); // offizieller Weg
Tochter.extends(Mutter);
Tochter.prototype.lachen = function()
{
  trace("hi hi hi");
  trace("Aber die Mutter lacht so:");
  super.lachen();
};
// Instanz der Klasse Tochter bilden
```

```
anna = new Tochter();
anna.lachen();
```

8.4.5   Schweres Erbe – eine Zusammenfassung

Fassen wir zusammen: Es gibt derzeit zwei Möglichkeiten in ActionScript MX, um eine Klasse zu erweitern, sprich, eine *prototype-basierte Vererbung* aufzubauen, so wie es im ECMAScript Standard beschrieben ist. Beide Möglichkeiten, und das ist nochmals wichtig hervorzustreichen, beruhen auf ein und demselben Prinzip – dem Aufbau einer *prototype*-Kette. Sie bedienen sich nur einer unterschiedlichen Strategie.

```
1. Tochter.prototype = new Mutter();
2. Tochter.extends(Mutter);
```

Wobei letzterer Weg eine eigene Methode *extends()* benutzt. Der Bezeichner *extends* lehnt sich an das zum Beispiel aus Java bekannte Schlüsselwort *extends* an.

```
// Praktische universelle Methode, um eine Klasse zu erweitern
Function.prototype.extends = function(SuperClass)
{
  this.prototype.__proto__   = SuperClass.prototype;
  this.prototype.__constructor__   = SuperClass;
  ASSetPropFlags(this.prototype, ["__constructor__"], 1);
};
```

Falls ich im weiteren Verlauf des Buches die *extends()* Methode verwende, verweise ich nur noch auf den Werkzeugkasten im Anhang, wo diese Methode noch einmal aufgeführt ist. Da es aber immer so eine riskante Sache ist, bei Buchbeispielen mit externen Skripten zu arbeiten, die erst noch installiert werden müssen, verwende ich im Weiteren einfach den von Macromedia favorisierten Weg über *new*. Auf jeden Fall kennen Sie jetzt Ihre Möglichkeiten, und können beides ausprobieren.

8.5   Bestehende Klassen erweitern

Neben den eigenen Klassen lassen sich natürlich auch jene in der Grundausstattung unserer eingebauten Klassen nach Lust und Laune erweitern. Entweder Sie fügen einer bestehenden Klasse einfach neue Methoden oder Eigenschaften hinzu –

Listing 8.41 Einer bestehenden Klasse eine Methode hinzufügen

```
Array.prototype.zeigeAlles = function() {
   for (var i=0; i<this.length; i++) {
      trace(i + " : " + this[i]);
   }
}
brett = new Array("a","b","c","d","e","f","g","h");
brett.zeigeAlles();
```

– oder Sie leiten eine neue Klasse ab:

Listing 8.42 Eine bestehende Klasse in einer eigenen Klasse erweitern

```
function Brett()
{
   this.push.apply(this, arguments);
}
Brett.prototype = new Array();
schachbrett = new Brett("a","b","c","d","e","f","g","h","Vorsicht Kante");
trace(schachbrett.pop());
trace(schachbrett.length);
```

Im Grunde genommen also wirklich nichts anders, als bei den eigenen Klassen. Denken Sie aber daran, dass Sie oft *super()* im Konstruktor Ihrer Unterklasse aufrufen müssen. Sonst bleibt es zappenduster.

Listing 8.43 Oft muss super() im Konstruktor aufgerufen werden

```
function XHTML(arg) {
   super(arg);
}
XHTML.prototype = new XML();
var seite = new XHTML("<body color='0xFF0000'>Hallo<br/></body>");
trace(seite.firstChild.attributes["color"]);
```

8.6 Klassen mit Grafik-Symbolen assoziieren

Eine der wirklich vielversprechenden Neuerungen in ActionScript MX ist die Möglichkeit, eine ActionScript-Klasse mit einem beliebigen Filmsequenz-Symbol in der Bibliothek zu assoziieren. Dies bedeutet nicht nur einen weiteren Schritt hin zur konsequenten Trennung von Grafiken und Programmcode in Flash, sondern bildet zugleich die Grundlage für die Entwicklung der so genannten Komponenten. Komponenten als Bausteine, welche auch von Mitmenschen mit einer chronischen Skript-Allergie ohne Ausschlag ins Interface eingesetzt werden können. Mehr dazu im entsprechenden Kapitel. Hier soll es zunächst darum gehen, das Fundament zu gießen und das Prinzip der *Verlinkung* von Klassen und Grafik-Symbolen näher zu beleuchten. Dabei werden Sie schnell feststellen, dass das Geklingel und Geklapper lauter ist, als wirklich etwas dahintersteckt. Das gehört aber bekanntlich zum Handwerk. Letztlich erweitern wir nur wieder eine Klasse: die Klasse *MovieClip*.

8.6.1   Das Traumhaus

Jetzt sind Ihre künstlerischen Fähigkeiten gefragt, lieber Leser. Sie müssen nämlich als Erstes ein Filmsequenz-Symbol in der Bibliothek anlegen, und diesem eine ID geben. Seien Sie kreativ, malen Sie ein schönes oder ein schiefes Haus. Was immer Sie gerne möchten. Hauptsache, wir sprechen am Ende noch über ein Haus, bei dem die Export-Einstellungen in etwa so aussehen sollten.

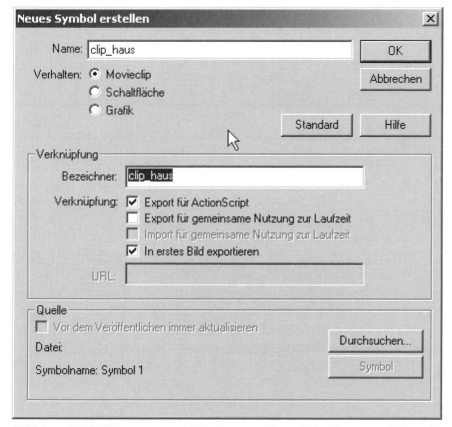

Abbildung 8.1 Ein Filmsequenz Symbol anlegen, welches mit der Klasse assoziiert werden soll

8.6.2 Registrierung mit *Object.registerClass()*

Sieht gut aus, das Haus. Vielleicht legen Sie nun für einen Moment die Maurerkelle aus der Hand und überlegen, was Sie eigentlich eben gemacht haben. Sie haben nämlich nicht nur ein Haus gezeichnet. Das ist momentan völlig nebensächlich. Sie haben vor allem ein Symbol angelegt, eine Vorlage, eine visuell sichtbare **Klasse**, von der sich später einmal genauso gut Instanzen erzeugen lassen wie bei jeder anderen Klasse. Nur eben sichtbare Instanzen, indem Sie etwa dieses Symbol mit *attachMovie()* auf die Bühne bringen. Nur: Wo ist der Konstruktor, wo kann man eigene Eigenschaften und Methoden anbringen? Nun, dazu ist es notwendig, diese Grafik-Klasse tatsächlich mit einer reinen ActionScript-Klasse zu verkuppeln. Eine raffiniert eingefädelte Hochzeit, wie sie täglich überall auf der Welt stattfinden könnte. Die farblose Action-Script-Klasse mit der nötigen Intelligenz, mit einem Konstruktor und einem eigenen Prototype-Objekt, wird gepaart mit einer Grafik-Klasse, die gut aussieht und die Welt mit Ihrem Charme verzaubert. In ActionScript sagt man dann, die ActionScript-Klasse wird mit einem Symbol assoziiert. Der kantige Standesbeamte, welcher den ganzen Papierkram für die „Assoziation" ausfüllt und die Formalitäten der Hochzeit regelt kommt in Gestalt einer speziellen Methode des *Object*-Objekts daher, der *registerClass()* Methode.

```
Object.registerClass("Symbol-ID", ActionScript-Klasse);
```

Hier ein erstes, einfaches Beispiel mit einer Klasse *Haus*, welche nur aus einem Konstruktor besteht. Wie Sie sehen, erbt dabei die Klasse *Haus* von der eingebauten Klasse *MovieClip*. Ihr stehen damit von Anfang an sämtliche Eigenschaften und Methoden wie jeder anderen Filmsequenz zur Verfügung. Es ist wichtig, dass Ihnen dies bewusst wird.

Listing 8.44 Eine einfache ActionScript-Klasse mit dem Symbol *clip_haus* verbinden

```
function Haus()
{
   trace("Konstruktor der Klasse Haus aufgerufen !");
}
// Die Klasse Haus erweitert die Klasse MovieClip (sie erbt also)
Haus.prototype = new MovieClip();
// Assoziation der ActionScript-Klasse "Haus"
// mit dem Filmsequenz Symbol "clip_haus"
Object.registerClass("clip_haus", Haus);
// Instanz des Filmsequenz Symbols erzeugen,
// d.h. auch Instanz der Klasse "Haus" bilden !
this.attachMovie("clip_haus", "meinTraumhaus", 0);
trace(meinTraumhaus.getDepth()); // eingebaute Methode der Klasse MovieClip
```

Wenn alles geklappt hat, sollte Ihr Haus auf der weißen Bühne stehen, und im Ausgabefenster sollte „Konstruktor der Klasse Haus aufgerufen" stehen und der Wert 0 für den Z-Index.

8.6.3 Es kommt Leben in die vier Wände – Methoden und Eigenschaften

Man muss es hier nochmals ganz deutlich hervorheben: Das wirklich Geniale an dieser Assoziation ist ja, dass dem Programmierer die ganze schwere Kiste der objektorientierten Programmierung in ActionScript zur Verfügung steht, ohne das vom Grafiker liebevoll erstellte und fragile Grafiksymbol auch nur einmal anfassen zu müssen. Teamarbeit in Reinkultur, denn der Grafiker bekommt keine einzige Zeile Skript zu Gesicht. Trotzdem kommt beides am Ende zusammen. Dies sehen Sie schon daran, dass ich in Ihrem Haus im nächsten Beispiel ordentlich einheizen kann, ohne zu wissen, ob Sie überhaupt eine Heizung vorgesehen haben. Und zwei Fenster hatten Sie doch hoffentlich gezeichnet, oder? Wenn nicht, schicken Sie mir eine E-Mail, ich arbeite das in der nächsten Auflage dann ein. Wenn es denn eine gibt.

Listing 8.45 Eigenschaften und Methoden zur Klasse hinzufügen

```
function Haus()
{
   trace("Konstruktor der Klasse Haus aufgerufen.");
}
// Die Klasse Haus erweitert die Klasse MovieClip (sie erbt also)
Haus.prototype = new MovieClip();
// Die Klasse um Eigenschaften und Methoden erweitern
Haus.prototype.fenster = 2;
Haus.prototype.tueren = 1;
Haus.prototype.heizen = function()
{
   trace("Jetzt wirds gleich warm.");
};
// Assoziation der ActionScript-Klasse "Haus"
// mit dem Filmsequenz Symbol "clip_haus"
Object.registerClass("clip_haus", Haus);
// Instanz des Filmsequenz Symbols erzeugen,
// d.h. auch Instanz der Klasse "Haus" bilden !
this.attachMovie("clip_haus", "meinTraumhaus", 0);
trace(meinTraumhaus.fenster);      // 2
trace(meinTraumhaus.tueren);       // 1
meinTraumhaus.heizen();
```

Jetzt wird es aber kritisch – wie können wir denn dem Konstruktor im obigen Skript Parameter übergeben, um eine Instanz mit ganz spezifischen Eigenschaften und Werten zu initialisieren? Eigentlich gar nicht. Doch es gibt einen Ersatz – ein viertes Argument für die *attachMovie()* Methode, um Instanzen zu initialisieren.

8.6.4 Richtfest – das Init-Objekt

Wenn Sie in der ActionScript Referenz nachschauen, gibt es für die Methoden *attachMovie()* und *duplicateMovieClip()* seit Flash MX ein viertes Argument, mit welchem sich Instanzen initialisieren lassen. Dieses Argument wird als Objekt übergeben. Mal abgesehen davon, dass sich damit bequem die bekannten Movieclip-Eigenschaften wie _x und _y vom Start an setzen lassen, stehen die Eigenschaften und Werte dieses Init-Objekts vor allem auch der Konstruktor-Funktion zur Verfügung. Dies ist sehr wertvoll, denn da wir ja die Konstruktor-Funktion nicht explizit aufrufen, haben wir somit auch keine Möglichkeit, Parameter an den Konstruktor zu übergeben, um das Objekt zu initialisieren.

Listing 8.46 Eigenschaften des Init-Objekts stehen schon im Konstruktor zur Verfügung

```
function Haus()
{
   trace("Dieses Haus gehört " + this.besitzer);
}
// Die Klasse Haus erweitert die Klasse MovieClip (sie erbt also)
Haus.prototype = new MovieClip();
// Die Klasse um Eigenschaften und Methoden erweitern
Haus.prototype.fenster = 2;
Haus.prototype.tueren = 1;
Haus.prototype.heizen = function()
{
   trace("Jetzt wirds gleich warm.");
};
Object.registerClass("clip_haus", Haus);
// Init Objekt, das als 4.Argument der attachMovie() Methode übergeben wird
var initObjekt = {
   _x:100,
   _y:100,
   fenster:4,
   besitzer:"Ralf"
   };
this.attachMovie("clip_haus", "meinTraumhaus", 0, initObjekt);
trace(meinTraumhaus.fenster);      // 4
trace(meinTraumhaus.tueren);       // 1
meinTraumhaus.heizen();
```

Auf Grund dessen lässt sich hier eine Abarbeitungs-Reihenfolge erkennen, wie das Objekt erzeugt und initialisiert wird. Dies ist vor allem dann wichtig, wenn Sie Eigenschaften im Konstruktor setzen oder auf Eigenschaften im Konstruktor zugreifen wollen.

- Eine Instanz wird mit z. B. *attachMovie()* erzeugt (analog zu *new* bei anderen Klassen).
- Diese Instanz wird mit dem Init-Objekt initialisiert.
- Der Konstruktor wird ausgeführt.

Gut, dies funktioniert so, wenn die Instanz dynamisch mit der *attachMovie()* Methode erzeugt wird. Wenn aber eine Instanz des Symbols *clip_haus* manuell im ersten Bild erzeugt wird (durch Ziehen des Symbols in der Bibliothek auf die Bühne), wird der Konstruktor zu unserem Entsetzen **nicht** aufgerufen! Als Ausgabe erhalten wir zweimal *undefined*.

```
undefined
undefined
```

Was ist nun kaputt? Sollte das Traumhaus hier etwa wie eine Seifenblase zerplatzen? Nein, wir müssen das Ganze nur etwas neu verputzen.

8.6.5 Zwischen #initclip und #endinitclip

Das oben beschriebene Problem einer vorhandenen Instanz im ersten Bild lässt sich am besten mit einer zurecht gestutzten Form unserer Klasse verdeutlichen.

Listing 8.47 Die Instanz ist schon vorhanden, bevor die Klasse mit dem Symbol assoziiert wird!

```
trace(meinTraumhaus);                    // _level0.meinTraumhaus !
function Haus()'
{
   trace("Dieses Haus gehört " + this.besitzer);
}
Haus.prototype = new MovieClip();
trace("Jetzt erst wird die Klasse mit dem Symbol assoziiert !");
Object.registerClass("clip_haus", Haus);
```

```
_level0.meinTraumhaus
Jetzt erst wird die Klasse mit dem Symbol assoziiert !
```

Zu dem Zeitpunkt, wenn die ActionScript Klasse *Haus* im Script mit dem Symbol *clip_haus* assoziiert wird, ist die Instanz dieses Symbols schon längst auf der Bühne, der Konstruktor kann also gar nicht aufgerufen werden! Hätten Sie diese Instanz ins zweite Bild gesetzt, wäre dieses Problem gar nicht aufgetreten, so aber muss eine Lösung her, und da haben sich die Herren in San Francisco Folgendes einfallen lassen. Das Skript für die Klasse wird als Block in das erste Bild des **Symbols** ausgelagert und dort von zwei Anweisungen eingeschlossen. Wir müssen nun also doch das Symbol anfassen und uns die Hände mit Farbe bekleckern.

Listing 8.48 Auslagerung der Klasse als Skriptblock in das erste Bild des Symbols

```
#initclip
// Skript für die Klasse
#endinitclip
```

Dieses Vorgehen stellt sicher, dass das darin eingeschlossene Skript ausgeführt wird, **bevor** eine Instanz auf der Bühne erscheint. Was dann konkret so aussieht:

Listing 8.49 Klasse Haus (Skript befindet sich im ersten Bild des Symbols clip_haus!)

```
#initclip
function Haus()
{
   trace("Dieses Haus gehört " + this.besitzer);
}
// Die Klasse Haus erweitert die Klasse MovieClip (sie erbt also)
Haus.prototype = new MovieClip();
// Die Klasse um Eigenschaften und Methoden erweitern
Haus.prototype.fenster = 2;
Haus.prototype.tueren = 1;
Haus.prototype.heizen = function()
{
   trace("Jetzt wirds gleich warm.");
};
// Assoziation der ActionScript-Klasse "Haus" mit dem Symbol "clip_haus"
Object.registerClass("clip_haus", Haus);
#endinitclip
```

Listing 8.50 Skript auf der Hauptzeitleiste

```
trace(meinTraumhaus.fenster);      // 2
trace(meinTraumhaus.tueren);       // 1
meinTraumhaus.heizen();
```

```
Dieses Haus gehört
2
1
Jetzt wirds gleich warm.
```

Der Konstruktor der Klasse wird nun einwandfrei aufgerufen, Eigenschaften und Methoden werden ausgegeben. Verständlich auch, dass *this.besitzer* im Konstruktor hier keinen Wert besitzt, woher auch? Sie werden später bei der Erstellung von Komponenten erfahren, wie man auch eine manuell erzeugte Instanz mit Werten initialisieren kann. Denn schauen Sie noch einmal zurück auf die *attachMovie()* Methode – uns fehlt hier eindeutig das *Init-Objekt*, und dieses muss kompensiert werden. Momentan können Sie die Eigenschaften nur nachträglich setzen.

Listing 8.51 Eigenschaften einer manuell erzeugten Instanz zur Laufzeit setzen

```
meinTraumhaus.fenster = 4;
trace(meinTraumhaus.fenster);     // 2
trace(meinTraumhaus.tueren);      // 1
meinTraumhaus.heizen();
```

Es steht Ihnen frei, ob Sie das Skript für die Klasse im Symbol platzieren wollen oder wie gehabt auf der Hauptzeitleiste, also an einer zentralen Stelle. Neben den objektiven Vor- und Nachteilen ist es auch ein bisschen eine Frage des persönlichen Geschmacks, wie man seine Anwendung organisieren möchte. Wichtig wäre noch zu erwähnen, dass mit *#initclip* und *#endinitclip* eingeschlosse Skriptblöcke **immer** aus Sicht der Hauptzeitleiste ausgeführt werden.

Listing 8.52 Skriptblock wird aus Sicht der Hauptzeitleiste ausgeführt

```
#initclip
// dieses Skript wird aus Sicht der Hauptzeitleiste ausgeführt !
trace(this); // _level0
#endinitclip
```

Diese Skriptblöcke werden ausgeführt, egal ob sich eine Instanz auf der Bühne befindet, erzeugt wird oder nicht! Das bedeutet auch, dass unabhängig davon, wie viele Instanzen Sie erzeugen, dieser Block nur ein einziges Mal zu Beginn der Anwendung ausgeführt wird. Umsteigern von der Vorgängerversion dürfte dieses Verhalten sicherlich seltsam erscheinen. Schauen Sie sich dazu bitte am besten die entsprechenden Beispiele von der Buch-Webseite an.

8.6.6   Vererbungs-Strategie für visuelle Klassen

Eine knifflige Angelegenheit ist das Erweitern einer ActionScript-Klasse, welche mit einem Symbol in der Bibliothek assoziiert ist. Dabei wird oftmals bemängelt, dass sich ein Symbol immer nur einer einzigen Klasse in ActionScript zuordnen lässt, und nicht weiteren Unterklassen. Das ist aber kein Mangel, sondern ein Feature, welches konsequent den OOP-Gedanken verfolgt. Wenn Sie eine Klasse mit einem Symbol assoziieren, können Sie nicht auch eine Unterklasse damit assoziieren. Es existieren zwar Lösungen, welche über das *Init-Objekt* versuchen, ein Symbol für mehrere Klassen dynamisch zu verwenden, was aber dem Prinzip einer objektorientierten Herangehensweise widerspricht und von mir nicht zu empfehlen ist. Jede Unterklasse sollte wirklich mit einem eigenen Untersymbol assoziiert werden, auch wenn Sie dafür Hunderte Symbole in der Bibliothek anlegen müssen. Es steht Ihnen dabei frei, ob Sie versuchen, Vererbung auf graphischer Ebene umzusetzen, sprich: eine Instanz des Super-Symbols in das Symbol der Unterklasse platzieren. Oder ob Sie ein gänzlich neues Symbol anlegen. Für das folgende Beispiel habe ich eine Instanz des Symbols *clip_haus* in der Bibliothek in ein neues Symbol *clip_gartenhaus* platziert und analog zu *clip_haus* diesen Namen als Symbol-ID für die Export-Einstellung gewählt. Dabei machen wir auch gleich wieder unfreiwillig Bekanntschaft mit den Mängeln der Vererbung mit *new*.

Listing 8.53 Die Klasse Haus im Skriptblock mit der höchsten Priorität (0)

```
#initclip 0
// die 0 bedeutet, dass dieser Skriptblock als Erstes ausgeführt wird!
function Haus()
{
   trace("Dieses Haus gehört " + this.besitzer);
   trace("und befindet sich auf dem " + this._x + ". Breitengrad");
}
// Die Klasse Haus erweitert die Klasse MovieClip (sie erbt also)
Haus.prototype = new MovieClip();
// Die Klasse um Eigenschaften und Methoden erweitern
Haus.prototype.fenster = 2;
Haus.prototype.tueren = 1;
Haus.prototype.heizen = function()
{
   trace("Jetzt wirds gleich warm.");
};
Object.registerClass("clip_haus", Haus);
#endinitclip
```

Beachten Sie an dieser Stelle, dass hinter der *#initclip*-Anweisung diesmal eine Zahl steht, und zwar konkret eine 0. Diese Zahl gibt die Reihenfolge an, in welcher mehrere (eventuell vorhandene) Skriptblöcke ausgeführt werden sollen. Dies ist immer dann wichtig, wenn die Klasse in einem Skriptblock von der Klasse in einem anderen Skriptblock erben soll. Auf unser Beispiel bezogen bedeutet dies: Die Klasse *Gartenhaus* soll die Klasse *Haus* erweitern. Also muss sicher gestellt werden, dass die Klasse *Haus* überhaupt existiert (*#initclip 0*), bevor die Klasse *Gartenhaus* diese erweitern kann (*#initclip 1*). Geben Sie keine Zahl an, kann das zwar zufälligerweise auch funktionieren, da der Interpreter sich dann seine Reihenfolge selbst aussucht. Sie sollten aber zur Sicherheit immer diese Reihenfolge angeben.

Listing 8.54 Die Klasse Gartenhaus soll die Klasse Haus erweitern

```
#initclip 1
// die 1 bedeutet, dass dieser Skriptblock als Zweites ausgeführt wird !
// Klasse Haus erweitern
function Gartenhaus() {
   super(); // Konstruktor von Haus gewollt aufrufen
```

```
}
Gartenhaus.prototype = new Haus();
Gartenhaus.prototype.fenster = 4;
Gartenhaus.prototype.grundstueck = 1000;
Object.registerClass("clip_gartenhaus", Gartenhaus);
#endinitclip
```

Listing 8.55 Eine Instanz erzeugen

```
var initObjekt = {
    _x:100,
    _y:100,
    besitzer:"Gartenzwerg"
    };
this.attachMovie("clip_gartenhaus", "meinGartenhaus", 0, initObjekt);
trace("Fenster: " + meinGartenhaus.fenster);          // 4
trace("Türen: " + meinGartenhaus.tueren);             // 1
trace("Grundstück: " + meinGartenhaus.grundstueck);   // 1000
meinGartenhaus.heizen();
```

Die funktioniert wunderbar, aber wenn Sie sich das Ausgabefenster anschauen, sollte Ihnen bewusst werden, dass der Konstruktor der Klasse „Haus" mit hoher Wahrscheinlichkeit zweimal ungewollt aufgerufen wird. Nämlich erstens in der Zeile

```
Gartenhaus.prototype = new Haus(); // erbt von Haus
```

und zweitens, falls Sie das Symbol *clip_haus* im Symbol *clip_gartenhaus* platziert haben, wird der Konstruktor auch hier aufgerufen.

```
Dieses Haus gehört
und befindet sich auf dem . Breitengrad
Dieses Haus gehört Gartenzwerg
und befindet sich auf dem 100. Breitengrad
Fenster: 4
Türen: 1
Grundstück: 1000
Jetzt wirds gleich warm.
Dieses Haus gehört
und befindet sich auf dem 26. Breitengrad
```

Denn bedenken Sie, dass **jede** Instanz des Symbols *clip_haus* den Konstruktor aufruft, wenn eine ActionScript-Klasse mit diesem Symbol assoziiert wurde. Die beiden letzten Zeilen in der obigen Ausgabe resultieren übrigens daraus. Der Wert 26 steht hier beispielsweise für die X-Position der Instanz innerhalb des Symbols *clip_gartenhaus*. Ein einfacher und wirksamer Trick um dies zu vermeiden wäre, das Verhalten dieser Instanz von *Movieclip* auf *Grafik* umzustellen, womit wir dann nur noch folgende Ausgabe erhalten:

```
Dieses Haus gehört
und befindet sich auf dem . Breitengrad
Dieses Haus gehört Gartenzwerg
und befindet sich auf dem 100. Breitengrad
Fenster: 4
Türen: 1
Grundstück: 1000
Jetzt wirds gleich warm.
```

Den ersten ungewollten Konstruktor-Aufruf werden wir allerdings nur los, indem wir von der offiziellen Vererbungsstrategie abrücken und den Werkzeugkasten (s. Anhang) bemühen. Beachten Sie dabei unbedingt, dass Sie eventuell benötigte externe Dateien, wie hier etwa die Datei „werkzeugkasten.as", mit *#include* in den Skriptblock einschließen müssen.

Listing 8.56 Klasse Haus erbt von MovieClip mit extends()

```
#initclip 0
#include "asnative/werkzeugkasten.as"
function Haus()
{
   trace("Dieses Haus gehört " + this.besitzer);
   trace("und befindet sich auf dem " + this._x + ". Breitengrad");
}
// Die Klasse Haus erweitert die Klasse MovieClip (sie erbt also)
Haus.extends(MovieClip);
// Die Klasse um Eigenschaften und Methoden erweitern
Haus.prototype.fenster = 2;
Haus.prototype.tueren = 1;
Haus.prototype.heizen = function()
{
   trace("Jetzt wirds gleich warm.");
};
Object.registerClass("clip_haus", Haus);
#endinitclip
```

Im folgenden Skriptblock der Klasse *Gartenhaus* brauchen Sie die Datei dann aber nicht noch einmal mit *#include* einschließen, denn sie wurde ja schon im vorherigen Skriptblock mit der Rangfolge 0 eingeschlossen.

Listing 8.57 Erweiterung der Klasse Haus mit extends()

```
#initclip 1
// Klasse Haus erweitern
function Gartenhaus() {
   super(); // Konstruktor von Haus gewollt aufrufen
}
Gartenhaus.extends(Haus);
Gartenhaus.prototype.fenster = 4;
Gartenhaus.prototype.grundstueck = 1000;
Object.registerClass("clip_gartenhaus", Gartenhaus);
#endinitclip
```

Das fertige Beispiel, welches all diese Dinge berücksichtigt, können Sie sich von der Webseite zum Buch herunterladen. Dieses zeigt im Ausgabefenster entsprechend Folgendes an.

```
Dieses Haus gehört Gartenzwerg
und befindet sich auf dem 100. Breitengrad
Fenster: 4
Türen: 1
Grundstück: 1000
Jetzt wirds gleich warm.
```

Eigentlich wollte ich Ihnen an dieser Stelle mein Gartenhaus zeigen, aber ich werde über den Sommer sicherlich noch etwas dran bauen.

9

Ereignisse

9 Ereignisse

9.1 Was geht denn hier ab?

Meistens muss man ja eher englische Begriffe ins deutsche übersetzen, um ein Gefühl für die Bedeutung des Wortes zu bekommen. Bei Ereignissen frage ich mich jedoch, ob es vielleicht nicht doch näher an der Realität wäre, zu verdeutlichen, dass wir es hier mit *Events* zu tun haben. Nein, eigentlich frage ich mich das gar nicht. Zumindest wäre dies einfacher, denn auch die damit verstrickten Terme *Event-Handler* und *Listener* lassen sich kaum vernünftig für eine Programmiersprache übersetzen, bei der es nun mal keine Umlaute gibt. Oder finden Sie die Bezeichnungen *Ereignis-Prozedur* und *Zuhörer* hilfreich, wenn wir später zum Beispiel mit einer Methode *addListener()* arbeiten wollen? Es ist schwer zu sagen, zumal ich eigentlich definitiv zu der kleinen Gruppe gehöre, die bei *uploadenden*, *preloadenden* und *draggenden* Mitmenschen noch heftiges Gruseln überkommt. Auf der anderen Seite finde ich internationalisierte Produktversionen von Flash mehr als überflüssig, wenn nicht sogar hinderlich, um die Sprache Action-Script fließend zu lernen. Was Ereignisse jedenfalls angeht, veranstaltet ActionScript mittlerweile ein Fest, wo ganz ordentlich die Post abgeht und alle eingeladen sind: von F wie Film bis X wie XML haben alle etwas zu sagen. Hören und Gehört- werden ist dabei das Motto der Gesellschaft. Und jeder hat sich vorgenommen, auch richtig aufzufallen und den anderen zu übertrumpfen. Sie als Entwickler sind der geplagte Gastgeber, der auf alle einen Blick werfen sollte, schon mal aus Höflichkeit. Und wenn ein Gast vom Stuhl fällt, müssen Sie vorbereitet sein, auch wenn man im Leben sehr viel tiefer fallen kann als nur vom Barhocker. Denn dies ist mit Sicherheit ein Ereignis. So ist das im Leben. Ereignisse sind mindestens so wichtig wie Objekte, besser noch – Ereignisquellen sind in ActionScript auch Objekte. Das wird Sie ewig verfolgen mit den Objekten, ich kann es Ihnen versprechen. Und dazu hat sich Macromedia auch gar nicht lumpen lassen und präsentiert Ihnen in Flash MX ein viel effektiveres Ereignis-Modell, als dies noch in Flash 5 der Fall war. Oder sagen wir mal – den Anfang eines richtigen Ereignis-Modells. Denn da gibt es schon noch den einen oder anderen Haken. Man denke nur an den *onData()*-Handler, welcher sich selbst löscht, oder das alljährlich vermisste Ereignis eines Doppelklicks. Aber werfen wir erst mal einen Blick in den Saal und schauen, wo das Buffet steht.

9.2 Große Ereignisse werfen ihre Schatten voraus

Es ist immer gut, bevor man sich am Buffet den Teller volltut, zu schauen, was es denn neben den teuren Trüffeln noch alles gibt. Da ärgert man sich dann auch nicht am nächsten Morgen, vielleicht etwas verpasst zu haben, und kann außerdem locker mit dem Glas in der Hand seinen Gaumen in Vorfreude auf die noch anstehenden Delikatessen auf die Folter spannen.

9.2.1 Eine, die immer redet

Da haben wir gleich neben dem Kaviar das herzhafte „EnterFrame"-Ereignis, die „Verona" unter den Ereignissen. Solange Ihre Flash-Anwendung noch laufen kann, so lange wird hier geschnattert. Jedes mal, wenn der Abspielkopf ein Bild betritt. Übersetzt bedeutet „EnterFrame" ja so viel wie „Eintritt ins Bild". Bei einer angenommenen Bildrate von 25fps sind das immerhin ganze fünfundzwanzig Wörter pro Sekunde, die über das Ausgabefenster in Kino-Qualität flimmern.

Listing 9.1 Einfaches Beispiel für einen onEnterFrame-Event-Handler

```
this.onEnterFrame = function()
{
   trace("rhabarber ...");
};
```

Was Sie im oberen Beispiel sehen, wird in Insider-Kreisen als **Event-Handler** *(Ereignis-Prozeduren)* bezeichnet. Kein Händler, der uns ein Ereignis verkaufen will, sondern einer, der sich um das Ereignis an sich kümmert und die Scherben aufkehrt, wenn es geplaut hat. Auf den ersten Blick ein ganz normaler Funktionskörper, welcher einer Zeitleisten-Variablen zugewiesen wird. Auf den zweiten Blick auch, nur ist der Bezeichner dieser Variablen *onEnterFrame* diesmal etwas Besonderes. Diesen Bezeichner hat sich ActionScript reserviert und ruft über diesen Verweis eigenmächtig die Funktion bei jedem „Eintritt ins Bild" auf. So ein Rhabarber sagt der Gärtner und macht sich an dem Gewächs zu schaffen:

„Wie kann der Abspielkopf in ein Bild treten und damit ein „EnterFrame"-Ereignis auslösen, wenn er doch die ganze Zeit im ersten Bild verharrt?"

Eltern würden jetzt zu Ihrem Kind sagen:

„Das verstehst du erst, wenn du groß bist. Willst du noch ein Eis?"

Man kann es aber auch verstehen, wenn man noch klein ist. Stellen Sie sich einfach einen alten VW-Käfer mit tackerndem Motor im Leerlauf vor. Jede Umdrehung des Motors zählt für uns als „Umlauf"-Ereignis, das den verrosteten Drehzahlmesser auf Touren bringt. Vorwärts ins nächste

Bild geht es aber erst mit einem engagiert eingelegten Gang, wobei da auch schon mal die Drehzahl in den Keller rutschen kann. Sie kennen das ja vielleicht selbst. In ActionScript steht, um die Metapher zu vollenden, für dieses „Umlauf"-Ereignis eben das „EnterFrame"-Ereignis. Dem nüchternen und aufmerksamen Leser sollten sich jetzt unmittelbar zwei Fragen aufdrängeln:

1. Wie kann ich das „EnterFrame" Ereignis unterbinden?
2. Wieso kommt der Interpreter überhaupt dazu, die Funktion „onEnterFrame" aufzurufen?

Nun, die erste Frage ist relativ schnell beantwortet: gar nicht. Sie können niemals ein Ereignis unterbinden – das ist ganz wichtig, um das Modell richtig zu verstehen. Sie können nur auf ein Ereignis anders reagieren oder es eben ganz ignorieren. Auch wenn Sie diesen Event-Handler oben nicht deklarieren – das „EnterFrame"-Ereignis selbst findet statt, solange die Kiste läuft. Später werden Sie erkennen, dass dies tatsächlich für alle Ereignisse gilt. Nehmen Sie, sagen wir einen Benutzer, der mit der Maus ihr Menü malträtiert. Wenn Sie vom selben Planeten wie ich kommen, haben Sie hier keine Möglichkeit, diesem Zeitgenossen auf die Finger zu klopfen und diese Maus-Ereignisse zu unterbinden. Sie brauchen im Skript aber nicht auf diese Ereignisse reagieren. Gut, mit der zweiten Frage stecken wir knöcheltief in der Ereignis-basierten Programmausführung.

9.2.2 Ereignis-basierte Ausführung

Erinnern Sie sich noch an Verzweigungen oder bedingte Ausführungen und den ganzen Hokuspokus mit Kontrollstrukturen? Dort hatten wir gesagt, dass der in den geschweiften Klammern stehende Programmcode einer *if*-Anweisung etwa nur dann ausgeführt wird, wenn die Bedingung erfüllt ist. Im folgenden Beispiel muss die Variable *gesichtsfarbe* den Wert „schwarz" besitzen, um die Bedingung der *if*-Anweisung zu erfüllen.

Listing 9.2 Bedingte Ausführung

```
if (gesichtsfarbe == "schwarz") {
   trace("Das hat aber lange gedauert !");
}
```

Dann kennen Sie in Flash noch das allgegenwärtige Konzept der Bild-basierten Ausführung. Dort wird ein Skript ausgeführt, wenn der Abspielkopf in das entsprechende Bild springt. Dieses Modell zusammen mit der berühmten Zeitleiste hat Macromedia bekannt und vermutlich auch reich gemacht, und ist zudem schon seit Urzeiten in Director zu finden.

Listing 9.3 Bildbasierte Ausführung (Skript zum Beispiel im Bild 5)

```
trace(_currentframe);
gotoAndPlay(1);
```

Was jetzt aber interessiert, ist die Dritte im Bunde – die Ereignis-basierte Ausführung. Bei diesem Modell wird ein Skript, wie der Name schon suggeriert, bei einem bestimmten Ereignis ausgeführt. Genauer gesagt, wird eine Funktion aufgerufen, welche man landauf als Ereignis-Prozedur *(engl. Event Handler)* bezeichnet.

Listing 9.4 Ereignis-basierte Ausführung – Event-Handler für EnterFrame-Ereignis

```
this.onEnterFrame = function()
{

   trace("rhabarber ...");

};
```

Diese Event-Handler bilden die Spitze des Ereignismodells in ActionScript MX. Aber sie zeigen nur die Spitze des tatsächlichen Eisbergs. Die Masse des Kolosses schaukelt majestätisch unter Wasser und bringt die Spitze ins Wanken. Wir werden im Weiteren mit Schnorchel und Flossen bewaffnet ins eiskalte Wasser springen und schauen, was da unter der Oberfläche eigentlich wirklich passiert. Eins kann ich Ihnen schon jetzt versichern – es ist alles nur Wasser. Manchmal mitunter etwas getrübt, aber die turbulenten Strömungen bringen einen zum Glück immer wieder nach oben. Springen Sie einfach.

9.2.3   Stars und Journalisten – Ereignisquellen und Empfänger

Lassen Sie sich mal das Wort *Ereignismodell* auf der Zunge zergehen. Ein Modell ist immer etwas, womit sich komplizierte Dinge und Vorgänge besser veranschaulichen lassen. Hier soll die menschliche Vorstellungskraft angekurbelt, und die Hemmung vor dem Unfassbaren abgebaut werden. Denken Sie an die Schulzeit zurück, an das Atomgitter-Modell mit dem plötzlich so greifbar gewordenen Atomkullern. Oder an die vielen Architektur-Modelle für Häuser und Parkanlagen, die dem besorgten Bürger doch so viel mehr aussagen, als ein Berg technischer Zeichnungen. Das Ereignismodell in ActionScript soll die vielen verschiedenartigen und mitunter komplizierten Ereignisse im Leben eines Films einheitlich unter einen Hut bringen und ist dabei denkbar einfach gehalten. Es steht im Prinzip nur auf zwei grundlegenden Eckpfeilern:

* einer **Ereignis-Quelle** und
* einem oder mehreren **Ereignis-Empfängern.**

Eine Ereignis-Quelle ist der Ort, wo etwas passiert. Ein Filmstar etwa, der heiratet, einen neuen Film dreht oder den teuren Ferrari gegen den Baum fährt. Ereignis-Empfänger sind diejenigen, die daran interessiert sind. Journalisten etwa, die das Ereignis für die Titelseite der nächsten Magazin-Ausgabe aufbereiten wollen. Was dieses Modell so effektiv macht, ist die Tatsache, dass nur diejenigen Journalisten informiert werden, welche sich auch wirklich für den Filmstar als Ereignis-Quelle interessieren. Der Fußball-Reporter in Japan will davon mit Sicherheit nichts wissen, er lässt sich von anderen Quellen über Ereignisse auf dem Laufenden halten. Ereignis-Empfänger werden in ActionScript als *Listener* (Zuhörer) bezeichnet, und sind, wie sollte es anders sein – Objekte. Man kann auch sagen: *Listener*-Objekte.

Inkonsequenz und Spam-Ereignisse

Die Inkonsequenz, mit welcher wir es momentan in Flash MX zu tun haben, besteht in der Tatsache, dass Sie einige Objekte als Ereignis-Empfänger mit der so genannten *addListener()*-Methode (wird gleich im Anschluss behandelt) registrieren müssen und andere Objekte automatisch ohne Ihr Zutun von bestimmten Ereignissen informiert werden. Man könnte Letztere durchaus als Spam-Ereignisse bezeichnen. So werden etwa **alle** MovieClips vom „EnterFrame"-Ereignis benachrichtigt, ob diese es wollen oder nicht. Wir werden später noch genauer darauf eingehen, nur soviel – Benachrichtigen heißt in dem Fall: Bei allen MovieClips wird automatisch die *onEnterFrame()*-Methode aufgerufen.

Listing 9.5 Alle MovieClips werden automatisch bei einem „EnterFrame"-Ereignis benachrichtigt

```
this.onEnterFrame = function()
{
    trace("rhabarber ...");
};
```

Um es nochmals deutlich zu machen: Im oberen Beispiel ist der Journalist, also der Ereignis-Empfänger die mit *this* referenzierte Zeitleiste. Die Ereignis-Quelle, der launische Star hingegen ist der sich drehende Motor, welcher eine Art „Umlauf"-Ereignis aussendet, um die bekannte Metapher zu verwenden. Aber natürlich geht es um das „EnterFrame"-Ereignis. Sie brauchen bei diesem Modell generell immer viel Phantasie, dann klappt es auch mit der Anwendung. Java-Programmierer werden bei dem Gedanken an *Listener* vor Freude auf den Tischen tanzen, was vielleicht ein bisschen ungelenk aussieht, aber man kann so seine Freude dran haben.

9.3 Listener

9.3.1 Zuhörer gewinnen – addListener()

Das Zuhörer-Prinzip in ActionScript, um ein Ereignis zu behandeln, ist denkbar einfach. Eine Ereignisquelle, wie etwa die Maus oder die Tastatur, erzeugen ein Ereignis und senden es an alle registrierten Ereignis-Empfänger. Diese Ereignis-Empfänger, auch *Listener* genannt, sind ebenfalls Objekte, wie ja fast alles in ActionScript, und behandeln dann dieses Ereignis, so wie sie es für richtig und notwendig halten. Die Ereignisquelle selbst ist übrigens auch ein Objekt:

Tabelle 9.1 Benutzer-Ereignisquellen und die Registrierung von Objekten als Ereignisempfänger

Ereignisquelle – Objekt	Registrierung eines Objekts als Listener
Mouse	`Mouse.addListener(objekt)`
Key	`Key.addListener(objekt)`
Stage	`Stage.addListener(objekt)`
Selection	`Selection.addListener(objekt)`
Textfield	`Textfield.addListener(objekt)`

Diese Objekte als Quellen von Ereignissen halten intern eine Art „Anruferliste", welche Empfänger-Objekte im Fall des Falles von einem Ereignis, etwa einem Tastendruck, benachrichtigt werden sollen. Das kann eine Liste mit nur einem Objekt sein, oder auch eine ganze Reihe, sprich: mit Tausenden von Objekten. Eintragen auf dieser Liste kann man sich über die *add-Listener()*-Methode dieser Objekte, wie die obige Tabelle zeigt. Wen es nicht interessiert, wenn zum Beispiel Text markiert wurde, braucht sich ja nicht in die Liste beim *Selection*-Objekt eintragen. Nun, normalerweise sehen Sie diese „Anruferliste" der Objekte mit den Ereignisempfängern nicht. Aber wir haben ja den Werkzeugkasten dabei, und ich denke, es hilft ungemein für das Verständnis, diese Ereignisquellen einmal unter's Mikroskop zu legen.

Listing 9.6 Sichtbar machen des _listeners Array – eine Art Liste mit allen Ereignisempfängern

```
Key.addListener(this); // Listener-Objekt ist hier die aktuelle Zeitleiste
this.onKeyDown = function() {
   trace("Uh, ich fühl mich ganz schön gedrückt.");
};
var mikroskop = Key; // Verweis auf das eingebaute Key-Objekt anlegen
ASSetPropFlags(mikroskop, ["_listeners"], 8, 1);
```

```
Variable _level0.onKeyDown = [Funktion 'onKeyDown']
Variable _level0.mikroskop = [Objekt #2, Klasse 'Object'] {
    _listeners:[Objekt #3, Klasse 'Array'] [
      0:[Movieclip:_level0]
    ]
  }
```

Wie Sie im Ausgabefenster erkennen können, besitzt das *Key*-Objekt offensichtlich als Eigenschaft ein so genanntes *_listeners*-Objekt. Jede Ereignisquelle besitzt es übrigens. Genauer gesagt: Ein Objekt, welches der Klasse *Array* angehört. Dieses Array stellt in der Tat die viel zitierte „Anruferliste" des *Key*-Objektes dar! Und auf dieser Liste steht im obigen Beispiel tatsächlich die Hauptzeitleiste *_level0* als Ereignisempfänger, welche wir über den Verweis *this* eingetragen hatten. Und was glauben Sie, was im Fall eines Tastendrucks passiert? Nun, über den Verweis zu diesen Objekten, welche in der „Anruferliste" aufgeführt sind, werden die Event-Handler entsprechend aufgerufen, was man sogar simulieren kann. Später werden Sie erfahren, wie diese Ereignis-Übermittlung mit einer undokumentierten Methode viel einfacher funktioniert.

Listing 9.7 Simulation eines Ereignisses der Tastatur

```
Key.addListener(this); // Listener-Objekt ist hier die aktuelle Zeitleiste
this.onKeyDown = function() {
   trace("Uh, ich fühl mich ganz schön gedrückt.");
};
```

```
// Tasten-Ereignis mit Hilfe des _listeners Array simulieren
for (var i = 0; i < Key._listeners.length; i++)
{
  // bei allen Empfängern die beiden Event-Handler aufrufen
  Key._listeners[i].onKeyDown();
  Key._listeners[i].onKeyUp();
}
```

Ganz wichtig ist die Erkenntnis, dass Sie ein Objekt immer nur für eine **Ereignisquelle** registrieren können, aber nicht für ein **Ereignis** selbst. Sie können also niemals Folgendes sagen: *Ich, das Objekt, will nur benachrichtigt werden, wenn die Taste gedrückt wird (KeyDown), aber nicht, wenn die Taste wieder hoch geht (KeyUp).* Dies ist nicht möglich. Die Auswahl, welche **Ereignisse** einer **Ereignisquelle** Sie am Ende wirklich interessiert, treffen Sie dadurch, dass Sie nur die entsprechenden Handler für die gewünschten Ereignisse implementieren. Diesen Unterschied zu verstehen, ist ganz entscheidend. Im folgenden Beispiel werden beide Sendeanstalten (Objekte) bei der gleichen Ereignisquelle registriert. Aber während sich die *ard* nur für den *KeyDown-Event* interessiert, interessiert sich das *zdf* nur für den *KeyUp-Event*. Beide Objekte haben die Event-Handler also unterschiedlich implementiert.

Listing 9.8 Gleiche Registrierung bei der Ereignisquelle, aber unterschiedliche Implementierung

```
// Zwei Listener Objekte erstellen - ard und zdf
var ard = new Object();
var zdf = new Object();
// dieses Objekt (ard) hat nur den onKeyDown Handler implementiert
this.ard.onKeyDown = function()
{
  trace("Die Tagesschau meldet: gedrückte Stimmung.");
};
// dieses Objekt (zdf) hat nur den onKeyUp Handler implementiert
this.zdf.onKeyUp = function()
{
  trace("Heute: Es geht aufwärts.");
};
// Beide Sender werden bei der Ereignisquelle Key registriert
Key.addListener(ard);
Key.addListener(zdf);
// s.Werkzeugkasten (Anhang)
var mikroskop = Key;
ASSetPropFlags(mikroskop, ["_listeners"], 8, 1);
```

Oder stellen Sie sich vielleicht einfach vor, diese beiden Sendeanstalten interessieren sich für die wirtschaftliche Lage von Infineon, und stehen deswegen auf der Ereignisempfänger-Liste der

PR-Abteilung. Wenn jetzt irgendetwas Neues passiert, werden beide angerufen oder erhalten ein Fax. Aber dann sagt die ARD: *Uns interessiert nur, wenn es abwärts geht.* Während das zweite schon so viel schlechte Nachrichten in der Sendung hat, dass sie nur noch auf gute Nachrichten reagieren wollen.

```
Variable _level0.ard = [Objekt #1, Klasse 'Object'] {
    onKeyDown:[Funktion 'onKeyDown']
  }
Variable _level0.zdf = [Objekt #3, Klasse 'Object'] {
    onKeyUp:[Funktion 'onKeyUp']
  }
Variable _level0.mikroskop = [Objekt #5, Klasse 'Object'] {
    _listeners:[Objekt #6, Klasse 'Array'] [
      0:[Objekt #1, Klasse 'Object'],
      1:[Objekt #3, Klasse 'Object']
    ]
  }
```

An dieser Stelle möchte ich es nochmals wiederholen: Das ganze Prinzip, bei Ereignissen benachrichtigt zu werden, ist unglaublich effektiv aus Sicht der Gesamt-Performance Ihrer Anwendung. Denn stellen Sie sich vor, die Fernsehsender müssten rund um die Uhr bei Infineon in der PR-Abteilung anrufen.

9.3.2 Zuhörer verlieren – removeListener()

So leicht, wie man heutzutage einen Zuhörer gewinnen kann, so leicht kann man ihn in der nächsten Minute auch wieder los werden. Die Rede ist davon, einen Ereignisempfänger von der Liste einer Quelle zu streichen. Nützlich ist dies zum Beispiel, wenn man die Anzahl der Anrufe einschränken möchte, also etwa, wie oft ein Event-Handler aufgerufen werden darf. Oder wenn Sie etwa die Tastatur blockieren wollen. Im Folgenden bekommt die *ard* nur einen einzigen Anruf, da dieser nach dem ersten Ereignis von der Empfängerliste gelöscht wird.

Listing 9.9 Einen Ereignisempfänger von der Liste entfernen

```
// Zwei Listener-Objekte erstellen - ard und zdf
var ard = new Object();
var zdf = new Object();
// dieses Objekt (ard) hat nur den onKeyDown Handler implementiert
this.ard.onKeyDown = function()
{
  trace("Die Tagesschau meldet: genug für heute.");
  Key.removeListener(this); //  dieses Objekt von der Liste streichen
```

```
};
// dieses Objekt (zdf) hat nur den onKeyUp Handler implementiert
this.zdf.onKeyUp = function()
{
    trace("Heute: Es geht aufwärts");
};
// Beide Sender werden bei der Ereignisquelle Key registriert
Key.addListener(ard);
Key.addListener(zdf);
// s.Werkzeugkasten (Anhang)
var mikroskop = Key;
ASSetPropFlags(mikroskop, ["_listeners"], 8, 1);
```

Wenn Sie im obigen Beispiel eine Taste drücken, und sich danach die Variablen auflisten lassen, erkennen Sie, dass der Verweis zum Objekt *ard* im Array *_listeners* wie erwartet entfernt wurde.

```
Variable _level0.ard = [Objekt #1, Klasse 'Object'] {
    onKeyDown:[Funktion 'onKeyDown']
  }
Variable _level0.zdf = [Objekt #3, Klasse 'Object'] {
    onKeyUp:[Funktion 'onKeyUp']
  }
Variable _level0.mikroskop = [Objekt #5, Klasse 'Object'] {
    _listeners:[Objekt #6, Klasse 'Array'] [
      0:[Objekt #3, Klasse 'Object']
    ]
  }
```

 Denken Sie auch immer daran, dass je weniger Listener-Objekte bei einer Ereignisquelle registriert sind, desto weniger Ressourcen werden beansprucht. Will ein Fernsehsender überhaupt nicht mehr wissen, was bei Infineon los ist, dann kosten Anrufe oder Faxe der PR-Abteilung nur noch Zeit und Geld. In ActionScript kostet Sie das Speicherplatz und Verarbeitungsgeschwindigkeit. Nicht mehr benötigte Listener sollten sauber entfernt werden. Vor allem auch bevor Objekte gelöscht werden.

9.3.3 Zuhörer-Zombies

Unangenehm wird es, wenn Objekte gelöscht werden, ohne sie vorher bei den Ereignisquellen abzumelden. Denn wie Sie gelernt haben, wird ein Objekt erst dann vollständig entsorgt, wenn es keine Referenz mehr zu ihm gibt. Da die Ereignisquellen aber auch nur Verweise im *_listeners*-Array speichern, können sich diese bei unsauberer Programmierung schnell als Sammelbecken halbtoter Objekte aufblähen.

Listing 9.10 Demonstration, wie man sich Zombie-Listener einfangen kann

```
// Zwei Listener-Objekte erstellen - ard und zdf
var ard = new Object();
var zdf = new Object();
// dieses Objekt (ard) hat nur den onKeyDown Handler implementiert
this.ard.onKeyDown = function()
{
    trace("Die Tagesschau meldet: genug für heute.");
};
// dieses Objekt (zdf) hat nur den onKeyUp Handler implementiert
this.zdf.onKeyUp = function()
{
    trace("Heute: Es geht aufwärts");
};
// Beide Sender werden bei der Ereignisquelle Key registriert
Key.addListener(ard);
Key.addListener(zdf);
delete ard; // Hier wird nur eine Referenz gelöscht !
// s.Werkzeugkasten (Anhang)
var mikroskop = Key;
ASSetPropFlags(mikroskop, ["_listeners"], 8, 1);
```

Das ehemals quicklebendige Objekt *ard* sucht nach dem vermeintlichen Löschen nun ein zweites Leben als Objekt #5 im *_listeners*-Array.

```
Variable _level0.zdf = [Objekt #1, Klasse 'Object'] {
    onKeyUp:[Funktion 'onKeyUp']
  }
Variable _level0.mikroskop = [Objekt #3, Klasse 'Object'] {
    _listeners:[Objekt #4, Klasse 'Array'] [
      0:[Objekt #5, Klasse 'Object'] {
        onKeyDown:[Funktion 'onKeyDown']
      },
      1:[Objekt #1, Klasse 'Object']
    ]
  }
```

Das Fatale daran ist vor allem, dass Sie normalerweise keinen Einblick in dieses versteckte Array haben. Ohne die Hilfe des Werkzeugkastens erkennen Sie diesen Zombie gar nicht.

Listing 9.11 Der Schein trügt, die Objekte sind nicht gelöscht

```
// viele Objekte erzeugen und als Listener registrieren
for (var i =1; i<100; i++) {
  this["obj_" + i] = new Object();
  Key.addListener(this["obj_" + i]);
}
// alle Objekte löschen, ohne sie als Listener abzumelden
for (var i =1; i<100; i++) {
  delete this["obj_" + i];
}
```

Im Ausgabefenster mit *STRG+ALT+V* sieht bis hierhin alles still und friedlich aus. Nur wenn Sie die folgenden Zeilen an das obige Skript anhängen, sehen Sie die „Zombie-Objekte".

```
// s.Werkzeugkasten
var mikroskop = Key;
ASSetPropFlags(mikroskop, ["_listeners"], 8, 1);
```

Der **richtige** Weg ist, um das noch einmal deutlich hervorzustreichen:

- Objekt bei allen Ereignisquellen abmelden
- Objekt löschen

Listing 9.12 So ist es richtig – erst abmelden, dann löschen

```
// viele Objekte erzeugen und als Listener registrieren
for (var i =1; i<100; i++) {
  this["obj_" + i] = new Object();
  Key.addListener(this["obj_" + i]);
}
// erst das Objekt als Listener abmelden, dann löschen
for (var i =1; i<100; i++) {
  Key.removeListener(this["obj_" + i]);
  delete this["obj_" + i];
}
```

9.4 Sport frei – Zuhörer in Aktion

Nachdem Sie jetzt über die Höhen und Tiefen des Ereignismodells in Flash MX Bescheid wissen, macht's erst richtig Spaß. Lassen Sie uns doch einen Blick auf alle Ereignisquellen werfen und über Stolpersteine plaudern. Dabei soll es nicht um die fertige Lösung gehen, sondern darum, einen Ausgangspunkt für Ihre eigenen Lösungen zu schaffen.

9.4.1   Bob anschieben – Key Listener

Für das folgende Beispiel müssen Sie nur ein Symbol in der Bibliothek anlegen, wobei Ihrer künstlerischen Kreativität natürlich wie immer keine Grenzen gesetzt sind. Interessant ist hier eben die Möglichkeit, die Steuerungs-Logik in einer Methode der Klasse unterzubringen, um dann individuell zu entscheiden, welche Instanzen gesteuert werden sollen. Damit steht Ihnen schon ein hohes Maß an Flexibilität zur Verfügung. Ein anderer Teil Ihrer Anwendung könnte sich nun darum kümmern, den Instanzen den Steuerknüppel entweder zuzuteilen oder aus der Hand zu nehmen, ohne sich um die Implementierung der Steuerlogik zu scheren.

Listing 9.13 Klasse Bob (Skript im ersten Bild des Symbols!)

```
#initclip
//////////////////////////////////////////////////
// Klasse Bob
function Bob() {
   this.step = 5;
   // Schritt je Tastendruck
}
Object.registerClass("clip_bob", Bob); // 'clip symbol' in der Bibliothek !
// Event Handler in der Klasse implementieren
Bob.prototype.onKeyDown = function() {
   this._alpha = 100;
   // Einfache Steuerung mit den Pfeiltasten
   switch (Key.getCode())
   {
   case Key.UP :
      this._y -= this.step;
      this._rotation = 0;
      break;
   case Key.DOWN :
      this._y += this.step;
      this._rotation = 180;
      break;
   case Key.LEFT :
      this._x -= this.step;
      this._rotation = -90;
      break;
   case Key.RIGHT :
      this._x += this.step;
      this._rotation = 90;
      break;
   }
```

```
};
Bob.prototype.onKeyUp = function() {
   this._alpha = 50;
};
#endinitclip
```

Listing 9.14 Skript im ersten Bild der Hauptzeitleiste, um die Instanzen auf die Bühne bringen

```
var d1 = this.attachMovie("clip_bob", "bob_1", 1, {_x:100, _y:150});
var d2 = this.attachMovie("clip_bob", "bob_2", 2, {_x:50, _y:20});
// beide Objekte 'zuhören' lassen
Key.addListener(d1);
// kommentieren Sie die folgende Zeile aus, um nur einen Bob zu steuern !
Key.addListener(d2);
```

Beachten Sie bitte, dass dieses Skript Ihnen zwar spielerisch die Arbeit mit *Key*-Listenern beibringen soll, aber unglücklicherweise nicht wirklich für diese Art von Spielen geeignet ist.

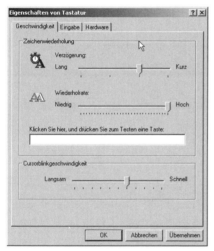

Abbildung 9.1 Die Verzögerung lässt den Bob „ruckeln" und die Wiederholrate „tuckeln"

Sie werden feststellen, dass je nach Tastatureinstellung eine mehr oder weniger heftige Anschlagsverzögerung bei der Steuerung auftritt, welche den Bob stocken lässt. Und dass dieser Bob je nach eingestellter Wiederholrate mehr oder weniger schnell aus der Hüfte kommt (s. Abbildung). Wollen Sie eine flotte Spielsteuerung, verwenden Sie bitte einen *onEnterFrame()* Event-Handler und fragen Sie die gewünschten Tasten ab. Auf der Webseite zum Buch finden Sie eine passende Lösung für dieses Beispiel, welches das *ASBroadcaster*-Objekt verwendet und diesem Thema nur vorgreifen würde. Sie werden bald erkennen, dass sich die Skripte für alle Ereignisquellen sehr ähneln, und sich meist von selbst erklären. Dennoch soll für jede eingebaute Ereignisquelle eine zusammenfassende Tabelle das Wichtigste auf einen Blick bringen.

Tabelle 9.2 Ereignisquelle `Key` und was man für die Programmierung wissen muss

Aufgabe	Syntax
Empfänger bei der Ereignisquelle anmelden	`Key.addListener(`*Listener*`);`
Empfänger bei der Ereignisquelle abmelden	`Key.removeListener(`*Listener*`);`

Event-Handler implementieren	*Listener*.onKeyDown = function() {
	    // Ereignis-abhängiges Skript
	};

	Listener.onKeyUp = function() {
	    // Ereignis-abhängiges Skript
	};

9.4.2 Mäuse machen – Mouse Listener

Auch bei diesem Beispiel benötigen Sie ein Symbol in der Bibliothek. Beim Bewegen der Maus, werden die Alphawerte jeder einzelnen Instanz zufällig gesetzt, beim Klicken verschwinden alle Instanzen, und beim Loslassen der Maustaste werden alle Instanzen wieder auf der Bühne sichtbar. Mit diesem Spielchen könnte man sich stundenlang aufhalten, finden Sie nicht? Großer Effekt mit sehr wenig Aufwand.

Listing 9.15 Klasse Punkt und Implementierung der MouseEvent-Handler mit künstlerischem Aspekt

```
#initclip
///////////////////////////////////////////////
// Klasse Punkt
function Punkt() {
   this._height = this._width = this.radius;
}
Object.registerClass("clip_punkt", Punkt);
///////////////////////////////////////
// Mouse Event Handler
Punkt.prototype.onMouseDown = function() {
   this._visible = false; // auf Mausklick unsichtbar
}
Punkt.prototype.onMouseUp = function() {
   this._visible = true; // auf Mausklick sichtbar
}
Punkt.prototype.onMouseMove = function() {
   this._alpha = random(100);
}
#endinitclip
```

Listing 9.16 Skript im ersten Bild der Hauptzeitleiste, zum Erzeugen der Instanzen

```
for (var i=1; i<=20; i++) {
   // neue Objekte erzeugen und als Listener registrieren
   obj = this.attachMovie("clip_punkt","punkt_" + i, i, {
                                    _x:random(400),
                                    _y:random(400),
                                    radius:random(100)
                                    });
   Mouse.addListener(obj); // hier eigentlich nicht notwendig !
}
```

Jetzt werden Sie überrascht zur Kenntnis genommen haben, dass es kein Unterschied ist, ob Sie die Objekte im obigen Beispiel beim *Mouse*-Objekt als *Listener* registrieren oder nicht. Wenn Sie einmal die Zeile mit *Mouse.addListener(obj)* auskommentieren, funktioniert das Ganze noch immer. Wie ist das möglich? Nun, offensichtlich werden alle Movieclips automatisch bei Mausereignissen benachrichtigt, so wie alle Movieclips auch etwa von einem „EnterFrame"- Ereignis benachrichtigt werden. Dies ist zwar nicht sehr effektiv, aber wir können in Zukunft auf Besserung hoffen. In der Tat ist es im obigen Fall sogar ungünstig, die Instanzen nochmals als Empfänger anzumelden, weil dadurch die Event-Handler doppelt aufgerufen werden. Dies können Sie testen, indem Sie im obigen Skript folgenden Handler modifizieren:

```
Punkt.prototype.onMouseDown = function() {
   this._visible = false; // auf Mausklick unsichtbar
}
```

Wird ersetzt – oder besser: erweitert – mit einer *trace()*-Aktion.

```
Punkt.prototype.onMouseDown = function() {
   trace("down" + this._name);
   this._visible = false; // auf Mausklick unsichtbar
}
```

Dies ist allerdings tatsächlich nur bei MovieClip-Instanzen der Fall. Abstrakte Objekte müssen immer als *Listener* für Mausereignisse registriert werden.

Listing 9.17 Registrierung eines abstrakten Objekts als Listener beim Mouse-Objekt

```
// Klasse Nuss
function Nuss() {}
/////////////////////////////////////////
// Mouse Event Handler
Nuss.prototype.onMouseDown = function() {
```

```
   trace("knack");
}
Nuss.prototype.onMouseUp = function() {
   trace("zack");
}
/////////////////////////////////////////
// Objekte
obj = new Nuss();
Mouse.addListener(obj);
```

Ebenso wollen *Textfield*-Objekte gerne in die Benachrichtigungs-Liste eingetragen werden, damit sie sich richtig wohl fühlen.

Listing 9.18 Ein Textfield-Objekt als Listener anmelden

```
this.createTextField("obj", 0, 100, 100, 200, 20);
obj.text = "Hallo, hört mich jemand ?";
/////////////////////////////////////////
// Mouse Event Handler
obj.onMouseDown = function() {
   this.text = "Ah, sehr schön :o)";
};
obj.onMouseUp = function() {
   this.text = "Och, nochmal bitte !";
};
/////////////////////////////////////////
// Das Textfield-Objekt als Listener registrieren
Mouse.addListener(obj);
```

Mit all diesen kleinen Beispielen möchte ich Sie daran erinnern, sich immer die Prototype-Kette aus dem Kapitel zu Objekten und Klassen vor Augen zu halten, durch welche Vererbung in ActionScript realisiert wird. Denn so, wie der Interpreter auf dieser Kette Eigenschaften und Methoden von Objekten sucht, so ist er analog dazu auch auf der Suche nach einem Event-Handler im Falle eines Ereignisses. Erinnern Sie sich bitte daran, dass Eigenschaften und Methoden generell zunächst in den Prototype einer Klasse gehören. Dies gilt natürlich auch für Event-Handler.

Tabelle 9.3 Ereignisquelle `Mouse` und was man für die Programmierung wissen muss

Aufgabe	Syntax
Empfänger bei der Ereignisquelle anmelden (nicht bei MovieClips notwendig s.Text)	`Mouse.addListener(Listener);`
Empfänger bei der Ereignisquelle abmelden	`Mouse.removeListener(Listener);`

Aufgabe	Syntax

Event-Handler implementieren	*Listener*. onMouseDown = function() {
	                // Ereignis-abhängiges Skript
	};

	Listener. onMouseMove = function() {
	                // Ereignis-abhängiges Skript
	};

	Listener. onMouseUp = function() {
	                // Ereignis-abhängiges Skript
	};

9.4.3 Shopping mit Zuhörern – TextField Listener

Das *TextField*-Objekt ist ohne Zweifel eine der größeren Errungenschaften in Flash MX. Auch wenn diese Objekte sich bald als ganz normale Movieclips mit implantiertem Textfeld erweisen sollen, lassen sich Letztere jetzt endlich bequem dynamisch erstellen, platzieren, initialisieren und formatieren. Im Zusammenhang mit dem *TextFormat*-Objekt werden wir uns deshalb diesem Thema später noch eingehender widmen. Uns interessiert hier erst mal nicht der fahrbare *MovieClip*-Untersatz, sondern das Ding oben drauf. Das Textfeld an sich, die Box, wo der Text rein kommt. Denn Textfelder sind im neuen Ereignismodell ebenfalls Ereignisquellen. Ereignisquellen, bei denen sich Objekte als *Listener* registrieren lassen. Wenn Sie irgendwann einmal vorhaben, komplexe Formulare in eine Flash-Anwendung zu integrieren, sollten Sie jetzt genau aufpassen und mit beiden Löffeln lauschen. Nein, im Ernst, eigentlich ist alles wieder sehr einfach und sollte Ihnen schon fast vertraut vorkommen. Im folgenden Beispiel wird ein Textfeld mit der *createTextField()*-Methode auf der Bühne platziert und ein *Listener*-Objekt erstellt, welches auf Änderungen innerhalb des Textfeldes reagieren soll. Stellen Sie sich zum Beispiel einen Online-Shop vor, wo der Kunde im Warenkorb die Anzahl der Hemden ändern kann und die Verkäuferin sofort freudig den neuen Preis verkündet. In ActionScript brauchen Sie für solch einen Service nur den *onChange*-Handler zu implementieren.

Listing 9.19 Shopping mit „Zuhörern" – bei jeder Änderung der Anzahl wird der Preis aktualisiert

```
this.createTextField("summe", 0, 160, 100, 200, 20);
this.createTextField("anzahl", 1, 100, 100, 50, 20);
with (anzahl) {
   border = true;
   type = "input";
   text = "0";
   restrict = "0-9";
}
//////////////////////////////////////
// Ein Listener-Objekt
verkaeuferin = new Object();
```

```
verkaeuferin.onChanged = function(quelle) {
  // Das (undokumentierte) Argument quelle gibt den Pfad zum
  // Textfeld an, wo das Changed-Ereignis aufgetreten ist
  var dm = quelle.text == "" ? "--.--" : quelle.text * 49.99;
  summe.text = "Das macht " + dm + " DM";
};
anzahl.addListener(verkaeuferin);// Listener registrieren
verkaeuferin.onChanged(anzahl);   // Anzeige des Preises beim Start aufrufen
```

Wundern Sie sich über die letzte Zeile? Brauchen Sie nicht. Hier wird nur noch einmal ganz deutlich, dass die geheimnisvollen Event-Handler letztlich ganz normale Methoden eines Objekts sind. So wie im obigen Beispiel dieser Handler bei einem Ereignis aufgerufen wird, um die Anzeige zu aktualisieren, so können wir dieselbe Methode natürlich auch ganz einfach manuell aufrufen, um die Anzeige etwa zu Beginn zu initialisieren. Praktisch, oder? Im nächsten Beispiel passiert Ähnliches, nur dass uns dann interessiert, wie viele Zeilen der gemeine User im Notizblatt nach unten „gescrollt" ist.

Listing 9.20 Einen Listener erstellen, der „am Textfeld lauscht", ob „gescrollt" wurde

```
this.createTextField("notizblatt", 0, 100, 100, 200, 200);
this.createTextField("zeilen", 1, 310, 100, 200, 20);
with (notizblatt) {
  border = multiline = wordWrap = true;
  type = "input";
  text = "Mit mir ist gut schreiben !";
}
/////////////////////////////////////////
// Ein Listener-Objekt
zaehler = new Object();
zaehler.onScroller = function(quelle) {
  // Das (undokumentierte) Argument quelle gibt den Pfad zum
  // Textfeld an, wo das Scroll-Ereignis aufgetreten ist
  zeilen.text = "Scrollposition: " + quelle.scroll;
};
notizblatt.addListener(zaehler);   // Listener registrieren
zaehler.onScroller(notizblatt); // Anzeige der Position beim Start aufrufen
```

Auch hier bietet es sich an, die Anzeige der Scroll-Position am Anfang zu initialisieren. Wie auch immer – diese beiden Ereignisse, welche die Handler *onChanged* und *onScroller* beim Listener-Objekt aufrufen, sind die beiden einzigen Ereignisse, welche direkt in der Quelle „Textfeld" erzeugt werden. Einmal, wenn sich der Inhalt des Feldes ändert *(engl. changed)*, was übrigens auch für das Ausschneiden und Einfügen von Textinhalten gilt. Das andere Mal, wenn dieser Inhalt **vertikal** oder **horizontal** gescrollt wird. Die beiden Fokus-Ereignisse, welche Sie vermutlich schon heimlich im ActionScript-Panel erspäht haben, haben hier primär nichts mit dem Textfeld als Ereignisquelle zu tun, sondern zählen zum bereits erwähnten fahrbaren *Movie-Clip*-Untersatz. Dazu aber bald mehr. Wichtig für Sie ist hier vor allem zu wissen, dass ein *TextField*-Objekt dabei immer **automatisch** als „Listener bei sich selbst" in die Liste eingetragen wird. Auf diese Weise können Sie die beiden Event-Handler generell auch als Methoden des *TextField*-Objekts deklarieren, wie das im folgenden Beispiel passiert ist.

Listing 9.21 Die Event-Handler *onChanged* und *onScroller* als Methoden des Textfeld-Objekts

```
this.createTextField("editor", 0, 100, 100, 200, 50);
editor.border = editor.multiline = editor.wordWrap = true;
editor.type = "input";
editor.text = "Mit mir ist gut schreiben !";
/////////////////////////////////////////
// Event-Handler deklarieren
editor.onChanged = function() {
    trace("Na, aber nichts kaputt machen, hörst du ?!");
    delete this.onChanged; // nur einmal aufrufen ;o)
}
editor.onScroller = function() {
    trace("Da rollt mir ja der Boden weg.");
}
// Das Textfeld-Objekt selbst ist automatisch als Listener eingetragen !
trace(editor._listeners[0]); // Ausgabe: _level0.editor
```

Lassen Sie mich aber an dieser Stelle nochmals darauf hinweisen, dass wir in ActionScript MX nicht nur einem neuen Ereignismodell gegenüberstehen, sondern auch einem Modell, das bei weitem noch nicht ausgereift ist und welches vor allem auch aus Gründen der Rückwärts-Kompatibilität einige Kompromisse eingegangen ist. Falls Ihnen jetzt also der obige Weg als der leichtere vorkommt, und Sie mit den Listener-Objekten noch nicht so gerne frühstücken möchten, dann kann ich Sie natürlich nicht daran hindern. Sie verpassen aber damit eventuell die Möglichkeit schon jetzt auf den richtigen Zug aufzuspringen, der sich meiner persönlichen Meinung nach in eine andere Richtung bewegen wird. Nämlich die konsequentere Umsetzung des Ereignismodells mit Objekten, die Quellen sind und Empfängern, die als Listener registriert werden müssen. Im Übrigen können Sie die Selbst-Registrierung revidieren, in dem Sie das *Textfield*-Objekt als *Listener*-Objekt abmelden, sprich: die folgende Zeile im oberen Skript anhängen.

```
editor.removeListener(_level0.editor);
```

Dass dies in der Tat selbst für eingefleischte Programmierer manchmal mehr als verwirrend sein kann, lässt sich leider kaum vermeiden.

Tabelle 9.4 Ereignisquelle Textfield und was man für die Programmierung wissen muss

Aufgabe	Syntax
Empfänger bei der Ereignisquelle anmelden	*Textfeld*.addListener(*Listener*);
Empfänger bei der Ereignisquelle abmelden	*Textfeld*.removeListener(*Listener*);

Event-Handler implementieren	*Listener*.onChanged = function(*TextfeldPfad*) {
	     // Ereignisabhängiges Skript
	 };

	Listener.onScroller = function(*TextfeldPfad*) {
	     // Ereignisabhängiges Skript
	 };

Beachten Sie in der Tabelle, dass an die beiden Event-Handler ein (noch undokumentiertes) Argument übergeben wird, und zwar der Zielpfad des Textfelds, wo das Ereignis aufgetreten ist. Es ist anzunehmen, dass dies demnächst in die Dokumentation offiziell aufgenommen wird.

9.4.4 Gut gewählt – Selection Listener

Mit dem *Selection*-Objekt nähern wir uns nun einem weiteren noch brodelndem Heißquellen-Gebiet für Ereignisse. Ich werde Ihnen vor dem Plateau mit kühlem Kopf zwei gangbare Wege aufzeigen, um Fokus-Ereignisse in ActionScript in den Griff zu bekommen. Der erste Pfad soll einen Einstieg ohne Verbrennungen ermöglichen. Der zweite bedient sich dann tatsächlich des *Selection*-Objekts und ist auf lange Sicht der bequemere Pfad.

9.4.4.1 Alte Schule: Fokus-Ereignisse im Spiegel betrachtet

Ein *SetFocus*-Ereignis tritt immer dann ein, wenn der gemeine Benutzer mit der Maus etwa auf ein Textfeld klickt oder wenn er ein Textfeld oder eine Schaltfläche mit der Tabulator-Steuerung der Tastatur auswählt. Der Benutzer richtet also sein Augenmerk, seinen Fokus, auf ein Interface-Element der Anwendung, um etwa Text einzugeben oder eine Taste zu drücken. Sie kennen dies ja selbst von HTML-Formularen auf Webseiten. Das entgegengesetzte Ereignis *KillFocus* tritt ein, Sie haben es erraten, wenn ein Element diesen Fokus wieder verliert, d.h. wenn der Benutzer sich also abwendet. Da ActionScript momentan noch keine zuverlässige Pupillen-Erkennung besitzt, bedeutet dies in der Regel, dass der Benutzer ein anderes Element mit kraft seiner beiden Hände gewählt hat. Beide Ereignisse sind Ihnen vielleicht aus Javascript besser unter den Namen *focus* und *blur* bekannt. Nun, während man bei Javascript ein Fenster, eine Schaltfläche oder ein Textfeld fokussieren kann, treten vergleichbar solche Fokus-Ereignisse in ActionScript an folgenden Objekten auf:

- MovieClip
- Button
- TextField

Die Thematik der Fokussierung von Interface-Elementen einer Anwendung ist sehr wichtig, denn wenn Sie zum Beispiel mehrere Texteingabefelder in einem Formular haben, muss der Flash-Player ja intern genau wissen, für welches Feld die Tastatureingaben des Benutzers bestimmt sind. Schließlich soll die geheime Kreditkarten-Nummer nicht im Feld für die Telefonnummer landen. Aber auch Sie können oder wollen ja auf dieses Ereignis reagieren, auch wenn es im schlimmsten Fall nur ein kurzer Sound ist. Der Grund, warum dieser Abschnitt als alte Schule bezeichnet wird, ist der, dass Sie keines dieser drei genannten Objekte als Listener irgendwo anmelden müssen. Alle *MovieClip*, *Button* und *TextField* Objekte werden generell von einem Fokus-Ereignis bei sich selbst benachrichtigt. Ob die von Ihnen dafür eventuell implementierten *onSetFocus* und *onKillFocus* Event-Handler letztlich ausgeführt werden, hängt in der Tat von anderen Faktoren ab, genauer gesagt von bestimmten Eigenschaften dieser drei Objekte. Und dies wollen wir jetzt genauer untersuchen.

TextField-Objekte

Die Dreier-Runde eröffnet das Textfeld. Wenn Sie im folgenden Beispiel abwechselnd in die Textfelder klicken oder mit der Tab-Steuerung den Fokus schalten, sehen Sie sehr schön, wie diese Event-Handler bei einem TextField-Objekt arbeiten.

 Beachten Sie beim Testen des Films, dass die Tab-Taste für die Fokussteuerung in der Entwicklungsumgebung möglicherweise **nicht** funktioniert. Dies kommt daher, weil diese Taste durch die IDE abgefangen wird wie die Eingabe-Taste übrigens auch. Im Standalone-Player und im Browser tritt dieses Problem aber nicht auf. Schalten Sie deshalb beim Film-Testen in der IDE den Fokus mit SHIFT+TAB, oder wählen Sie im Menü Steuerung → „Tastenkombinationen deaktivieren"

Richten Sie hier bitte nochmals Ihren „Fokus" auf die Tatsache, dass diese Handler direkte Eigenschaften des Objektes sind, bei dem das Ereignis passiert. Als Argument (*newFocus/oldFocus*) wird an die Event-Handler noch ein Verweis übergeben, welches Objekt den Fokus bekommen oder verloren hat. So könnten Sie zum Beispiel den Namen des eben fokussierten Textfeldes ermitteln (*z.B. telefonnummer, name, vorname etc.*) und dem Benutzer entsprechende Hinweise zur Eingabe für dieses Feld anbieten. Oder auch einfach nur Spielchen mit den Großen der Branche am Montag spielen.

Listing 9.22 Katz und Mausspiel mit fliegendem Fokuswechsel bei zwei Textfeldern

```
this.createTextField("spiegel", 0, 50, 100, 300, 50);
this.createTextField("focus", 1, 50, 200, 300, 50);
spiegel.border = focus.border = true;
spiegel.type = focus.type = "input";
// Event-Handler direkt am TextField-Objekt implementieren
spiegel.onKillFocus = focus.onKillFocus = function (newFocus) {
    var wer = (newFocus == undefined) ? "keiner" : newFocus._name;
    this.text = wer + " drängelt sich wieder vor.";
```

```
};
spiegel.onSetFocus = focus.onSetFocus = function (oldFocus) {
   var wer = (oldFocus == undefined) ? "keiner" : oldFocus._name;
   this.text = wer + " hat den fokus abgegeben.";
};
```

Das Skript dürfte Sie sicherlich kaum noch umhauen, doch nun wird es spannend. Interessant ist nämlich hier vor allem zu beobachten, unter welchen Bedingungen das *TextField*-Objekt von einem (seinem) Fokus-Ereignis überhaupt benachrichtigt wird. Als Erstes erkennt man, dass dies tatsächlich nichts mit der Listener-Liste des *TextField*-Objektes zu tun hat. Sie können an das vorherige Skript die folgenden zwei Zeilen anhängen, ohne dass dies Einfluss auf die Benachrichtigung bei einem Fokus-Ereignis hätte.

```
spiegel.removeListener(spiegel);
focus.removeListener(focus);
```

Bei *TextField*-Objekten ist der Mechanismus anders. Hier können Sie über die Eigenschaften *type*, *selectable* und *tabEnabled* bestimmen, wie und ob der Benutzer dieses Textfeld mit Maus und Tabulator auswählen kann *(engl. select)*. Als Folge daraus ergibt sich: Wenn ein Interface-Element nicht auswählbar ist, gibt es natürlich auch kein Fokus-Ereignis. Im Folgenden wird für das Textfeld *spiegel* der Fokus mit der Maus unterbunden, die Eigenschaft *selectable* auf *false* gesetzt. Beachten Sie, dass man dieses Feld aber immer noch über die Tab-Steuerung auswählen kann, wodurch ein Fokus-Ereignis eintritt.

Listing 9.23 Fokus-Ereignis Benachrichtigung ist abhängig von der Textfeld-Eigenschaft selectable

```
this.createTextField("spiegel", 0, 50, 100, 300, 50);
this.createTextField("focus", 1, 50, 200, 300, 50);
spiegel.border = focus.border = true;
spiegel.type = focus.type = "input";
focus.selectable = true;    // Standardwert
spiegel.selectable = false; // oberes Textfeld nicht mehr anklickbar
spiegel.text = "Mich darf keiner mehr anklicken :o(";
// Event-Handler direkt am TextField-Objekt implementieren
spiegel.onKillFocus = focus.onKillFocus = function (newFocus) {
   var wer = (newFocus == undefined) ? "keiner" : newFocus._name;
   this.text = wer + " drängelt sich wieder vor.";
};
spiegel.onSetFocus = focus.onSetFocus = function (oldFocus) {
   var wer = (oldFocus == undefined) ? "keiner" : oldFocus._name;
   this.text = wer + " hat den fokus abgegeben.";
};
```

Aber das ist noch nicht alles. So erhalten Textfelder vom Typ „dynamic" keinen Fokus über die Tabulatorsteuerung mit *SHIFT+TAB*, da bei diesem Typ im Gegensatz zu „input" ja ohnehin kein Text eingegeben werden kann. Übrigens: Wenn Sie keinen Typ angeben, ist dies generell auch der Standardwert für ein *TextField*-Objekt.

Listing 9.24 Textfelder vom Typ dynamic erhalten keinen Fokus über die Tab-Steuerung

```
this.createTextField("spiegel", 0, 50, 100, 300, 50);
this.createTextField("focus", 1, 50, 200, 300, 50);
spiegel.border = focus.border = true;
spiegel.type = "dynamic";   // oberes Textfeld
focus.type = "input";
// Event-Handler direkt am TextField-Objekt implementieren
spiegel.onKillFocus = focus.onKillFocus = function (newFocus) {
    var wer = (newFocus == undefined) ? "keiner" : newFocus._name;
    this.text = wer + " drängelt sich wieder vor.";
};
spiegel.onSetFocus = focus.onSetFocus = function (oldFocus) {
    var wer = (oldFocus == undefined) ? "keiner" : oldFocus._name;
    this.text = wer + " hat den fokus abgegeben.";
};
```

Dasselbe passiert, wenn bei Eingabe-Textfeldern die Eigenschaft *tabEnabled* auf den Wert *false* gesetzt wird. Auch dann erhalten diese Textfelder über die Tabulator-Steuerung keinen Fokus mehr.

Listing 9.25 Das Setzen des Fokus über die Tab-Steuerung kann mit tabEnabled beeinflusst werden

```
this.createTextField("spiegel", 0, 50, 100, 300, 50);
this.createTextField("focus", 1, 50, 200, 300, 50);
spiegel.border = focus.border = true;
spiegel.type = "input";   // oberes Textfeld
spiegel.tabEnabled = false;
focus.type = "input";
// Event-Handler direkt am TextField-Objekt implementieren
spiegel.onKillFocus = focus.onKillFocus = function (newFocus) {
    var wer = (newFocus == undefined) ? "keiner" : newFocus._name;
    this.text = wer + " drängelt sich wieder vor.";
};
spiegel.onSetFocus = focus.onSetFocus = function (oldFocus) {
    var wer = (oldFocus == undefined) ? "keiner" : oldFocus._name;
    this.text = wer + " hat den fokus abgegeben.";
};
```

Alles in allem ergibt sich daraus folgende Matrix, um das Ganze auf einen Blick zu erfassen.

Tabelle 9.5 Matrix, bei welchen Textfeld-Eigenschaften Fokus-Ereignisse ausgelöst werden

	dynamic	input
tabEnabled == true && selectable == false	–	x (kein Mausklick)
tabEnabled == true && selectable == true	x (keine Tab-Steuerung)	x
tabEnabled == false && selectable == false	–	–
tabEnabled == false && selectable == true	x (keine Tab-Steuerung)	x (keine Tab-Steuerung)

MovieClip/Button-Objekte

Etwas andere Spielregeln gelten naturgemäß für *MovieClip*- und *Button*-Objekte. Oftmals glaubt man, dass wenn man zum Beispiel auf ein *Button*-Objekt klickt, dieses dann wie ein *TextField*-Objekt automatisch den Fokus bekommt. Nun, dem ist nicht wirklich so. *MovieClip* und *Button*-Objekte erhalten den Fokus in Flash immer nur über die Tab-Steuerung. Das folgende Beispiel, das Sie sich von der Buch-Webseite herunterladen können, soll dieses Verhalten demonstrieren.

Listing 9.26 Fokus-Ereignisse bei Button-Objekten über die Tab-Steuerung

```
// Array-Objekt mit den Instanznamen aller Knöpfe
var knoepfe_arr = [ "b_gelb",
                    "b_gruen",
                    "b_rot",
                    "b_blau",
                    "b_orange"
                  ];
// Event-Handler deklarieren
this.handlerKillFocus = function (newFocus) {
   var wer = (newFocus == undefined) ? "keiner" : newFocus._name;
   _root.anzeige_neu.text = wer + " drängelt sich wieder vor.";
};
this.handlerSetFocus = function (oldFocus) {
   var wer = (oldFocus == undefined) ? "keiner" : oldFocus._name;
   _root.anzeige_alt.text = wer + " hat den fokus abgegeben.";
};
// Event Handler allen Knöpfen zuweisen
for (var i=0; i< knoepfe_arr.length; i++) {
   var instanz = knoepfe_arr[i];
   _root[instanz].onSetFocus = this.handlerSetFocus;
   _root[instanz].onKillFocus = this.handlerKillFocus;
}
```

Wie dies dann mit dem *Selection*-Objekt viel eleganter zu lösen ist, werden wir gleich im Anschluss sehen. Hier eine wichtige Durchsage.

 Beachten Sie beim Testen des Films, dass die Eingabe-Taste bei einem fokussierten Element in der Entwicklungsumgebung möglicherweise **nicht** funktioniert. Dies kommt daher, dass diese Taste in den Standard-Einstellungen durch die IDE abgefangen wird, um einen Film beim Testen zu starten/anzuhalten. Wenn Sie im Testmodus im Menu unter Steuerung nachschauen sehen Sie einen Eintrag Abspielen → Eingabe. Im Standalone-Player und im Browser tritt dieses Problem aber nicht auf, da hier diese Steuerung auf die STRG+Eingabe Tasten-Kombination gelegt ist. Am Ende wird aber alles gut: mit SHIFT+Eingabe funktioniert es auch in der DIE. Oder wählen Sie im Menü Steuerung → „Tastenkombinationen deaktivieren".

Sicherlich haben Sie es schon bemerkt: Wenn der Fokus mit der Tab-Steuerung auf ein bestimmtes Element gesetzt wird, ist dies an einem gelben Kasten zu erkennen, wie die folgende Abbildung zeigt.

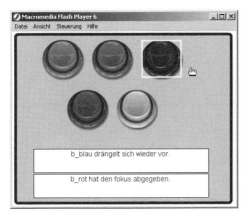

Abbildung 9.2 Die blaue Schaltfläche hat den Fokus – gelber Kasten als Standard

Falls Sie dies optisch stört oder Sie lieber eine eigene Markierung erarbeiten wollen, können Sie die Anzeige auch über die Eigenschaft _focusrect deaktivieren. Entweder gleich für alle Schaltflächen unterhalb des Wurzel-Verzeichnisses, wie etwa

```
_root._focusrect = false;
```

oder gezielt nur für einzelne, zum Beispiel für den roten Knopf

```
_root.b_rot._focusrect = false;
```

Natürlich können Sie auch bei *Button*- und *MovieClip*-Objekten den Fokus ganz unterbinden, oder gar das Anklicken mit der Maus, wobei letzteres wie gesagt keinen Einfluss auf den Fokus hat. Ausprobieren können Sie dies, indem Sie die folgenden Zeilen an das obige Skript anhängen.

```
// eine Schaltfläche deaktivieren
_root.b_blau.enabled = false;      // verhindert Klick
_root.b_blau.tabEnabled = false;   // unterbindet Fokus mit Tab-Steuerung
```

Bleibt zum Schluss noch zu klären, worin denn jetzt aus Sicht des Fokus der Unterschied zwischen einem *Button*-Objekt und einem *MovieClip*-Objekt besteht. Nun, dies ist eigentlich recht simpel: Immer dann, wenn ein *MovieClip*-Objekt in ActionScript mit einem beliebigen *Button* Event-Handler bestückt wird, lässt sich theoretisch auf dieses Objekt auch der Fokus setzen. Klingt logisch, oder? Theoretisch deswegen, weil in diesem Fall dann die Eigenschaft *tabEnabled* bekanntlich über Sein oder Nicht-Sein entscheidet. Im Klartext sind das folgende Event-Handler:

- `onDragOut`
- `onDragOver`
- `onPress`
- `onRelease`
- `onReleaseOutside`
- `onRollOut`
- `onRollOver`

Listing 9.27 MovieClips benötigen Button Event-Handler, um einen Fokus zu erhalten

```
// Array-Objekt mit den Instanznamen aller Knöpfe ( diesmal MovieClips)
var knoepfe_arr = ["b_gelb", "b_gruen", "b_rot", "b_blau", "b_orange" ];
// Event-Handler deklarieren
this.handlerKillFocus = function (newFocus) {
    var wer = (newFocus == undefined) ? "keiner" : newFocus._name;
    _root.anzeige_neu.text = wer + " drängelt sich wieder vor.";
};
this.handlerSetFocus = function (oldFocus) {
    var wer = (oldFocus == undefined) ? "keiner" : oldFocus._name;
    _root.anzeige_alt.text = wer + " hat den fokus abgegeben.";
};
this.handlerPress = function() {
    _root.anzeige_neu.text = this._name + " wurde arg gedrückt.";
    _root.anzeige_alt.text = "";
}
// Event Handler allen Knöpfen zuweisen
for (var i=0; i< knoepfe_arr.length; i++) {
    var instanz = knoepfe_arr[i];
```

```
    _root[instanz].onSetFocus = this.handlerSetFocus;
    _root[instanz].onKillFocus = this.handlerKillFocus;
    _root[instanz].onPress = this.handlerPress;
}
```

Auch hier können wir der Vollständigkeit halber noch mal alles in einer kleinen Tabelle zusammenfassen.

Tabelle 9.6 Matrix, bei welchen MovieClip/Button-Eigenschaften Fokus-Ereignisse ausgelöst werden

	MovieClip	**Button**
tabEnabled == true && enabled == true	X (nur Tabsteuerung)	X (nur Tabsteuerung)
tabEnabled == true && enabled == false	–	–
tabEnabled == false && enabled == true	–	–
tabEnabled == false && enabled == false	–	–

9.4.4.2 Neue Schule: Selection Listener

Nach diesem Einstieg in die unterirdische Welt des Fokus können Sie aufatmen. Nichts, was Sie bisher über Fokus-Ereignisse gesehen und gehört haben, war umsonst. Im Gegenteil: Der nun folgende Weg über das *Selection*-Objekt baut sogar darauf auf, dass Sie mit den Begriffen vertraut sind. Trotzdem wird nun alles anders. Einfacher. Besser. Kein Entwickler wird in fünf Jahren noch irgendwelche Event-Handler an *TextField*, *MovieClip* und *Button*-Objekte anheften so wie wir vorhin. Denke ich mir zumindest.

TextField Objekte

Bei Textfeldern spielt das *Selection*-Objekt all seine Trümpfe aus. Hier haben Sie komplexe Eingabeformulare mit Schaltflächen fest unter Kontrolle. Schon ein einziges Listener-Objekt wird von allen Fokus-Ereignissen im Film benachrichtigt, hier in Aktion mit zwei Textfeldern.

Listing 9.28 Hintergrundfarben setzen für aktives und inaktives Textfeld

```
function init(feld) {
    feld.border = feld.background = true;
    feld.multiline = feld.wordWrap = true;
    feld.type = "input";
}
this.createTextField("notizblatt_L", 0, 100, 100, 200, 200);
this.createTextField("notizblatt_R", 1, 310, 100, 200, 200);
init(notizblatt_L);
init(notizblatt_R);
// Listener Objekt erstellen
```

```
var assistent = new Object();
assistent.onSetFocus = function(oldFocus, newFocus) {
  newFocus.backgroundColor = 0xFFFF66; // Hintergundfarben
  oldFocus.backgroundColor = 0xEEEEEE; // setzen
};
// Listener beim Selection Objekt registrieren
Selection.addListener(assistent);
```

Wäre es da nicht auch sehr hilfreich, dem unbedarften Benutzer ein Textfeld vorzugeben, so dass er gleich losschreiben kann? Sie wissen ja, nach Boom und Boo steht nun Benutzer-Freundlichkeit wieder hoch im Kurs der Anleger. Solche Kleinigkeiten gehören dazu. Schon eine zusätzliche Zeile, angehängt an das obere Skript, reicht.

```
Selection.setFocus(notizblatt_L);
```

Wir werden uns später auch noch an einem kleinen Text-Editor versuchen, vorerst schauen wir aber, wie wacker sich das Beispiel mit den (fast) olympischen Schaltflächen hält.

MovieClip/Button Objekte

Und da würde ich sagen: olympiaverdächtig. Denn das Skript kommt wesentlich schlanker und eleganter daher. Vielleicht wollen Sie auch noch mal zurückblättern, um einen besseren Vergleich zu haben. Anstatt auf allen *Button*-Objekten als Eigenschaft eine Referenz zu den beiden Event-Handlern zu hinterlegen, reicht hier das Listener-Objekt *fokusKontrolle*, um immer auf dem Laufenden zu sein und auf ein Fokus-Ereignis reagieren zu können.

Listing 9.29 Das Beispiel mit den farbigen Knöpfen im neuen Stil mit einem Listener-Objekt

```
// Array-Objekt mit den Instanznamen aller Knöpfe
var knoepfe_arr = ["b_gelb", "b_gruen", "b_rot", "b_blau", "b_orange" ];
// Listener-Objekt erzeugen
var fokusKontrolle = new Object
// Event-Handler deklarieren | Achtung: hier gibt es zwei Parameter !
fokusKontrolle.onSetFocus = function (oldFocus, newFocus) {
  newFocus = (newFocus == undefined) ? "keiner" : newFocus._name;
  oldFocus = (oldFocus == undefined) ? "keiner" : oldFocus._name;
  _root.anzeige_neu.text = newFocus + " drängelt sich wieder vor.";
  _root.anzeige_alt.text = oldFocus + " hat den fokus abgegeben.";
};
// Event Handler allen Knöpfen zuweisen
for (var i=0; i< knoepfe_arr.length; i++) {
  var instanz = knoepfe_arr[i];
```

```
}
// das Listener-Objekt kümmert sich ab jetzt um alles
Selection.addListener(fokusKontrolle);
```

Auch bei den Schaltflächen könnten Sie einem bestimmten Objekt beim Start den Fokus geben, wobei ich Sie da gleich vorwarnen muss – im Testmodus funktionierte dies bei mir so gut wie nie. Die Symptome auf meinem Laptop reichen hier vom falsch gesetzten Fokus-Rechteck bis gar keinem Fokus-Rechteck.

```
Selection.setFocus(_root.b_gelb);
```

Vielleicht ist dieses Problem aber, wenn Sie diese Zeilen hier lesen, dank einer neuen Player-Version der IDE schon längst behoben. Das Wichtigste ist aber ohne Zweifel die Tatsache, dass es im Browser und Standalone-Player keine derartigen Probleme gibt.

9.4.4.3 Hohe Schule: Selection – Textauswahl

Wenn wir beim Judo wären, würde ich jetzt am Ende des Raumes mit einem schwarzen Gürtel winken, denn bei der folgenden Auswahl-Prüfung kann der vor Ehrgeiz sprudelnde Kittel-Kämpfer recht schell mit der Nase auf der Matte liegen. Möchte man nämlich einen kleinen Texteditor oder Ähnliches bauen, um etwa den markierten Text zu formatieren, zu löschen oder ihm sonstige Blessuren an Kopf und Beinen hinzuzufügen, scheitert man schlicht an der Sturheit des Gegners. Der markierte Index lässt sich im Moment des Anklickens einer Schaltfläche einfach nicht ermitteln.

```
b_bold.onPress = function() {
  trace(Selection.getBeginIndex());      // -1
  trace(Selection.getCaretIndex());      // -1
  trace(Selection.getEndIndex());  // -1
};
```

Die Erklärung dafür ist aber recht einleuchtend. Genau in dem Moment, wenn Sie auf diese Schaltfläche drücken, wird die Auswahl schlichtweg aufgehoben, bevor Sie auch nur die leiseste Chance haben, die Indizes zu ermitteln. So als ob Sie eben mal neben das Textfeld klicken würden. Der Rückgabewert der drei Methoden des *Selection*-Objektes gibt genau dies an. Es besteht derzeit keine Auswahl. Minus eins. Es muss also eine Strategie her, die schneller zum Zug kommt, und da unterscheiden sich die Meister im Kittel. Der eine ermittelt die Indizes zum Beispiel beim Rollover.

```
b_bold.onRollOver = function() {
  trace(Selection.getBeginIndex());    // Zeichenposition Auswahlbeginn
```

```
  trace(Selection.getCaretIndex());    // Zeichenposition Cursor
  trace(Selection.getEndIndex());      // Zeichenposition Auswahlende
};
```

Andere schwören auf den Platz im *onMouseUp* Event-Handler. Ich persönlich finde letztere Variante ja wesentlich eleganter, da man hier mit einem Standard Listener-Objekt arbeiten kann. Im Hinterkopf behalten sollten Sie aber, dass ein Doppelklick auf einem Wort bekanntlich die Markierung des ganzen Worts erlaubt und deswegen zwei MouseUp-Ereignisse kurz hintereinander eintreten. Das folgende Beispiel funktioniert ohne zusätzliche Schaltflächen und soll dies schlicht und einfach demonstrieren.

Listing 9.30 Mouse und Selection-Objekt halten Händchen

```
// Textfeld dynamisch erstellen
this.createTextField("notizblatt", 0, 10, 10, 490, 300);
notizblatt.border = notizblatt.background = true;
notizblatt.multiline = notizblatt.wordWrap = true;
notizblatt.type = "input";
// Listener Objekt erstellen
var assistent - new Object();
assistent.onSetFocus = function(oldFocus, newFocus) {
   newFocus.backgroundColor = 0xFFFF66;
   oldFocus.backgroundColor = 0xEEEEEE;
};
assistent.onMouseUp = function() {
   this.indexA = Selection.getBeginIndex();      // Auswahlbeginn
   this.indexB = Selection.getEndIndex();        // Auswahlende
   if (this.indexA == -1) return;
   this.textfeld = eval(Selection.getFocus());   // Pfad
   trace("Vor: " + this.textfeld.text.substring(0, this.indexA));
   trace(this.textfeld.text.substring(this.indexA, this.indexB));
   trace("Nach: " + this.textfeld.text.substring(this.indexB));
};
// Listener-Objekt beim Selection- und Mouse-Objekt registrieren
Selection.addListener(assistent);
Mouse.addListener(assistent);
// Dummy-Text einsetzen
notizblatt.htmlText = "Hallo, ich bin ein Text.";
// Fokus auf Textfeld setzen und Cursor ans Ende positionieren
Selection.setFocus(notizblatt);
Selection.setSelection(notizblatt.length,notizblatt.length);
```

Damit haben Sie bereits eine gesunde Basis, das Notepad Ihrer Wahl in Flash nachzubauen. Schauen Sie auch auf der Buch-Webseite vorbei, wo es ein komplexeres Beispiel zu dem Thema gibt.

Tabelle 9.7 Ereignisquelle Selection und was man für die Programmierung wissen muss

Aufgabe	Syntax
Empfänger bei der Ereignisquelle anmelden	`Selection.addListener` (*Listener*);
Empfänger bei der Ereignisquelle abmelden	`Selection.removeListener`(*Listener*);

Event-Handler implementieren	*Listener*.`onSetFocus` = function(*alt*, *neu*) {
	// Ereignisabhängiges Skript
	};

9.4.5 Bühne frei – Stage Listener

Wollten Sie nicht schon immer mal wissen, wie viele Steine Sie als Entwickler bei Ihren Besuchern im Brett haben? Von dem *Stage*-Objekt (Bühne) erfahren Sie entweder das ganze Ausmaß Ihres aktuellen Flash-Films, oder das des Players. Dies hängt vom Skalierungsmodus der Bühne ab, genauer gesagt: von der Bühnen-Eigenschaft *scaleMode*. In die Liste eingetragene Listener werden zudem im „noScale"-Modus bei Größenänderungen automatisch benachrichtigt.

Tabelle 9.8 Die Werte der Eigenschaften width und height hängen vom Skalierungsmodus ab

scaleMode	Stage.width / Stage.height Angaben beziehen sich auf	Resize-Ereignis?
exactFit	Bühne	nein
showAll	Bühne	nein
noBorder	Bühne	nein
noScale	Flash Player	ja

Da es hier immer noch um Ereignisse geht, ist besonders das Resize-Ereignis von Interesse, das einzige übrigens, über welches das Stage-Objekt die hungrigen Abonnenten benachrichtigt.

Listing 9.31 Einen Listener beim Stage-Objekt registrieren, welches die Bühnen / Player Dimension anzeigt

```
this.anzeige.autoSize = true; // Größe des Textfeldes automatisch anpassen
// Listener-Objekt erzeugen
obj = new Object();
obj.onResize = function() {
    // Resize Ereignis wird nur im "noScale" Modus ausgelöst !
    anzeige.text = Stage.width + "x" + Stage.height;
    anzeige.text += "=" + (Stage.width * Stage.height);
    // Skalieren wenn Stage.scaleMode
    m_cross._width = Stage.width;
    m_cross._height = Stage.height;
}
```

```
Stage.addListener(obj);
// mögliche Werte: "exactFit", "showAll", "noBorder", "noScale"
Stage.scaleMode = "noScale";
```

Wenn Sie den Player einmal in den Vollbild-Modus schalten, gibt Ihnen dieser Film die tatsächliche Bildschirm-Auflösung an. Ansonsten müssen Sie immer bedenken, dass eventuell ein Rand einige Pixel kostet. In der folgenden Abbildung ist das Fenster maximiert zu sehen.

Abbildung 9.3 Sechsundsechzig Pixel Abzug bei der Höhe durch Taskleiste und Fenster-Kopf

Sehr hilfreich sind diese Angaben im „noScale"-Modus, um entsprechend dem verfügbaren Platz zum Beispiel verzerrungsfrei Interface-Elemente anzuordnen und auszurichten. Dies war noch in der letzten Version ein fast aussichtsloses Unterfangen. Dazu muss man sich nur die Bühnengröße am Anfang merken, bevor man in den „noScale"-Modus schaltet.

Listing 9.32 Platzieren des Textfelds am rechten Rand des Player

```
this.anzeige.autoSize = true;
// Listener-Objekt erzeugen
obj = new Object();
```

```
obj.onResize = function() {
  // wird nur bei "noScale" ausgelöst !
  anzeige.text = Stage.width + "x" + Stage.height;
  anzeige.text += "=" + (Stage.width * Stage.height);
  anzeige._x = (Stage.width + Stage.width_s)/2 - anzeige._width;
  // Skalieren wenn Stage.scaleMode
  m_cross._width = Stage.width;
  m_cross._height = Stage.height;
}
Stage.addListener(obj);
Stage.width_s = Stage.width; // Bühnengröße merken !
Stage.scaleMode = "noScale";
obj.onResize(); // Textfeld auch am Anfang an den Rand setzen
```

Der Bezeichner *width_s* im obigen Skript ist ein beliebig gewählter Bezeichner und wird zweckmäßig gleich als Eigenschaft des *Stage*-Objekts, also im Kontext des *Stage*-Objekts gespeichert. Mit dem manuellen Aufrufen des *onResize()* Event-Handlers in der letzten Zeile wird das Textfeld am Anfang initialisiert, sprich: die Werte werden für die Anzeige und die Position gesetzt.

Tabelle 9.9 Ereignisquelle `Stage` und was man für die Programmierung wissen muss

Aufgabe	Syntax
Empfänger bei der Ereignisquelle anmelden	`Stage.addListener` (*Listener*);
Empfänger bei der Ereignisquelle abmelden	`Stage.removeListener`(*Listener*);
Event-Handler implementieren	*Listener*. `onResize` = function() {
	// Ereignis-abhängiges Skript
	};

9.4.6 Geheime Botschaften – broadcastMessage

Wenn Sie sich das letzte Beispiel mit der Bühne anschauen, fällt Ihnen eventuell unangenehm auf, dass man hier bei mehreren Listener-Objekten den *onResize* Event-Handler auch mehrmals ausführen müsste. Das erscheint reichlich unelegant und passt gar nicht so recht ins Konzept der Listener. Hier müssen wir in die Werkzeugkiste (s. Anhang) greifen.

```
mikroskop = Stage;
ASSetPropFlags(Stage, null, 8, 1);
```

und entdecken wie schon vorher, einmal das Array *_listeners* mit den Listener-Objekten, aber auch eine undokumentierte Methode *broadcastMessage()*.

```
Variable _level0.mikroskop = [Objekt #1, Klasse 'Object'] {
    constructor:[Funktion 'Object'],
    __proto__:[Objekt #3] {},
    align:[Get/Set] ,
    scaleMode:[Get/Set] "noScale",
    height:[Get/Set] 430,
    width:[Get/Set] 1020,
    showMenu:[Get/Set] true,
    broadcastMessage:[Funktion 'broadcastMessage'],
    addListener:[Funktion 'addListener'],
    removeListener:[Funktion 'removeListener'],
    _listeners:[Objekt #7, Klasse 'Array'] [
      0:[Objekt #8, Klasse 'Object'] {
        onResize:[Funktion 'onResize']
      }
    ],
    width_s:546
  }
```

Diese undokumentierte Methode wird in der Tat aber intern genutzt, um alle Listener-Objekte über ein Ereignis zu informieren. „Broadcast Message" bedeutet eine Botschaft übertragen.

```
Stage.broadcastMessage("onResize");
```

Dasselbe gilt übrigens für alle anderen Objekte, welche standardmäßig die Listener-Schnittstelle unterstützen, wie etwa das *Mouse*-Objekt. Es ändert sich damit nur eine Zeile im vorigen Beispiel, doch anstelle des Objekts *obj*, werden jetzt, insofern vorhanden, **alle** Listener-Objekte benachrichtigt, wie wenn also tatsächlich ein Resize-Ereignis über die Bühne gehen würde.

```
obj.onResize(); // Textfeld auch am Anfang an den Rand setzen
```

wird ersetzt mit: `Stage.broadcastMessage("onResize");`

Damit ergeben sich für den fortgeschrittenen Entwickler zahlreiche neue Möglichkeiten, um Ereignisse selbst an lauschende Zuhörer zu übertragen, allerdings eben nur für solche Objekte, die Listener unterstützen. Wirklich nur?

9.4.7   Vorsorgen für die Zukunft – ASBroadcaster

Sie können gerne an dieser Stelle weiterblättern, lieber Leser, denn wir bewegen uns jetzt in Gefilden, welche (noch) nicht offiziell von Macromedia dokumentiert sind, sich aber in Zukunft als unglaublich praktisch erweisen könnten, um komplexe Anwendungen zu organisieren. Und vielleicht besitzen Sie ja dieses Buch noch im nächsten Jahr, auf der Suche nach einer Lösung, um eigene Ereignis-Quellen mit Listener-Schnittstellen zu basteln. Ich kann mich da nur wiederholen, tue das allerdings sehr gerne: Dem neuen Ereignis-Modell und der Listener-Schnittstelle gehört die Zukunft.

Listing 9.33 Eine eigene Ereignisquelle *Wetter* erstellen, mit den Ereignissen Sonne und Regen

```
// Drei Listener Objekte
// Willy will bei Regen und Sonne benachrichtigt werden
willy = new Object();
willy.onRegen = function(arg) {
   trace(arg + " Regen ? Gut, dann schaue ich TV.");
};
willy.onSonne = function() {
   trace("Hui fein, ab an die Küste");
};
// Erna will bei Regen benachrichtigt werden
erna = new Object();
erna.onRegen = function() {
   trace("Gelegenheit, meine Mutter anzurufen.");
};
// Eigenes Ereignis-Objekt (ala Mouse, Key etc.)
Wetter = new Object();
// Das Wetter-Objekt bei der Event-Engine anmelden
ASBroadcaster.initialize(Wetter);
// Die drei Listener Objekte beim 'Wetterdienst' anmelden
Wetter.addListener(willy);
Wetter.addListener(erna);
// Und nun soll es regnen und dann die Sonne scheinen
Wetter.broadcastMessage("onRegen","heftiger");
Wetter.broadcastMessage("onSonne");
```

Zusammengefasst haben wir momentan folgende Wetterlage im ActionScript Hochdruck-Gebiet:

1) Mit *ASBroadcaster.initialize()* können Sie eigene Ereignis-Quellen bei der Event-Engine von ActionScript anmelden. Statt einem *Mouse*-Objekt haben wir etwa ein *Wetter*-Objekt.

```
Wetter = new Object(); // Wetter ist unsere Ereignisquelle
// ASBroadcaster.initialize(EreignisQuelle)
ASBroadcaster.initialize(Wetter);
```

2) Mit den Objekt-Methoden *addListener()* und *removeListener()* werden wie gewohnt Objekte bei der Ereignisquelle *Wetter* an- und abgemeldet.

```
// EreignisQuelle.addListener(ListenerObjekt)
// EreignisQuelle.removeListener(ListenerObjekt)
Wetter.addListener(willy);  // willy ist ein Listener Objekt
```

3) Mit der Methode *broadcastMessage()* werden alle registrierten Listener von einem Ereignis benachrichtigt, hier zum Beispiel, dass es heftig regnet. Argumente sind optional.

```
// EreignisQuelle.broadcastMessage(eventHandlerString, [arg1, ..., argN])
Wetter.broadcastMessage("onRegen","heftiger");
```

Ich weiß nicht, ob ich Sie dafür begeistern konnte, aber ich sitze hier mit leuchtenden Augen. Und das bei halb Sonne, halb Regen.

9.5 Was sonst noch passierte und passieren kann

Da Sie nun mit dem Ereignis-Modell von Flash MX und dem neuen Listener-Prinzip vertraut sind, können Sie alle noch kommenden Ereignisse und Event-Handler viel besser und vor allem auch richtig einordnen, seien es Ereignisse bestimmt für Movieclips, XML-Objekte oder Sound-Objekte. Ein *onRollOver()* Event-Handler wird nur aus einem Grund auf einer Zeitleiste dekla-riert und funktioniert dort, wenn man die Maus über den Movieclip bewegt – die Zeitleiste (der Movieclip) wird hier nämlich automatisch von dem RollOver-Ereignis benachrichtigt. In der nächsten Version müssen Sie vielleicht alle Movieclips als Listener registrieren, wer weiß. Oder nehmen Sie das XML-Objekt. Ein *onLoad()* Event-Handler wird aus einem einzigen Grund auf-gerufen: Das erstellte XML-Objekt wird automatisch benachrichtigt, wenn die XML-Daten ge-laden sind und Sie den *onLoad()* implementiert haben, um darauf reagieren zu können. Wenn es Sie nicht interessiert, ob die XML-Daten vom Server Ihrer Wahl geladen sind oder nicht, ist das zwar wenig sinnvoll, aber dann implementieren Sie eben keinen Handler dafür (informiert wird das Objekt trotzdem ...). Genauso beim Sound-Objekt. Ein *onSoundComplete()* Event-Handler wird aufgerufen, wenn der abgespielte Sound ausgespielt hat. Warum implementieren Sie diesen Handler als Methode des Sound-Objekts? Richtig, weil nur dieses Sound-Objekt auch benach-richtigt wird und kein anderes. Wo Sie in ActionScript auch hinschauen, die ganzen Ereignisse werden alle nach ein und demselben Schema gestrickt und behandelt. Und Sie werden in den entsprechenden Kapiteln – wie etwa zu XML und Sound – wissen, was wirklich passiert. Den-ken Sie immer an dieses einfache Ereignis-Modell, an Ereignisquelle und Ereignisempfänger, und Ihnen steht in ActionScript mit einem Schlag die ganze Welt der Ereignisse offen.

Noch nicht behandelte Ereignisse und deren Event-Handler, wie etwa *onSoundComplete()* tau-chen an der passenden Stelle im Buch auf, hier also im Kapitel zum Sound-Objekt. Es geht

Ihnen nicht verloren. Werfen wir zum Abschluss noch einen Blick zurück auf mögliche Stolper-fallen, um eine rote Fahne zu setzen.

9.5.1 Ruhe in Frieden: onClipEvent() und on()

Die Prozeduren *onClipEvent()* und *on()* sollten Sie nur noch in Ausnahmefällen zur Behandlung von Ereignissen verwenden, etwa um den sich selbst löschenden *onData()* Event-Handler eines Movieclips in MX zu simulieren. Dies sind aber „nur" Unzulänglichkeiten des neuen Modells in MX, oder besser gesagt Unzulänglichkeiten bei der Umsetzung des Modells. Man kann trotzdem davon ausgehen, dass beide Ereignisprozeduren in einer der nächsten Versionen als *depreciated* (abgeschrieben) gebrandmarkt werden.

Tabelle 9.10 Beispiel, wie Ereignisse in Flash 5 und in Flash MX behandelt werden

Ereignis	Alte Syntax (Flash 5)	Neue Syntax (Flash MX)

Enter Frame	onClipEvent(enterFrame) {
	
	    trace("tack");
	
	}
		this.onEnterFrame = function() {
		
		    trace("tack");
		
		};

Press	on(press) {
	
	    trace("gedrückt");
	
	}
		knopf.onPress = function() {
		
		    trace("gedrückt");
		
		};

9.5.2 Vertrauter Käse für Movieclips und Buttons – Mausereignisse

Die folgenden Maus-Ereignisse dürften Ihnen vielleicht schon vertraut sein, und sollen nur kurz angerissen werden, da sich die Handhabung bekanntlich geändert hat. Hier eine Übersicht über die Mouse Event-Handler, um Stolperfallen zu vermeiden. Besonders das Verhalten des Drag-Over-Ereignisses unterscheidet sich eventuell von Ihnen bekannten Sprachen.

Tabelle 9.11 Übersicht der Mausereignisse und deren Handler für Movieclip- und Button-Objekte

Ereignis	Handler	Bemerkung
DragOut	onDragOut	Findet statt, wenn Sie auf das Objekt klicken und bei gedrückter Maustaste die Maus aus dem Objekt herausbewegen (ziehen – engl. drag)
DragOver	onDragOver	Findet nur nach einem DragOut statt. Sie müssen also bei ge-drückter Maustaste aus dem Objekt herausfahren und weiter, im-mer noch bei gedrückter Maustaste wieder in das Objekt hinein, um dieses Ereignis auszulösen.
Press	onPress	Findet statt, wenn Sie mit der rechten Maustaste auf das Objekt klicken.
Release	onRelease	Findet statt, wenn Sie die Maustaste über dem Movieclip-Objekt wieder loslassen

Ereignis	Handler	Bemerkung
ReleaseOutside	onReleaseOutside	Findet statt, wenn Sie die Maustaste außerhalb des Movieclip Objekts wieder loslassen
RollOut	onRollOut	Findet statt, wenn Sie den Mauszeiger über ein Movieclip-Objekt bewegen, und zwar beim Eintritt.
RollOver	onRollOver	Findet statt, wenn Sie den Mauszeiger aus einem Movieclip-Objekt herausbewegen, und zwar beim Austritt.

Findet eines dieser Ereignisse statt, wird der betreffende Movieclip darüber informiert und der entsprechende Event-Handler, insofern von Ihnen implementiert, aufgerufen. Dies sieht in der neuen Syntax folgendermaßen aus.

Listing 9.34 Alle Ereignis-Handler eines Movieclips testen

```
// auf der Bühne befindet sich eine Instanz mit dem Namen "_mc"
// In diesem MovieClip befindet sich ein Textfeld "eventAnzeiger"
// Alle Event-Handler ausprobieren
_mc.onPress = function() {
   this.eventAnzeiger.text = "Press !";
};
_mc.onRelease = function() {
   this.eventAnzeiger.text = "Release !";
}
_mc.onReleaseOutside = function() {
   this.eventAnzeiger.text = "Release Outside !";
}
_mc.onDragOut = function() {
   this.eventAnzeiger.text = "Drag Out !";
};
_mc.onDragOver = function() {
   this.eventAnzeiger.text = "Drag Over !";
};
_mc.onRollOut = function() {
   this.eventAnzeiger.text = "Roll Out !";
};
_mc.onRollOver = function() {
   this.eventAnzeiger.text = "Roll Over !";
};
```

Ein MovieClip braucht hier also nicht als Listener irgendwo registriert zu werden, um eine Benachrichtigung über diese Ereignisse zu erhalten. Das ist ähnlich, wie Sie das schon beim *Selection*-Objekt und den Fokus-Ereignissen festgestellt hatten. Auch hier ist der Mechanismus wieder etwas anders. Movieclip und Button-Objekte werden gegen Ereignisse immun, d. h. nicht mehr von diesen Ereignissen benachrichtigt, wenn der Wert der Eigenschaft *enabled* dieser Objekte auf *false* gesetzt ist. Hängen Sie einfach die folgende Zeile an das obige Skript, und Sie werden sehen – nichts geht mehr.

```
_mc.enabled = false;
```

Jeder Entwickler der Vorgänger-Version kennt die unsäglichen *workarounds*, um eine ganze Armee von Schaltflächen zu deaktivieren. Nun, diese Zeiten sind zum Glück in ActionScript MX vorbei.

9.5.3 Vorsicht Falle – Gültigkeitsbereich und _parent

Für zerknirschte Gesichter in ActionScript MX sorgt die veränderte Lage des Bezuges innerhalb eines Event-Handlers. Das folgende Skript funktioniert beispielsweise anstandslos.

Listing 9.35 Event-Handler auf einer MovieClip-Instanz mit dem Bezeichner _mc

```
onClipEvent(load) {
    trace(this);             // _level0._mc
    trace(_parent);          // _level0
}
```

In ActionScript MX wurden hingegen die Karten neu gemischt. Wenn Sie einen Event-Handler wie hier außerhalb des Movieclips definieren, liefert *_parent* zum Entsetzen des geplagten Entwicklers den Wert *undefined*.

Listing 9.36 Skript im ersten Bild der Hauptzeitleiste _level0

```
_mc.onPress = function() {
    trace(this);             // _level0._mc
    trace(_parent);          // undefined
};
```

Nicht so, wenn man denselben Event-Handler im ersten Frame des Movieclips deklariert:

Listing 9.37 Skript im ersten Bild des Movieclips

```
this.onPress = function() {
    trace(this)              // _level0._mc
    trace(_parent);          // _level0
};
```

Bug? Nein, was also ist passiert? Für den eiligen Leser erst mal die Lösung der Aufgabe, um sich den Schweiß von der Stirn zu wischen.

Listing 9.38 Ein Verweis zum Objekt muss hier explizit mit *this* angegeben werden

```
_mc.onPress = function () {
   trace(this);                        // _level0._mc
   trace(this._parent);                // _level0
};
```

Für den besonders interessierten Leser sei erwähnt, dass sich *this*, egal wo Sie den Event-Handler deklarieren, immer auf das Objekt selbst bezieht – somit sind Sie immer auf der Haben-Seite. Das kennen Sie aus dem Kapitel zu Objekten und deren Methoden, und hier ist das natürlich nicht anders. Wir landen immer noch und immer wieder auf demselben großen Haufen von Objekten, Eigenschaften und Methoden. Der Event-Handler *onPress()* ist ja letztlich nichts anderes als eine Methode des Movieclip-Objekts *_mc*. Wie kommt es aber nun zu dem Wert *undefined* im zweiten Script? Da liegt die Entscheidung ganz bei Ihnen, ob Sie dies wissen wollen oder nicht, denn die beiden folgenden Abschnitte richten sich vor allem an Leser mit dickem Fell.

9.5.4 Bereiche an der Kette – Scope Chain

Halten wir uns noch einmal vor Augen, wie das war mit den lokalen Variablen, den Zeitleisten-variablen und den globalen Variablen innerhalb einer Funktion.

Listing 9.39 Rückblick: die Zeitleistenvariable *was* ist sichtbar innerhalb der Funktion

```
var was = "hallo";
this.sprich = function () {
   // Die Variable "was" ist sichtbar innerhalb der Funktion
   trace(was);                // hallo
}
this.sprich();
```

Wir hatten damals festgestellt, dass eine Zeitleistenvariable einerseits innerhalb einer Funktion sichtbar ist und andererseits durch die Initialisierung einer lokalen Variable „überdeckt" werden kann.

Listing 9.40 Lokale Variable innerhalb einer Funktion überdeckt scheinbar die Zeitleisten-Variable

```
var was = "hallo";
this.sprich = function () {
   // Die lokale Variable "was" überdeckt die Zeitleisten-Variable
   var was = "ciao";
   trace(was);                // ciao
}
this.sprich();
```

Das waren die Tatsachen. Es fehlen die Fakten, die da sind – es gibt eine eindeutig festgelegte Reihenfolge, die der Interpreter befolgt, um nach einem Bezeichner zu suchen. Dieses Prinzip ist im ECMAScript Standard unter „*10.1.4 Scope Chain and Identifier Resolution*" und „*10.2.3 Entering An Execution Context – Function Code*" ausführlich beschrieben. Wird eine Funktion wie im obigen Beispiel ausgeführt, bedeutet dies: Es wird eine neue Bereichskette *(engl. scope chain)* initialisiert und die Such-Reihenfolge sieht folgendermaßen aus:

1. Lokales Variablen-Objekt (verwendet wird das Aktivierungsobjekt, wozu wir später noch kommen): Lokale Variablen, wie die Variable *was*, sind dabei *Eigenschaften* dieses internen Objekts und werden demzufolge als Erstes gefunden, wenn nach einem Bezeichner gesucht wird. Das lokale Variablen-Objekt, d. h. der lokale Bereich *(engl. scope)* bildet also den Anfang der Kette *(engl. chain)* und wird bei jedem Funktionsaufruf neu gebildet.
2. Die Objekte der **untergeordneten** Bereichskette. Wird eine Funktion deklariert, wird die Bereichskette der *Umgebung*, d. h. wo die Deklaration erfolgt, als versteckte Eigenschaft des Funktionsobjekts gespeichert (im Standard wird diese Eigenschaft als [[Scope]] erwähnt). Man könnte fast sagen, es wird ein Polaroid-Schnappschuss von der gediegenen Umgebung gemacht und dem Funktionsobjekt zur Erinnerung in die Tasche gesteckt.
3. Das globale Objekt *_global*, d. h. der globale Bereich, welcher damit zugleich das Ende der Kette bildet.

Jetzt kommt der entscheidende Punkt: Wenn Sie nun einen Event-Handler für ein MovieClip-Objekt auf einer „anderen" Zeitleiste deklarieren, dann steckt der Interpreter dem Funktionsobjekt die oben erwähnte Bereichskette dieser „anderen" Zeitleiste in die Tasche, und nicht die des Objekts selbst. Im folgenden Beispiel wird das Ganze sicherlich deutlicher: Hier sucht der Interpreter im *Level 0* nach einem Bezeichner *_parent*, da der Event-Handler *onPress* eben im *Level 0* deklariert wurde und nicht etwa in der Umgebung von *_mc*. Verständlich, dass wir den Wert *undefined* erhalten.

Listing 9.41 Der Interpreter sucht auf der Hauptzeitleiste nach einem Bezeichner _parent

```
trace(_parent);                  // undefined
// Es wird eine MovieClip Instanz _mc benötigt !
_mc.onPress = function() {
  trace(_parent);                // undefined
  trace(this._parent);           // _level0
};
```

Das ist mit Sicherheit nicht sehr einfach auf Anhieb. Aber fällt Ihnen die Ähnlichkeit zu dem Skript von vorhin auf? Wie die untergeordnete Bereichskette Teil der neuen wird, erkennen Sie auch sehr schön am folgenden Beispiel, wo innerhalb des *onPress()* Event-Handlers auf Tastendruck ein *onEnterFrame()* Event-Handler deklariert wird.

Listing 9.42 Die Suchliste, die Bereichskette wird praktisch durchgereicht

```
trace(_parent);                                  // undefined
// Es wird eine MovieClip Instanz _mc benötigt !
_mc.onPress = function() {
  // Es wird eine weitere Instanz innen_mc benötigt !
  this.innen_mc.onEnterFrame = function() {
    trace(_parent);                              // undefined
    trace(this._parent);                         // _level0._mc
  }
};
```

Sie glauben gar nicht, wie nützlich diese Technik manchmal sein kann. Ein weiteres Beispiel:

Listing 9.43 Demonstration, wie die Bereichskette aufgebaut wird

```
var a = "Ich komme erst nach der lokalen Variable.";
this.lupe = function() {
  // Lokale Variable a
  var a = "Ich bin an der Spitze der untergeordneten Bereichskette.";
  var reiniger = function() {
    trace(a);        // Ich bin an der Spitze ...
    // Lokale Variable -> Anfang der neuen Bereichskette
    var a = "Jetzt bin ich ganz oben auf der neuen Bereichskette";
    trace(a);        // Jetzt bin ich ganz oben ....
  };
  reiniger();
};
lupe();
```

In dem Zusammenhang müssen wir zum Schluss auch noch einen Blick auf das Aktivierungsobjekt werfen, um den Deckel zu schließen. Dann haben Sie zumindest davon auch gehört.

 Ich möchte hier noch mal ausdrücklich darauf hinweisen, dass wir mit diesen beiden Abschnitten zur Bereichskette und dem Aktivierungsobjekt relativ tief in den Eingeweiden von ActionScript wühlen. Dieser Tiefgang ist nötig, um ein bestimmtes Verhalten der Sprache plausibel erklären zu können und nicht nur zu sagen: „Das ist so, stell keine Fragen.". Für die erfolgreiche Programmierung einer Anwendung benötigen Sie diesen Tiefgang nicht. Da reicht es in der Tat, wenn Sie sich einfach merken, wie der Interpreter vorgeht, um etwa einen Bezeichner zu finden. Verzweifeln Sie also bitte nicht, wenn Ihnen das alles spanisch vorkommt. Woher kommt eigentlich diese Redewendung?

9.5.5   Aktiv, Aktiviert, Aktivierungs-Objekt

Wie schon erwähnt, wird bei jedem Aufruf einer Funktion oder einer Methode, ein so genanntes Aktivierungsobjekt gebildet. Dieses Objekt enthält immer als Eigenschaft das Ihnen bekannte *arguments*-Objekt und dient weiterhin als Behälter für mögliche lokale Variablen, weswegen man auch vom lokalen Variablen-Objekt spricht. Ausführlich beschrieben ist dies im ECMA-Script-Standard unter *„10.1.6 Activation Object“*. Eine weitere wichtige Eigenschaft des Aktivierungsobjektes kennen Sie auch schon: *this*. Der Wert für *this* wird bei jedem Aufruf neu ermittelt (siehe ECMAScript 10.1.7) und hängt vom *Caller* ab. Sie kennen das ja bereits: Wird die Funktion beispielsweise als Objekt-Methode aufgerufen, zeigt *this* eben auf dieses Objekt. Man kann sich diese Tatsache zu nutze machen, um alle lokalen Variablen anzuzeigen:

Listing 9.44 Eigenschaften des Aktivierungsobjekts anzeigen, sprich: alle lokalen Variablen

```
function sprich(was) {
   trace("Ich sage " + was);
   var zeigeAObj = function () {
     for (i in this) {
        trace(i + ":" + this[i]);
     }
   };
   zeigeAOBj();
}
this.sprich("Tralala.");
```

Das Ausgabefenster zeigt hier Folgendes an:

```
Ich sage Tralala.
zeigeAObj:[type Function]
was:Tralala.
```

Da *zeigeAOBj()* im lokalen Bereich aufgerufen wurde, zeigt *this* innerhalb dieser Funktion auf das Aktivierungsobjekt von *sprich()*! Eine ganz andere Situation ergibt sich, wenn Sie die Funktion auf der Zeitleiste von Level 0 aus aufrufen:

Listing 9.45 Eine Änderung des Objekts, welches die Funktion aufruft, verändert den Wert für *this*

```
function sprich(was) {
   trace("Ich sage " + was);
   var zeigeAObj = function () {
     for (i in this) {
        trace(i + ":" + this[i]);
     }
   };
```

```
   this.zeigeAOBj = zeigeAOBj;
   this.zeigeAOBj();
}
this.sprich("Tralala.");
```

```
Ich sage Tralala.
zeigeAOBj:[type Function]
sprich:[type Function]
$version:WIN 6,0,21,0
```

Natürlich werden Sie zu Recht beanstanden, dass die Eigenschaften *arguments* und *this* vorhin gar nicht im Ausgabefenster aufgetaucht sind: Diese sind versteckt und müssen erst sichtbar gemacht werden:

Listing 9.46 Mit einer Schleife durch die Eigenschaften des Aktivierungsobjekts laufen

```
function sprich(was) {
   trace("Ich sage " + was);
   var zeigeAObj = function () {
      // Sichtbarmachen der Eigenschaften des Aktivierungsobjekts
      ASSetPropFlags(this, null, 6, 1);
      for (i in this) {
         trace(i + ":" + this[i]);
      }
   };
   zeigeAOBj();
}
this.sprich("Tralala.");
```

```
Ich sage Tralala.
zeigeAObj:[type Function]
super:_level0
was:Tralala.
arguments:Tralala.
this:_level0
```

Selbst die Eigenschaft *super* taucht jetzt auf – hier allerdings nur, wenn die Funktion tatsächlich als Objektmethode aufgerufen wird. Im Folgenden ist die Eigenschaft *super* überflüssig:

```
sprich("Tralala.");
```

```
Ich sage Tralala.
zeigeAObj:[type Function]
was:Tralala.
arguments:Tralala.
this:_level0
```

Experimentieren Sie am besten für sich selbst, dann wird das Ganze sicherlich viel deutlicher. Der verwirrendste Satz im ECMAScript-Standard ist sicherlich der, in dem beschrieben wird, dass man auf Eigenschaften des Aktivierungsobjekts zugreifen kann, nicht aber auf das Objekt selbst (10.1.6). Dies wird auch recht unterschiedlich interpretiert. Fakt ist aber: Wenn man auf das Objekt mit der Methode *valueOf()* zugreifen will, erhält man tatsächlich den Wert *undefined*.

Listing 9.47 Auf Eigenschaften des AO kann zugegriffen werden, nicht aber auf das AO selbst

```
function sprich(was) {
   var zeigeAObj = function () {
      trace(this.valueOf());        // undefined
      trace(this.was);              // Tralala
   };
   zeigeAOBj();
}
sprich("Tralala.");
```

Wichtig ist vor allem, dass Sie die verschiedenen Mechanismen auseinanderhalten. Mitunter gewinnt man schnell den Eindruck, dass bei der Funktionsdeklaration Objekte und Variablen aus der Umgebung im Aktivierungsobjekt gespeichert werden: Das ist aber nicht richtig. Das Aktivierungsobjekt wird bei jedem Aufruf neu gebildet und am Ende wieder entsorgt. Wenn möglich. Denn wie jedes andere Objekt, kann auch das Aktivierungsobjekt natürlich erst vom Müllschlucker vertilgt werden, wenn auf dieses keine Referenz mehr besteht. Im folgenden Skript nutzen wir dies schamlos aus.

Listing 9.48 Lebenserhaltende Maßnahme für das Aktivierungsobjekt

```
function sprich(was) {
   var zeigeAObj = function () {
      _global.retter = this;
   };
   zeigeAOBj();
}
sprich("Tralala.");
```

Durch den Verweis im globalen Objekt ist das Aktivierungsobjekt unsterblich geworden und lässt sich somit in aller Ruhe betrachten.

```
Globale Variablen:
  Variable _global.retter = [Objekt #1] {
    was:"Tralala.",
    zeigeAObj:[Funktion]
  }
```

9.5.6 Frisch machen für eigenen Mauszeiger – updateAfterEvent()

Wenn Sie einmal in die Verlegenheit kommen sollten, einen eigenen Cursor zu benötigen, werden Sie feststellen, dass die so zum Mauszeiger umfunktionierte Instanz einer schnellen und ruckartigen Mausbewegung gewaltig hinterher hängt. Der Grund ist recht einfach – der Player aktualisiert die Bühne nur bei jedem Bildeintritt, also synchron mit einem EnterFrame-Ereignis. Mit einer zusätzlichen Aktion innerhalb einer Ereignisprozedur können Sie das Aktualisieren der Bühne erzwingen, wie hier zum Beispiel innerhalb des *onMouseMove()* Event-Handlers.

Listing 9.49 Eigenen Cursor einsetzen – Bühne wird nach jeder Mausbewegung aktualisiert

```
this.onMouseMove = function() {
  // Kommentieren Sie diese Zeile aus, um den Unterschied zu erkennen
  updateAfterEvent();
}
var cursor = this.attachMovie("clip_cursor","m_visier",1000);
cursor.startDrag(true);
Mouse.hide(); // Standard Mauszeiger ausblenden
```

Beachten Sie bitte, dass die Aktion *updateAfterEvent()* wirklich immer nur nach einem Ereignis ausgeführt wird und nicht etwa innerhalb einer *for*-Schleife. Dazu zählen einerseits natürlich die Ereignisse der bekannten Quellen. Aber auch eine durch die *setInterval()*-Aktion aufgerufene Funktion ist in der Lage, eine Aktualisierung der Bühne zu erzwingen. Mehr dazu gleich im Anschluss. Wichtig ist auch der Fakt, dass die *updateAfterEvent()*-Aktion leider momentan nicht bei eigenen Listener-Objekten funktioniert, wie das folgende Skript demonstrieren soll.

Listing 9.50 Das Aktualisieren mit updateAfterEvent() funktioniert nicht bei eigenen Listener Objekten

```
// Listener-Objekt
obj = new Object();
obj.onMouseMove = function() {
  // funktioniert nicht !
  updateAfterEvent();
}
var cursor = this.attachMovie("clip_cursor","m_visier",1000);
cursor.startDrag(true);
```

```
Mouse.hide();
Mouse.addListener(obj);
```

Spezielle und häufige Anwendungsgebiete sind auch besonders virtuelle Bedienelemente, wie etwa ein Drehregler oder ein Schieberegler. So bewegt sich der Knopf eines Schiebereglers ungleich geschmeidiger, wenn die Bühne bei jeder Bewegung mit *updateAfterEvent()* aktualisiert wird. Wie sich dies intelligent und Ressourcen-schonend realisieren lässt, erfahren Sie im nächsten Kapitel.

 Die Aktion updateAfterEvent() sollte nicht überstrapaziert, sondern wirklich nur dort eingesetzt werden, wo es sinnvoll ist, und dann so intelligent wie möglich. Bedenken Sie immer, dass ein Aktualisieren der Bühne einer der rechenintensivsten Prozesse für den Player überhaupt ist und nicht von allen Systemen gleich gut und über einen längeren Zeitraum verkraftet wird. Director-Entwickler kennen eventuell die Situation im Zusammenhang mit updateStage().

9.5.7   Im Gleichtakt – Intervalle

9.5.7.1   setInterval()

Mit der *setInterval()*-Aktion lässt sich entweder eine konventionelle Funktion definieren, welche im Intervall aufgerufen werden soll. Oder eine Objekt-Methode.

Listing 9.51 Jede Sekunde wird die Funktion aufgerufen und die Schnecke bewegt

```
// Funktion definieren, welche aufgerufen werden soll
function bewegeSchnecke(schritt) {
   _root.m_schnecke._x += schritt;
}
setInterval(bewegeSchnecke, 1000, 5);
```

Mit sehr kurzen Intervallen, d. h. Intervallen, die unterhalb der aktuellen Bildrate liegen, lassen sich mit dieser Aktion auch in einem „langsamen" Film zwischendurch ausgesprochen flüssige Bewegungen erzielen.

Listing 9.52 Eine flüssige Bewegung mit sehr kurzen Intervallen und updateAfterEvent()

```
// Funktion definieren, welche aufgerufen werden soll
function bewegeSchnecke(schritt) {
   _root.m_schnecke._x += schritt;
   // Kommentieren Sie die Zeile aus, um den Unterschied zu erkennen
   updateAfterEvent();
}
setInterval(bewegeSchnecke, 10, 1);
```

Messungen haben ergeben, dass eine definierte Intervall-Funktion maximal zehnmal innerhalb eines Bildwechsels aufgerufen wird. Haben Sie also eine Bildrate von 12 fps eingestellt, kann die Intervall-Funktion höchstens 120-mal in der Sekunde aufgerufen werden. Bei höheren Bildraten wird dann natürlich auch die Rechenleistung zur unüberwindbaren Barriere.

9.5.7.2 Intervall-ID und clearInterval()

Wenn Sie ein Intervall definieren, gibt Ihnen die *setInterval()*-Aktion automatisch eine ID zurück, um diese Interval-Aktion später eindeutig zu identifizieren. Diese IDs sind Zahlen, beginnend mit eins, und immer dann wichtig, wenn Sie beabsichtigen, dieses Intervall später einmal mit der *clearInterval()*-Aktion in die ewigen Jagdgründe zu schicken. Dies und eine Messung der „Intervalle pro Sekunde" passiert im folgenden Skript:

Listing 9.53 Intervall-Funktion mit Abbruch-Bedingung

```
// Funktion definieren, welche aufgerufen werden soll
function bewegeSchnecke(schritt) {
    _root.m_schnecke._x += schritt;
    // Kommentieren Sie die Zeile aus, um den Unterschied zu erkennen
    updateAfterEvent();
    // Intervall eins hochzählen
    n++;
    if (_root.m_schnecke._x >= 450) {
        var ips = (n * 1000) / (getTimer() - t_start);
        trace("Intervalle pro Sekunde: " + ips);
        clearInterval(id); // Intervall an Hand der ID löschen
    }
}
// Zählvariable n und Startzeit initialisieren
n = 0;
t_start = getTimer();
// Das Intervall bekommt eine ID, um dieses später löschen zu können
id = setInterval(bewegeSchnecke, 1, 1);
```

Zum Abschluss wird die Schnecke noch vom Rennleiter (Objekt) über die Wiese gejagt (Methode). Beachten Sie im folgenden Skript bitte vor allem, dass der Name der Methode als Zeichenkette angegeben werden muss.

Listing 9.54 Das gleiche Beispiel mit einer Objekt-Methode

```
// Funktion definieren, welche aufgerufen werden soll
var rennleiter = new Object();
rennleiter.bewegeSchnecke = function(schritt) {
```

```
   _root.m_schnecke._x += schritt;
   // Kommentieren Sie die Zeile aus, um den Unterschied zu erkennen
   updateAfterEvent();
   if (_root.m_schnecke._x >= 450) {
      clearInterval(id); // Intervall an Hand der ID löschen
   }
}
// Das Intervall bekommt eine ID, um dieses später löschen zu können
id = setInterval(rennleiter, "bewegeSchnecke", 10, 1);
```

Nun sind Sie, was so dramatische Ereignisse wie Schnecken-Rennen betrifft, mit allen Wassern gewaschen und können Ihr Glück auf der Wiese versuchen. Wetten, dass Ihnen im nächsten Kapitel vieles wiederbegegnen wird?

10

Filmsequenzen

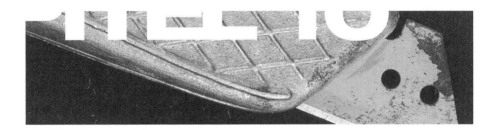

10 Filmsequenzen

10.1 Film ab

Wenn Sie diese Zeilen lesen, werden Ihnen Filmsequenzen vermutlich schon so vertraut und kuschelig vorkommen wie die heimische Couch. Wir können uns somit darauf konzentrieren, diese Filmsequenzen, oder auch: Movieclips, aus der Sicht eines Programmierers zu betrachten. Was immer dies für Sie persönlich bedeuten mag: man kann es sich mit einigen bunten Kissen so richtig gemütlich machen, und Sie werden bald lernen, immer die Fernbedienung und das Popcorn in Griffnähe zu haben, während andere noch in die Küche hasten. Das erklärte Ziel einer modernen Programmierung in ActionScript MX besteht nämlich unter anderem darin, alle Filmsequenzen entweder sich selbst zu überlassen, oder diese von einer zentralen Stelle aus zu steuern. Ohne aufzustehen. Filmsequenzen sind nichts anderes als Objekte. Alles, was Sie bisher über Objekte in ActionScript gelernt haben, trifft im Großen und Ganzen auch für Movieclip-Objekte zu. Die Augen weiten sich, die Nase zieht und die Ohren wackeln – ein erstes Schnuppern.

Tabelle 10.1 Einige vordefinierte Eigenschaften und Methoden eines Movieclip-Objekts

	Eigenschaften	Methoden
	_alpha	getBounds()
	_height	getBytesLoaded()
	_name	gotoAndPlay()
	_x	loadMovie()
	_y	swapDepths()
Neu in MX	enabled	beginFill()
	tabEnabled	beginGradientFill()
	tabIndex	lineTo()

Wenn man es sich genau überlegt, könnten wir uns dieses Kapitel über Movieclip-Objekte sogar schenken. Denn warum nochmals alles über Objekte, Eigenschaften und Methoden wiederholen? Mit Ihrem bisherigen Wissen stehen Ihnen schon jetzt alle Türen in ActionScript offen. Was nun folgt ist nur noch die Anwendung desselben und die gelegentliche Umschichtung dieses großen, humushaltigen Haufens aus Objekten, Eigenschaften und Methoden, damit dieser Haufen fruchtbar und uns nicht langweilig wird. Hätten Sie das gedacht? Zugegeben, es gibt schon einige Eigenheiten zu beachten, besonders bei Filmsequenzen. Um Ihnen einen Vergleich zwischen einem reinen ActionScript-Objekt und einem Movieclip-Objekt zu zeigen, schauen Sie sich bitte folgendes Skript an.

Listing 10.1 Das Math-Objekt und ein Movieclip-Objekt im Vergleich

```
// Math Objekt
trace (Math.PI);                    // Eigenschaft PI
trace (Math.sin(0));                // Sinus-Methode
// MovieClip Objekt
trace (this._alpha);                // Eigenschaft _alpha
trace (this.getBytesLoaded());      // getBytesLoaded() Methode
```

Wenn Sie das Skript im ersten Bild eines neuen Filmes platziert haben, sollten Sie im Ausgabefenster folgende Werte erhalten:

```
3.14159265358979
0
100
130
```

Nicht viel Neues offensichtlich. Der Schwerpunkt dieses Kapitels soll deswegen tatsächlich bei den Eigenheiten des MovieClip-Objekts liegen und kleine Anwendungsbeispiele für die Programmierung zeigen, um Ihnen die richtige Schaufel in die Hand zu drücken.

10.2 Die Geburt eines MovieClip-Objekts

ActionScript-Objekte oder Instanzen einer Klasse werden, wie Sie wissen, fast immer mit dem Schlüsselwort *new* erzeugt. Das führt bei MovieClip-Objekten aber nicht wirklich zum Erfolg, auch wenn es hier eine Klasse *MovieClip* gibt und sich davon durchaus eine Instanz erstellen lässt.

```
var mc = new MovieClip();
```

```
Variable _level0.mc = [Objekt #1, Klasse 'MovieClip'] {}
```

Erinnern Sie sich an das Kapitel über Objekte und Klassen: Dort hatten wir genau diesen Weg benutzt, um die Prototype-Kette für eine eigene Klasse zu knüpfen, sprich: die Klasse *MovieClip* zu erweitern.

Listing 10.2 Instanz der Klasse MovieClip dient zum Aufbau der Prototype-Kette

```
#initclip
function Regen() {
}
Regen.prototype = new MovieClip();
Object.registerClass("clip_Regen", Regen); // Clip_Regen Symbol benötigt !
#endinitclip
```

Und genau hier offenbart sich der Haken. Die Klasse *MovieClip* steht nur für den ActionScript-Teil, welcher einer Filmsequenz bestimmte Methoden und Eigenschaften verleiht.

Listing 10.3 Im Ausgabefenster sehen Sie Methoden und Eigenschaften der Klasse MovieClip

```
var mikroskop = MovieClip.prototype;
ASSetPropFlags(mikroskop, null, 6, 1);
```

Die Klasse *MovieClip* steht aber nicht für den Teil mit den anmutigen Zeichnungen des Grafikers. Dieser Teil bringt selbst bestimmte Eigenschaften mit. Stellen Sie sich die Klasse *Movie-Clip* am besten als Flasche mit Funktion, Inhalt und Geschmack vor. Das Artwork, den grafischen Teil als Etikett, welches natürlich auch Geschmack hat, aber auf der Flasche klebt und dem Käufer das Geld aus der Tasche ziehen soll. Beides gehört zusammen, ja, beides klebt zusammen wie Pech und Schwefel und bildet eine fruchtbare Symbiose. Jeder Teil allein wäre hilflos ohne den anderen, weswegen das Bilden einer neuen Instanz eine spezielle Prozedur darstellt. Dabei muss die Flasche immer als Ganzes und mit einem Ruck auf die Bühne. Und dies geschieht folgendermaßen:

Tabelle 10.2 Methoden, um eine Instanz, also ein MovieClip-Objekt zu erzeugen

Dynamische Methode (zur Laufzeit)	Manuelle Methode (Autoren-Modus)
attachMovie()	Ziehen eines Filmsequenz-Symbols aus der Bibliothek auf die Bühne
duplicateMovieClip()	Duplizieren einer Instanz, welche sich schon auf der Bühne befindet mit STRG+D
createEmptyMovieClip()	Anlegen eines leeren Filmsequenz Symbols in der Bibliothek und bilden einer Instanz

Dass die zur Laufzeit anwendbaren Methoden zur Erzeugung einer Instanz einen passenden Partner im Autoren-Modus haben, ist kein Zufall, sondern Konzept, um auch ohne Kenntnisse der Sprache ActionScript am Anfang voranzukommen. So lassen sich ja auch bestimmte Eigenschaften der Instanzen, wie die x- und y-Position sowohl im Autorenmodus als auch zur Laufzeit ändern. Dennoch sind die dynamischen Methoden weitaus leistungsfähiger. Oder haben Sie schon mal versucht Tausende Instanzen manuell zu platzieren?

10.2.1 Das Initialisierungsobjekt

Eine der praktischen Neuerungen in ActionScript MX ist das so genannte Initialisierungsobjekt, oder kurz: das Init-Objekt. Dieses Objekt wird als vierter Parameter der *attachMovie()* oder der *duplicateMovieClip()* Methode übergeben und bestimmt die Eigenschaften der neuen Instanz vom Start weg.

10.2.1.1 Anhänglich: attachMovie()

Mit der *attachMovie()* Methode lässt sich eine Instanz eines Filmsequenz- oder Schaltflächen-Symbols auf die Bühne befördern und mit dem Init-Objekt gleich ordentlich initialisieren, wie etwa zum Beispiel das Setzen der Eigenschaften _x und _y.

Listing 10.4 Übergabe des Objekts initObj zum Setzen der Start-Eigenschaften der Instanz

```
// Die Eigenschaften dieses Objektes werden der Instanz übergeben
var initObj = {
    _x:100,
    _y:200
};
// eine neue Filmsequenz Instanz, ein Objekt erzeugen
this.attachMovie("clip_regen", "schauer", 0, initObj);
```

Dies hat praktisch denselben Effekt, wie wenn Sie folgendes Skript geschrieben hätten:

Listing 10.5 Alter Stil – nachträgliches Setzen der Eigenschaften _x und _y

```
// eine neue Filmsequenz Instanz, ein Objekt erzeugen
this.attachMovie("clip_regen", "schauer", 0);
this.schauer._x = 100;
this.schauer._y = 200;
```

Der Vorteil in der Verwendung des Init-Objekts für die tägliche Arbeit ist, dass Ihr Skript übersichtlicher wird, raffinierter ausschaut und Sie dieses Objekt wieder verwenden können. Besonders das Gutaussehen ist nicht nur im Rock'n'Roll wichtig. Der weitaus wichtigere Aspekt ist aber die Tatsache, dass Sie auf dieses Objekt, besser: auf die Eigenschaften des Objekts im Konstruktor einer eigenen Klasse zugreifen können, um eventuell weitere Maßnahmen zu ergreifen. Sie werden zu diesem Thema später vor allem beim Entwurf eigener Komponenten erfahren, wie diese Technik dort in der Praxis sehr häufig eingesetzt wird.

Listing 10.6 Eigenschaften des Initi-Objekts stehen im Konstruktor der Klasse *Regen* zur Verfügung:

```
#initclip
function Regen() {
```

```
  // Die Eigenschaften stehen im Konstruktor zur Verfügung
  trace(this._x);
  trace(this._y);
}
Regen.prototype = new MovieClip();
Object.registerClass("clip_regen", Regen); // Clip_Regen Symbol benötigt !
#endinitclip
```

Listing 10.7 Die Eigenschaften dieses Init-Objekts werden der Instanz übergeben

```
var initObj = {
  _x:100,
  _y:200
};
// eine neue Filmsequenz Instanz, ein Objekt erzeugen
this.attachMovie("Clip_Regen", "schauer", 0, initObj);
```

In den aktuellen Versionen des Players gibt es einen Fehler im Zusammenhang mit dem Init-Objekt. Eine Übergabe der Eigenschaften _width und _height mit beliebigen Werten über das Init-Objekt bewirkt, dass die neue Instanz mit der Dimension 0x0 initialisiert wird und damit natürlich nicht sichtbar ist. Dies gilt sowohl für die attachMovie()- als auch für die duplicateMovieClip()-Methode. Setzen Sie also diese beiden Eigenschaften, wenn nötig erst nach Anwenden der Methode. Außerdem können Sie die Eigenschaften _xscale und _yscale als Alternativen verwenden.

10.2.1.2 Doppelgänger: duplicateMovieClip()

Lassen Sie uns der Vollständigkeit halber einen Blick auf die *duplicateMovieClip()*-Methode werfen. Beachten Sie im Folgenden die Variante, dass wir hier nicht extra das Objekt einer Variablen zuweisen, sondern das Init-Objekt auch direkt übergeben können. Wie es Ihnen am liebsten ist, entscheiden Sie selbst.

Listing 10.8 Duplizieren einer Instanz mit *duplicateMovieClip()*

```
// Die Eigenschaften dieses Objektes werden der Instanz übergeben
var initObj = {
  _x:100,
  _y:200
};
// eine neue Filmsequenz Instanz, ein Objekt erzeugen
this.attachMovie("clip_regen", "schauer", 0, initObj);
// Instanz duplizieren
this.schauer.duplicateMovieClip("schauerregen", 1, {
  _x:150,
```

```
    _y:50 }
);
```

```
Variable _level0.Regen = [Funktion 'Regen']
Variable _level0.initObj = [Objekt #2, Klasse 'Object'] {
    _y:200,
    _x:100
  }
Movieclip: Ziel="_level0.schauer"
Movieclip: Ziel="_level0.schauerregen"
```

Es ist wichtig, an dieser Stelle zu erwähnen, dass nicht alle Eigenschaften dupliziert werden, sondern nur Eigenschaften wie etwa _x, _y oder _alpha. Hingegen werden solche, wie _currentframe, enabled oder von Ihnen deklarierte eigene Eigenschaften nicht in die neue Instanz kopiert.

Listing 10.9 Nur einige Standardeigenschaften werden kopiert

```
// Die Eigenschaften dieses Objekts werden der Instanz übergeben
var initObj = {
   _x:100,
   _y:200
};
// Eine neue Filmsequenz Instanz, ein Objekt erzeugen
this.attachMovie("clip_regen", "schauer", 0, initObj);
this.schauer._alpha = 50;            // wird kopiert
this.schauer.dauer = "100 Stunden";  // wird nicht kopiert
this.schauer.enabled = false;        // wird nicht kopiert
// Instanz duplizieren
this.schauer.duplicateMovieClip("schauerregen", 1, {
   _x:150,
   _y:50}
);
trace(this.schauerregen._alpha);     // 50
trace(this.schauerregen.dauer);      // undefined
trace(this.schauerregen.enabled);    // true
```

Wenn Sie diese Eigenschaften, welche nicht mit der Methode dupliziert werden, dennoch benötigen, ist es sinnvoll diese vorher in beispielsweise einer Schleife zu sammeln und an die neue Instanz zu übergeben. Das folgende Skript zeigt einen möglichen Ansatz, wobei ich Sie dringend darauf hinweise, dass dies mitunter nicht ausreichend effektiv sein wird und potenziell unerwünschte Nebeneffekte haben kann. Der optimale Weg ist immer abhängig von der jeweiligen Situation. Beachten Sie deswegen auch die Kommentare.

Listing 10.10 Erweiterung des vorherigen Skripts, um Eigenschaften zu kopieren

```
// Eigenschaften manuell in einer Schleife kopieren
for (var i in this.schauer) {
    // Achtung, dies kopiert eventuell auch nicht benötigte,
    // und definitiv keine 'versteckten' Eigenschaften !
    this.schauerregen[i] = this.schauer[i];
}
trace(this.schauerregen._alpha);           // 50
trace(this.schauerregen.dauer);            // "100 Stunden"
trace(this.schauerregen.enabled);          // false
```

10.2.2 An der Leine – Referenz zur neuen Instanz

Ein momentan noch undokumentiertes Schmankerl in ActionScript MX ist die Tatsache, dass sowohl die *attachMovie()* als auch die *duplicateMovieClip()* Methode sehr wohl einen Rückgabewert besitzen. Und zwar eine Referenz auf die frisch erstellte Instanz. Dies bringt zwar nicht mehr Funktionalität, aber das Skript lässt sich in bestimmten Situationen kompakter und übersichtlicher gestalten.

Listing 10.11 Die *attachMovie()* Methode gibt eine Referenz auf die neue Instanz zurück

```
var mc;
for (var i = 0; i <= 10; i++) {
    mc = this.attachMovie("clip_tropfen", "tropfen_" + i, i);
    mc._x = Math.floor(Math.random() * 400);
    mc._y = Math.floor(Math.random() * 200);
}
```

Wenn Sie im Ausgabefenster sich die Variablen auflisten lassen, erwischen Sie noch die zuletzt vergebene Referenz auf den letzten Tropfen.

```
Variable _level0.mc = [Movieclip: _level0.tropfen_10]
```

Der Clou an der ganzen Sache ist, dass damit in der Variablen *mc* der komplette Zielpfad zu der aktuellen Instanz gespeichert wird. Referenzen zu MovieClip-Instanzen sind immer eine beliebte Technik, um lange Pfadangaben im Skript zu vermeiden. Denken Sie nur an viele verschachtelte Instanzen. Und halten Sie sich immer vor Augen, dass Ihnen eine einzige Referenz auf ein Objekt viel Schreibarbeit ersparen kann und Änderungen meistens schneller vonstatten gehen. Eine häufig anzutreffende, aber ungünstige Herangehensweise sind Skripte wie das folgende:

Listing 10.12 Ungünstige Herangehensweise, um Eigenschaften zu modifizieren

```
var mc;
for (var i = 0; i <= 10; i++) {
   this.attachMovie("clip_tropfen", "tropfen_" + i, i);
   this["tropfen_" + i]._x = Math.floor(Math.random() * 400);
   this["tropfen_" + i]._y = Math.floor(Math.random() * 200);
}
```

Erstens muss hier der Interpreter in jeder einzelnen Zeile den Namen der Instanz *("tropfen_" + i)* neu ermitteln, was Rechenzeit kostet. Und zweitens werden Sie sich die Haare raufen, wenn aus irgendeinem Grund der Bezeichner nicht mehr mit „tropfen" beginnen soll und Sie alles ändern müssen. Verwenden Sie also, wenn möglich, immer eine schnell erstellte Referenz auf das betreffende Objekt. Und wenn Sie nicht die undokumentierte Variante verwenden wollen, bleibt Ihnen immer noch eine Zeile wie diese:

```
mc = this["tropfen_" + i];
```

Ich werde nachher noch einmal kurz auf die allgemeinen Besonderheiten beim Ansprechen von Filmsequenz-Instanzen eingehen, auch wenn dies sicherlich zu den absoluten Grundlagen für die Arbeit mit Flash zählt. Denken Sie auch zurück an das Ansprechen von Variablen auf verschiedenen Zeitleisten.

10.3 Tiefenmessung

Wenn Sie eine Filmsequenz auf der Bühne platzieren, entweder manuell oder mit den vorher gezeigten Methoden, dann hat diese Instanz nicht nur eine bestimmte x-, y-Position, sondern auch eine so genannte Tiefe *(engl. depth)*, welche darüber entscheidet, ob eine Instanz eine andere verdeckt oder umgekehrt. Manchmal spricht man auch von der z-Achse. Wenn Sie zum Beispiel eine beliebige Instanz auf der Bühne platzieren und anschließend folgendes Skript testen, erhalten Sie im Ausgabefenster den Wert –16383.

Listing 10.13 Tiefe einer bestehenden Instanz auf der Bühne ermitteln

```
trace(this.uboot.getDepth()); // -16383
```

Nur einen Schritt tiefer und Sie sind auf dem Meeresgrund gestrandet. Tiefer geht es in dem Level dann nicht mehr, was Sie mit einem kleinen Skript herausfinden können.

Listing 10.14 Ermitteln der Tiefe von _root

```
trace(_root.getDepth()); // -16384
```

Vielleicht haben Sie sich auch einmal gefragt, wieso dynamisch erzeugte Instanzen scheinbar immer die im Autorenmodus gesetzten Instanzen verdecken. Nun, das hängt mit der Aufteilung auf der z-Achse zusammen, worüber die folgende Tabelle Aufschluss geben soll.

Tabelle 10.3 Übersicht, welche Werte auf der z-Achse auftreten können (Quelle: Macromedia)

Level	Inhalt	Depth
_level2130706430 – Einstellungsmanager		
_leveln	Instanzen (dynamisch gesetzt)	1048576 bis 2130706429 (nicht unterstützt)
	Instanzen (dynamisch gesetzt)	–16384 bis 1048575 (möglich)
	Instanzen (dynamisch gesetzt)	1 bis 16384 (empfohlen)
	Instanzen (Autorenmodus)	–16383 bis 0
	_root	–16384
...		
_level0	Instanzen (dynamisch gesetzt)	1048576 bis 2130706429 (nicht unterstützt)
	Instanzen (dynamisch gesetzt)	–16384 bis 1048575 (möglich)
	Instanzen (dynamisch gesetzt)	1 bis 16384 (empfohlen)
	Instanzen (Autorenmodus)	–16383 bis 0
	_root	–16384

Für Sie ist es einfach nur wichtig, diese Eckdaten im Hinterkopf zu behalten und im Zweifelsfall hier nachzuschlagen.

 Falls Sie sich wundern, was die Bemerkung mit den „nicht unterstützten" Tiefen soll – es sind Fälle aufgetreten, wo man eine Instanz in dem Bereich anbringen konnte, diese später aber nicht mehr mit der *removeMovieClip()* Methode entfernen konnte. Ebenso wurde aus zuverlässigen Quellen berichtet, dass negative Werte aus dem „möglichen" Bereich für die Tiefe zu unvorhersehbaren Problemen führte.

Kleine Nebennotiz am Rande: Wenn Sie den Einstellungs-Manager im Testmodus aufrufen und sich dann die Variablen auflisten lassen, können Sie herausfinden, in welchem Level der Film des Managers läuft. Das verleitet zu Blödsinn, oder?

Abbildung 10.1 Einstellungsmanager wird in Level #2130706430 geladen

Das Wichtigste im Zusammenhang mit der z-Achse ist die Erkenntnis, dass es nur eine einzige Instanz auf einer bestimmten Tiefe geben kann. Verwenden Sie den gleichen Wert als Tiefe wie eine eventuell schon vorhandene Instanz, wird diese ohne Warnung entfernt. Deswegen müssen Sie beim Erzeugen von Instanzen in einer Schleifen-Struktur immer daran denken, den Wert für die Tiefe zu modifizieren. Alle bekannten Methoden zur dynamischen Erzeugung visueller Instanzen nehmen die Tiefe deshalb als Argument.

Listing 10.15 Als drittes Argument der *attachMovie()* Methode wird die Tiefe festgelegt

```
var mc, z, anzahl = 10, initObj = {
  _x:400,
  _y:200
};
for (var i = 0; i <= 10; i++) {
  z = anzahl - i;
  // jede neue Instanz muss auf eine eigene Tiefe z gesetzt werden
  mc = this.attachMovie("clip_stein", "stein_" + i, z, initObj);
  mc._xscale = i * 10;
  mc._yscale = i * 10;
}
```

Einen häufig vorkommenden Denkfehler demonstriert das folgendes Skript. Ziel ist es hier, MovieClip-Objekte in einem Gitter anzuordnen, wobei sich zwei verschachtelte Schleifen anbieten. Man vergisst hier aber oft, dass es nicht ausreicht, die beiden Schleifenvariablen zu multiplizieren. da sich bestimmte Resultate wiederholen.

Listing 10.16 Es reicht nicht aus, für den z-Wert einfach x und y zu multiplizieren!

```
// Achtung: Fehlerhaftes Skript !
var name, z, step = 50, anzahl = 5, initObj;
// Zwei Schleifen, um die x und y Position zu verändern
for (var x = 1; x <= anzahl; x++) {
  for (var y = 1; y <= anzahl; y++) {
    initObj = {
      _x:x * step,
      _y:y * step
    };
    name = "stein_" + x + "_" + y;
    // hier überschneiden sich bestimmte Werte für die Tiefe,
    // wie z.b. 1 * 5 und 5 * 1, d.h. diese löschen sich aus
    z = x * y;
    this.attachMovie("clip_stein", name, z, initObj);
  }
}
```

Der richtige Weg ist, eine Schleifenvariable mitlaufen zu lassen, d. h. eine Variable, deren Wert bei jedem Durchlauf zum Beispiel um eins erhöht wird, was dann in etwa so aussieht.

Listing 10.17 Richtig: bei verschachtelten Schleifen eine Variable für z mitlaufen lassen

```
var name, z = 0, step = 50, anzahl = 5, initObj;
// Zwei Schleifen, um die x und y Position zu verändern
for (var x = 1; x <= anzahl; x++) {
   for (var y = 1; y <= anzahl; y++) {
      initObj = {
         _x:x * step,
         _y:y * step
      };
      name = "stein_" + x + "_" + y;
      this.attachMovie("clip_stein", name, z, initObj);
      // bei jedem Durchgang den Wert für z um eins erhöhen
      z++;
   }
}
```

Dasselbe gilt natürlich auch für die anderen Methoden, bei denen MovieClip-, TextField- und Button-Instanzen erzeugt werden. Alle beanspruchen ihren eigenen Platz auf der z-Achse. Sie als Entwickler müssen sich darum kümmern, dass sich alle zur Schau stellen dürfen und keiner den anderen unbeabsichtigt von der Bühne wirft.

10.4 Plätze tauschen mit Drag'n'Drop

Ein allseits beliebter Klassiker, welcher stets zu neuen Ehren kommt, ist das Puzzle. In diesem Abschnitt soll es darum gehen, Sie mit der Technik des **Drag'n'Drop** vertraut zu machen. Hier ist der Einsatz, um den es geht.

- *swapDepth()*
- *startDrag()*
- *stopDrag()*
- *removeMovieClip()*
- *_droptarget*

Laden Sie sich bitte dazu die auf der Buch-Webseite liegenden Quelldateien als Vorlage für die einzelnen Schritte herunter. Wichtig ist auch noch mal zu erwähnen, dass Sie mit dem bisher Behandelten und Gesagtem vertraut sein sollten, und bei Unklarheiten hinsichtlich der Syntax die eingebaute ActionScript-Hilfe zu konsultieren ist.

10.4.1 swapDepth()

Mit der *swapDepth()*-Methode kann ein MovieClip-Objekt mit einem anderen MovieClip die Positionen auf der z-Achse tauschen. Entweder über die Angabe der Instanz als Argument dieser Methode oder über die Angabe der Position auf der z-Achse, also der Tiefe. Sie müssen sich das in etwa so vorstellen, wie wenn ein *Flugzeug A* in 1000 Metern Höhe fliegt und ein anderes *Flugzeug B* in 3000 Metern Höhe. Bei der ersten Variante würde die Anweisung vom Tower etwa so klingen: *„Flugzeug A, tauschen Sie bitte die Flughöhe mit Flugzeug B. Over".* Bei der zweiten Variante würde es hingegen so klingen: *„Flugzeug A tauschen Sie bitte mit dem Flugzeug in 3000 Metern Höhe."* Wenn Sie sich jetzt einmal die Situation auf einem Blatt Papier skizzieren, um etwa ein Puzzleteil aus dem großen chaotischen Haufen herauszuziehen, so ist das gar nicht so einfach. Es gibt hier im Großen und Ganzen zwei Strategien, und vielleicht erinnern Sie sich zurück an Ihre Kindheit und dieses unglaublich spannende Händespiel: Klatsch, klatsch, ich bin oben. Das ist eine davon.

Strategie 1

„Das gezogene Teil so lange mit dem nächst höheren tauschen, bis es oben liegt."

Diese Strategie klingt plausibel, hat aber den Nachteil, dass hier in Abhängigkeit vom Platz und der Anzahl der Teile mitunter sehr viele Tauschvorgänge stattfinden. Dies könnte sich beim Tauschen von Instanzen mit Bitmap-Inhalten negativ in der Performance niederschlagen. Wie auch immer, der Ansatz wäre wie folgt:

Listing 10.18 Strategie 1: Klasse *Puzzle* mit onPress() Handler (Skript im ersten Bild des Symbols!)

```
#initclip
////////////////////////////////////////////////
// Klasse Puzzle
function Puzzle() {
  // das Textfeld soll die ID-Nummer anzeigen
  this.m_zahl.text = this.id;
}
Puzzle.prototype = new MovieClip(); // Vererbung
Object.registerClass("clip_puzzle", Puzzle);
////////////////////////////////////////////////
// Puzzle::onPress Event Handler
Puzzle.prototype.onPress = function() {
  // das angeklickte Teil 'nach oben' bringen
  z_start = this.getDepth() + 1;
  for (var z = z_start; z <= z_oben; z++) {
    // Tauschvorgänge im Ausgabefenster anzeigen
```

```
        trace(this.getDepth() + "-->" + z);
        this.swapDepths(z);
    }
};
#endinitclip
```

Listing 10.19 Strategie 1: Funktion zum Initialisieren

```
function init() {
    var teil, initObj;
    // In einer Schleife die Teile erzeugen und platzieren
    for (var i = 1; i <= 9; i++) {
        initTeil = {
            _x:Math.floor(Math.random() * 400),
            _y:Math.floor(Math.random() * 400),
            id:i
        };
        teil = this.attachMovie("clip_puzzle", "m_teil_" + i, i, initTeil);
    }
    // 'Höhe' des obersten Teiles merken
    _global.z_oben = teil.getDepth();
}
///////////////////////////////////////////////////
// Und los geht's
init();
```

Die *trace()* Aktion innerhalb der Schleife des *onPress()* Event-Handlers zeigt Ihnen dabei wunderschön an, wer gerade mit wem tauscht, z. B.

```
2-->3
3-->4
4-->5
5-->6
6-->7
7-->8
8-->9
```

Diese Ausgabe erhalten, wenn das Teil mit der Sechs am Anfang gedrückt wird, später stimmen die Tiefen natürlich nicht mehr mit der id-Eigenschaft der Instanz überein. Werfen wir einen Blick auf die zweite Strategie:

Strategie 2

„Das gezogene Teil um eins höher wie das oberste Teil setzen."

Diese Strategie beansprucht weniger Ressourcen, da nur ein Tauschvorgang stattfindet. Mit einem kleinen Haken: Die Werte rutschen kontinuierlich auf der z-Achse nach oben, bewegen sich also zunehmend an die Grenze der empfohlenen Tiefen aus der Tabelle. Diese Bedenken dürften aber in 99% aller Fälle nur theoretischer Natur sein. Die Umsetzung der zweiten Strategie mit einer Klasse könnte dann in etwa so aussehen:

Listing 10.20 Strategie 2: Modifikation des *onPress()* Handlers

```
//////////////////////////////////////////////////
// Puzzle::onPress Event Handler
Puzzle.prototype.onPress = function() {
  if (this.getDepth() == z_oben) {
    // angeklicktes Teil liegt schon oben
    return;
  }
  // leere temporäre Instanz 'als oberste' erzeugen
  var m_temp = this._parent.createEmptyMovieClip("m_temp", ++z_oben);
  // das angeklickte Teil 'nach oben' bringen
  this.swapDepths(m_temp);
  // die nicht mehr benötigte temporäre Instanz entfernen
  m_temp.removeMovieClip();
};
```

Beachten Sie besonders die folgende Zeile:

```
var m_temp = this._parent.createEmptyMovieClip("m_temp", ++z_oben);
```

Hier wird eine leere temporäre Instanz erzeugt, mit welcher sich gut tauschen lässt. Je nachdem, wie der Zufall es will, können Sie mit diesem Skript bereits übereinander liegende Teile tauschen. Noch etwas wenig, aber das wird sich gleich ändern.

10.4.2 startDrag() und stopDrag()

Die eigentlichen Methoden, um ein Drag'n'Drop-Verhalten in ActionScript zu realisieren, sind die in der Überschrift stehenden Methoden. Die folgende kleine Erweiterung des *onPress()* Event-Handlers veranlasst die angeklickte Instanz „am Mauszeiger kleben zu bleiben".

Listing 10.21 Erweiterung des *onPress* Event-Handlers, um das „Ziehen" zu starten

```
//////////////////////////////////////////////
// Puzzle::onPress Event Handler
Puzzle.prototype.onPress = function() {
  ...
  // 'drag' starten
  this.startDrag();
};
```

Nun, dies ist zwar „Drag", aber noch nicht „Drop". Für letzteren Effekt müssen noch die offenen Positionen für die beiden *onRelease()* Event-Handler besetzt werden, was schnell realisiert ist.

Listing 10.22 Erweiterung, um einen Drag'n'Drop-Effekt zu erzielen

```
//////////////////////////////////////////////
// Puzzle::onRelease Event Handler
Puzzle.prototype.onRelease = function () {
  // das Drop beim Drag'n'Drop
  this.stopDrag();
};
//////////////////////////////////////////////
// Puzzle::onReleaseOutside Event Handler
Puzzle.prototype.onReleaseOutside = Puzzle.prototype.onRelease;
```

Beachten Sie hierzu unbedingt zwei Dinge: Es scheint auf den ersten Blick überflüssig, den *onReleaseOutside()* Event-Handler zu implementieren, da die angeklickte Instanz doch offensichtlich an der Maus kleben bleibt und dieses Ereignis theoretisch gar nicht eintreten kann. Ja, nicht eintreten darf. Theoretisch. In der Praxis sitzt uns der gemeine *User* gegenüber, der das aufgenommene Teil voller Entzücken mit der Maus über den Bildschirm schleudert, und damit die Gesetze der Schwerkraft überwindet. Nein, im Ernst – der Player schafft es in bestimmten Fällen nicht, dieses Teil einer ruckartigen Mausbewegung folgen zu lassen. Das Loslassen erfolgt somit außerhalb der Instanz, womit wir ein *ReleaseOutside* und kein *Release*-Ereignis zu behandeln haben. Zugegeben, selbst dies ist nicht der Weisheit letzter Schluss, denn außerhalb des Browser-Fensters findet gar kein Ereignis statt und es kommt immer auch auf die Situation an, was sinnvoll ist. Zweitens möchte ich darauf hinweisen, immer **erst** einen Event-Handler für die Klasse zu definieren, und danach – wenn nötig – einen Verweis darauf zu setzen. Diese Falle passiert zugegeben auch mir öfters im Eifer des Gefechts mit dem Resultat, dass im folgenden Beispiel der *onReleaseOutside()* Event-Handler nicht definiert ist.

Listing 10.23 Falsch herum!

```
//////////////////////////////////////////////
// Puzzle::onReleaseOutside Event Handler
```

```
Puzzle.prototype.onReleaseOutside = Puzzle.prototype.onRelease;
//////////////////////////////////////////////////
// Puzzle::onRelease Event Handler
Puzzle.prototype.onRelease = function () {
  // das Drop beim Drag'n'Drop
  this.stopDrag();
};
trace(Puzzle.prototype.onReleaseOutside); // undefined
```

Damit lässt sich schon gut ackern. Es folgt die präzise Bodenlandung.

10.4.3 _droptarget

Keine einigermaßen benutzerfreundliche Applikation sollte dem Anwender zumuten, ein Teil millimetergenau auf dem Bildschirm zu platzieren. Etwas Schützenhilfe ist selbst für gemeine Auftraggeber Pflicht. Außerdem ist der tiefere Sinn hinter einem Puzzle ja bekanntlich das richtige Positionieren der Teile. Das heißt, wir müssen überprüfen, ob die Stelle, wo der Benutzer das Teil fallen hat lassen, auch die richtige war. Bühne frei für eine neue Eigenschaft von MovieClip-Objekten: _droptarget. Diese Eigenschaft gibt den Zielpfad zu derjenigen Instanz an, welche das Teil auf den Kopf bekommen hat. Aus unverständlichen Gründen leider in der veralteten Slash-Syntax und nicht in der Dot-Syntax. Aber Sie werden staunen, wie einfach sich damit ein so genannter „Einrast-Effekt" erzielen lässt. Die erste klitzekleine Änderung betrifft die init() Funktion, wo wir allen schon auf der Bühne befindlichen Ziel-Instanzen eine ID verpassen.

Listing 10.24 Modifikation der *init()* Funktion

```
teil = this.attachMovie("clip_puzzle", "m_teil_" + i, i, initTeil);
// Die Ziel-Instanzen wurden manuell auf der Bühne platziert
// Hier wird nur noch die passende ID gesetzt
this["m_ziel_" + i].id = i;
```

Je nach Anwendung lassen sich diese Ziele natürlich auch dynamisch erstellen, was jedoch vom momentan Wesentlichen ablenkt. Als Zweites wird nur noch der *onRelease()* Event-Handler erweitert. Hier wird zusätzlich getestet, ob die IDs zueinander passen. Wenn ja, wird das gezogene Teil entsprechend der Zielposition ausgerichtet – es scheint so, als ob es an der Kante „einrasten" würde.

Listing 10.25 Erweiterung des *onRelease()* Event-Handlers, um ein „Einrasten" zu simulieren

```
//////////////////////////////////////////////////
// Puzzle::onRelease Event Handler
Puzzle.prototype.onRelease = function () {
```

```
// das Drop beim Drag'n'Drop
this.stopDrag();
// _droptarget liefert die Instanz, wo beim Loslassen die Maus war
var ziel = eval(this._droptarget);
// hier wird überprüft, ob die IDs übereinstimmen
if (this.id == ziel.id) {
  // 'einrasten' lassen
  this._x = ziel._x;
  this._y = ziel._y;
}
};
/////////////////////////////////////////////////////
// Puzzle::onReleaseOutside Event Handler
Puzzle.prototype.onReleaseOutside = Puzzle.prototype.onRelease;
```

Das vollständige Skript finden Sie, wie gesagt, dann auf der Webseite zum Buch. Oftmals findet man auch an Stelle des Vergleichs zweier ID-Nummern den Vergleich von Instanznamen, wobei hier Methoden des String-Objekts zum Einsatz kommen.

10.5 Maskierter Täter

Was gab und gibt es nicht alles für spannende und waghalsige Ansätze, um dynamische Maskeneffekte in den Vorgängerversionen von Flash MX zu simulieren. Jetzt kostet es gerade einmal drei kurze Skriptzeilen, um die Brille aufzusetzen und den Blick zu schärfen.

Listing 10.26 Eine Instanz mit einem zweiten MovieClip-Objekt maskieren

```
// Maske auf die Bühne bringen
this.attachMovie("clip_brille","m_brille",1);
// eine Instanz mit einem Bild soll maskiert werden
this.m_image.setMask(this.m_brille);
// der optionale erste Parameter auf true gesetzt bewirkt,
// dass die Brille (also die Maske) am Mauszeiger zentriert wird
this.m_brille.startDrag(true);
```

Interessant für Sie ist hier auch ein zusätzlicher Parameter der schon bekannten *startDrag()* Methode. Entfernen Sie diesen am besten einmal im obigen Skript, um den Sinn und Unsinn zu erkennen.

10.6 Farbige Aussichten

10.6.1 Color-Klasse

Jetzt kommt Farbe ins Spiel und auf die S/W-Leinwand. Auch wenn wir immer noch im Kapitel über MovieClips sind, ist es Zeit die Filmrollen zu wechseln und ein neues Objekt, genauer gesagt, eine neue Klasse vorzustellen, die Klasse *Color*. Es braucht in der Tat etwas guten Willen, um den tieferen Sinn hinter dieser Klasse zu entdecken, doch er ist vorhanden. Schauen Sie mal, ich würde jetzt denken, dass man eine Instanz etwa so einfärben kann:

```
this.m_image._color = 0xFF0000;
```

Nun, dem ist nicht so. Sie können so ziemlich alles auf diese Art und Weise mit einer Instanz regeln, nur einfärben „ist nicht". Da müssen Sie den Umweg über ein *Color*-Objekt gehen.

Listing 10.27 Eine Instanz rot einfärben

```
var farbObj = new Color(this.m_image);
farbObj.setRGB(0xFF0000);
```

```
Variable _level0.farbObj = [Objekt #1, Klasse 'Color'] {}
Movieclip: Ziel="_level0.m_image"
```

Das erscheint reichlich übertrieben, aber wenn Sie sich die Beispiel-Datei mit dem Foto anschauen, werden Sie zugeben müssen, dass von Einfärben keine Rede sein kann. Da, wo einmal ein Foto dem Auge entgegensprang, dort prangt jetzt ein roter Klotz auf der Bühne. Und genau in diesem Moment wird einem der tiefere Sinn dieses scheinbar überflüssigen Objekts bewusst – es soll nämlich letztlich gar nicht die Farbe als Eigenschaft der Instanz *m_image* geändert werden, sondern es soll eine Art Plastikplane darüber geworfen werden, deren Farbe und Durchsichtigkeit veränderbar ist, was genau in dieser Zeile passiert.

```
var farbObj = new Color(this.m_image);
```

Hier wird eine neue Instanz der Klasse *Color* erzeugt. Ein Objekt, welches als virtuelle Plane herhalten muss, die sich mit zwei Methoden verändern lässt.

* *setRGB(0xRRGGBB)*
* *setTransform(transformationsObjekt)*

Bei der ersten Methode ist das recht offensichtlich – hier wird einfach der RGB-Wert gesetzt, in welcher unsere „virtuelle Plane" erscheinen soll. Mit der zweiten Methode ist das schon schwieriger, hier muss als Argument ein so genanntes „Transformations-Objekt" übergeben werden. Das klingt viel komplizierter, als es tatsächlich ist, und Sie werden bald sehen, dass Sie dieses

Objekt in seiner Bedeutung mit großer Wahrscheinlichkeit sogar schon kennen. Im Grunde bedeutet es nur, dass wir mit den Eigenschaften dieses Objekts sowohl bestehende als auch neue Farbanteile und Alphawerte modifizieren und damit sehr viel differenzierter in das optische Bild eingreifen können.

Tabelle 10.4 Eigenschaften des Transformations-Objekts

Eigenschaft	Bedeutung	Mögliche Werte
ra	Prozentsatz für die Rotkomponente	−100 bis 100 (Prozent)
rb	Offset für die Rotkomponente	−255 bis 255
ga	Prozentsatz für die Grünkomponente	−100 bis 100 (Prozent)
gb	Offset für die Grünkomponente	−255 bis 255
ba	Prozentsatz für die Blaukomponente	−100 bis 100 (Prozent)
bb	Offset für die Blaukomponente	−255 bis 255
aa	Prozentsatz für Alpha	−100 bis 100 (Prozent)
ab	Offset für Alpha	−255 bis 255

Um nicht in Farbtheorie abzudriften, schauen wir uns am besten einmal folgendes Beispiel an. Daran erkennen Sie zunächst, dass es **nicht** notwendig ist, alle Eigenschaften zu übergeben, sondern nur diejenigen, die Sie tatsächlich ändern wollen.

Listing 10.28 Verwendung des Transformations-Objekts, um ein Foto rot einzufärben

```
var farbObj = new Color(this.m_image);
var plane = {
   rb:0x80
}
farbObj.setTransform(plane);
var to = farbObj.getTransform();
```

```
Variable _level0.to = [Objekt #3] {
    ra:100,
    rb:128,
    ga:100,
    gb:0,
    ba:100,
    bb:0,
    aa:100,
    ab:0
}
```

Was wir im obigen Skript mit einem *Color*-Objekt und der *setTransform()* Methode realisiert haben, ist praktisch genau dasselbe, wie wenn Sie im Autorenmodus die unten gezeigten Werte eingestellt hätten. Das haben Sie sicherlich schon etliche Male praktiziert, oder?

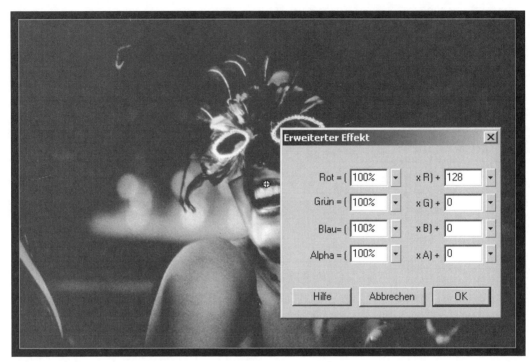

Abbildung 10.2 Die Eigenschaften des Transformationsobjekts entsprechen diesem Panel, welches Sie bei einer Instanz über Eigenschaften → Farbe → Erweiterte Einstellungen aufrufen können

Wie uns das Panel mit dem schlichten, ja fast schon spröden Titel „Erweiterter Effekt" oben mustergültig vorrechnet, so ergeben sich nach Adam Riese und einer Transformation mit dem *Color*-Objekt folgende neuen Farbwerte als Resultat:

```
Rot   = (Prozentwert * Rot_Original)    + Rot_Offset
Grün  = (Prozentwert * Grün_Original)   + Grün_Offset
Blau  = (Prozentwert * Blau_Original)   + Blau_Offset
Alpha = (Prozentwert * Alpha_Original)  + Alpha_Offset
```

Beachten Sie immer, dass Sie einerseits die bestehenden Farbwerte beeinflussen und andererseits Farbnuancen hinzufügen können. Was der Prozentwert im Gegensatz zum Offsetwert für die Transformation optisch bewirkt, erkennt man sehr gut am obigen Schwarz-Weiß-Foto mit folgendem Skript. Durch den negativen Prozentwert für Rot und Grün erhält das Foto einen Blaustich, während die dunklen Flächen gleichzeitig durch den Offset des roten Farbwerts knallig rot eingefärbt werden.

Listing 10.29 Blaustich des Fotos mit Einrötung der dunklen Flächen

```
var farbObj = new Color(this.m_image);
var plane = {
```

```
    ra:-100,
    rb:0xFF,
    ga:-100
}
farbObj.setTransform(plane);
```

Hier ergibt sich ein ungeahnter kreativer Spielraum für den gelegentlich auch künstlerisch ambitionierten Programmierer.

Listing 10.30 Negativ-Effektiv für ein Foto

```
var farbObj = new Color(this.m_image);
var plane = {
    ra:-100,
    rb:0xFF,
    ga:-100,
    gb:0xFF,
    ba:-100,
    bb:0xFF
}
farbObj.setTransform(plane);
```

Und falls es Sie interessiert, was denn die *setRGB()* Methode in Wirklichkeit bewirkt: Testen Sie folgendes Skript und werfen Sie einen Blick ins Ausgabefenster.

Listing 10.31 Herausfinden, welche Transformation die *setRGB()* Methode bewirkt

```
var farbObj = new Color(this.m_image);
farbObj.setRGB(0xFF0000);
var to = farbObj.getTransform();
```

10.6.2 Alles wieder zurück

Sie haben es sicher schon herausgefunden. Wenn Sie sich vor einer anstehenden Transformations-Orgie das bestehende Transformations-Objekt merken, können Sie jederzeit und ohne Spuren zu hinterlassen den Ausgangszustand wiederherstellen. Hände waschen. Fertig.

Listing 10.32 Ausgangszustand wiederherstellen

```
var farbObj = new Color(this.m_image);
var ausgangsZustand = farbObj.getTransform();
trace(typeof ausgangsZustand);      // object
farbObj.setRGB(0xFF0000);
// Zurücksetzen
farbObj.setTransform(ausgangsZustand);
```

10.7 Vorsicht Schieber

Sicherlich gibt es jetzt, wo Sie das Buch in der Hand halten, schon etliche Schieberegler aus der Tiefkühltruhe, sprich: als Komponenten mit allen erdenklichen Raffinessen und Zutaten. Vielleicht wollen Sie aber trotzdem noch wissen, wie solche Bedienelemente prinzipiell in Action-Script funktionieren. Dies ist vor allem eine sehr gute Gelegenheit

1. die letzten noch unbehandelten Parameter der *startDrag()* Methode zu beäugen;
2. ein Paradebeispiel für die *updateAfterEvent()* Funktion in die Arena zu lassen;
3. das eben behandelte *Color*-Objekt in Aktion zu sehen;
4. das Wissen über Event-Handler und Listener-Objekte aufzufrischen.

Kurzum – ein ideales Teil zum Basteln und Probieren. Und das Erstaunliche ist, dass es Sie gerade einmal drei Minuten kostet, um diesen „Schiebe-Effekt" zu realisieren.

10.7.1 Klasse Knopf mit Begrenzung

Gebraucht wird ein Strich (als eine Art Führungsschiene) und eine Handvoll Zeilen Skript. Diese werden natürlich zukunftssicher in eine Klasse gepackt.

Listing 10.33 Klasse Knopf für einen einfachen Schieberegler-Knopf (Skript im ersten Bild des Symbols!)

```
#initclip
//////////////////////////////////////////////////
// Klasse Knopf
function Knopf() {
   // Einen MC als Führungsschiene für den Knopf festlegen
   this.schiene = this._parent.m_schiene;
}
Knopf.prototype = new MovieClip();
Object.registerClass("clip_knopf", Knopf);
//////////////////////////////////////////////////
// Knopf::onPress Event Handler
Knopf.prototype.onPress = function() {
  var x = this.schiene._x;
  var y = this.schiene._y;
  var h = this.schiene._height;
  this.startDrag(false, x, y, x, y + h);
};
//////////////////////////////////////////////////
// Knopf::onRelease Event Handler
Knopf.prototype.onRelease = function() {
```

```
    this.stopDrag();
};
/////////////////////////////////////////////////
// Knopf::onReleaseOutside Event Handler
Knopf.prototype.onReleaseOutside = Knopf.prototype.onRelease;
#endinitclip
```

Listing 10.34 Instanz erzeugen

```
/////////////////////////////////////////////////
// Schieberegler auf die Bühne bringen
this.attachMovie("clip_slider", " schieber", 0, {_x:15, _y:30});
```

Das Entscheidende passiert im *onPress()* Event-Handler. Lassen Sie uns einen genaueren Blick darauf werfen. Als Argument zwei, drei, vier und fünf der *startDrag()* Methode wurde hier ein rechteckiger Bereich angegeben (links, oben, rechts, unten). Nur innerhalb dieses Bereiches kann sich dann später eine Instanz des Schieberegler-Knopfes bewegen, wobei sich um die Einhaltung dieser Grenzen einzig und allein der Player kümmert. Sie geben nur die Werte an.

```
var x = this.schiene._x;
var y = this.schiene._y;
var h = this.schiene._height;
this.startDrag(false, x, y, x, y + h);
```

Aber wie kommen diese Werte zustande? Nun, Schieberegler sollten sich im intakten Zustand nur vertikal bewegen, auch wenn ich das bei meinem Mischpult nicht immer behaupten kann. Dies erreicht man sehr einfach, indem man der linken und rechten Begrenzung in einem Moment der Genialität ein und denselben Wert zuweist. Hier haben wir die x-Position der Schiene herangezogen, um diesen Wert zu ermitteln, womit der Knopf beim Bewegen scheinbar an dieser Schiene kleben bleibt – die Illusion ist perfekt.

10.7.2 Aktiver Knopf

Mit diesem Skript und da natürlich mit den beiden Event-Handlern können Sie schon eine ganze Menge erreichen. Dies wäre der Ort, um etwa einen Tool-Tipp beim Anklicken des Reglers anzeigen zu lassen oder den aktiven Knopf farbig zu markieren, um dem Benutzer eine bessere Orientierung zu geben. Mit Hilfe des *Color*-Objekts ist Letzteres ein Kinderspiel.

Listing 10.35 Erweiterung des Klassen-Konstruktors

```
function Knopf() {
  // Einen MC als Führungsschiene für den Knopf festlegen
  this.schiene = this._parent.m_schiene;
```

```
// Farb Feature für Knopf
this.farbe = new Color(this);
this.farbe._inaktiv = this.farbe.getTransform();
this.farbe._aktiv = {gb:0xFF, bb:0xFF};
}
```

Was hier passiert, ist eine Anwendung des letzten Abschnitts. Wir merken uns einerseits zum Zeitpunkt der Instanz-Erstellung die Farbmischung und definieren andererseits ein neues Transformations-Objekt, also eine neue Farbmischung, in welcher der Knopf beim Anklicken aufleuchten soll. Natürlich könnten Sie auch ein Symbol erstellen, welches diesen gedrückten Zustand visualisiert. Nur zu! Behalten Sie aber in diesem Fall immer die Prinzipien und das Ziel für die nächsten Jahre vor Augen – die Trennung von Code und Design. Sind die beiden Eigenschaften in Form der Transformations-Objekte einmal definiert, ist es ein Leichtes, diese Farben im fliegenden Wechsel auszutauschen. Das passiert zum einen im *onPress()* Event-Handler mit

```
this.farbe.setTransform(this.farbe._aktiv);
```

und zum anderen im *onRelease()* Event-Handler mit dieser Zeile.

```
this.farbe.setTransform(this.farbe._inaktiv);
```

Die Objekte *_aktiv* und *_inaktiv* als Eigenschaften des Farb-Objekts zu besetzen, ist sicherlich nicht unbedingt notwendig, bietet sich hier aber an. Gut, jetzt wird es ernst. Denn auch der leuchtende Knopf kann nicht darüber hinweg täuschen, dass der Schieberegler momentan nur gut aussieht, aber noch keine Werte liefert. Das wird sich gleich ändern.

10.7.3 Klasse Slider mit gefährlichen Ecken

Überlegen Sie einmal, welche Anforderungen Sie an einen universellen Schieberegler stellen würden. Ganz oben auf der Liste sollte da in jedem Fall ein variabler Wertebereich stehen, um nicht für jede Anwendung von vorne anfangen zu müssen. Mit einem minimalen und einem maximalen Wert als Parameter könnten Sie diesen Regler zum Beispiel verwenden, um einmal die Temperatur in der Badewanne im Bereich von 30° bis 40° einzustellen, und das andere Mal, um die Sauna zwischen 80° und 100° zu heizen. Im Folgenden sehen Sie dazu eine einfache Klasse *Slider*, welche genau diese Überlegungen realisiert. Achten Sie besonders auf die Methode *updateValue()*, welche eben in Abhängigkeit dieser Grenzwerte *min* und *max* den aktuellen Wert liefern soll und dies mit relativ einfachen Operationen bewerkstelligt.

Listing 10.36 Die Klasse Slider mit einer Methode zur Umrechnung von Position in einen Wert

```
#initclip
//////////////////////////////////////////////
// Klasse Slider
function Slider() {
   // Bestandteile des Sliders organisieren
   this.fader = this.m_knopf;
   this.schiene = this.m_schiene;
   this.display = this.t_anzeige;
}
Slider.prototype = new MovieClip();
Object.registerClass("clip_slider", Slider);
//////////////////////////////////////////////
// Slider::updateValue Methode
Slider.prototype.updateValue = function() {
   // Werte aus Position des Knopfs ermitteln
   var x_rel = this.fader._y - this.schiene._y;
   var x_prozent = 100 * (1 - (x_rel / this.schiene._height));
   // Den Wert als Eigenschaft des Objekts aktualisieren
   var w = (Math.floor(x_prozent) / 100) * (this.max - this.min);
   this.wert = this.min + w;
};
//////////////////////////////////////////////
// Slider::updateDisplay Methode
Slider.prototype.updateDisplay = function() {
   this.display.text = this.wert;
};
//////////////////////////////////////////////
// Slider::onMouseMove Methode (ungünstig !)
Slider.prototype.onMouseMove = function() {
   this.updateValue();
   this.updateDisplay();
   updateAfterEvent();
};
#endinitclip
```

Listing 10.37 Instanz erzeugen

```
this.attachMovie("clip_slider", "schieber", 0, {
            _x:15, _y:30, min:0, max:100
            });
```

Das Skript funktioniert so weit tadellos. Der aktuelle Wert wird beim Schieben des Reglers im Textfeld angezeigt. Durch die *updateAfterEvent()* Aktion im *onMouseMove()* Event-Handler gleitet der Regler wie geschmiert über den Bildschirm. Alles in Ordnung. Die Sache hat nur einen gewaltigen Haken, an dem sich Ihre ganze Anwendung aufhängen kann, und was hier nur beispielhaft für viele ähnliche Situationen in ActionScript stehen soll. Ich hatte es öfters angemerkt: Durch das eher halbherzig umgesetzte Event-Modell von Flash MX wird jede Instanz des Schiebereglers bei jeder beliebigen Mausbewegung von diesem MouseMove- Ereignis informiert, egal ob der Benutzer diesen Regler bedient oder nicht. Sie haben keine Möglichkeit sich dieser Informationsflut zu entziehen. Als Konsequenz werden im obigen Skript also bei einem halbwegs aktiven Benutzer fast permanent sowohl der Wert wie auch die Anzeige und die Bühne aktualisiert. Ein hungriger Ressourcen-Schlucker mit großem Appetit und bei umfangreicheren Berechnungen, mehreren Schiebereglern und gleichzeitig abspielenden Sounds etc. der sichere Untergang Ihrer Anwendung. Was kann man also tun? Das klare Ziel muss hier sein, den *onMouseMove()* Event-Handler wirklich nur dann zu aktivieren, wenn der Regler dieser Instanz bedient wird. Das schreit förmlich nach einem Maus-Listener, welcher beim Anklicken angemeldet und beim Loslassen wieder abgemeldet wird. Richtig! Dumm nur, dass die *updateAfterEvent()* Aktion nicht innerhalb einer Listener-Methode funktioniert. Es ist zum Mäusemelken, lieber Leser, aber noch nicht zum Verzweifeln. Wir benennen einfach kurzerhand den *onMouseMove()* Event-Handler der Klasse *Slider* um in *onFaderMove()* und ergänzen die beiden Event-Handler der Klasse *Knopf* um jeweils eine Zeile.

Listing 10.38 Ergänzung des *onPress()* Event Handlers der Klasse Knopf

```
// gedrückt -> onMouseMove() Handler aktivieren
this._parent.onMouseMove = this._parent.onFaderMove;
// vielleicht in Zukunft: Mouse.addListener(this._parent);
```

Listing 10.39 Ergänzung des *onRelease()* Event Handlers der Klasse Knopf

```
// losgelassen -> Handler deaktivieren, um Ressourcen zu sparen -> wichtig
!
delete this._parent.onMouseMove;
// vielleicht in Zukunft: Mouse.removeListener(this._parent);
```

In den beiden Ergänzungen finden Sie zusätzlich jeweils einen Kommentar für den Stil der Zukunft. Bis dahin bleibt nur der Weg über das manuelle Zuweisen einer Referenz zum gewünschten Handler im Moment des Mausklicks und analog dazu das Löschen der Referenz beim Loslassen des Reglers. Erkennen Sie den Vorteil dieses Verfahrens? Eine Referenz zu einem nicht mehr benötigten Event-Handler zu löschen ist zwar im Hinblick auf das neue Ereignis-Modell wirklich nicht mehr sehr elegant, aber eben immer noch der effektivste Weg in solchen Situationen. Um es noch mal zu wiederholen: Jede Filmsequenz-Instanz auf der Bühne ist automatisch Empfänger der Mausereignisse *MouseDown*, *MouseUp* und *MouseMove* – Sie entscheiden, ob Sie die entsprechenden Ereignisprozeduren implementieren oder nicht.

10.7.4 Passive Krönung – Listener-Schnittstelle einschieben

Die Klasse *Knopf* reicht für unseren Zweck momentan vollkommen aus. Viel interessanter ist jetzt die Möglichkeit, solch einen Schieberegler als eigenständige Ereignisquelle mit einer Listener-Schnittstelle aufzubauen. Erinnern Sie sich an das Kapitel über Ereignisse und da speziell an das Objekt *ASBroadcaster* und dessen Methoden.

Listing 10.40 Jede neue Instanz als Ereignisquelle initialisieren

```
function Slider() {
  // Bestandteile des Sliders organisieren
  this.fader = this.m_knopf;
  this.schiene = this.m_schiene;
  this.display = this.t_anzeige;
  // Diesen Slider bei der Event-Engine anmelden
  ASBroadcaster.initialize(this);
}
```

Listing 10.41 Alle registrierten Listener erhalten eine Nachricht, wenn der Regler geschoben wird

```
Slider.prototype.onFaderMove = function() {
  // Achtung: this.target verweist hier auf die Instanz selbst!
  this.updateValue();
  this.updateDisplay();
  // Bühne nach Mausbewegung aktualisieren
  updateAfterEvent();
  // alle Listener vom 'Fader Move'-Ereignis benachrichtigen
  this.broadcastMessage("onFaderMove", this);
};
```

Ganze zwei Zeilen Skript waren nötig, um sämtliche Instanzen dieser Klasse *Slider* als echte Ereignisquellen zu befähigen. Das erste Argument („onFaderMove") ist der Handler, welcher bei den Listener-Objekten im Ereignisfall aufgerufen wird. Das zweite Argument eine Referenz auf die Slider-Instanz selbst, um diese bei mehreren Instanzen eindeutig identifizieren zu können. Schauen Sie, das ist ähnlich, wie Sie das von den Textfeldern her kennen, denn auch dort bilden mehrere Textfelder gleichzeitig mehrere Ereignisquellen, wobei auch dort ein Textfeld sich identifiziert, indem es eine Referenz auf sich selbst an den Event-Handler schickt. Wir halten uns hier also sogar an die Vorgaben. Kleiner Wermutstropfen: Unsere Quelle kennt bisher nur ein einziges Ereignis, nämlich, wenn jemand am Reglerknopf spielt. Dann wird bei allen registrierten Listener-Objekten der *onFaderMove()* Event-Handler aufgerufen. Vielleicht nicht sehr ereignisreich unsere Quelle, aber immerhin: Damit lässt sich schon mal der Alphawert für ein Foto in atemberaubender Echtzeit einstellen. Und wer sagt denn, dass sich diese Klasse nicht noch weiter ausbauen lässt.

Listing 10.42 Erweiterung der Klasse *Slider* um eine Methode, welche einfach den Wert zurückgibt

```
Slider.prototype.getValue = function() {
  return this.wert;
};
```

Listing 10.43 Das Objekt *farbmischer* wird bei dem Schieberegler als Listener registriert

```
// Eigenes Listener Object -> Farbmischer
var farbmischer = new Object();
farbmischer.objekt = this.m_image;
farbmischer.onFaderMove = function(slider) {
  var plastikPlane = new Color(this.objekt);
  var transformObj = plastikPlane.getTransform();
  transformObj.aa = slider.getValue();
  // Farbmischung aktualisieren
  plastikPlane.setTransform(transformObj);
};
/////////////////////////////////////////////////
// Schieberegler auf die Bühne bringen
this.attachMovie("clip_slider", "schieber", 0, {
          _x:15, _y:30, min:0, max:100
          });
schieber.addListener(farbmischer);
```

Jetzt schauen Sie sich einmal dieses Skript oben an. Diese Zeilen, und keine einzige Zeile mehr, müssten Sie einem Kollegen oder Freund erklären, der diesen Schieberegler verwenden möchte. Eine einfache, fast selbst erklärende Schnittstelle. Die Fernbedienung für das komplizierte TV-Gerät mit den bunten Tasten drauf, die jedes Kind versteht. Dies ist ein Anspruch, der immer höchste Priorität bei der Entwicklung haben sollte und der Ihnen später bei den „richtigen" so genannten „Flash MX Komponenten" in Reinkultur wieder begegnen wird.

10.7.5 Stellung einnehmen

Feine Sache mit so einer Schnittstelle, aber es wäre überaus nützlich, wenn man die Position des Reglers nicht nur abfragen, sondern auch setzen könnte. So könnten Sie etwa eine Ausgangsposition vorgeben oder eine gespeicherte Einstellung einlesen und die Positionen der Regler aktualisieren. Und so wird es gemacht.

Listing 10.44 Erweiterung der Klasse Slider um eine Methode *updatePosition()*

```
Slider.prototype.updatePosition = function() {
  // Position des Kopfs aus Wert ermitteln
  var w = this.wert - this.min;
```

```
   var x_prozent = (w / (this.max - this.min)) * 100;
   var x_rel = (1 - (x_prozent / 100)) * this.schiene._height;
   this.fader._y = x_rel + this.schiene._y;
};
```

Dies ist praktisch nichts weiter als der Berechnungsweg der *updateValue()* Methode im eingelegten Rückwärtsgang. Denn es soll ja die Y-Position des Reglerknopfes von einem gegebenen
Wert aus berechnet werden. Das Setzen soll über eine weitere Methode erfolgen.

Listing 10.45 Erweiterung der Klasse Slider um eine Methode zum Setzen des Wertes

```
Slider.prototype.setValue = function(wert) {
   this.wert = wert;
   this.updatePosition();
   this.updateDisplay();
   // Listener vom 'Fader Move' Ereignis benachrichtigen
   this.broadcastMessage("onFaderMove", this);
};
```

Beachten Sie, dass beim Aufrufen dieser Methode ebenfalls eine Nachricht übertragen wird, und
zwar dieselbe wie beim Ziehen des Schiebereglers. Vielleicht finden Sie sogar eine Lösung, um
dies noch effektiver zu gestalten. Das Setzen des Wertes ist jedenfalls damit ganz einfach.

Listing 10.46 Setzen eines Anfangswertes mit der *setValue()* Methode

```
this.attachMovie("clip_slider", "schieber", 0, {
            _x:15, _y:30, min:0, max:100
            });
schieber.addListener(farbmischer);
schieber.setValue(10);
```

Aufbauend auf diesem Konzept und den zugehörigen Skripten, finden Sie auf der Webseite zum
Buch eine weitergehende Anwendung, deren Skript-Umfang hier allerdings den Platz sprengen
würde. Diese Anwendung verwendet gleich mehrere Schieberegler mit unterschiedliche Werte-
bereichen als Farbmischer.

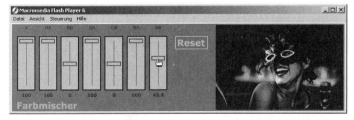

Abbildung 10.3 Der fertige Farbmischer, den Sie auf der Webseite zum Buch finden

Ich würde mich freuen, wenn Sie sich diese Anwendung einmal in Ruhe anschauen, denn hier zeigt sich deutlich der Vorteil des bisherigen Vorgehens. Aber denken Sie trotzdem daran – es gibt keine ultimative Lösungen. Obwohl ...

10.8 Malbretter

10.8.1 Linien zeichnen

Mit den neuen Zeichenmethoden in ActionScript MX setzt im kreativen Bereich nur die eigene Phantasie den Möglichkeiten eine Grenze. Viele Methoden zum Zeichnen sind im Laufe des Buches ja schon an verschiedenen Stellen aufgetaucht. Da die Methoden selbsterklärend sind, beschränke ich mich hier auf kleinere Beispiele.

Listing 10.47 Die kleinste Malbrett-Anwendung der Welt

```
// Linienstyle definieren
this.lineStyle(5, 0x00FF00, 100);
// Event Handler implementieren
this.onMouseDown = function() {
  Mouse.isDown = true;
  this.moveTo(this._xmouse, this._ymouse);
};
this.onMouseMove = function() {
  if (Mouse.isDown) {
    this.lineTo(this._xmouse, this._ymouse);
  }
};
this.onMouseUp = function() {
  Mouse.isDown = false;
};
```

Im oberen Beispiel wird direkt auf das Wurzelblatt gezeichnet. Es empfiehlt sich jedoch in den meistens Fällen, immer eine Instanz zu erzeugen, auf welcher die Zeichenmethoden angewendet werden. Dies hat den Vorteil, dass Sie zum Beispiel die komplette Zeichnung wie ein Blatt Papier verschieben oder einen ganzen Satz Schaltflächen dynamisch erstellen können, ohne ein einziges Symbol in der Bibliothek anzulegen. Wenn es denn Sinn ergibt. Als Ergänzung zum obigen Skript könnten Sie übrigens zusätzlich einen Tafelschwamm einbauen, der auf Tastendruck alles wieder löscht.

Listing 10.48 Einfache „Löschtasten-Funktion"

```
this.onKeyDown = function() {
  this.clear(); // löscht auch den Linienstil !
```

```
   this.lineStyle(5, 0x00FF00, 100);
}
Key.addListener(this);
```

Wichtig ist hier zu wissen, dass die *clear()* Methode nicht nur das bisher Gezeichnete löscht, sondern auch den aktuell definierten Zeichen-Stil, weshalb dieser im *onKeyDown()* Event-Handler nochmals definiert wurde. Es empfiehlt sich da natürlich sowohl am Anfang des Skriptes als auch im Handler eine eigene Funktion aufzurufen, welche den gewünschten Stil mit einheitlichen Werten initialisiert.

10.8.2 Überlappende Füllungen

Was man unbedingt wissen sollte – und da wird es etwas kniffliger im Atelier: Wie schneidet man eine Kontur innerhalb einer gefüllten Form dynamisch aus.

Listing 10.49 Ein kleiner Diamant-Ausschnitt innerhalb einer großen gefüllten Diamantform

```
function zeichneDiamant(mc, offset, h) {
   var x = 2 / 3 * offset;
   var y = 2 / 3 * offset;
   mc.moveTo(x + h / 3, y);
   mc.lineTo(x + 2 * h / 3, y + 2 * h / 3);
   mc.lineTo(x + h / 3, y + h);
   mc.lineTo(x + 0, y + 2 * h / 3);
   mc.lineTo(x + h / 3, y);
}
////////////////////////////////////////////////
// Diamanten definieren
var diamant_klein = {offset:50, hoehe:300};
var diamant_gross = {offset:0, hoehe:400};
////////////////////////////////////////////////
// Diamant
var c = this.createEmptyMovieClip("container", 1);
c.lineStyle(0, 0xFF0000, 100);
c.beginFill(0xFFFF00, 100);
zeichneDiamant(c, diamant_klein.offset, diamant_klein.hoehe);
zeichneDiamant(c, diamant_gross.offset, diamant_gross.hoehe);
c.endFill();
```

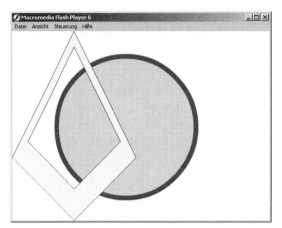

Abbildung 10.4 Form ausschneiden (der Kreis ist nur ein beliebiger Hintergrund)

Der Trick hier besteht darin, dass Sie die Füllung mit der *endFill()* Methode erst beenden, wenn sowohl die Form als auch der Ausschnitt gezeichnet sind. Nachträglich funktioniert dies also nicht. Die Füllung von überlappenden Formen wird hier praktisch während des Zeichenprozesses invertiert, was man sehr schön erkennt, wenn Sie eine Form über den Rand der anderen hinauszeichnen, wie das folgende Beispiel zeigt. Diese verwendet übrigens dazu dieselbe Funktion zum Zeichnen der Diamantform wie das vorherige Skript. Und zusätzlich, damit es nicht langweilig wird, noch den Versuch, einen *Drop Shadow* zu simulieren.

Listing 10.50 Die Ränder der Formen überschneiden sich, d. h. die Füllung wird invertiert

```
///////////////////////////////////////////////
// Diamanten definieren
var diamant_klein = {offset:150, hoehe:300};
var diamant_gross = {offset:0, hoehe:400};
///////////////////////////////////////////////
// Diamant
var c = this.createEmptyMovieClip("container", 1);
c.lineStyle(0, 0xFF0000, 100);
c.beginFill(0xFFFF00, 100);
zeichneDiamant(c, diamant_klein.offset, diamant_klein.hoehe);
zeichneDiamant(c, diamant_gross.offset, diamant_gross.hoehe);
c.endFill();
///////////////////////////////////////////////
// Drop Shadow
var s = this.createEmptyMovieClip("shadow", 0);
s.lineStyle(0, 0x000000, 50);
s.beginFill(0x000000, 50);
zeichneDiamant(s, diamant_klein.offset, diamant_klein.hoehe);
```

```
zeichneDiamant(s, diamant_gross.offset, diamant_gross.hoehe);
s.endFill();
// verschieben
s._x += 5;
s._y += 5;
```

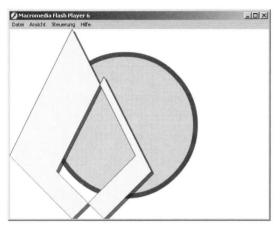

Abbildung 10.5 Die Ränder überschneiden sich, nur der überlappende Teil erhält keine Füllung

10.8.3 Gefährliche Kurven

Für Verwirrung sorgt immer wieder die *curveTo()* Methode. Nicht zuletzt deswegen, weil das in der offiziellen ActionScript-Referenz vorhandene Beispiel zum Zeichnen eines Kreises in Wirklichkeit alles Mögliche zeichnet, nur eben keinen Kreis. Das Geheimnis liegt in den Ankerpunkten, und da verweise ich einfach auf ein sehr schönes interaktives Beispiel von Helen Triolo, welches Sie unter folgender Adresse erkunden können:

http://actionscript-toolbox.com/findanchor.php

Eine unkonventionelle Methode, um einen richtigen Kreis zu zeichnen, ist die folgende:

Listing 10.51 Einen gefüllten Kreis zeichnen, etwas unkonventionell und ohne *curveTo()* Methode

```
var radius = 500, x = 200, y = 200;
var k = this.createEmptyMovieClip("kreis", 1);
// Strichdicke entspricht Radius
k.lineStyle(radius, 0x0000FF, 100);
k.moveTo(x, y);
// Stift muss mindestens 0.15 Pixel bewegt werden.
k.lineTo(x + 0.15, y);
```

Das Geheimnis hinter diesem Skript ist, dass die Stiftdicke des Linienstils auf den Wert des gewünschten Kreis-Radius gesetzt wird, wobei hier schamlos ausgenutzt wird, dass die Linien-Enden in Flash immer rund gerendert werden. Danach wird der Stift nur noch minimal bewegt, genauer gesagt um ganze 0.15 Pixel, wobei das Ganze mit 0.14 schon nicht mehr funktioniert. Sie müssen sich dieses Vorgehen in etwa so vorstellen, wie wenn Sie einen überdimensionalen Stift einmal kurz aufs Papier drücken.

10.9 Anecken – Squash

Nach der kreativen Phase ist es Zeit für ein bisschen Bewegung und die ersten beherzten Schritte auf dem weiten Feld kollidierender Filmsequenzen. Anhand eines möglichen Ansatzes für ein kleines Squash-Spiel sollen zwei noch unerforschte Methoden in Szene gesetzt werden, welche für dieses Gebiet besonders prädestiniert sind.

- *getBounds()*
- *hitTest()*

10.9.1 getBounds()

Lassen Sie uns zunächst die *getBounds()* Methode einmal etwas genauer anschauen. Sie liefert ein Objekt mit genau vier Eigenschaften zurück. Vier Eigenschaften, welche angeben, von wo bis wo sich eine Instanz im X-Y-Koordinatensystem der als Argument angegebenen Zeitleiste erstreckt. Im folgenden Skript wäre dies die Lage einer Instanz mit dem Bezeichner *m_flummi* auf der Hauptzeitleiste.

Listing 10.52 Einfaches Skript, um die *getBounds()* Methode zu veranschaulichen

```
var ecken = m_flummi.getBounds(this);
trace(m_flummi._x);           // 100
trace(m_flummi._y);           // 200
trace(m_flummi._width);       // 20
trace(m_flummi._height);      // 20
```

```
Variable _level0.ecken = [Objekt #1] {
    xMin:90,
    xMax:110,
    yMin:190,
    yMax:210
}
```

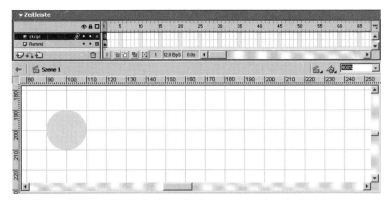

Abbildung 10.6 Die Werte im Koordinatenraum der Hauptzeitleiste

Genauso gut hätten Sie aber auch die Zeitleiste der Instanz selber als Koordinatensystem angeben können. Daran ließe sich etwa im Skript erkennen, ob der Registrierungspunkt dieser Instanz in der Mitte liegt, was nicht ganz uninteressant für bestimmte Berechnungen und Abfragen ist.

```
var ecken = m_flummi.getBounds(m_flummi);
```

```
Variable _level0.ecken = [Objekt #1] {
    xMin:-10,
    xMax:10,
    yMin:-10,
    yMax:10
}
```

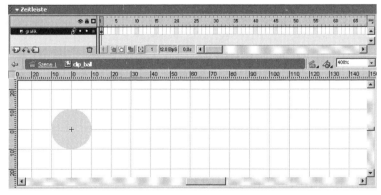

Abbildung 10.7 Die Werte im Koordinatenraum der Instanz selbst

An diesen Werten erkennen Sie, dass der Registrierungspunkt genau in der Mitte des „Flummis" bei (0,0) liegt. Dieser Registrierungspunkt lässt sich übrigens nicht mit ActionScript ändern.

Günstig ist es immer auch, sich bei Unklarheiten einmal solch ein Koordinatensystem mit Instanzen und Pfeilen auf Millimeterpapier aufzuzeichnen. Dies mag ein überflüssiger Hinweis sein, wird aber oftmals unterschätzt, und hilft meistens mehr als tausend Erklärungen. Sie können dabei gerne auf die bewährte Technik für die Wohnungseinrichtung zurückgreifen. Nur schieben Sie hier dann keine Sessel und Schränke durch die Gegend, sondern verdeutlichen sich Positionen der Instanzen im Zielkoordinatensystem, vor allem auch Positionen untereinander.

10.9.2 hitTest()

Die Methode *hitTest()* kann auf zwei verschiedene Arten verwendet werden, welche in der Referenz ausführlich beschrieben sind. Mit einem kleinen Testfilm, (den Sie natürlich auch auf der Buch-Webseite finden) lässt sich dies aber viel besser veranschaulichen.

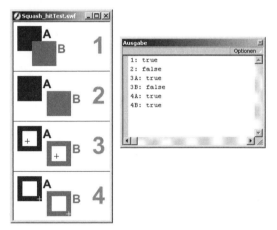

Abbildung 10.8   Ausgabe des Testfilms, um die *hitTest()* Methode zu veranschaulichen

Das entsprechende Skript, welches diese Ausgabe erzeugt, sieht wie folgt aus:

Listing 10.53 Skript zum Veranschaulichen der *hitTest()* Methode

```
trace("1: " + m_A1.hitTest(m_B1));
trace("2: " + m_A2.hitTest(m_B2));
x = m_kreuz_A3._x;
y = m_kreuz_A3._y;
trace("3A: " + m_A3.hitTest(x, y, false));
x = m_kreuz_B3._x;
y = m_kreuz_B3._y;
trace("3B: " + m_B3.hitTest(x, y, true));
x = m_kreuz_A4._x;
y = m_kreuz_A4._y;
```

```
trace("4A: " + m_A4.hitTest(x, y, false));
x = m_kreuz_B4._x;
y = m_kreuz_B4._y;
trace("4B: " + m_B4.hitTest(x, y, true));
```

Beachten Sie in dem Beispiel, dass das Kreuz nur dazu dient, die Koordinaten (x, y), die für eine Kollision getestet werden sollen, zu visualisieren.

10.9.3 Das etwas andere Menü mit hitTest()

Die Variante, bei welcher getestet wird, ob sich ein bestimmter Punkt im Koordinatensystem innerhalb der Begrenzungsbox einer Instanz befindet, wird gelegentlich gerne benutzt, um „das etwas andere Menü" zu entwickeln. Man könnte nämlich auch einfach die Mauskoordinaten angeben und erhält so von der *hitTest()* Methode die Antwort geliefert, ob auf die Instanz geklickt wurde oder nicht.

Listing 10.54 Klasse *Item* mit einem *onMouseDown()* Event Handler (Skript im ersten Bild des Symbols!)

```
#initclip
////////////////////////////////////////////////
// Klasse Item
function Item() {
   // Die Beschriftung aus dem Instanznamen ermitteln
   var speed_str = this._name.substring(this._name.length - 3);
   this.speed = parseInt(speed_str, 10);
   this.textfeld.text = this.speed;
}
Item.prototype = new MovieClip();
Object.registerClass("clip_item", Item);
////////////////////////////////////////////////
// Item.onMouseDown
Item.prototype.onMouseDown = function() {
   if (this.hitTest(this._parent._xmouse, this._parent._ymouse)) {
      // wahr, wenn sich die Maus innerhalb dieser Instanz befindet
      this._parent.anzeige.text = this.speed;
   }
};
#endinitclip
```

Wichtig ist hier vor allem, dass Sie auch die richtige Zeitleiste für die Mauskoordinaten wählen. Dies ist von der Instanz aus gesehen immer die *_parent* Zeitleiste. Ist die Bedingung erfüllt, d. h. liegen die Mauskoordinaten beim Mausklick tatsächlich innerhalb dieser Instanz (s. Abbildung), wird der Inhalt des Textfelds mit dem Pfad *this._parent.anzeige* aktualisiert. Und so sieht das Ganze dann optisch aus.

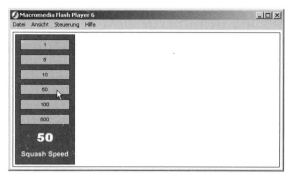

Abbildung 10.9 Menüauswahl mit der *hitTest()* Methode

Die sechs Instanzen für das Menü befinden sich im Beispielfilm schon auf der Bühne, können aber natürlich auch dynamisch mit der *attachMovie()* Methode erzeugt werden. Werden die Instanzen allerdings manuell erzeugt, müssen Sie daran denken, dass das Skript für die Klasse in das erste Bild des Symbols *clip_item* und mit *#initclip* / *#endinitclip* eingeschlossen werden muss. Wie der Wert für die Eigenschaft *speed* letztlich aus dem Instanznamen (z.B. „speed_050") gewonnen wird, ist erst mal nur nebensächlich, wird aber relativ häufig in der Praxis so angewendet. Ich wollte Ihnen damit einfach mal etwas anderes zeigen.

10.9.4 Kollisionserkennung mit getBounds() und hitTest()

Im folgenden Beispiel haben wir neben dem Menü noch einen abgeschlossenen Raum auf der Hauptzeitleiste positioniert, eine Art schalldichte Gummikammer. Eine darin umherfliegende Instanz soll von der Wand (virtuell) abprallen. Hier muss also getestet werden, ob eine äußere Begrenzung dieser Instanz mit der Wand kollidiert, um dann die Flugrichtung entsprechend zu ändern. Mit der folgenden Klasse wird dies in sehr einfacher Form realisiert.

Listing 10.55 Klasse Ball mit einer Methode zum Bewegen des Balls (Skript im ersten Bild des Symbols)

```
#initclip
//////////////////////////////////////////////////
// Klasse Ball
function Ball() {
   this.wand = this._parent.m_wand;
   this._xstep = this._ystep = this._step;
}
Ball.prototype = new MovieClip();
Object.registerClass("clip_ball", Ball);
```

```
///////////////////////////////////////////////////
// Ball::fliege
Ball.prototype.flieg = function() {
  var ecken = this.getBounds(this._parent);
  // Testen auf Wandkollision
  if (this.wand.hitTest(ecken.xMax, this._y, true)
      || this.wand.hitTest(ecken.xMin, this._y, true)) {
    this._xstep *= -1;
  }
  if (this.wand.hitTest(this._x, ecken.yMax, true)
      || this.wand.hitTest(this._x, ecken.yMin, true)) {
    this._ystep *= -1;
  }
  // Position setzen und Bühne aktualisieren
  this._x += this._xstep;
  this._y += this._ystep;
  // kommentieren Sie diese Zeile aus, um den Unterschied zu sehen
  updateAfterEvent();
};
#endinitclip
```

Die Kollisionsabfrage ist prinzipiell sehr schnell umgesetzt. Als Erstes werden in der Methode *flieg()* die Eck-Koordinaten der Instanz im Koordinatensystem der *_parent* Zeitleiste ermittelt. In dem Fall also im Koordinatensystem der Hauptzeitleiste.

```
var ecken = this.getBounds(this._parent);
```

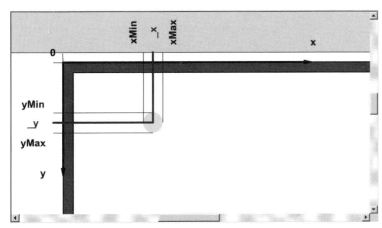

Abbildung 10.10 Diese Koordinaten werden in der Methode *flieg()* ermittelt (die vollständige Zeichnung finden Sie in der zum Beispiel zugehörigen Flash-Datei)

Wenn Sie sich jetzt die vorherige Zeichnung genau anschauen, erkennen Sie, dass es hauptsächlich vier Berührungspunkte am Ball gibt, die mit einer der vier Wände **als Erstes** kollidieren
„könnten". Dies sind die Stellen an der Wand mit den passenden Koordinaten-Paaren am Ball.

- Linke Wand → *xMin, _y*
- Rechte Wand → *xMax, _y*
- Obere Wand → *_x, yMin*
- Untere Wand → *_x, yMax*

Nun, genau aus diesen vier Paaren ergeben sich Kollisions-Bedingungen, welche dann erfüllt
sind, wenn einer dieser vier Punkte mit der Wand kollidiert.

```
if (this.wand.hitTest(ecken.xMax, this._y, true)
   || this.wand.hitTest(ecken.xMin, this._y, true)) {
  this._xstep *= -1;
}
if (this.wand.hitTest(this._x, ecken.yMax, true)
   || this.wand.hitTest(this._x, ecken.yMin, true)) {
  this._ystep *= -1;
}
```

Ist die Bedingung an der linken und rechten Wand erfüllt, wird die Bewegungsrichtung auf der
x-Achse geändert. Ist die Bedingung an der oberen und der unteren Wand erfüllt, wird analog
dazu die Bewegungsrichtung auf der y-Achse geändert. Das war's schon, mehr ist momentan
nicht nötig. Jetzt brauchen wir nur noch einen Ball ins Feld einzuwerfen und können genüsslich
dem Treiben auf dem Bildschirm zuschauen, was im folgenden Skript passiert.

Listing 10.56 Eine Instanz des Balls auf die Bühne bringen

```
function init() {
  this.attachMovie("clip_ball", "m_flummi", 1, {
                _x:200, _y:100, _step:5
                });
  // Anfangsgeschwindigkeit setzen
  setSpeed(10);
}
init();
```

Damit wird eine Instanz unserer Klasse auf die Bühne gebracht, wobei Sie natürlich gerne auch
mehrere Instanzen erzeugen können, mit jeweils unterschiedlichem Initialisierungs-Objekt. Mit
der Eigenschaft *_step* wird festgelegt, um wie viele Punkte sich die Instanz jeweils im Koordinatenraum in X und Y-Richtung bewegen soll. Wenn Sie einen zu großen Wert für diese
„Schrittweite" wählen, kann es passieren, dass der Ball scheinbar durch die Wand „durch-

schlägt", oder eher „drübersteigt". Die Schrittweite sollte deswegen hier immer kleiner als die Wanddicke gewählt werden. Beachten Sie weiterhin, dass je nach Abmessungen von Ball und Raum und dem Wert für die Schrittweite, der Ball möglicherweise in die Wand „eindringt" und dann erst zurückspringt. Dies sieht natürlich völlig daneben aus, denn der Ball soll optisch von der Oberfläche abspringen (siehe dazu auch die nächste Abbildung). Hier müsste man also die Parameter behutsam einstellen, oder einen anderen, wenn nötig einen feineren Mechanismus einsetzen. Zu diesen feineren Mechanismen zählt zum Beispiel eine vorrausschauende Ballsteuerung mit eingebauter Kollisionserkennung. Diese denkt in etwa so: *„Aha, der Ball ist mit einem Punkt nur noch um Haaresbreite von der Wand entfernt. Wenn ich jetzt die Schrittweite beibehalte, dringt der Ball in die Wand ein. Ich gehe deswegen nicht um fünf Schritt vorwärts, sondern nur noch um diesen einen Schritt. "* Anwendungen dieser Art können zusätzlich noch komplexer werden, wenn die Gummikammer auch noch Gummi sein soll und der Ball ein richtiger Ball. Sprich, wenn die Gesetze der Physik ins Spiel gebracht werden.

In dem Zusammenhang möchte ich Sie gleich noch mal daran erinnern, dass es hier keineswegs um eine fertige Lösung gehen soll, sondern lediglich um einen möglichen Ansatz und das Verstehen der *hitTest()* Methode. Generell könnten Sie auch ohne die *hitTest()* Methode auskommen, indem Sie etwa einfach die x- und y-Koordinaten des Balls mit den Abmessungen des Raumes vergleichen. Hier entscheidet dann manchmal, etwa bei kritischen Spielen, auch die Performance einer bestimmten Methode, d. h. wie viel Rechenleistung diese beansprucht. Darüber nachzudenken lohnt aber erst, wenn das Handwerkszeug sortiert ist und das Skript im Design-Wettbewerb gewinnt.

Den Ball ins Rollen bringen

Interessant ist jetzt vor allem, wie der Ball ins Rollen gebracht wird und – vor allem – wie er am Laufen gehalten wird. Und da ergeben sich in ActionScript MX mit der *setInterval()* Aktion völlig neue Wege.

Listing 10.57 Funktion *setSpeed()* bringt den Ball ins Rollen, indem ein Intervall definiert wird

```
function setSpeed(wert) {
   this.anzeige.text = wert;
   clearInterval(this.id);
   this.id = setInterval(this.m_flummi, "flieg", wert, null);
}
```

Diese Funktion wird aufgerufen, um mit *setSpeed(10)* erst mal die Startgeschwindigkeit zu setzen. Später wird diese Funktion vom Menü aufgerufen, um die Geschwindigkeit zu ändern. Doch was bewirkt diese Funktion tatsächlich? Nun, es wird einfach ein Intervall gesetzt, welches die Methode *flieg()* der Instanz permanent aufruft. Mit dem Argument *wert* lässt sich hier eine Geschwindigkeitsregelung betreiben, welche **fast** unabhängig von der Bildrate ist. Erinnern Sie sich dazu bitte noch einmal an den entsprechenden Abschnitt im Kapitel über Ereignisse. Wir brauchen also nicht unbedingt einen *onEnterFrame()* Event-Handler, der den Ball am Laufen hält! Als Bonus können wir über den Intervallabstand zudem noch variabel die Ball-Geschwindigkeit setzen. Dazu wird zunächst das alte Intervall gelöscht, und danach sofort das neue Intervall gesetzt. Beachten Sie dazu auch folgende Änderungen in der Klasse *Item*.

Listing 10.58 Modifikation des *onMouseDown()* Handlers der Klasse Item – ruft jetzt *setSpeed()* auf

```
Item.prototype.onMouseDown = function() {
    if (this.hitTest(this._parent._xmouse, this._parent._ymouse)) {
        // wahr, wenn sich die Maus innerhalb dieser Instanz befindet
        this._parent.setSpeed(this.speed);
    }
};
```

Der Grund, warum ich hier das Menü und die Ballsteuerung zusammen in einer Anwendung verbrate: Sie können die Bewegung des Balls sehr schön auch einmal in Zeitlupe beobachten. Besonders an der Wand werden Sie dann mitunter ein Eintauchen des Balls in die Wand beobachten können, wie ich es bereits vorhin erwähnt hatte.

Abbildung 10.11 Eintauchen des Balles an der rechten Wand in Zeitlupe beobachten

Was könnte man außer einer vorausschauenden Ballsteuerung noch tun, um dieses „Eintauchen" zu verhindern? Am effektivsten ist es natürlich, den Raum und die Schrittweite des Balls so anzupassen, dass dieser immer an der Oberfläche auftrifft, der Ball bewegt sich praktisch auf einem genau passenden Raster. Je weniger Abfragen und Berechnungen Sie haben, desto besser. Ärgerlich nur, dass es selbst bei scheinbar exakt ausgemessenen Räumen nicht immer mit der *hitTest()* Methode passt. Denn hier wird das exakte Auftreffen für den Interpreter in der Tat eine Grenzflächen-Entscheidung, wo man ein bisschen Nachhelfen muss. Kleine „Tunings", wie etwa den Durchmesser einfach um einen Strich vergrößern, bewirken da Wunder. Selbst die Wand ließe sich zur Not um ein µ verschieben. Wer es ganz genau wissen will, kann sich zu dem Thema auch eine Demo von der Buch-Webseite herunterladen, mit dem passenden Skript.

Abbildung 10.12 Grenzflächen-Messung beim Aufprall für Skalierung 100%

Dieses Beispiel misst beim Aufprall, d. h. wenn die *hitTest()* Methode den Wert *true* liefert, die durch *getBounds()* gelieferten tatsächlichen Werte für die Wand und den Ball einer Schrittweite von 0.1. Dabei zeigt sich ganz klar, dass hier interne Rundungskräfte am Werk sind, womit der Aufprall an der linken Wand scheinbar „zu früh" gemeldet wird und an der rechten Wand scheinbar „zu spät". Diese Werte sind zudem abhängig von der Skalierung des Films.

10.9.5 Bildeintritt vs. Intervall-Auftritt

Der Vollständigkeit halber soll noch die Variante der Ballsteuerung mit einem *onEnterFrame()* Handler erwähnt werden.

```
this.onEnterFrame = function() {
  _root.m_flummi.flieg();
}
```

Eindeutiger Nachteil ist hier natürlich das Fehlen der Möglichkeit, die Geschwindigkeit bequem über den Intervallabstand zu steuern. Sie müssten sich hier also etwas anderes einfallen lassen. Beispielsweise erzeugt eine größere Schrittweite auch den Eindruck einer höheren Geschwindigkeit. Es kommt wie immer auf die Anwendung an. Bedenken Sie ansonsten immer bei der Arbeit mit Intervallen, dass sehr kurze Intervalle, bei denen auch die Bühne über *updateAfterEvent()* aktualisiert wird, natürlich hart an den Systemressourcen nagen, und von diesen Ressourcen abhängig sind. Schwache Systeme bleiben schwach. Auch wenn Sie Intervalle im Nanosekundenbereich einstellen.

10.9.6 Game over

Zum Schluss bleibt mir noch der Hinweis, dass der geneigte Leser auf der Buch-Webseite eine Weiterentwicklung dieser Anwendung findet, welche mindestens noch einen Schläger enthält und diverse Geräusche von sich gibt.

10.10 Nachladen

Das Laden von externen Filmsequenzen gehört sicherlich zum Grundwissen für die Arbeit mit Flash überhaupt. Dennoch sollen hier einige Probleme diskutiert und spezielle Ansätze zu dem Thema aufgezeigt werden. Folgende Aktionen/Methoden stehen Ihnen in ActionScript generell zur Verfügung.

- *getBytesLoaded()*
- *getBytesTotal()*
- *loadMovie()*
- *loadMovieNum()*
- *unloadMovie()*
- *unloadMovieNum()*

Als Erstes wäre bei dieser Liste anzumerken, dass man die Aktion *loadMovieNum()* nicht unbedingt benötigt. Man kann das *Level* auch als Argument einer *loadMovie()*-Aktion angeben.

```
loadMovie("ladung.swf", 5); // Film wird in Level 5 geladen
```

Beachten Sie allerdings hier die Verwendung als Aktion. Die folgende Schreibweise als Objektmethode führt beispielsweise nicht zum erhofften Resultat, da sie die Angabe des Zielpfades als Argument nicht akzeptiert.

```
this.loadMovie("ladung.swf", 5); // führt nicht zum Ziel
```

Auch können Sie das *Level* nicht als Variable übergeben, da der Interpreter hier offensichtlich eine Referenz zu einer Instanz vermutet, was ehrlich gesagt nicht ganz einzusehen ist.

```
var i = 5;
loadMovie("ladung.swf", i); // funktioniert nicht
```

Falls Sie also vorhaben sollten, mit Hilfe einer Schleife mehrere Filme in verschiedene Levels zu laden, müssen Sie die *loadMovieNum()* Aktion bemühen.

```
for (var j=1; j<=10; j++) {
  loadMovieNum("ladung.swf", j);
}
```

10.10.1 Ärger mit onData()/onLoad()

Die ActionScript Referenz verkündet Folgendes: *„MovieClip.onData: Ereignisprozedur; wird aufgerufen, wenn ein Movieclip Daten von einem loadVariables- oder loadMovie-Aufruf empfängt (ActionScript Referenz)"*. Dem ist bei einem *loadMovie()* Aufruf nicht so. Denn der *onData()* Handler, oder auch eine Referenz zu diesem Handler, wird als Eigenschaft der Instanz schlicht und einfach gelöscht, sobald die Ladeaktion startet. So wie alle anderen Variablen und Referenzen auch. Dies ist sogar völlig korrekt, was sich mit dem folgenden Skript nachvollziehen lässt.

Listing 10.59 Testskript, um das Löschen des Handlers zu verdeutlichen

```
// Instanz erstellen, in welche das Bild geladen wird
var b = this.createEmptyMovieClip("bildrahmen", 0);
// Dieser Handler wird gelöscht, wenn der Ladevorgang beginnt !
b.onData = function() {
   trace("geladen !"); // ist nicht
};
// Überwachung
this.onEnterFrame = function () {
   trace(typeof b.onData + ":" + b.getBytesLoaded() + "/" +
b.getBytesTotal());
}
// Ladevorgang starten
b.loadMovie("http://www.audiofarm.de/code/mx/ImageBox/images/big_image.jpg"
);
```

```
function:0/0
undefined:0/0
undefined:0/0
undefined:0/0
undefined:0/0
undefined:6773/1522405
undefined:13783/1522405
undefined:24999/1522405
undefined:33411/1522405
undefined:40421/1522405
...
```

Macromedia ist sich des Problems durchaus bewusst, allerdings kann so schnell mit keiner Besserung gerechnet werden. Bis dahin müssten Sie auf die alte *onClipEvent(data)* Prozedur ausweichen, oder je nach Anwendung die geladenen Bytes abfragen. Auch eine Deklaration des *onData()* Handlers im Prototype einer eigenen MovieClip-Klasse schafft keine Abhilfe, es sei denn, man benötigt den *onLoad()* Handler.

Listing 10.60 Versuch, die Event-Handler im Prototype der MovieClip-Klasse zu deklarieren

```
#initclip
function Clip() {
   trace("Konstruktor " + this);
}
Clip.prototype = new MovieClip();
Object.registerClass("clip", Clip);
//////////////////////////////////////////////////
// Event Handler ins prototype Objekt
Clip.prototype.onLoad = function(arg) {
   trace(this + ".onLoad()");
};
Clip.prototype.onData = function(arg) {
   trace(this + ".onData()");
};
#endinitclip
```

10.10.2 Ladestapel mit getBytesLoaded()/getBytesTotal()

Dieses *onData()* Eigentor der Mannschaft aus San Francisco macht es schwierig, eine wirklich elegante Lösung für eine eigene Ladekette zu entwickeln. Eine Kette, mit welcher ein Film nach dem anderen geladen wird, und nicht alle Filme gleichzeitig. Einige Browser beschränken die Anzahl gleichzeitiger http-Aufrufe aber ohnehin von sich aus.

Listing 10.61 Ansatz, um eine Ladekette zu realisieren

```
this.folder = "filme/";
this.filme = [
        {name:"film_1.swf", ziel:m_1},
        {name:"film_2.swf", ziel:m_2},
        {name:"film_3.swf", ziel:m_3}
];
// Überprüfen, ob Film geladen ist
this.onEnterFrame = function () {
   if(this.film.ziel.getBytesLoaded() >= this.film.ziel.getBytesTotal()
      && this.film.ziel.getBytesLoaded() > 4) {
        this.lade(); // Film laden
        if (this.filme.length == 0) {
           delete this.onEnterFrame; // fertig
```

```
        }
      }
    }
  };
  // Funktion zum Laden
  this.lade = function() {
    // die Infos für den nächsten Film aus dem Array holen
    this.film = this.filme.pop();
    trace(film.name + " wird jetzt geladen ... ");
    this.film.ziel.loadMovie(this.folder + this.film.name);
    trace("... noch " + this.filme.length + " übrig");
  };
  // Ladeaktion für den ersten Film
  this.lade();
```

Listing 10.62 Skript in den Filmen 1 bis 3

```
this.nachricht = "Hallo, ich bin geladen.";
trace("Mich hat jemand in " + this + " geladen !");
```

Damit ergibt sich folgende Ausgabe:

```
film_3.swf wird jetzt geladen ...
... noch 2 übrig
Mich hat jemand in _level0.m_3 geladen !
film_2.swf wird jetzt geladen ...
... noch 1 übrig
Mich hat jemand in _level0.m_2 geladen !
film_1.swf wird jetzt geladen ...
... noch 0 übrig
Mich hat jemand in _level0.m_1 geladen !
```

Beachten Sie, dass die Array-Methode *pop()* immer das letzte Element aus dem Array-Objekt zurückgibt bzw. dieses entfernt. Insofern wird hier der dritte Film zuerst geladen. Wollen Sie den ersten Film zuerst laden, verwenden Sie einfach die *shift()* Methode.

```
this.film = this.filme.shift();
```

Dies aber nur nebenbei. Wichtig ist vor allem zunächst, dass Sie die beiden Methoden *getBytes-Loaded()* und *getBytesTotal()* in Aktion sehen. In einem *onEnterFrame()* Event-Handler wird permanent abgefragt, ob die geladenen Bytes des aktuellen Films mit der Gesamtzahl übereinstimmen. Wenn ja, ist der Film vollständig geladen, und der Ersatz, dass wir hier keinen *on-Data()* Event-Handler verwenden können.

```
if(this.film.ziel.getBytesLoaded() >= this.film.ziel.getBytesTotal()
   && this.film.ziel.getBytesLoaded() > 4) {
     this.lade(); // Film laden
     if (this.filme.length == 0) {
     delete this.onEnterFrame; // fertig
     }
}
```

Aber Vorsicht! Und was soll die Abfrage mit der 4? Nun, im Beispielfilm habe ich ein leeres Filmsymbol angelegt, und davon drei Instanzen auf der Bühne erstellt. Wenn Sie von dieser scheinbar leeren Instanz die geladenen Bytes ermitteln

```
trace(m_1.getBytesLoaded());
```

erhalten Sie den Wert 4! Wurden noch Grafiken oder Skripte etc. in das Symbol gepackt, ist der Wert entsprechend höher, der Film ist also nicht wirklich „leer". Wie auch immer, das Problem hat zwei Gesichter. Erstens findet im obigen Skript ein EnterFrame-Ereignis statt, bevor die Zielinstanz überhaupt erst einmal vollständig entladen ist. Damit liefert der Ausdruck

```
this.film.ziel.getBytesLoaded() >= this.film.ziel.getBytesTotal()
```

den Booleschen Wert *true*, denn mit den Werten im Ausdruck gilt

```
4 >= 4
```

was unbestritten wahr ist *(der >= Operator ist die Antwort auf Situationen, bei denen die Anzahl der geladenen Bytes größer als die Gesamtzahl gemeldet wurde)*. Und zweitens, wenn die Zielinstanz entladen wurde, ist derselbe Ausdruck wieder wahr, denn jetzt gilt

```
0 >= 0
```

Dieses Problem tritt am deutlichsten auf, wenn man mit einem richtigen Server und einer schwachen Leitung testet, denn lokal läuft der ganze Ladeprozess viel zu schnell ab. Wenn Sie den *onEnterFrame()* Handler etwa mit der folgenden Zeile ergänzen

```
trace(this.film.ziel.getBytesLoaded()
      + " / "
      + this.film.ziel.getBytesTotal());
```

können Sie das Gesagte im Ausgabefenster sehr schön nachvollziehen.

```
film_1.swf wird jetzt geladen ...
... noch 2 übrig
4 / 4
0 / 0
0 / 0
0 / 0
787 / 1522405

...
```

In dem Moment, wenn Sie in der Ausgabe *0/0* angezeigt bekommen, ist die Instanz leer geputzt. Auch ein eventuell vorhandener *onData()* Event-Handler. Wäre hier noch zum Schluss zu erwähnen, dass eine mit der *createEmptyMovieClip()* Methode erstellte Instanz von Anfang an in der Ausgabe *0/0* liefern würde, wie das folgende Skript zeigt.

Listing 10.63 Ein neuer leerer MovieClip ist tatsächlich leer

```
this.createEmptyMovieClip("m_leer",0);
trace(m_leer.getBytesLoaded());          // 0
trace(m_leer.getBytesTotal());           // 0
```

10.10.3 Fortschrittsanzeige mit Tücken

Eine Fortschrittsanzeige lässt sich, wenn nötig, recht einfach realisieren, indem Sie eine passende Instanz skalieren, drehen, füllen oder was auch immer damit anrichten. Das kennen Sie sicherlich. Sie könnten aber an dieser Stelle auch etwas Neues probieren und das vorherige Skript mit der FProgressBar-Komponente aus dem „Flash UI Components Set 2" von Macromedia's Exchange verwenden. Sie brauchen nur die Komponente auf die Bühne zu ziehen, dieser Instanz einen Bezeichner geben und die *lade()* Funktion um eine Zeile erweitern.

Listing 10.64 Erweiterte Funktion zum Laden mit Fortschrittsanzeige

```
this.lade = function() {
  // die Infos für den nächsten Film aus dem Array holen
  // this.film = this.filme.pop();
  this.film = this.filme.shift();
  // this.m_bar ist die Instanz der FProgressBar Komponente
  this.m_bar.setLoadTarget(this.film.ziel);
  this.film.ziel.loadMovie(this.folder + this.film.name);
};
```

Und so in etwa sieht das Ganze dann aus. Beachten Sie dazu aber unbedingt den folgenden Hinweis.

233 / 1487 KB

Abbildung 10.13 *FProgressBar* Komponente in Aktion (Flash UI Components Set 2)

 In Flash MX werden beim Veröffentlichen standardmäßig alle exportierten SWF-Dateien kompri-
miert, wobei man in den Exporteinstellungen diese Kompression optional auch abschalten kann. Eine
feine Sache, nur muss man wissen, dass die *getBytesLoaded()* und die *getBytesTotal()* Methoden beide jeweils die Werte für die unkomprimierte Datei angeben. Wenn Sie einen Preloader mit Prozent-
anzeige verwenden, macht dies keinen Unterschied. Wenn Sie allerdings die absoluten Bytes angeben, verschrecken Sie Ihre Besucher mehr denn nötig.

10.10.4 Bilder laden

Was für das Laden von Filmen gilt, gilt allgemein auch für das Laden von JPEGs, welches mit
der neuen Version Flash MX nun endlich möglich ist. Beachten Sie, dass tatsächlich nur JPEGs
geladen werden können, also keine GIFs, PNGs etc. und auch keine „Progressive JPEGs". Beachten Sie weiterhin, dass nachdem das JPEG geladen ist, Sie zur Sicherheit noch ein Frame
Geduld haben müssen, bevor Sie die Dimensionen des Bildes ermitteln können. Auf der Webseite zum Buch finden Sie einen Link zu einer Komponente „ImageBox", welche all dies berücksichtigt. Sie können auch gerne das Skript für die Ladekette selbst modifizieren, indem Sie etwa
den *onEnterFrame()* Handler erweitern und damit experimentieren.

```
trace(this.film.name
    + " : " + this.film.ziel._width + " x " + this.film.ziel._height);
```

10.10.5 Nicht gefunden

Wird ein Film nicht gefunden oder wurde ein nicht unterstütztes Grafikformat geladen, dann gibt
die Methode *getBytesTotal()* den Wert -1 zurück. Ebenso die Eigenschaft *_totalframes*.

Listing 10.65 Liefert -1 wenn der Film nicht gefunden wurde oder kein gültiges Format besitzt

```
trace(this.film.ziel.getBytesTotal());
```

Falls Sie die *onClipEvent(data)* Prozedur verwenden, wird diese bei einem ungültigen URI nicht
aufgerufen.

11

Datenaustausch

11 Datenaustausch

11.1 Völlig losgelöst

Flash-Anwendungen können sehr effizient mit externen Daten arbeiten und dadurch bei laufendem Motor aktualisiert werden. Während das Abschicken eines Suchformulars das Neuladen einer HTML-Seite im Browser erzwingt, können Sie in Flash beispielsweise das gesamte Drehbuch zu Hamlet im XML-Format im Hintergrund laden, während Sie den Theaterfreund mit einem Video von der letzten Aufführung verwöhnen. Die wichtigsten Arten des Datenaustauschs lassen sich wie folgt zusammenfassen.

Tabelle 11.1 Client/Server Datenaustausch nach Wunsch (ohne XMLSocket / Communication Server MX)

Serverseite	Übertragungs-Format	ActionScript	Voraussetzungen
Einfache Variablen Name / Werte Paare	Text (URL-encodiert)	*LoadVars* Objekt	Üblicher Webserver (Laden auch lokal möglich)
XML-Dokument	Text	*XML* Objekt	Üblicher Webserver (Laden auch lokal möglich)
Einfache Werte und verschiedene Objekte	Binär (AMF – Action Message Format)	Einfache Werte und verschiedene Objekte, z.B. *Array, XML, RecordSet* Objekte	Server mit „Flash Remoting" (z.B. ColdFusion MX, JRun 4, Microsoft .NET)

11.2 Externe Dateien und Unicode

Mit der Unicode-Unterstützung von Flash MX müssen externe Textdateien, welche Variablen Name/Werte-Paare oder XML-Daten enthalten, jetzt auch wirklich im Unicode-Format vorliegen, sonst erleben Sie früher oder später Zeichensalat, da der Flash Player standardmäßig alle Textdateien als Unicode behandelt. Es gibt zwar auch eine Möglichkeit, mit der Zeile

```
System.useCodepage = true;
```

den Player zu überreden, die Codierung des Betriebssystems zu verwenden (wie beim Flash 5 Player), Unicode ist aber einfach der zukunftssichere Standard schlechthin. Mit den folgenden

ausgewählten Editoren können Sie unter Windows Dateien im Unicode-Format abspeichern und
editieren.

- Notepad (ab Windows 2000)
- Dreamweaver MX
- Altova XMLSpy

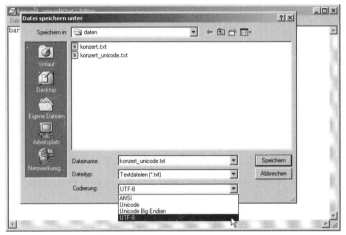

Abbildung 11.1 Mit dem Texteditor in Windows 2000 eine Datei UTF-8 encodiert speichern

Externe ActionScript-Dateien, welche mit Unicode-Kodierung gespeichert wurden und über
#include eingebunden werden sollen, müssen in der ersten Zeile unbedingt den Vermerk

```
//!–UTF8
```

enthalten, um von der Flash-Entwicklungsumgebung auch tatsächlich als Unicode erkannt zu
werden. Ausführliche Hintergund-Informationen zu Unicode sowie Links zu entsprechenden
Tools und Anwendungen finden Sie auf der offiziellen Webseite *http://www.unicode.org* sowie
bei Macromedia im Artikel mit der ID #9922.

11.3 LoadVars – Austausch über Variablen

Der einfachste Weg, Daten in eine Flash-Anwendung einzuschleusen, verläuft in ActionScript
über ein *LoadVars* Objekt, genauer gesagt über eine Instanz der Klasse *LoadVars*. Dieses Objekt
ersetzt zugleich die *loadVariables()* Aktion aus alten Tagen, welche Sie damit getrost vergessen
dürfen. Die Variablen Name/Werte-Paare müssen dabei im URL-Format vorliegen, ein Format
was Sie auf jeden Fall kennen, was Ihnen aber vielleicht nur noch nicht bewusst ist. Geben Sie

etwa bei Google den Suchbegriff „homesite +" ein, erscheint in der URL-Zeile des Browsers beispielsweise

http://www.google.de/search?sourceid=navclient&hl=de&q=homesite+%2B

Solche Suchabfragen, bei denen Variablen an den Server geschickt werden, werden immer URL-encodiert. Dabei steht hier konkret das &-Zeichen dafür, um die drei Variablen Name/ Werte-Paare in einer Kette zu verknüpfen, während das +-Zeichen ein encodiertes Leerzeichen ist. Das kryptisch anmutende *%2B* ist das encodierte +-Zeichen, um die Verwirrung perfekt zu machen.

Tabelle 11.2 Variablen Name/Werte-Paare der Google-Suchabfrage

Variable	Wert (url-encodiert)	Wert
sourceid	navclient	navclient
hl	de	de
q	Homesite+%2B	Homesite +

Mehr Informationen und nützliche Tabellen zum Thema URL-Encoding finden Sie in Macromedia's Technote ID #14143 sowie unter folgender Adresse.

http://www.blooberry.com/indexdot/html/topics/urlencoding.htm

Lassen Sie sich auch nicht durcheinanderbringen – die Unicode-Codierung und die URL-Codierung sind wirklich zwei völlig verschiedene Dinge. Unicode vergibt für jedes Zeichen eine eindeutige Identfikationsnummer, während die URL-Codierung ein **Format** mit diesen Zeichen beschreibt.

11.3.1 Daten laden

Als Datenquelle soll eine einfache Textdatei dienen, welche Information zu einem anstehenden Konzert meiner Lieblingsbands enthält. Wenn es denn recht ist.

Listing 11.1 Inhalt einer Textdatei in Variablen Name/Werte-Paaren

```
band=Múm&ort=Starclub+Dresden&datum=2002-06-15
```

Diese Datei habe ich einmal als *ANSI* und einmal als *UTF-8* mit dem eingebauten W2k Texteditor in einen Ordner *daten* gespeichert. So weit die Vorbereitung in der Küche. Jetzt wird in ActionScript gekocht. Sehr heiß aber auch wieder nicht, denn das Skript, um diese Konzert-Daten letztlich in einen laufenden Film zu laden, ist fast erschreckend einfach.

Listing 11.2 Zwei LoadVars-Objekte laden die Daten.

```
// ANSI Kodierung
var austauschObj = new LoadVars();
austauschObj.load("daten/konzert.txt");
// UTF-8 Kodierung
var austauschObjUnicode = new LoadVars();
austauschObjUnicode.load("daten/konzert_unicode.txt");
```

Eine neue Instanz der Klasse *LoadVars* erstellen, die *load()* Methode dieser Klasse aufrufen. Fertig. Schon sehen wir den Salat im Ausgabefenster.

```
Variable _level0.austauschObj = [Objekt #1, Klasse 'LoadVars'] {
    band:"M?t=Starclub Dresden",
    datum:"2002-06-15"
}
Variable _level0.austauschObjUnicode = [Objekt #2, Klasse 'LoadVars'] {
    band:"Múm",
    ort:"Starclub Dresden",
    datum:"2002-06-15"
}
```

Die ehemals durch das &-Zeichen verknüpften Variablen Name/Werte Paare, liegen hier und jetzt wie von Geisterhand als Eigenschaften/Werte-Paare des Objekts vor. Wohlgemerkt nach erfolgreichem Laden. Es sei denn, man vergisst, dass der Player von Hause aus nur Unicode zu speisen wünscht. Dann wird aus dem Eierkuchen ein „Wiener Schmarrn", so wie das im Objekt *austauschObj* zu sehen ist. Abhilfe, aber keine empfehlenswerte Lösung schafft, wie schon erwähnt, das Setzen der Eigenschaft

```
System.useCodepage = true;
```

vor dem Aufrufen der *load()* Methode. Dann werden aber natürlich auch ankommende Unicode-Daten nicht mehr als Unicode-Daten behandelt. Sie könnten Glück haben, aber das ist *Russisch Roulette*. Setzen Sie wenn möglich immer auf Unicode, und konvertieren Sie eventuell bestehende alte Daten mit dem Tool Ihrer Wahl.

```
Variable _level0.austauschObj = [Objekt #1, Klasse 'LoadVars'] {
    band:"Múm",
    ort:"Starclub Dresden",
    datum:"2002-06-15"
}
Variable _level0.austauschObjUnicode = [Objekt #2, Klasse 'LoadVars'] {
```

```
        band:"Múm",
        ort:"Starclub Dresden",
        datum:"2002-06-15"
    }
```

Wichtig ist an dieser Stelle auch zu erwähnen, dass manuelle Zeilenumbrüche in der Datei ebenfalls in den Wert mit einfließen. Ich hatte mir damals bei Version 4 angewöhnt, eine Textdatei so
zu schreiben, um einen besseren Überblick zu haben.

```
band=Múm
&ort=Starclub
&datum=2002-06-15
```

Unter Windows sieht das Ergebnis dann so aus (Unix verwendet \n und Mac: \r).

```
Variable _level0.austauschObj = [Objekt #1, Klasse 'LoadVars'] {
    band:"Múm\r\n",
    ort:"Starclub Dresden\r\n",
    datum:"2002-06-15"
}
```

11.3.2 Alles da – Daten anzeigen

Nun ist es ja nicht so der Hit, sich die Konzert-Termine täglich im Ausgabefenster anschauen zu
müssen. Die Termine sollen jetzt im Film angezeigt werden. Nur: Woher weiß man, wann die
Daten im Film überhaupt zur Verfügung stehen? Server können bekanntlich sehr geduldige
Zeitmaschinen sein. Nun, das dürfte Ihnen bekannt vorkommen: Sie implementieren einfach ei-
nen *onLoad()* Event-Handler und lassen sich wie schon so oft benachrichtigen. Und zwar vom
Ereignis „Die Daten sind gerade angekommen und können genutzt werden", womit Sie jetzt mit
Ihrem ganzen Wissen über Ereignisse wuchern können.

Listing 11.3 Daten in einem Textfeld anzeigen, wenn erfolgreich geladen

```
var austauschObj = new LoadVars();
// onLoad Event Handler definieren - wird aufgerufen, wenn
austauschObj.onLoad = function(stat) {
  // Argument stat hat den Wert true,
  // wenn erfolgreich geladen wurde, ansonsten false
  if (stat) {
    // Daten in einem Textfeld anzeigen
    _root.m_ticker.text = this.datum + newline;
```

```
    _root.m_ticker.text += this.band + newline;
    _root.m_ticker.text += "(" + this.ort + ")";
  } else {
    // Fehlermeldung anzeigen
    _root.m_ticker.text = "Das ist was schief gelaufen.";
  }
};
austauschObj.load("daten/konzert.txt");
```

Der erste Schritt zum einfachen, aktualisierbaren Ticker ist also gemacht. Sollte irgendetwas beim Laden der Datei schiefgehen, etwa, dass die Datei nicht gefunden wurde, dann wird an den *onLoad()* Handler das Argument *false* übergeben. Sehr nützlich, um seine Besucher auch über mögliche Pannen und Fehlschläge zu informieren, und eigentlich Pflicht dazu. Die Pfadangabe

```
_root.m_ticker.text
```

steht hier nur für Demonstrations-Zwecke, ist aber eigentlich nicht wirklich zu empfehlen. Nur: Da sich das Schlüsselwort *this* innerhalb des *onLoad()* Handlers auf das Objekt *austauschObj* bezieht, wie sollen Sie sonst den richtigen (relativen) Pfad zum Textfeld finden? Dies und mehr erfahren Sie im nächsten Abschnitt.

 Bevor es um etwas komplexere Ansätze gehen soll, möchte ich Sie erneut daran erinnern, dass es auch hier „nur" um Objekte, Klassen, Eigenschaften, Methoden und Ereignisse geht. Versuchen Sie also nicht, etwas vollkommen Neues zu lernen, sondern denken Sie zurück, wie das war mit den anderen Ereignissen, etwa mit den Maus- und Tastatur-Ereignissen. Versuchen Sie immer Parallelen zu anderen Objekten in ActionScript zu ziehen, und Sie werden staunen, was sich da auftut. Auch wenn im ActionScript-Panel scheinbar alles weit auseinander gestreut ist – es kommt alles vom selben Haufen.

11.3.3 Ein Klasse-Ticker

Das Arbeiten mit dem *LoadVars*-Objekt für sich alleine, oder später auch mit dem *XML*-Objekt funktioniert in den meisten Fällen auf Anhieb immer ganz gut. Viel interessanter ist es aber, diese liebgewonnene Tür zum Server in eine bestehende Anwendung oder Klasse zu integrieren, wobei es oftmals an den kleinen Dingen scheitert. Das folgende Skript zeigt Ihnen einen Ansatz für eine Konzert-Ticker-Klasse, welcher die neuen Möglichkeiten von ActionScript MX verwendet. Wie schon so oft wird die ActionScript-Klasse dabei mit einem Symbol assoziiert.

Listing 11.4 Klasse-Ticker (Skript im ersten Bild des Symbols)

```
#initclip
function Ticker() {
  // Klassen Konstruktor
  this.austauschObj = new LoadVars();
```

```
    // Den Pfad zum MovieClip als Eigenschaft 'merken'
    this.austauschObj.pfad = this;
    // onLoad EventHandler ist Referenz auf onVarLoad Methode
    this.austauschObj.onLoad = this.onVarLoad;
}
Ticker.prototype = new MovieClip();
Object.registerClass("clip_ticker", Ticker);
//////////////////////////////////////////////////
// Ticker::ladeDaten
Ticker.prototype.ladeDaten = function(uri) {
    this.austauschObj.load(uri);
};
//////////////////////////////////////////////////
// Ticker::onVarLoad
Ticker.prototype.onVarLoad = function(stat) {
    if (stat) {
        // Daten in einem Textfeld anzeigen
        this.pfad.m_feld.htmlText = this.datum + "<br />";
        this.pfad.m_feld.htmlText += "<b>" + this.band + "<b><br />";
        this.pfad.m_feld.htmlText += "<i>(" + this.ort + ")</i>";
    } else {
        // Fehlermeldung anzeigen
        this.pfad.m_feld.htmlText = "Das ist was schief gelaufen.";
    }
    // TextFormat muss neu gesetzt werden, nach Änderungen des Textes!
    this.pfad.m_feld.setTextFormat(this.pfad.tickerFormat);
};
#endinitclip
```

Listing 11.5 Skript auf der Hauptzeitleiste – Setzen des Formats und Laden der Datei

```
// Textformat definieren
this.m_gigTick.tickerFormat = new TextFormat();
this.m_gigTick.tickerFormat.color = 0x009999;
this.m_gigTick.tickerFormat.align = "center";
// Textdatei laden
this.m_gigTick.ladeDaten("daten/konzert.txt");
```

Laden Sie sich bitte den Beispielfilm von der Webseite zum Buch, und lasssen Sie uns die größten Stolpersteine einmal umdrehen. Als Erstes wäre da im Konstruktor folgende Zeile zu finden.

```
// Klassen Konstruktor
this.austauschObj = new LoadVars();
```

Damit wird sichergestellt, dass jeder Instanz auch ein eigenes Austausch-Objekt zur Verfügung steht, welches die geladenen Daten aufnehmen kann. Es führt zum Daten-Gau, wenn Sie versuchen, dieses Objekt an den Prototyp der Klasse zu tackern, denn dann greifen alle Instanzen – sofern vorhanden – auf ein und dasselbe Objekt zu.

```
// Den Pfad zum MovieClip als Eigenschaft 'merken'
this.austauschObj.pfad = this;
// onLoad EventHandler ist Referenz auf onVarLoad Methode
this.austauschObj.onLoad = this.onVarLoad;
```

Diese Technik ist sehr verbreitet, und wird Ihnen häufig wiederbegegnen. Das Austausch-Objekt erhält hier eine zusätzliche Eigenschaft *pfad*, deren Wert auf die Instanz der Klasse verweist. Dies muss nicht unbedingt immer eine Filmsequenz wie hier sein, sondern kann auch eine Instanz jeder beliebigen ActionScript-Klasse sein. Doch was steckt dahinter? Nun, Sie müssen sich wieder vor Augen halten, aus welcher Perspektive der *onLoad()* Event Handler „läuft". Als Methode des Austausch-Objekts wird dieser nämlich auch aus Sicht dieses Austausch-Objekts ausgeführt. Das bedeutet, dass Sie innerhalb dieser Ereignisprozedur normalerweise keine Chance hätten, auf den passenden MovieClip und damit auf das Textfeld zuzugreifen, um die angekommenen Daten anzuzeigen. Dadurch, dass hier aber ein Verweis in der Eigenschaft *pfad* abgelegt wird, haben Sie Zugriff auf diesen MovieClip und können damit über diesen Verweis zur Belohnung den Inhalt des Textfelds füllen.

```
Movieclip: Ziel="_level0.m_gigTick"
Variable _level0.m_gigTick.austauschObj = [Objekt #5, Klasse 'LoadVars']
{
    pfad:[Movieclip:_level0.m_gigTick],
    onLoad:[Funktion 'onLoad'],
    band:"Múm",
    ort:"Starclub Dresden",
    datum:"2002-06-15"
}
```

```
// Daten in einem Textfeld anzeigen
this.pfad.m_feld.htmlText = this.datum + "<br />";
this.pfad.m_feld.htmlText += "<b>" + this.band + "<b><br />";
this.pfad.m_feld.htmlText += "<i>(" + this.ort + ")</i>";
```

Apropos Event-Handler.

```
// onLoad EventHandler ist Referenz auf onVarLoad Methode
this.austauschObj.onLoad = this.onVarLoad;
```

```
. . .
Ticker.prototype.onVarLoad
```

Verwenden Sie möglichst für die Methode einen anderen Bezeichner als *onLoad* (wie hier eben z. B. *onVarLoad*), um nicht mit dem *onLoad()* Handler des MovieClips zu kollidieren, welcher automatisch aufgerufen wird, wenn die Instanz auf der Bühne erscheint.

11.3.4 Formular abschicken

Ich glaube, ich hatte Ihnen versprochen, dass wir noch ein Formular basteln wollen?! Jetzt ist jedenfalls die richtige Zeit gekommen, denn mit einem *LoadVars*-Objekt lassen sich nicht nur gut Daten einsammeln, sondern auch abschicken. Ich weiß nicht, wie es Ihnen geht, aber das Erste, was ich jedesmal bei einem Formular in Flash teste, ist, ob die abgeschickten Daten von dem serverseitigen Skript wieder richtig an Flash zurückgeschickt werden. Damit haben Sie immer die Gewissheit, dass die Kommunikation in beide Richtungen klappt. Danach können Sie anfangen, um diese funktionierende Schnittstelle herum die Anwendung mit Datenbank-Schnickschnack etc. aufzubauen. Und damit es bei allen möglichst auf Anhieb klappt, habe ich in diesem Abschnitt Skripte für PHP, ASP, CFML und JSP im Angebot.

11.3.4.1 Der ActionScript-Teil

Der folgende Ansatz für eine Formular-Klasse in ActionScript sieht auf den ersten Blick fett aus, die Hälfte davon können Sie aber unter „Kommentar" verbuchen. Als Empfehlung sollte eine derartige Klasse, wenn Sie denn vorhaben, eine eigene zu entwicklen, im Wesentlichen folgende Anforderungen erfüllen.

- Sie sollte zwei Eigenschaften für die URL *(action)* und die http-Methode *(method)* bieten, ähnlich den Attributen des HTML Form-Tags.
- Sie sollte automatisch an Hand der Bezeichner für die Textfeld-Instanzen, die Bezeichner für die Variablen ermitteln können, ähnlich dem Attribut *name* des HTML Input-Tags.
- Sie sollte einen *onSubmit()* Handler aufrufen, wenn die Daten gesendet werden.
- Sie sollte einen *onResponse(obj)* Handler aufrufen, wenn die Daten angekommen sind. Als Argument wird das *LoadVars*-Objekt übergeben, welches die Antwort des Servers enthält.
- Sie sollte einen *onError()* aufrufen, für den Fall, dass etwas schief gegangen ist.

Die ideale Lösung wäre sicherlich, ein Formular auf der Grundlage eines in XHTML definierten Formulars zu rendern – das vielleicht in einem anderen Buch.

Listing 11.6 Die Formular-Klasse

```
/////////////////////////////////////////////////
// Klasse Formular
function Formular(action, method, felder, taste) {
  // Formular Setup in Anlehnung an
  // <form action="url" method="get/post">
  this.action = action;
  this.method = method;
  this.felder = felder;
  // Objekt, welches alle Daten zum Abschicken "sammeln" soll
  this.abgang = new LoadVars();
  // Objekt, welches die Antwort vom Server erhält
  this.eingang = new LoadVars();
   // Verweis zur Instanz merken
  this.eingang.form = this;
  this.eingang.onLoad = this.onLoad;
  // onPress Handler für die Submit Taste
  taste.onPress = this.submit;
  // Verweis zur Instanz merken
  taste.form = this;
}
/////////////////////////////////////////////////
// Formular::submit
Formular.prototype.submit = function() {
  var name;
  for (var i = 0; i < this.form.felder.length; i++) {
     // Die Namen der Textfelder sollen hier z.B. die Bezeichner
     // für die Variablen sein, welche zum Server geschickt werden
     name = this.form.felder[i]._name;
     this.form.abgang[name] = this.form.felder[i].text;
  }
  // Handler sollte den Benutzer über die Wartezeit informieren
  this.form.onSubmit();
  this.form.abgang.sendAndLoad(
this.form.action, this.form.eingang, this.form.method
);
};
/////////////////////////////////////////////////
// Formular::onLoad
Formular.prototype.onLoad = function(stat) {
  if(stat) {
     // Das Objekt mit den Server-Daten als Argument
```

```
        // an den onResponse() Handler weiterreichen
        this.form.onResponse(this);
    } else {
        // Fehler behandeln
        this.form.onError();
    }
};
```

Als Erstes dürfte Ihnen auffallen, dass im Konstruktor zwei *LoadVars*-Objekte erzeugt werden: eines, welches die Textfeld-Inhalte aufnimmt, und das andere, welches die Antwort vom Server empfängt. Das ist nicht unbedingt notwendig und dient hauptsächlich der besseren Anschauung. Sie können generell auch ein und dasselbe *LoadVars*-Objekt zum Senden und Empfangen benutzen.

```
this.form.abgang.sendAndLoad(
    this.form.action, this.form.eingang, this.form.method
);
```

Damit steckt nun die ganze Logik der Client/Server-Kommunikation in der Klasse, und Sie können sich voll und ganz auf die Anwendung konzentrieren. Ob Sie die Eingabefelder zur Laufzeit mit der *createTextField()* Methode erzeugen, oder auf ein handgefertigtes Formular setzen, bleibt Ihnen überlassen. Das folgende Skript setzt auf schon vorhandene Textfelder. Referenzen zu diesen Instanzen und zum unvermeidlichen *Submit-Button* werden ebenfalls an die Konstruktor-Funktion als Parameter übergeben.

Listing 11.7 Erzeugen einer neuen Instanz mit Parametern (die URL ist natürlich nur beispielhaft!)

```
var kontakt = new Formular(
    "http://192.168.100.2/asnative/loadVars.jsp",
    "POST",
    [
        this.input_name,
        this.input_vorname,
        this.input_ort,
        this.input_plz
    ],
    this.m_submit
);
```

Fehlt noch, die drei vorhin genannten Handler an das Objekt *kontakt* anzuhängen, welche nichts weiter machen müssen, als warten, dass sie aufgerufen werden, und hier nur der Vollständigkeit halber abgedruckt sind.

Listing 11.8 Spezielle Event-Handler für dieses Formular

```
kontakt.onSubmit = function() {
  _root.antwort.text = "Einen Moment bitte";
};
kontakt.onResponse = function(serverObj) {
  _root.antwort.text = serverObj.sprache + newline;
  _root.antwort.text += "---------" + newline;
  _root.antwort.text += serverObj.vorname + " ";
  _root.antwort.text += serverObj.name + newline;
  _root.antwort.text += serverObj.plz + " ";
  _root.antwort.text += serverObj.ort + newline;
  _root.antwort.text += "(" + serverObj.ip + ")";
};
kontakt.onError = function() {
  _root.antwort.text = "Fehler !";
};
```

Wenn Sie dieses Formular einmal mit einem serverseitigen Skript Ihrer Wahl testen und sich dabei die Variablen anschauen, erhalten Sie eine gut geordnete Struktur, was vielleicht am besten den Aufbau und die Funktion dieser Klasse verdeutlicht.

```
Variable _level0.kontakt = [Objekt #5, Klasse 'Formular'] {
    action:"http://192.168.100.2/asnative/loadVars.jsp",
    method:"POST",
    felder:[Objekt #6, Klasse 'Array'] [
      0:[Movieclip:_level0.input_name],
      1:[Movieclip:_level0.input_vorname],
      2:[Movieclip:_level0.input_ort],
      3:[Movieclip:_level0.input_plz]
    ],
    abgang:[Objekt #7, Klasse 'LoadVars'] {
      input_name:"Franz",
      input_vorname:"Beckenbauer",
      input_ort:"München",
      input_plz:"80000"
    },
    eingang:[Objekt #8, Klasse 'LoadVars'] {
      form:[Objekt #5, Klasse 'Formular'],
      onLoad:[Funktion 'onLoad'],
      name:"Franz",
      vorname:"Beckenbauer",
```

```
        ort:"München",
        plz:"80000",
        ip:"192.168.100.3",
        sprache:"JSP"
    },
    onSubmit:[Funktion 'onSubmit'],
    onResponse:[Funktion 'onResponse'],
    onError:[Funktion 'onError']
}
```

Ich hoffe, ich habe Sie nicht mit dem Skript erschlagen. Im Grunde lässt sich alles auf einen Satz reduzieren: „Die Eigenschaften eines Objekts *abgang* werden als URL-encodierte Variablen Name/Werte-Paare an das serverseitige Skript geschickt, und zurück kommen ebenfalls URL-encodierte Variablen Name/Werte-Paare, welche automatisch decodiert werden und sich in Eigenschaften eines Objekts *eingang* verwandeln." Nicht so schwer, oder? Was muss man aber beim Senden und Empfangen mit der *sendAndLoad()* Methode noch alles beachten? Nun, als Erstes müssen Sie wie schon beim Verwenden der *load()* Methode und einfacher Textdateien vor allem die Codierung der Seite beachten. Wenn Sie also eine PHP, ASP, CFML, JSP-Seite oder was auch immer in z.B. Dreamweaver MX bearbeiten, wird diese standardmäßig nicht als Unicode-Datei gespeichert. Sie müssten hier also die Codierung des Skripts in UTF-8 umändern (DWMX: Page Properties → Document Encoding), oder, wie schon gehabt, in ActionScript die Systemeigenschaft *System.useCodepage* setzen. Anderenfalls erscheinen im Skript manuell eingegebene Zeichenketten genauso verkorkst wie bei anderen Textdateien. Erkundigen Sie sich in dem Zusammenhang auch, wie es bei Ihrer Datenbank um Unicode-Support bestellt ist, eventuell müssen Sie die Daten beim Speichern/Auslesen noch vom UTF-8 Format decodieren/encodieren. In PHP gibt es beispielsweise die Funktionen *utf8_decode()/utf8_encode()*. Als Zweites müssen Sie beim Senden beachten, dass in dem Beispiel **alle** Eigenschaften des Objekts *abgang* gesendet werden.

Listing 11.9 Unnötiger Ballast, welcher auch mit abgeschickt wird

```
this.abgang = new LoadVars();
this.abgang.einArray = [1,2,3];
this.abgang.einMovieClip = _level0;
this.abgang.eineFunktion = function() {};
```

Alle Eigenschaften bedeutet, dass auch Objekte wie Arrays, MovieClips, Funktionen etc. automatisch in ihre Zeichenketten-Repräsentation konvertiert, abgeschickt werden und somit unnötig die Leitung belasten. Achten Sie also darauf, dieses Objekt „sauber" zu halten. Und schicken Sie niemals eine Variable mit dem Namen *onLoad* vom Server zurück. Dies würde dem gleichnamigen Event-Handler des Empfangs-Objekts den Garaus machen.

Tabelle 11.3 Das Abgangsobjekt möglichst „sauber" halten

Objekt abgang	Objekt eingang

`einArray:[Objekt #8, Klasse 'Array'] [`
`        0:1,`
`        1:2,`
`        2:3`
`    ]`
	`einArray:"1,2,3"`

`einMovieClip:[Movieclip:_level0]`	`einMovieClip:"_level0"`
`eineFunktion:[Funktion 'eineFunktion']`	`eineFunktion:"[type Function]"`

Sie können auch sehr leicht überprüfen, was und wie am Ende alles rausgeht, indem Sie die *to-String()* Methode anwenden und sich das Ergebnis im Ausgabefenster anzeigen lassen.

```
trace(this.abgang.toString());
```

11.3.4.2 ASP / JScript

Listing 11.10 loadVars.asp (getestet unter W2k Professional / IIS5)

```
<%@ Language=JScript %>
<%
    ///////////////////////////////////////////////////////////////
    // ActionScript Formular - ASP Version
    // Variablen Name / Werte Paare wieder zurückschicken
    ///////////////////////////////////////////////////////////////
    // für die Methode "GET" entsprechend Request.QueryString verwenden
    var ausgabe;
    ausgabe = "&vorname=";
    ausgabe += Server.URLEncode(Request.Form("input_vorname"));
    ausgabe += "&name=";
    ausgabe += Server.URLEncode(Request.Form("input_name"));
    ausgabe += "&ort=";
    ausgabe += Server.URLEncode(Request.Form("input_ort"));
    ausgabe += "&plz=";
    ausgabe += Server.URLEncode(Request.Form("input_plz"));
    ausgabe += "&ip=";
    ausgabe += Request.ServerVariables("REMOTE_HOST");
    ausgabe += "&sprache=ASP";
    Response.ContentType = "text/plain";
    Response.Write(ausgabe);
    Response.End;
%>
```

11.3.4.3 PHP

Listing 11.11 loadVars.php (getestet unter W2k Professional / IIS5 / PHP Version 4.2.1)

```php
<?php
   header("Content-Type: text/plain");
   //////////////////////////////////////////////////////////////
   // ActionScript Formular - PHP Version
   // Variablen Name / Werte Paare wieder zurückschicken
   //////////////////////////////////////////////////////////////
   // für die Methode "GET" entsprechend $_GET verwenden
   // Variablen $_GET und $_POST wurden in Version 4.1.0 eingeführt!
   $ausgabe  = "&name=" . urlencode($_POST["input_name"]);
   $ausgabe .= "&vorname=" . urlencode($_POST["input_vorname"]);
   $ausgabe .= "&ort=" . urlencode($_POST["input_ort"]);
   $ausgabe .= "&plz=" . urlencode($_POST["input_plz"]);
   $ausgabe .= "&ip=" . $_SERVER['REMOTE_HOST'];
   $ausgabe .= "&sprache=PHP";
   echo $ausgabe;
?>
```

11.3.4.4 CFML

Listing 11.12 loadVars.cfm (getestet unter W2k Professional / IIS5 / ColdFusion MX Developer Edition)

```cfml
<cfprocessingdirective suppressWhiteSpace="Yes">
<cfheader name="Content-Type" value="text/plain" />
<cfscript>
   //////////////////////////////////////////////////////////////
   // ActionScript Formular - CFML Version
   // Variablen Name / Werte Paare wieder zurückschicken
   //////////////////////////////////////////////////////////////
   //  <cfscript> Tag wurde in ColdFusion MX eingeführt
   ausgabe = "&name=";
   ausgabe = ausgabe & URLEncodedFormat("#Form.input_name#");
   ausgabe = ausgabe & "&vorname=";
   ausgabe = ausgabe & URLEncodedFormat("#Form.input_vorname#");
   ausgabe = ausgabe & "&ort=";
   ausgabe = ausgabe & URLEncodedFormat("#Form.input_ort#");
   ausgabe = ausgabe & "&plz=";
   ausgabe = ausgabe & URLEncodedFormat("#Form.input_plz#");
   ausgabe = ausgabe & "&ip=#CGI.REMOTE_HOST#";
   ausgabe = ausgabe & "&sprache=CFML";
```

```
  WriteOutput(ausgabe);
</cfscript>
</cfprocessingdirective>
```

11.3.4.5 JSP

Listing 11.13 loadVars.jsp (getestet unter W2k Professional / IIS5 / ColdFusion MX Developer Edition)

```
<%@ page contentType="text/plain" import="java.net.URLEncoder"%><%
    //////////////////////////////////////////////////////////////
    // ActionScript Formular - JSP Version
    // Variablen Name / Werte Paare wieder zurückschicken
    //////////////////////////////////////////////////////////////
    String ausgabe;
    ausgabe = "&name=";
    ausgabe += URLEncoder.encode(request.getParameter("input_name"));
    ausgabe += "&vorname=";
    ausgabe += URLEncoder.encode(request.getParameter("input_vorname"));
    ausgabe += "&ort=";
    ausgabe += URLEncoder.encode(request.getParameter("input_ort"));
    ausgabe += "&plz=";
    ausgabe += URLEncoder.encode(request.getParameter("input_plz"));
    ausgabe += "&ip=";
    ausgabe += request.getRemoteHost();
    ausgabe += "&sprache=JSP";
    out.print(ausgabe);
%>
```

11.3.5 Content-Length: Lange Nase mit getBytesTotal()

Haben Sie schon einmal versucht, die Methode *getBytesTotal()* beim Laden einer dynamisch generierten Datenlast mit einem *LoadVars*-Objekt aufzurufen? Die Frage ist vielleicht anders zu stellen: Hatten Sie schon einmal so viel Daten, dass Sie diese Methode für eine Fortschrittsanzeige gebraucht hätten? Falls Sie dabei leer ausgegangen sind, müssen Sie noch die Gesamtgröße in den http-Header *Content-Length* für die Server-Antwort schreiben. Ist dies nicht der Fall, kann die Größe erst geliefert werden, wenn die Daten vollständig geladen sind.

Listing 11.14 Sind Daten vollständig geladen, kann man sich die Anzahl der Bytes anzeigen lassen.

```
kontakt.onResponse = function(serverObj) {
    ...
    trace(serverObj.getBytesLoaded());
```

```
      trace(serverObj.getBytesTotal());
};
```

Dasselbe gilt übrigens auch für XML- und MovieClip-Objekte. Hier die Anregungen für jede Skriptsprache, wie das Setzen des Headers für die Länge prinzipiell funktionieren könnte.

 Beachten Sie, dass einige Server/Prozessoren bei zu niedrig gesetztem Wert die Ausgabe entsprechend beschneiden, bei zu hoch gesetztem Wert kann der Player auf Daten warten, die es gar nicht gibt. Auch überflüssige Leerzeichen und Zeilenumbrüche können hier zu falschen Werten in der Ausgabe führen, wobei diese „Whitespace"-Ausgabe auch abhängig von Ihren Server-Einstellungen ist. Informieren Sie sich dazu bitte im Handbuch.

11.3.5.1 ASP/JScript

Listing 11.15 contentLength.asp (getestet unter W2k Professional / IIS5)

```
<%@ Language="JScript" %>
<%
   var ausgabe = "&ausgabe=Viele+bunte+bits.";
   var laenge = ausgabe.length;
   Response.AddHeader("Content-Type", "text/plain");
   Response.AddHeader("Content-Length", laenge);
   Response.Write(ausgabe);
   Response.End();
%>
```

11.3.5.2 PHP

Listing 11.16 contentLength.php (getestet unter W2k Professional / IIS5 / PHP Version 4.2.1)

```
<?php
   $ausgabe = "&ausgabe=Viele+bunte+bits.";
   $laenge = strlen($ausgabe) - 5;
   header("Content-Type: text/plain");
   header("Content-Length: $laenge");
   echo $ausgabe;
?>
```

11.3.5.3 CFML

Listing 11.17 contentLength.cfm (getestet unter W2k Professional / IIS5 / ColdFusion MX Developer Edition)

```
<cfprocessingdirective suppressWhiteSpace="Yes">
<cfscript>
```

```
   ausgabe = "&ausgabe=Viele+bunte+bits.";
</cfscript>
<cfheader name="Content-Type" value="text/plain">
<cfheader name="Content-Length" value="#Len(ausgabe)#">
<cfscript>
   WriteOutput(ausgabe);
</cfscript>
</cfprocessingdirective>
```

11.3.5.4 JSP

Listing 11.18 contentLength.jsp (getestet unter W2k Professional / IIS5 / ColdFusion MX Developer Edition)

```
<%@ page language="java" contentType="text/plain" %><%
   String ausgabe = "&ausgabe=Viele+bunte+bits.";
   int laenge = ausgabe.length();
   response.addHeader("Content-Type", "text/plain");
   response.addIntHeader("Content-Length", laenge);
   out.print(ausgabe);
%>
```

11.4 XML – Tauschen mit allen

Eine der wichtigsten Fähigkeiten von ActionScript, um hochwertige Anwendungen in Flash zu erstellen, ist die native Unterstützung von XML. Sie können Daten im XML-Format laden, senden, erstellen und natürlich verarbeiten. Ich setze in diesem Abschnitt voraus, dass Sie mit XML (eXtensible Markup Language) so weit vertraut sind. Wenn nicht, können Sie dies unter folgenden Adressen im Selbststudium nachholen:

http://www.w3schools.com/xml/
http://selfhtml.teamone.de/xml/intro.htm

11.4.1 DOM – Ausloten des XML-Objekts

Ein XML-Dokument wird in ActionScript, wie sollte es auch anders sein, durch ein Objekt repräsentiert. Über die Eigenschaften eines derartigen XML-Objekts hat man den totalen Zugriff auf Daten und Struktur und kann diese über die Methoden des Objekts natürlich auch verändern. Eine Herangehensweise, die deswegen allgemein als „Document Object Model" (DOM) bezeichnet wird. Tutorials und Informationen speziell zum „XML DOM" finden Sie hier:

http://www.w3schools.com/dom

11.4.1.1 Ding – Erzeugen eines XML-Objekts

Lassen Sie uns zunächst ein einfaches XML-Dokument mit ActionScript in ein entsprechendes Objekt verwandeln, um ein Gefühl für die Sache zu bekommen.

Listing 11.19 Ein einfaches XML-Dokument

```
<plan>
   <konzert datum="2002-06-15" ort="Starclub Dresden">
      <band>Múm</band>
   </konzert>
</plan>
```

Im folgenden Skript liegt dieses Dokument als Zeichenkette vor (zum Laden von externen XML-Daten kommen wir später) und wird als Argument an den Konstruktor übergeben.

Listing 11.20 Ein XML-Dokument als Argument an die Konstruktorfunktion der Klasse XML übergeben

```
// Achtung: Zeichenkette muss auf einer einzigen Zeile stehen!
// Beachten Sie auch die Escape-Sequenz für die Anführungszeichen
var konzertPlan = new XML("
   <plan>
      <konzert datum=\"2002-06-15\" ort=\"Starclub Dresden\">
         <band>Múm</band>
      </konzert>
   </plan>
");
```

Dadurch wird dieses XML-Dokument in ein entsprechendes XML-Objekt umgewandelt, wobei man bei diesem Vorgang vom **Parsen** spricht. Mit der Übergabe der Zeichenkette an den Konstruktor sparen Sie sich im Grunde nur das manuelle Aufrufen der *parseXML()* Methode.

Listing 11.21 Umwandeln eines XML-Dokuments in ein XML-Objekt mit der *parseXML()* Methode

```
var konzertPlan = new XML();
konzertPlan.parseXML("
   <plan>
      <konzert datum=\"2002-06-15\" ort=\"Starclub Dresden\">
         <band>Múm</band>
      </konzert>
   </plan>
");
trace(konzertPlan.status); // gibt 0 zurück wenn alles O.K.
```

Wenn Sie dieses Skript testen und sich die Variablen im Ausgabefenster anschauen, sehen Sie Folgendes auf der Mattscheibe:

```
Variable _level0.konzertPlan = [Objekt #1, Klasse 'XMLNode'] {

    <plan>
      <konzert datum="2002-06-15" ort="Starclub Dresden">
        <band>
         Múm
        </band>
      </konzert>
    </plan>
  }
```

Die Variable *konzertPlan* verweist jetzt auf ein Objekt der Klasse *XML*, welches im Modell in ActionScript letzlich unser XML-Dokument repräsentiert. Der Grund, warum uns hier die Klasse *XMLNode* angezeigt wird, resultiert aus der Tatsache, dass die Klasse *XML* eine Unterklasse der intern verwendeten Klasse *XMLNode* ist. Objekte der Klasse *XMLNode* repräsentieren, wie der Name schon sagt, einen XML-Knoten. Der Zusammenhang lässt sich „unter'm Mikroskop" sehr schön verdeutlichen.

```
trace(XML.prototype.__proto__ === XMLNode.prototype); // true
var mikroskop = XML;
ASSetPropFlags(XML.prototype, null, 6, 1);
```

```
Variable _level0.mikroskop = [Funktion 'XML'] {
    prototype:[Objekt #2, Klasse 'XMLNode'] {
      < />
    }
  }
```

 Richtig müsste im Ausgabefenster für das Objekt *konzertPlan* eigentlich die Klasse *XML* angezeigt werden, und nicht *XMLNode*. Erinnern Sie sich bitte an das Kapitel zu Klassen, in dem wir herausgefunden hatten, dass bei Anwendung der offiziellen Vererbungsstrategie nicht die Unterklasse angezeigt wird, sondern die Klasse, welche erweitert wurde.

Mit diesem Dokument vor Augen kann man sich mit den wichtigsten Eigenschaften des Objekts in Ruhe vertraut machen. Hier einige Anregungen für Sie zum Ausprobieren:

Listing 11.22 Erkunden einiger Eigenschaften des XML-Objektes

```
trace(konzertPlan.firstChild);           // <plan> ... </plan>
trace(konzertPlan.firstChild.nodeName);  // plan
```

```
// Referenz auf den Knoten "konzert" in eine Variable speichern
var konzert = konzertPlan.firstChild.childNodes[0];
trace(konzert.attributes.datum);              // 2002-06-15
trace(konzert.attributes.ort);                // Starclub
// Referenz auf den Knoten "band" in eine Variable speichern
var band = konzert.childNodes[0];
trace(band.nodeType);                         // 1 (Typ: XML-Knoten)
trace(band.firstChild.nodeValue);             // Múm
trace(band.firstChild.nodeType);              // 3 (Typ: Textknoten)
```

```
Variable _level0.konzertPlan = [Objekt #1, Klasse 'XMLNode'] {

    <plan>
      <konzert datum="2002-06-15" ort="Starclub Dresden">
        <band>
          Múm
        </band>
      </konzert>
    </plan>
  }
Variable _level0.konzert = [Objekt #2, Klasse 'XMLNode'] {
    <konzert datum="2002-06-15" ort="Starclub Dresden">
      <band>
        Múm
      </band>
    </konzert>
  }
Variable _level0.band = [Objekt #3, Klasse 'XMLNode'] {
    <band>
      Múm
    </band>
  }
```

Die beiden Variablen *konzert* und *band* enthalten dabei immer nur eine Referenz auf den jeweiligen Knoten des Dokuments und kopieren **nicht**, wie oft fälschlich angenommen, etwa den Inhalt. Eine Referenz auf einen Knoten in einem Dokument bedeutet dabei im „XML Document Object Model" eine Referenz auf ein Objekt, und zwar genau gesagt auf ein Objekt der Klasse *XMLNode*. Diesmal ist die Angabe der Klasse im Ausgabefenster also tatsächlich richtig, was Sie leicht überprüfen können.

Listing 11.23 Überprüfen der Referenzen

```
trace(band.__proto__ === XMLNode.prototype);              // true
trace(konzert.__proto__ === XMLNode.prototype);           // true
trace(konzertPlan.__proto__ === XML.prototype);           // true
```

Sie werden hier viele weitere Gemeinsamkeiten mit anderen Objekten in ActionScript entdecken, weswegen es wichtig ist, dass Sie mit dem Kapitel zu Objekten vertraut sind. Beispielsweise gilt auch hier, dass ein XML-Objekt erst im Speicher gelöscht wird, wenn keine Referenz mehr zu diesem Objekt existiert. Schauen Sie sich dazu das folgende Skript an (welches übrigens immer noch das Objekt *konzertPlan* aus den vorangegangenen Skripten verwendet).

Listing 11.24 Das XML-Dokument/Objekt wird nicht gelöscht, da es noch eine Referenz gibt

```
// Referenz auf den Knoten "konzert" in eine Variable speichern
var konzert = konzertPlan.firstChild.childNodes[0];
// Referenz auf den Knoten "band" in eine Variable speichern
var band = konzert.childNodes[0];
delete konzertPlan;
delete konzert;
```

```
Variable _level0.band = [Objekt #1, Klasse 'XMLNode'] {
    <band>
      Múm
    </band>
  }
```

Man könnte nun annehmen, dass nur noch dieser eine Knoten im Speicher existiert, weil der Rest des Dokuments im Ausgabefenster nicht zu sehen ist. Dem ist aber nicht so, wie sich leicht beweisen lässt.

```
trace(band.parentNode.parentNode.nodeName); // plan
```

Mit *delete konzertPlan* wurde nur die Referenz zu dem XML-Objekt gelöscht, nicht aber das geparste Objekt selbst, da hierauf noch eine Referenz bestand. Wenn Sie eine echte Kopie eines Knotens benötigen und nicht nur eine Referenz und keine ethischen Bedenken bei dem Wort „Klonen" haben, dann hilft Ihnen in dem Fall die *cloneNode()* Methode weiter.

Listing 11.25 Knoten kopieren (klonen)

```
// Referenz auf den Knoten "konzert" in eine Variable speichern
var konzert = konzertPlan.firstChild.childNodes[0];
// Kopie des Knotens "band" in eine Variable speichern (klonen)
var band = konzert.childNodes[0].cloneNode(true);
```

```
delete konzertPlan;
delete konzert;
trace(band.parentNode.parentNode.nodeName); // undefined
```

Vergleichen Sie bitte beide Skripte, denn dieser Unterschied ist sehr wichtig. Tückisch ist hierbei, dass Sie im Ausgabefenster keinen Unterschied zwischen einer Referenz auf einen Knoten und einem geklonten Knoten erkennen können.

11.4.1.2 Dong – Anhängliche Elemente und Textknoten

Neben dem Zugriff auf den Inhalt des Dokuments über die Eigenschaften des XML-Objekts, können Sie auch die Struktur des Dokuments an sich ändern, was im „XML Document Object Model" bedeutet, dass Sie neue Objekte erzeugen oder bestehende entfernen.

Listing 11.26 Element und Textknoten erzeugen

```
// Achtung: Zeichenkette muss auf einer einzigen Zeile stehen!
// Beachten Sie auch die Escape-Sequenz für die Anführungszeichen
var konzertPlan = new XML("
  <plan>
    <konzert datum=\"2002-06-15\" ort=\"Starclub Dresden\">
      <band>Múm</band>
    </konzert>
  </plan>
");
// Referenz auf den Knoten "konzert" in eine Variable speichern
var konzert = konzertPlan.firstChild.childNodes[0];
// Eine Band hinzufügen -> Element und Text Knoten erstellen
var band = konzertPlan.createElement("band");
var name = konzertPlan.createTextNode("Ming");
band.appendChild(name);
konzert.appendChild(band);
// der Knoten Konzert hat jetzt zwei "Child Nodes"
trace(konzert.childNodes[0].firstChild.nodeValue); // Múm
trace(konzert.childNodes[1].firstChild.nodeValue); // Ming
```

Beachten Sie bitte, dass hier nicht etwa neue Objekte der Klasse *XML* mit *new* erzeugt werden (was für ein neues Dokument stehen würde), sondern immer Objekte der Klasse *XMLNode*. Dies geschieht ausschließlich über die Methoden *createElement()*, *createTextNode()* und, wie vorhin schon gesehen, mit *cloneNode()*. Wichtig ist, wie schon beim Erzeugen eines Objekts mit *new*, dass hier ein Verweis auf den neu geborenen XML-Bürger gespeichert wird.

```
var band = konzertPlan.createElement("band");
var name = konzertPlan.createTextNode("Ming");
```

```
Variable _level0.band = [Objekt #3, Klasse 'XMLNode'] {
    <band />
  }
Variable _level0.name = [Objekt #4, Klasse 'XMLNode'] {
    Ming
  }
```

Bis zu dieser Stelle wurden die neuen Objekte mit einer darauf verweisenden Referenz zwar erzeugt, sind aber aus Sicht des Dokuments noch längst nicht in dessen Struktur eingebunden. Dies passiert entweder mit *appendChild()* oder *insertBefore()*. Auf diese Weise könnten Sie bei Bedarf auch sehr einfach ein einmal erzeugtes Element mehrmals in die Struktur des Dokuments einbinden.

```
band.appendChild(name);
konzert.appendChild(band);
```

```
Variable _level0.konzert = [Objekt #2, Klasse 'XMLNode'] {
    <konzert datum="2002-06-15" ort="Starclub Dresden">
      <band>
        Múm
      </band>
      <band>
        Ming
      </band>
    </konzert>
  }
Variable _level0.band = [Objekt #3, Klasse 'XMLNode'] {
    <band>
      Ming
    </band>
  }
Variable _level0.name = [Objekt #4, Klasse 'XMLNode'] {
    Ming
  }
```

11.4.1.3 Peng – Knoten entfernen

So einfach, wie sich Elemente und Textknoten anhängen lassen, so einfach lassen sich diese auch wieder aus einem Dokument entfernen.

Listing 11.27 Knoten mit *removeNode()* entfernen

```
// Achtung: Zeichenkette muss auf einer einzigen Zeile stehen!
// Beachten Sie auch die Escape Sequenz für die Anführungszeichen
var konzertPlan = new XML("
  <plan>
     <konzert datum=\"2002-06-15\" ort=\"Starclub Dresden\">
        <band>Múm</band>
     </konzert>
  </plan>
");
// Referenz auf den Knoten "konzert" in eine Variable speichern
var konzert = konzertPlan.firstChild.childNodes[0];
// Knoten "band" aus dem Dokument entfernen
konzert.childNodes[0].removeNode();
```

Beachten Sie, dass der betreffende Knoten mit *removeNode()* nur aus der Struktur des Dokuments entfernt wird. Dies bedeutet, es wird die Referenz zu dem entsprechenden XMLNode-Objekt, welches im Modell diesen Knoten repräsentiert, gelöscht, nicht aber das Objekt selbst. Dieses kann erst entfernt werden, wenn keine Referenz mehr darauf verweist.

Listing 11.28 Es wird nur die Referenz gelöscht, nicht aber das Objekt selbst

```
// Referenz auf den Knoten "konzert" in eine Variable speichern
var konzert = konzertPlan.firstChild.childNodes[0];
// Referenz auf den Knoten "band" in eine Variable speichern
var band = konzert.childNodes[0];
konzert.childNodes[0].removeNode();
```

```
Variable _level0.konzertPlan = [Objekt #1, Klasse 'XMLNode'] {

    <plan>
      <konzert datum="2002-06-15" ort="Starclub Dresden" />
    </plan>
  }
Variable _level0.konzert = [Objekt #2, Klasse 'XMLNode'] {
    <konzert datum="2002-06-15" ort="Starclub Dresden" />
  }
Variable _level0.band = [Objekt #3, Klasse 'XMLNode'] {
```

```
<band>
  Múm
</band>
}
```

11.4.1.4 Analogie XML DOM und Flash DOM

Dies ist ein Versuch, die letzten Klarheiten bei Ihnen zu beseitigen. Nein, im Ernst – der folgende Vergleich ist nicht ganz hieb und stichfest, gibt Ihnen aber hoffentlich etwas mehr Sicherheit im Umgang mit dem XML-Objekt in ActionScript.

Tabelle 11.4 Ausgewählte Analogien zwischen dem XML DOM und Flash DOM

XML DOM	Flash DOM
XML-Dokument (Objekt Klasse XML)	Flash-Film
Wurzel-Knoten (Objekt Klasse XMLNode)	Hauptzeitleiste (MovieClip Objekt)
Verschachtelte Knoten (Objekte Klasse XMLNode)	Verschachtelte Instanzen (MovieClip-Objekte)
Attribute eines Knotens (Eigenschaften des Objekts)	Zeitleistenvariablen (Eigenschaften der Instanz)
Methode createElement() + appendChild()	Methode createEmptyMovieClip()
Methode createTextNode() + appendChild()	Methode createTextField()
Methode appendChild()	Methode attachMovie()
Methode load()	Methode loadMovie()

11.4.2 Daten laden

Nach diesem kleinen Exkurs zum Thema Knoten sollen die Konzertdaten nun praxisgerecht aus einer externen XML-Datei bezogen werden. Wie schon im Abschnitt zum *LoadVars*-Objekt sind die Dateien einmal als ANSI und einmal als UTF-8 codiert.

Listing 11.29 Das XML-Dokument in den Dateien

```
<plan>
  <konzert datum="2002-06-15" ort="Starclub Dresden">
    <band>Múm</band>
  </konzert>
</plan>
```

Listing 11.30 Zwei XML-Objekte laden die Dateien

```
// ANSI Codierung
var konzertPlan = new XML();
konzertPlan.load("daten/konzertplan_ansi.xml");
// UTF-8 Codierung
var konzertPlanUnicode = new XML();
konzertPlanUnicode.load("daten/konzertplan_unicode.xml");
```

Auch externe XML-Dateien werden standardmäßig als Unicode behandelt, was für die ANSI codierte Datei beispielsweise beim „ú" zu einer Fehlinterpretation des Zeichens führt. Eine eventuell vorhandene XML-Deklaration in der ersten Zeile mit *encoding*-Attribut

```
<?xml version="1.0" encoding="ISO-8859-1"?>
```

oder

```
<?xml version="1.0" encoding="UTF-8"?>
```

ist zwar vorbildlich, hat aber keinen Einfluss darauf, wie der Flash-Player die Datei behandelt.

```
Variable _level0.konzertPlan = [Objekt #1, Klasse 'XMLNode'] {

        <plan>
          <konzert datum="2002-06-15" ort="Starclub Dresden">
            <band>
              M?and&gt;
                        </band>
          </konzert>
        </plan>
    }
Variable _level0.konzertPlanUnicode = [Objekt #2, Klasse 'XMLNode'] {

        <plan>
          <konzert datum="2002-06-15" ort="Starclub Dresden">
            <band>
              Múm
            </band>
          </konzert>
        </plan>
    }
```

Die Schnellschuss-Lösung ist, wie gehabt, das Setzen der System-Eigenschaft *useCodepage* vor dem Aufrufen der *load()* Methode.

```
System.useCodepage = true;
```

ignoreWhite

Mindestens genauso wichtig, wie das Beachten der richtigen Codierung, ist das Setzen der XML-Objekt-Eigenschaft *ignoreWhite* auf den Wert *true*. Damit wird vermieden, dass beim Parsen des XML-Dokuments dort eventuell vorhandene Zeilenumbrüche, Leerzeichen etc. als Text-Knoten erkannt werden. Besonders handgefertigte XML-Dokumente sind meistens mit Umbrüchen und Einrückungen formatiert, was zwar sicherlich der Lesbarkeit beim Menschen dient, aber zu ungewollten XMLNode-Objekten beim Parsen führen kann.

Listing 11.31 Einfluss der Eigenschaft *ignoreWhite* auf das Ergebnis

```
var konzertPlan = new XML();
// Kommentieren Sie die folgende Zeile aus / nicht aus
// um den Einfluss dieser Eigenschaft zu erkennen
// konzertPlan.ignoreWhite = true;
konzertPlan.onLoad = function(stat) {
  if (stat) {
    // Zeilenumbruch nach <plan> -> Whitespace
    // ist hier ungewollt der erste Knoten
    trace(this.firstChild.childNodes[0].nodeName);    // null
    trace(this.firstChild.childNodes[0].nodeType);    // 3
    trace(this.firstChild.childNodes[1].nodeName);    // konzert
    trace(this.firstChild.childNodes[1].nodeType);    // 1
  }
};
konzertPlan.load("daten/konzertplan.xml");
```

 Die Eigenschaft *ignoreWhite* lässt Sie ruhig schlafen, denn Sie haben die Gewissheit, dass sich eventuell vorhandener *Whitespace* nicht unerwünscht in garstige Knoten verwandelt. Dies befreit Sie dennoch nicht von der Aufgabe, XML-Dokumente zusätzlich zu optimieren, wann immer es möglich ist. Dynamisch generiertes XML-Futter ohne Zeilenumbrüche und Leerzeichen vom Server abzuschicken, spart Ressourcen und Ladezeit. Die meisten Server/Datenbanken bieten hierzu auch eine Option an, ob eine XML-Ausgabe formatiert werden soll oder nicht.

11.4.3 Alles da – Daten anzeigen

Im Gegensatz zu einem *LoadVars*-Objekt wird ein *XML*-Objekt bei insgesamt zwei Ereignissen benachrichtigt:

1. Wenn der Inhalt der angeforderten Datei vollständig angekommen ist → *onData()* Event-Handler wird aufgerufen. Der Textinhalt wird dem Handler als Argument übergeben.
2. Wenn der Inhalt der angeforderten Datei vollständig angekommen ist und in seiner Objektform vorliegt, d. h. der Parsing-Prozess beendet wurde → *onLoad()* Event-Handler wird aufgerufen.

Die Möglichkeit, eine Ereignisprozedur für *onData* zu implementieren, ist für uns momentan nicht interessant. Dies wird nur benötigt, um einen eigenen Parser zwischenzuschalten, oder um etwa die Zeit zu messen, wie lange der Parser benötigt. Wir brauchen aber das Dokument meist als fertiges Objekt, und implementieren deswegen nur den *onLoad()* Event-Handler. Das folgende Skript ist praktisch die XML-Version des Beispiels mit dem *LoadVars*-Objekt, was Ihnen hoffentlich einen guten Vergleich gibt, aber natürlich noch längst nicht die Stärken von XML ausspielt.

Listing 11.32 Die Konzertdaten in einem Textfeld anzeigen lassen

```
var konzertPlan = new XML();
konzertPlan.ignoreWhite = true;
konzertPlan.onLoad = function(stat) {
if (stat) {
    var konzert = this.firstChild.childNodes[0];
    var band = konzert.childNodes[0];
    // Daten in einem Textfeld anzeigen
    _root.m_ticker.text = konzert.attributes.datum + newline;
    _root.m_ticker.text += band.firstChild.nodeValue + newline;
    _root.m_ticker.text += "(" + konzert.attributes.ort + ")";
  } else {
    // Fehlermeldung anzeigen
    _root.m_ticker.text = "Das ist was schief gelaufen.";
  }
};
konzertPlan.load("daten/konzertplan.xml");
```

Beachten Sie bitte wie schon beim *LoadVars*-Objekt, dass der *onLoad()* Event-Handler letztlich einfach nur eine Objektmethode darstellt, und sich damit das Schlüsselwort *this* innerhalb dieses Handlers immer auf das Objekt selbst bezieht. Hier also konkret auf das *XML*-Objekt *konzertPlan*. Die Pfadangabe

```
_root.m_ticker.text
```

steht ebenfalls wieder nur für die Verdeutlichung des Problems, ist aber nicht wirklich zu empfehlen. Benötigen Sie zum Beispiel einen Verweis auf eine bestimmte Zeitleiste, müssen Sie diesen Verweis als Eigenschaft des *XML*-Objekts speichern, so wie dies im folgenden Beispiel praktiziert wird.

11.4.4 Schleifen lassen – der XML-Ticker

Richtige Vorteile des XML-Formats gegenüber dem Variablen-Format ergeben sich, wenn wir es mit mehreren Einträgen und eben richtig strukturierten Informationen zu tun haben. Es ist allerdings nicht so, dass es ohne XML gar nicht mehr geht. Nein, es ist nur eben viel einfacher und übersichtlicher für Sie als Entwickler, mit Daten im XML-Format zu arbeiten. Stellen Sie sich vor, das Stadtmagazin Ihrer Wahl bietet der geneigten Hörerschaft dynamisches XML-Futter in der folgenden Form.

Listing 11.33 Einfaches XML-Dokument mit mehreren Konzert-Einträgen/Bands

```
<?xml version="1.0" encoding="UTF-8"?>
<plan>
   <konzert datum="2002-06-15" ort="Starclub Dresden">
      <band>Múm</band>
   </konzert>
   <konzert datum="2002-06-24" ort="Starclub Dresden">
      <band>And You Will Know Us By The Trail Of Dead</band>
      <band>The Icarus Line</band>
   </konzert>
   <konzert datum="2002-06-26" ort="Starclub Dresden">
      <band>Do Make Say Think </band>
   </konzert>
</plan>
```

Allein schon mit dem bisherigen Wissen und einigen gezielten Änderungen an der Klasse *Ticker* aus dem Abschnitt zum *LoadVars*-Objekt, lassen sich auch diese XML-Daten bequem auswerten, formatieren und anzeigen. Das folgende Skript zeigt Ihnen dafür einen ersten Ansatz. Anmerkungen dazu finden Sie sowohl nach dem Listing als auch in den Kommentaren. Interessant und hilfreich ist es, zurückzublättern und die Ansätze für das *LoadVars*- und *XML*-Objekt in der Anwendung zu vergleichen.

Listing 11.34 Klasse XML-Ticker (Skript im ersten Bild des Symbols)

```
#initclip
function Ticker() {
   // Klassen Konstruktor
   this.konzertPlan = new XML();
   this.konzertPlan.ignoreWhite = true;
   // Textfeld-Grösse soll sich hier automatisch anpassen
   this.m_feld.autoSize = true;
   // Den Pfad zum MovieClip als Eigenschaft 'merken'
   this.konzertPlan.pfad = this;
   // onLoad EventHandler ist Referenz auf onXMLLoad Methode
```

```
    this.konzertPlan.onLoad = this.onXMLLoad;
}
Ticker.prototype = new MovieClip();
Object.registerClass("clip_ticker", Ticker);
////////////////////////////////////////////////
// Ticker::ladeDaten
Ticker.prototype.ladeDaten = function(uri) {
    this.konzertPlan.load(uri);
};
////////////////////////////////////////////////
// Ticker::onXMLLoad
Ticker.prototype.onXMLLoad = function(stat) {
    var konzert, datum, ort, band, name, anzahlKonzerte, anzahlBands;
    var display = this.pfad.m_feld;
    if (stat) {
        // Anzahl "Konzert" Knoten ermitteln => Anzahl Konzerte
        anzahlKonzerte = this.firstChild.childNodes.length;
        // Überschrift anzeigen, oder Inhalt einfach löschen
        display.htmlText = "";
        // Schleife über alle "Konzert" Knoten
        for (var k = 0; k < anzahlKonzerte; k++) {
            konzert = this.firstChild.childNodes[k];
            datum = konzert.attributes.datum;
            ort = konzert.attributes.ort;
            // Datum in einem Textfeld anzeigen
            display.htmlText += datum;
            // Anzahl "Band" Knoten ermitteln => Anzahl Bands
            anzahlBands = konzert.childNodes.length;
            // Schleife über alle Bands dieses Abends
            for (var b = 0; b < anzahlBands; b++) {
                band = konzert.childNodes[b]
                name = band.firstChild.nodeValue;
                // Bandname anzeigen
                display.htmlText += "<b>" + name + "<b>";
            }
            // Ort anzeigen
            display.htmlText += "<i>(" + ort + ")</i>";
            display.htmlText += "----------<br />";
        }
        // Am Ende Anzahl Konzerte als Kontrolle anzeigen (optional)
        display.htmlText += "(" + anzahlKonzerte + " Konzerte)";
    } else {
```

```
    // Fehlermeldung anzeigen
    display.htmlText = "Das ist was schief gelaufen.";
  }
  // TextFormat muss neu gesetzt werden, nach Änderungen des Textes!
  display.setTextFormat(this.pfad.tickerFormat);
};
#endinitclip
```

Listing 11.35 Skript auf der Hauptzeitleiste – Setzen des Formats und Laden der Datei

```
// Textformat definieren
this.m_gigTick.tickerFormat = new TextFormat();
this.m_gigTick.tickerFormat.color = 0x009999;
this.m_gigTick.tickerFormat.align = "center";
// XML-datei laden
this.m_gigTick.ladeDaten("daten/konzertplan_juni.xml");
```

Worauf Sie in diesem Skript vor allem achten müssen, sind die beiden Schleifen. Die eine (äußere) Schleife durchläuft alle *konzert*-Knoten des XML-Dokuments, die andere (innere) Schleife durchläuft die zu einem *konzert*-Knoten gehörenden *band*-Knoten. Die Dokumenten-Struktur spiegelt sich also hier tatsächlich auch in der Struktur des Skripts wieder. Diese Technik könnten Sie rein theoretisch beliebig fortsetzen, um auf alle vorkommenden Knoten in einem Dokument zuzugreifen.

Tabelle 11.5 Symbolischer Vergleich XML-Struktur – Skript-Struktur (z. B. for-Schleife)

XML Dokument	ActionScript – Verschachtelte Schleifen
<knoten>	for(...) {
<knoten>	for(...) {
<knoten>	for(...) {
</knoten>	}
</knoten>	}
</knoten>	}

Ein kleiner Hinweis noch zur Darstellung: Im Beispiel passt sich das Textfeld aus Gründen der Einfachheit automatisch der Anzahl der Konzerte an.

```
this.m_feld.autoSize = true;
```

In der Umsetzung müssten Sie sich natürlich noch etwas einfallen lassen, um die Informationen bestmöglich zu präsentieren. Nicht unerwähnt sei in dem Zusammenhang auch die Ticker-Komponente aus dem „Flash UI Compoments Set 2", und sei es nur als Anregung.

11.4.5 Rekursive Selbstfindung – XML in ein Array transformieren

Einer der quicklebendigsten Mythen, welcher sich im Aktionsradius von ActionScript hartnäckig hält, ist der Glaube, jedes XML-Dokument sofort nach dem Laden in ein Array transformieren zu müssen. Die beiden letzten Beispiele haben hierzu schon einen ersten Gegenbeweis angetreten. Bleibt zu klären, was an der Sache dran ist.

Listing 11.36 Die XMLNode-Klasse mit einer rekursiven *toArray()* Methode erweitern

```
XMLNode.prototype.toArray = function(arr) {
   var anzahlKnoten = this.childNodes.length;
   for (var k = 0; k < anzahlKnoten; k++) {
      if (this.childNodes[k].nodeType == 1) {
         // Elementknoten (nodeType 1)
         arr[k] = []; // neuer Knoten, neues Array
         // Attribute checken
         for (a in this.childNodes[k].attributes) {
            arr[k][a] = this.childNodes[k].attributes[a];
         }
         // schauen, ob dieser Knoten Kinder hat
         if (this.childNodes[k].hasChildNodes()) {
            // rekursives Aufrufen
            this.childNodes[k].toArray(arr[k]);
         }
      } else {
         // Textknoten (nodeType 3)
         arr[k] = this.childNodes[k].nodeValue;
      }
   }
   return arr;
};
```

Diese Methode durchläuft rekursiv die gesamte Baumstruktur des XML-Dokuments und erstellt ein Abbild von Struktur und Daten in Form von verschachtelten Array-Objekten – nicht nur an dieser Stelle eine überaus nützliche und brauchbare Technik. Zum Testen rauscht der Konzertplan im XML-Format durch die Leitung.

Listing 11.37 Testskript, um die XML-Strukur in ein Array zu transformieren

```
var konzertPlan = new XML();
konzertPlan.ignoreWhite = true;
konzertPlan.onLoad = function(stat) {
   if (stat) {
      // mit [] leeres Array übergeben
```

```
    _global.konzertArray = this.toArray([]);
    // Testausgaben
    // [element plan][element konzert][element band][textnode]
    trace(_global.konzertArray[0][1].ort);         // Starclub Dresden
    trace(_global.konzertArray[0][1].datum);       // 2002-06-24
    trace(_global.konzertArray[0][1][0][0]);       // And You Will ...
    trace(_global.konzertArray[0][1][1][0]);       // The Icarus Line
    trace(_global.konzertArray[0].length);         // 3
  }
};
konzertPlan.load("daten/konzertplan_juni.xml");
```

```
Globale Variablen:
  Variable _global.konzertArray = [Objekt #1, Klasse 'Array'] [
    0:[Objekt #2, Klasse 'Array'] [
      0:[Objekt #3, Klasse 'Array'] [
        0:[Objekt #4, Klasse 'Array'] [
          0:"Múm"
        ],
        datum:"2002-06-15",
        ort:"Starclub Dresden"
      ],
      1:[Objekt #5, Klasse 'Array'] [
        0:[Objekt #6, Klasse 'Array'] [
          0:"And You Will Know Us By The Trail Of Dead"
        ],
        1:[Objekt #7, Klasse 'Array'] [
          0:"The Icarus Line"
        ],
        datum:"2002-06-24",
        ort:"Starclub Dresden"
      ],
      2:[Objekt #8, Klasse 'Array'] [
        0:[Objekt #9, Klasse 'Array'] [
          0:"Do Make Say Think "
        ],
        datum:"2002-06-26",
        ort:"Starclub Dresden"
      ]
    ]
  ]
```

Um die Antwort auf die Frage nach dem Mythos vorwegzunehmen. Sie haben mit einer solchen Transformation in ActionScript MX eigentlich nur Vorteile, wenn Sie die Daten oder die Struktur für einen bestimmten Zweck aufbereiten wollen. Und dies hängt von der jeweiligen Situation ab, wie die Politiker jetzt sagen würden. Was Sie momentan oben im Ausgabefenster ansonsten sehen, kostet prinzipiell nur Zeit und Ressourcen. Die Informationen sind redundant, wobei die Namen der Knoten verloren gegangen sind, was sich aber noch ergänzen ließe. Gut, die Ausgaben mit der *trace()* Aktion fallen etwas kürzer und damit griffiger aus. Diese ließen sich mit dem XML-Objekt ansonsten genauso gut anpacken.

```
trace(this.childNodes[0].childNodes[1].attributes.ort);
trace(this.childNodes[0].childNodes[1].attributes.datum);
trace(this.childNodes[0].childNodes[1].childNodes[0].childNodes[0]);
trace(this.childNodes[0].childNodes[1].childNodes[1].childNodes[0]);
trace(this.childNodes[0].childNodes.length);
```

Die wichtigsten Gründe, warum in Flash 5 Anwendungen de facto alle XML-Dokumente in eine Array-Struktur transformiert wurden, waren:

* Schlechtere Performance des XML-Objekts
* Haarsträubend unübersichtliche Ausgabe eines XML-Objekts im Ausgabefenster
* Knoten durch Whitespace, welche durch die Transformation gleich mit eliminiert wurden

Nun, dies hat sich entscheidend gebessert, sodass es eigentlich kaum noch Gründe gibt, warum man mit dem XML-Objekt in ActionScript MX nicht durchweg arbeiten sollte. Zu den Ausnahmen würde etwa die Arbeit mit Macromedia's UI-Komponenten zählen, wie etwa *FListBox*, *FComboBox* und andere, welche sich alle mit Array-Objekten füttern lassen. Halten Sie bei diesen Komponenten Ausschau nach der Methode *setDataProvider()*.

11.4.6 Schnellzugriff mit dem Attribut „*id*"

Ein sehr praktisches, wenn auch noch undokumentiertes Feature in ActionScript MX ist der Link auf ein XML-Element über sein *id*-Attribut. Damit können Sie sich selbst tief verborgene Informationen aus dem großen Gewühl der Baumstruktur einfach herausangeln.

Listing 11.38 Ein Knoten in dem XML-Dokument besitzt ein *id*-Attribut

```
<?xml version="1.0" encoding="UTF-8"?>
<plan>
   <konzert datum="2002-06-15" ort="Starclub Dresden">
      <band id="Lieblingsband">Múm</band>
   </konzert>
   <konzert datum="2002-06-24" ort="Starclub Dresden">
```

```
        <band>And You Will Know Us By The Trail Of Dead</band>
        <band>The Icarus Line</band>
    </konzert>
    <konzert datum="2002-06-26" ort="Starclub Dresden">
        <band>Do Make Say Think </band>
    </konzert>
</plan>
```

Listing 11.39 Direkter Zugriff auf das Element mit der angegebenen ID in ActionScript

```
var konzertPlan = new XML();
konzertPlan.ignoreWhite = true;
konzertPlan.onLoad = function(stat) {
    if (stat) {
        // Ausgabe: <band id="Lieblingsband">Múm</band>
        trace(this["Lieblingsband"]);
    }
};
konzertPlan.load("daten/konzertplan_juni_id.xml");
```

Sie können übrigens auch mehrere *id*-Attribute angeben. Kommt eine ID mehr als einmal im Dokument vor, gilt immer die im Dokument zuletzt definierte.

11.4.7 XML Parser – Fehlerbehandlung

Nicht immer ganz offensichtlich ist die Art und Weise, wie Fehler in einem geladenen XML-Dokument behandelt werden. Anhand eines Beispiels soll Licht in den Dschungel gebracht und das Verhalten des eingebauten XML-Parsers untersucht werden.

Listing 11.40 Fehlerhaftes XML-Dokument zum Testen: *<konzert>* anstatt *</konzert>*

```
<plan>
    <konzert datum="2002-06-15" ort="Starclub Dresden">
        <band>Múm</band>
    <konzert>
</plan>
```

Listing 11.41 Ein fehlerhaftes XML-Dokument laden mit Anzeige der Eigenschaft *status*

```
var konzertPlan = new XML();
konzertPlan.ignoreWhite = true;
konzertPlan.onLoad = function(stat) {
    if (stat) {
        trace("OK | Status: " + this.status);
```

```
   } else {
      trace("Fehler");
   }
};
konzertPlan.load("daten/konzertplan_fehler.xml");
```

Häufig wird angenommen, dass bei einem fehlerhaften XML-Dokument der *onLoad()* Handler mit dem Argument *false* aufgerufen wird, d.h. wir die Trace-Ausgabe „Fehler" erhalten. Dem ist nicht so. Dieser Fall tritt nur ein, wenn beim Laden etwas schief gelaufen ist, ähnlich wie das beim *LoadVars*-Objekt der Fall war. Stattdessen erhalten wir im obigen Beispiel die Ausgabe.

```
OK | Status: -10
```

Ok? Mhm. Beim Anzeigen der Variablen, erleben wir eine weitere Überraschung:

```
Variable _level0.konzertPlan = [Objekt #1, Klasse 'XMLNode'] {

   <plan>
      <konzert datum="2002-06-15" ort="Starclub Dresden">
         <band>
            Múm
         </band>
         <konzert />
      </konzert>
   </plan>
}
```

Hier hat der eingebaute XML-Parser also offensichtlich eine Fehlerkorrektur nach eigenem Ermessen durchgeführt und den fehlerhaften Tag eben als leeren Knoten interpretiert. Die Eigenschaft *status* des XML-Objekts besitzt bei solchen Fehlern einen Wert **ungleich** dem Wert 0, welcher OK bedeuten würde. Man spricht deshalb auch von einem „Statuscode" und nicht von einem „Fehlercode". Im obigen Beispiel sehen Sie den Wert −10, was laut Referenz bedeutet:

„Es trat ein Endtag ohne zugehöriges Anfangstag auf"

Es ist also alles andere als „OK". Auch muss man sich damit abfinden, dass dieser Statuscode des XML-Parsers bei der Ursache nicht immer ins Schwarze trifft. Treten mehrere Fehler in einem Dokument auf, kann zudem immer nur einer gemeldet werden. Für komplexe Anwendungen ist es dennoch nötig, diesen Status auszuwerten und eine Fehlerbehandlung einzuleiten. In der ActionScript-Referenz finden Sie dazu die komplette Beschreibung der Statuscodes. Sie haben die Wahl, was Sie ihren Besuchern davon an Text zumuten wollen. Meist reicht es natürlich, zu überprüfen, ob der Statuscode nach dem Parsen einen Wert ungleich 0 besitzt. Wie auch immer, ein Ansatz in ActionScript mit Beschreibung würde folgendermaßen aussehen:

Listing 11.42 Anzeige des Statustexts – die Beschreibung wird in einem globalen Objekt abgelegt

```
////////////////////////////////////////////////
// Fehlermeldungen in einem Objekt definieren
_global.statusText = new Array();
statusText[0] ="Kein Fehler; Einlesevorgang erfolgreich abgeschlossen.";
statusText[-2]="Ein CDATA-Bereich wurde nicht ordnungsgemäß beendet.";
statusText[-3]="Die XML-Deklaration wurde nicht ordnungsgemäß beendet.";
statusText[-4]="Die DOCTYPE-Deklaration wurde nicht ordnungsgemäß been-
det.";
statusText[-5]="Ein Kommentar wurde nicht ordnungsgemäß beendet.";
statusText[-6]="Ein XML-Element war ungültig.";
statusText[-7]="Zu wenig Speicher.";
statusText[-8]="Ein Attributwert wurde nicht ordnungsgemäß beendet.";
statusText[-9]="Das zu einem Anfangstag gehörige Endtag fehlte.";
statusText[-10]="Es trat ein Endtag ohne zugehöriges Anfangstag auf.";
////////////////////////////////////////////////
// XML Objekt
var konzertPlan = new XML();
konzertPlan.ignoreWhite = true;
konzertPlan.onLoad = function(stat) {
   if (stat) {
      // Statustext anzeigen
      trace(_global.statusText[this.status]);
   } else {
      trace("Fehler beim Laden");
   }
};
konzertPlan.load("daten/konzertplan_fehler.xml");
```

```
Es trat ein Endtag ohne zugehöriges Anfangstag auf.
```

Wir müssten hier also, um es genau zu nehmen, den Text im *else*-Zweig korrigieren.

```
trace("Fehler beim Laden");
```

Zusammengefasst bedeutet dies, dass Sie als engagierter Entwickler beim Laden eines XML-Dokuments auf insgesamt drei Fälle vorbereitet sein sollten:

1. Parsen erfolgreich (Idealfall)
2. Fehler beim Parsen des Dokuments in ein Objekt
3. Fehler beim Laden

Und so würde Ihre Reaktion von der Struktur her in ActionScript aussehen.

Listing 11.43 Auf die drei Fälle beim Laden eines XML Dokuments reagieren

```
var konzertPlan = new XML();
konzertPlan.ignoreWhite = true;
konzertPlan.onLoad = function(stat) {
   if (stat) {
      if (this.status == 0) {
         trace("Parsen erfolgreich");
         trace(this);
      } else {
         trace("Fehler beim Parsen");
      }
   } else {
      trace("Fehler beim Laden");
   }
};
```

Aber vielleicht sind Sie ja auch ganz sicher, dass Ihre XML-Dokumente in Ordnung sind? Dann können Sie sich den Aufwand natürlich gerne ersparen.

11.4.8 Achtung Umleitung – XML Newsfeed

Glücklich ist, wer eigene Schlagzeilen macht. Aufpassen sollte, wer die Schlagzeilen von anderen benötigt. Der Player schiebt einen Riegel vor, wenn es darum geht, Dateien von einer anderen Domain zu laden. Lokal können Sie aber munter drauf los laden. Das folgende Skript zum Beispiel lädt die aktuellen Entwickler-News von Macromedia. Es funktioniert problemlos, wenn Sie den Film in der Entwicklungsumgebung testen.

Listing 11.44 Eigene Futter-Klasse (erweitert XML Klasse)

```
//////////////////////////////////////////////////
// Klasse Futter
Futter = function (src) {
   super(src);// Argument wird hier nicht benötigt
   this.ignoreWhite = true;
};
// XML Klasse erweitern
```

```
Futter.prototype = new XML();
Futter.prototype.onLoad = function(stat) {
  var news, anzahlNews;
  if (stat) {
    trace("Statuscode: " + this.status);
    anzahlNews = this.firstChild.childNodes.length;
    for (n = 0; n < anzahlNews; n++) {
      news = this.firstChild.childNodes[n];
      // title (0) // author (1) // url (2)
      trace(news.childNodes[0].firstChild.nodeValue);
      trace(news.childNodes[1].firstChild.nodeValue);
      trace(news.childNodes[2].firstChild.nodeValue);
      trace("-----------------------------------");
    }
  } else {
    trace("Fehler beim Laden");
  }
};
mmFutter = new Futter();
mmFutter.load("http://www.macromedia.com/desdev/resources/macromedia_
resources.xml");
```

Auf der Webseite zum Buch finden Sie eine leicht modifizierte Version dieses Skripts, welches die neuesten Neuigkeiten nicht in das Ausgabefenster, sondern in ein Textfeld schreibt. Inklusive des Scrollbalkens aus dem „Flash UI Components Set 2" und HTML-Links. Damit ließe sich das Ganze schon zum Aufpeppen der eigenen Webseite einbauen – wenn es eben nicht diese Domain-Beschränkung gäbe. Siehe dazu auch die Macromedia Technote mit der ID #14213 *(External data not accessible outside a Flash movie's domain)*. Mit Version 6.0.47.0 wurden zudem aus Sicherheitsgründen die so genannten *Redirects* unterbunden!

http://www.macromedia.com/v1/handlers/index.cfm?ID=23294

Da solche Umleitungen in Zeiten von exponentiell ansteigenden Weblogs ein relativ häufiges Anliegen sind, finden Sie für dieses Beispiel im Anschluss die serverseitigen Skripte für PHP, ASP, CFML, JSP. Das Laden der News erfolgt auf dem Webserver zum Beispiel für PHP mit

```
mmFutter.load("umleitung.php");
```

Beachten Sie bitte, dass die folgenden Skripte nur Anregung sein sollen, sowie von der Version und Konfiguration Ihres eigenen Servers abhängig sind, d. h. eventuell bei Ihnen nicht auf Anhieb funktionieren. Das Grundprinzip bei allen Skripts: Der Inhalt der XML-Datei wird komplett eingelesen und als Antwort ausgegeben. Als Alternative bietet sich die hier vorgestellte *Shim SWF Methode* an:

http://www.macromedia.com/support/flash/ts/documents/load_xdomain.htm

11.4.8.1 ASP/JScript

Listing 11.45 umleitung.asp (getestet unter W2k Professional / IIS5)

```jscript
<%@ Language="JScript" %>
<%
var location =
"http://www.macromedia.com/desdev/resources/macromedia_resources.xml";
   var verbindung = Server.CreateObject("Microsoft.XMLHTTP");
   verbindung.open("GET", location, false);
   verbindung.send();
   var ausgabe = verbindung.responseText;
   Response.Buffer = true;
   Response.ContentType = verbindung.getResponseHeader("Content-Type")
   Response.Write(ausgabe);
   Response.End;
   delete verbindung;
%>
```

11.4.8.2 PHP

Listing 11.46 umleitung.php (getestet unter W2k Professional / IIS5 / PHP Version 4.2.1)

```php
<?php
header("Content-Type: text/xml");
$location="http://www.macromedia.com/desdev/resources/macromedia_
resources.xml";
readfile($location);
?>
```

11.4.8.3 CFML

Listing 11.47 umleitung.cfm (getestet unter W2k Professional / IIS5 / ColdFusion MX Developer Edition)

```cfml
<cfprocessingdirective suppressWhiteSpace = "Yes">
<cfset location="http://www.macromedia.com/desdev/resources/macromedia_
resources.xml"/>
<cfhttp url="#location#" method="get" redirect="yes" timeout="10"/>
```

```
<cfheader name="Content-type" value="#cfhttp.mimeType#">
<cfoutput>
  #cfhttp.fileContent#
</cfoutput>
</cfprocessingdirective>
```

11.4.8.4 JSP

Listing 11.48 umleitung.jsp (getestet unter W2k Professional / IIS5 / ColdFusion MX Developer Edition)

```
<%@ page import="java.net.*, java.io.*, java.util.*"%><%
  String location =
"http://www.macromedia.com/desdev/resources/macromedia_resources.xml";
  URL ziel = new URL(location);
  URLConnection verbindung = ziel.openConnection();
  verbindung.connect();
  StringBuffer ausgabe = new StringBuffer();
  String zeile;
  BufferedReader eingang = new BufferedReader(
  new InputStreamReader(verbindung.getInputStream()));
  while( (zeile = eingang.readLine()) != null) {
     ausgabe.append(zeile + "\n");
  }
  response.addHeader("Content-Type", "text/xml");
  response.setContentType("text/xml");
    out.print(ausgabe.toString());
%>
```

11.4.8.5 Die ausgedienten Redirect-Skripte

Der Vollständigkeit halber und zum Testen folgen an dieser Stelle noch die Redirect-Skripte, welche, wie gesagt, aus Sicherheitsgründen ab Version 6.0.47.0 nur noch lokal funktionieren.

Listing 11.49 redirect.asp (getestet unter W2k Professional / IIS5)

```
<%@ Language="JScript" %>
<%
Response.Redirect("http://www.macromedia.com/desdev/resources/macromedia_
resources.xml")
%>
```

Listing 11.50 redirect.php (getestet unter W2k Professional / IIS5 / PHP Version 4.2.1)

```
<?php
$location="http://macromedia.com/desdev/resources/macromedia_
resources.xml";
header("Location: $location");
?>
```

Listing 11.51 redirect.cfm (getestet unter W2k Professional / IIS5 / ColdFusion MX Developer Edition)

```
<cflocation url="http://www.macromedia.com/desdev/resources/macromedia_
resources.xml"/>
```

Listing 11.52 redirect.jsp (getestet unter W2k Professional / IIS5 / ColdFusion MX Developer Edition)

```
<%@ page language="java"%><%
response.sendRedirect("http://www.macromedia.com/desdev/resources/
macromedia_resources.xml");
%>
```

11.4.9 Snapshot abschicken

Erinnern Sie sich: Beim Senden mit dem *LoadVars*-Objekt werden alle Eigenschaften als URL-encodierte Zeichenkette aus verknüpften Variablen Namen/Werte-Paaren abgeschickt. Beim XML-Objekt ist es etwa anders. Hier wird das XML-Dokument, welches ja im Modell durch das Objekt repräsentiert wird, als Quelltext gesendet. Und zwar **nicht** URL-encodiert und **immer** mit der POST-Methode. Die üblichen Verdächtigen auf der Server-Seite verarbeiten diese anfallenden XML-Pakete weiterhin sehr unterschiedlich, weswegen es auch hier wieder für Sie als Allererstes sehr wichtig ist, die Kommunikation in beide Richtungen zu testen. Für ASP, PHP, CFML und JSP finden Sie am Ende jeweils einen Ansatz, um diesen Quelltext für die weitere Verkostung in ein XML-Objekt zu parsen. Diesem wird mit den passenden Mitteln ein neuer Knoten hinzugefügt und das modifizierte XML-Dokument danach wieder an den Flash Player zurückgeschickt. Wichtig ist dabei nicht nur, die Rohdaten mit dem richtigen Schwung auf dem Server einzulesen, sondern auch die richtige Codierung zu respektieren. Normalerweise werden die Daten UTF-8 codiert abgeschickt und empfangen, es sei denn Sie setzen die System-Eigenschaft *System.useCodepage* auf den Wert *true*.

11.4.9.1 Der ActionScript-Teil

Wenn Sie die folgende ActionScript-Klasse betrachten, dürfte Ihnen vieles bekannt vorkommen, denn auch hier kommen zwei XML-Objekte zum Einsatz. Ein Fach für den „Posteingang" und eins für den „Postausgang". Wie im richtigen Leben also. Gesendet wird ein exklusiv erzeugtes XML-Dokument, dessen Informationen hier beispielsweise aus den Eigenschaften des *System. capabilities* Objektes gewonnen werden.

Listing 11.53 Aus dem *System.capabilities* Objekt wird dieses XML-Dokument in ActionScript erzeugt

```
<?xml version="1.0" encoding="UTF-8"?>
<capabilities>
  <language>
    de
  </language>
  ...
</capabilities>
```

Das Objekt wird dabei mit Hilfe einer Schleife durchlaufen, und die XML-Struktur entsprechend aufgebaut. Erinnern Sie sich noch an die rekursive Funktion von vorhin, um ein XML-Dokument in eine Array-Struktur zu transformieren? Umgekehrt könnten Sie so etwas verwenden, um etwa die komplette Zeitleisten-Struktur Ihrer Flash-Anwendung in einem XML-Dokument abzubilden. Mit sämtlichen Eigenschaften aller MovieClips. Eine Technik, die mit Einführung von XML in ActionScript überhaupt der rettende Strohhalm war, um Zeichnungen, Collagen oder sonstige Kunstwerke der talentierten Besucherschaft in die schützenden Mauern einer XML-Datenbank einzuritzen. In einer Datenbank gespeichert, war das dann also fast wie ein Bühnen-Snapshot mit Aha-Effekt.

Listing 11.54 ActionScript Klasse Snapshot (Funktioniert so nur im Testmodus, da mit trace() Aktion)

```
///////////////////////////////////////////////
// Klasse Snapshot
function Snapshot(action) {
    this.action = action;
    // Objekt, welches alle Daten zum Abschicken "sammeln" soll
    this.abgang = new XML();
    this.abgang.snaphot = this;
    this.abgang.docTypeDecl  = "<?xml version=\"1.0\" ";
    this.abgang.docTypeDecl += "encoding=\"UTF-8\"?>";
    // Objekt welches die Antwort vom Server erhält
    this.eingang = new XML();
    this.eingang.ignoreWhite = true;
    this.eingang.snapshot = this;
    this.eingang.onLoad = this.onLoad;
}
///////////////////////////////////////////////
// Snapshot::submit
Snapshot.prototype.submit = function(obj, rootName) {
    var name, wert;
    var rootNode = this.abgang.createElement(rootName);
    this.abgang.appendChild(rootNode);
```

```
  for (var i in obj) {
     name = this.abgang.createElement(i);
     wert = this.abgang.createTextNode(obj[i]);
     name.appendChild(wert);
     rootNode.appendChild(name);
  }
  // Handler aufrufen - informiert über Wartezeit
  this.onSubmit();
  this.abgang.sendAndLoad(this.action, this.eingang);
};
/////////////////////////////////////////////////
// Snapshot::onSubmit
Snapshot.prototype.onSubmit = function() {
  trace("Einen Moment bitte ... ");
}
/////////////////////////////////////////////////
// Snapshot::onLoad
Snapshot.prototype.onLoad = function(stat) {
  if (stat) {
trace("Statuscode: " + this.status);
     trace(this.firstChild.firstChild.firstChild.nodeValue);
     trace(this.firstChild.lastChild.firstChild.nodeValue + " OK");
  } else {
     trace("Fehler beim Laden !");
  }

}
```

Listing 11.55 Snapshot des Objekts *System.capabilities*

```
/////////////////////////////////////////////////
// Neuer System Snapshot (Skripte für ASP, CFML, PHP, JSP)
var systemSnapshot = new Snapshot(
     "http://192.168.100.2/asnative/snapshot.cfm"
);
systemSnapshot.submit(System.capabilities, "capabilities");
```

An Stelle des Objekts *System.capabilities* können Sie gerne theoretisch auch andere Objekte als Argument übergeben. Beachten Sie aber dabei immer die Konventionen für Bezeichner und Formatierungen in XML-Dokumenten, da es ansonsten zu Fehlermeldungen im serverseitigen Skript kommen kann. Hat alles geklappt, meldet sich das Ausgabefenster mit den Worten:

```
Einen Moment bitte ...
Statuscode: 0
de
CFM OK
```

Wie in alten DOS-Zeiten. Und das Auflisten der Variablen fördert Folgendes ans Licht:

```
Variable _level0.Snapshot = [Funktion 'Snapshot'] {
    prototype:[Objekt #2, Klasse 'Object'] {
      submit:[Funktion 'submit'],
      onSubmit:[Funktion 'onSubmit'],
      onLoad:[Funktion 'onLoad']
    }
  }
Variable _level0.systemSnapshot = [Objekt #6, Klasse 'Snapshot'] {
    action:"http://192.168.100.2/asnative/snapshot.cfm",
    abgang:[Objekt #7, Klasse 'XMLNode'] {
      <?xml version="1.0" encoding="UTF-8"?>

        <capabilities>
          <language>
            de
          </language>
            ...
        </capabilities>
    },
    eingang:[Objekt #8, Klasse 'XMLNode'] {
      <?xml version="1.0" encoding="UTF-8"?>

        <capabilities>
          <language>
            de
          </language>
            ...
          <scriptSprache>
            CFM
          </scriptSprache>
        </capabilities>
    }
  }
```

Vergessen Sie bitte nicht, dass die folgenden Skripte von der Version und Konfiguration Ihres eigenen Servers abhängig sind, und eventuell bei Ihnen nicht auf Anhieb funktionieren. Ich denke da nur an das momentan noch permanent im Umbruch befindliche XMLDOM-Modul von PHP. Bis auf die ColdFusion-Version verwenden übrigens alle anderen XML DOM im jeweiligen Dialekt der Skriptsprache. Sehr praktisch, wenn man sich da schon mit ActionScript's XML-Klasse auskennt. Oder andersrum?

11.4.9.2 ASP/JScript

Listing 11.56 snapshot.asp (getestet unter W2k Professional / IIS5)

```
<%@ Language="JScript" %>
<%
    /////////////////////////////////////////////////////////////
    // ActionScript Snapshot - ASP Version
    // XML Daten einlesen, Knoten anhängen und wieder zurückschicken
    /////////////////////////////////////////////////////////////
    var ausgabe = new ActiveXObject("Microsoft.XMLDOM");
    ausgabe.async = false;
    ausgabe.preserveWhiteSpace = false;
    ausgabe.loadXML(Request.Form);
    var elem = ausgabe.createElement("scriptSprache");
    var wert = ausgabe.createTextNode("ASP / JScript");
    elem.appendChild(wert);
    ausgabe.documentElement.appendChild(elem);
    Response.ContentType = "text/xml";
    Response.Charset = "utf-8";
    Response.Write(ausgabe.xml);
    Response.End;
%>
```

11.4.9.3 PHP

Listing 11.57 snapshot.php (getestet unter W2k Professional / IIS5 / PHP Version 4.2.1)

```
<?php
    header("Content-Type: text/xml");
    /////////////////////////////////////////////////////////////
    // ActionScript Snapshot - PHP Version
    // XML Daten einlesen, Knoten anhängen und wieder zurückschicken
    /////////////////////////////////////////////////////////////
    /*
```

```
1.) In der php.ini muss folgende Option gesetzt sein:
--------------------------------------------------------
; Always populate the $HTTP_RAW_POST_DATA variable.
always_populate_raw_post_data = On
--------------------------------------------------------
2.) DOMXML muss für dieses Beispiel aktiviert sein. Das Modul
hat aber noch den Status "Experimental", d.h. die hier benutzten
Bezeichner für die Funktionen können sich eventuell ändern!
[ http://www.php.net/manual/en/ref.domxml.php ]
--------------------------------------------------------
3.) PHP Version 4.2.1 nötig (Major Update für DOMXML)
*/
$ausgabe = domxml_open_mem($GLOBALS["HTTP_RAW_POST_DATA"]);
$root = $ausgabe->document_element();
$elem = $ausgabe->create_element("scriptSprache");
$node = $root->append_child($elem);
$node->append_child($ausgabe->create_text_node("PHP"));
echo $ausgabe->dump_mem(true);
?>
```

11.4.9.4 CFML

Listing 11.58 snapshot.cfm (getestet unter W2k Professional / IIS5 / ColdFusion MX Developer Edition)

```
<cfprocessingdirective suppressWhiteSpace="Yes">
<cfheader name="Content-Type" value="text/xml" />
<cfscript>
    ///////////////////////////////////////////////////////////////
    // ActionScript Snapshot - CFM Version
    // XML Daten einlesen, Knoten anhängen und wieder zurückschicken
    ///////////////////////////////////////////////////////////////
    ausgabe = XmlParse(GetHttpRequestData().content);
    ausgabe.xmlRoot.scriptSprache = XmlElemNew(ausgabe, "scriptSprache");
    ausgabe.xmlRoot.scriptSprache.XmlText = "CFM";
    WriteOutput(toString(ausgabe));
</cfscript>
</cfprocessingdirective>
```

11.4.9.5 JSP

Listing 11.59 snapshot.jsp (getestet unter W2k Professional / IIS5 / ColdFusion MX Developer Edition)

```
<%@ page contentType="text/xml; charset=UTF-8"
   import="javax.xml.parsers.DocumentBuilderFactory,
   javax.xml.parsers.DocumentBuilder,org.w3c.dom.*"%><%
   ///////////////////////////////////////////////////////////
   // ActionScript Snapshot - JSP Version
   // XML Daten einlesen, Knoten anhängen und wieder zurückschicken
   ///////////////////////////////////////////////////////////
   DocumentBuilderFactory dbf = DocumentBuilderFactory.newInstance();
   DocumentBuilder db = dbf.newDocumentBuilder();
   Document doc = db.parse(request.getInputStream());
   Node root = doc.getDocumentElement();
   Element elem = doc.createElement("scriptSprache");
   Node wert = doc.createTextNode("JSP");
   Node node = root.appendChild(elem);
   node.appendChild(wert);
   String ausgabe = doc.getDocumentElement().toString();
   out.print(ausgabe);
%>
```

11.5 Mixed Pickles – Variablen streuen, XML ernten

Eine relativ wenig bekannte Kombination ist die Möglichkeit, ein *LoadVars*-Objekt für den Abgang und ein XML-Objekt für den Empfang von Daten bei der *sendAndLoad()*-Methode zu verwenden. Oder andersrum. Dies ist zwar (noch) nicht in der ActionScript-Referenz dokumentiert, aber dennoch sehr praktisch. Besonders wenn die Variablen, aus welchen Gründen auch immer, mit der POST-Methode abgeschickt werden sollen.

11.5.1 Der ActionScript-Teil

Im Prinzip handelt es sich auf der ActionScript-Seite nur um eine leichte Modifikation der vorherigen „Snapshot"-Klasse, wobei hier nur ein Wertepaar abgeschickt wird, um das ganze einfach zu halten. Absolut nichts Neues für Sie, und da ein Skript mehr sagt als tausend Worte, folgt hier der Ansatz, wie es aussehen könnte.

Listing 11.60 ActionScript-Klasse Mix (funktioniert so nur im Testmodus, da mit trace() Aktion)

```
///////////////////////////////////////////////
// Klasse Mix
function Mix(action, method) {
```

```
   this.action = action;
   this.method = method;
   // Objekt welches alle Daten zum Abschicken "sammeln" soll
   this.abgang = new LoadVars();
   // Objekt welches die Antwort vom Server erhält
   this.eingang = new XML();
   this.eingang.ignoreWhite = true;
   this.eingang.onLoad = this.onLoad;
}
//////////////////////////////////////////////////
// Mix::submit
Mix.prototype.submit = function(name, wert) {
   this.abgang[name] = wert;
   // Handler aufrufen - informiert über Wartezeit
   this.onSubmit();
   this.abgang.sendAndLoad(this.action, this.eingang, this.method);
};
//////////////////////////////////////////////////
// Mix::onSubmit
Mix.prototype.onSubmit = function() {
   trace("Einen Moment bitte ... ");
};
//////////////////////////////////////////////////
// Mix::onLoad
Mix.prototype.onLoad = function(stat) {
   if (stat) {
      trace("Statuscode: " + this.status);
      trace(this.firstChild.firstChild.nodeName);
      trace(this.firstChild.firstChild.firstChild.nodeValue);
   } else {
      trace("Fehler beim Laden !");
   }
};
```

Listing 11.61 Die Eigenschaft *inhalt* mit dem Wert „säftchen" abschicken

```
//////////////////////////////////////////////////
// Neuer Mix (Skripte für ASP, CFML, PHP, JSP)
var glas = new Mix(
     "http://192.168.100.2/asnative/mixed.cfm",
     "POST"
);
glas.submit("inhalt","Mohrrübe");
```

Das serverseitige Skript macht nichts weiter, als ein neues XML-Dokument zu erzeugen und dieses an den Player zurückzuschicken. Dieses enthält als Test die Wurzel *mix*, einen Knoten *inhalt* und einen Textknoten mit dem Wert, welcher abgeschickt wurde, hier also „säftchen". In der rauen Praxis würden Sie etwa einen Satz Parameter für eine Datenbank-Abfrage an den Server schicken, welcher dann entsprechend mit einem XML-Dokument antwortet.

```
Variable _level0.glas = [Objekt #6, Klasse 'Mix'] {
    action:"http://192.168.100.2/asnative/mixed.cfm",
    method:"POST",
    abgang:[Objekt #7, Klasse 'LoadVars'] {
      inhalt:"Mohrrübe"
    },
    eingang:[Objekt #8, Klasse 'XMLNode'] {
      <?xml version="1.0" encoding="UTF-8"?>

        <mix>
          <inhalt>
            Mohrrübe
          </inhalt>
        </mix>
    }
}
```

Denken Sie wieder daran, dass die folgenden Skripte von der Version und Konfiguration Ihres eigenen Servers abhängig sind und eventuell bei Ihnen nicht auf Anhieb funktionieren.

11.5.2 ASP/JScript

Listing 11.62 mixed.asp (getestet unter W2k Professional / IIS5)

```
<%@ Language=JScript %>
<%
    ///////////////////////////////////////////////////////////////
    // ActionScript Mix - ASP Version
    // Variablen Name / Werte Paar einlesen, XML zurückschicken
    ///////////////////////////////////////////////////////////////
    // für die Methode "GET" entsprechend Request.QueryString verwenden
    var ausgabe = new ActiveXObject("Microsoft.XMLDOM");
    ausgabe.async = false;
    ausgabe.preserveWhiteSpace = false;
    var root = ausgabe.createElement("mix");
    ausgabe.appendChild(root);
```

```
    var elem = ausgabe.createElement("inhalt");
    var wert = ausgabe.createTextNode(Request.Form("inhalt"));
    elem.appendChild(wert);
    ausgabe.documentElement.appendChild(elem);
    Response.ContentType = "text/xml";
    Response.Charset = "utf-8";
    Response.Write(ausgabe.xml);
    Response.End;
%>
```

11.5.3 PHP

Listing 11.63 mixed.php (getestet unter W2k Professional / IIS5 / PHP Version 4.2.1)

```php
<?php
    header("Content-Type: text/xml");
    //////////////////////////////////////////////////////////////
    // ActionScript Mix - PHP Version
    // Variablen Name / Werte Paar einlesen, XML zurückschicken
    //////////////////////////////////////////////////////////////
    /*
    1.) DOMXML muss für dieses Beispiel aktiviert sein. Das Modul
    hat aber noch den Status "Experimental", d.h. die hier benutzten
    Bezeichner für die Funktionen können sich eventuell ändern!
    [ http://www.php.net/manual/en/ref.domxml.php ]
    ---------------------------------------------------------
    2.) PHP Version 4.2.1 nötig (Major Update für DOMXML)
    */
    $ausgabe = domxml_new_doc("1.0");
    $root = $ausgabe->append_child($ausgabe->create_element("mix"));
    $elem = $ausgabe->create_element("inhalt");
    $node = $root->append_child($elem);
    $node->append_child($ausgabe->create_text_node($_POST["inhalt"]));
    echo $root->dump_node($root);
?>
```

11.5.4 CFML

Listing 11.64 mixed.cfm (getestet unter W2k Professional / IIS5 / ColdFusion MX Developer Edition)

```
<cfprocessingdirective suppressWhiteSpace="Yes">
<cfheader name="Content-Type" value="text/xml" />
```

```
<cfscript>
  /////////////////////////////////////////////////////////////////
  // ActionScript Mix - CFM Version
  // Variablen Name / Werte Paar einlesen, XML zurückschicken
  /////////////////////////////////////////////////////////////////
  ausgabe = XmlNew();
  ausgabe.xmlRoot = XmlElemNew(ausgabe,"mix");
  ausgabe.xmlRoot.inhalt = XmlElemNew(ausgabe, "inhalt");
  ausgabe.xmlRoot.inhalt.XmlText = "#Form.inhalt#";
  WriteOutput(toString(ausgabe));
</cfscript>
</cfprocessingdirective>
```

11.5.5 JSP

Listing 11.65 mixed.jsp (getestet unter W2k Professional / IIS5 / ColdFusion MX Developer Edition)

```
<%@ page contentType="text/xml"
  import="javax.xml.parsers.DocumentBuilderFactory,
  javax.xml.parsers.DocumentBuilder,org.w3c.dom.*"%><%
  /////////////////////////////////////////////////////////////////
  // ActionScript Mix - JSP Version
  // Variablen Name / Werte Paar einlesen, XML zurückschicken
  /////////////////////////////////////////////////////////////////
  DocumentBuilderFactory dbf = DocumentBuilderFactory.newInstance();
  DocumentBuilder db = dbf.newDocumentBuilder();
  Document doc = db.newDocument();
  Element mix = doc.createElement("mix");
  Node root = doc.appendChild(mix);
  Element elem = doc.createElement("inhalt");
  Node wert = doc.createTextNode(request.getParameter("inhalt"));
  Node node = root.appendChild(elem);
  node.appendChild(wert);
  String ausgabe = doc.getDocumentElement().toString();
  out.print(ausgabe);
%>
```

11.6 Flash Remoting

Zum Thema Austausch gibt es Neues von der Datenfront zu berichten. Als fester Bestandteil von ColdFusion MX und JRun 4, sowie Versionen für Microsoft's .NET und Java darf man gespannt sein, wie sich *Flash Remoting* in den nächsten Monaten durchsetzen wird. Aktuelle Produktinformationen und System Voraussetzungen finden Sie unter folgender Adresse.

http://www.macromedia.com/de/software/flash/flashremoting/

Die Arbeit mit Flash Remoting erfordert neben der benötigten Software auf dem Server, nur noch Kenntnisse zu Ereignissen und, wie immer, einen respektablen Umgang mit Objekten, Eigenschaften und Methoden. Dazu eine Prise Abstraktionsvermögen und den Mut, sich auf das Modell einzulassen. Besonders Letzteres sollten Sie wörtlich nehmen, denn Modelle werden bekanntlich dazu geschaffen, komplizierte Vorgänge und Prozesse zu vereinfachen. Das „Flash Remoting"-Modell kann man dabei auf eine einzige Kernaussage reduzieren: Es lassen sich von einer Flash-Anwendung (Client) aus Funktionen auf einem entfernten Server aufrufen. Und zwar so, als ob sich diese Funktion oder Methode **direkt** in Ihrem ActionScript Skript befinden würde. Solch „entfernt gelegene" Funktionen sind etwa im Skript einer ColdFusion Komponente (CFC) zu finden, was wir gleich im Anschluss sehen werden. Man stellt sich diese Komponente dann im Modell als Dienstanbieter vor, als Service, weswegen die Funktionen entsprechend als Service-Funktionen bezeichnet werden. Ein Bring-Dienst also, wie der Pizza-Service von nebenan, nur eben nicht für eine Pizza Margherita, sondern für eine Ladung schmackhafter Daten mit der nötigen Würze. Damit soll die Trennlinie zwischen Client und Server auch für Flash-Anwendungen aufgebrochen werden, wobei die Chancen nicht schlecht stehen. Bei einem ersten Vergleich mit den konventionellen Verfahren des Austausches über das XML- und LoadVars-Objekt fallen als Erstes folgende Vorteile von Flash Remoting auf:

- Es lassen sich nicht nur einfache Werte und XML-Dokumente austauschen, sondern echte Objekte, wobei der Datentyp in allen Fällen erhalten bleibt. *(Eine Zahl bleibt eine Zahl, ein Array bleibt ein Array etc. – und zwar in beiden Richtungen.)*
- Durch das binäre Übertragungsformat **AMF (Action Message Format)** reduziert sich das Datenvolumen, welches durch die Leitung geschickt werden muss, doch beträchtlich *(Mit diesem Format müssen Sie sich aber in keinster Weise ernsthaft auseinander setzen.)*
- Es lassen sich mehrere Funktionen unter dem Hut eines Service bequem und logisch organisieren. Etwa sämtliche Datenbank-Aktionen und Suchabfragen in einer ColdFusion-Komponente.
- Die Funktionalität und jeweilige Beschreibung für einzelne Service-Funktionen kann im Service-Browser der Flash-IDE abgefragt, die Funktionen ins ActionScript Panel übertragen werden. Backend-Anbindung via Mausklick und Stress-Killer in einem.
- Es ist auch ein direkter Aufruf von **SOAP-basierten Web-Services** möglich. Von allen Features ist dies vielleicht momentan das stärkste Argument für Flash Remoting. Damit entfallen übrigens auch die lästigen Umleitungs-Skripte der konventionellen Methoden.

So weit der Appetitanreger. Aber Hand auf's Herz: Als Entwickler neigt man ja gelegentlich dazu, solche Modelle zu ignorieren, oder? Man möchte viel lieber solch eine Schnittstelle selbst programmieren, und wenn es nur dem Ego richtig gut tut. Und zeigt damit die ersten Anzeichen des „Not Invented Here"-Syndroms (NIH). Aber gut, angenommen Sie wollten einfach erst mal nur einen einfachen Wert oder ein XML-Dokument vom Server laden, wie würde dies mit Flash Remoting aussehen?

11.6.1 Zufalls-Service – einfache Werte anfordern

Wenn Sie sich einmal an den schrägen Gedanken gewöhnt haben, in Ihrer Flash-Anwendung Funktionen auch auf einem Am-anderen-Ende-der-Welt-gelegenen-Server aufzurufen, läuft später alles nur noch nach „Schema F" ab. Hier die einzelnen Schritte im Pizza-Vergleich.

Tabelle 11.6 Analogie zwischen „Pizza-Service" und einem „Flash Remoting Service"

Pizza-Service	Flash Remoting
Telefon anschließen	Externe AS-Datei muss immer am Anfang eingebunden werden. Diese und andere optionale befinden sich z.B. im Ordner C:\Programme\Macromedia\Flash MX\Configuration\Include
	`#include "NetServices.as"`
Den Telefonhörer abnehmen. (Verbindung zur Vermittlung des TK-Unternehmens wird hergestellt.)	Verbindung zum Gateway herstellen.
	`var gatewayUrl = "http://192.168.100.2/flashservices/gateway"; var verbindung = NetServices.createGatewayConnection(gatewayUrl);`
Die Telefonnummer des Pizza Service wählen.	Die Telefonnummer ist hier z. B. Name und Pfad der CFC.
	`service = verbindung.GetService("asnative.datentypen", empfaenger);`
Eine bestimmte Pizza bestellen, oder auch Spaghetti, Getränke etc., je nachdem, was der Pizza-Service bietet.	Jedes Gericht stellt hier eine Service-Funktion dar, Sonderwünsche wie z. B. extra viel Käse wären hier Argumente für die Funktion.
	`service.schickeZufallszahl();`
Ihre Empfänger-Adresse, wohin die Pizza geliefert wird. Frei Haus versteht sich. Jemand klingelt, Sie halten die Pizza in den Händen und können reinbeißen.	Der *onResult()* Event-Handler. Sind die Daten angekommen, werden Sie benachrichtigt, d. h. der Handler wird aufgerufen und Sie können die Daten in der Variablen auswerten.
	`empfaenger.onResult = function(ergebnis) { trace(ergebnis); };`

Pizza-Service	Flash Remoting
Ihre Empfänger-Telefonnummer für den Fall, dass etwas schief gelaufen ist, z. B. der Backofen explodiert ist. Sie können dann woanders bestellen.	Der onStatus() Event-Handler. Ist irgendwo ein Fehler aufgetreten, wird dieser Handler aufgerufen, und Sie können darauf reagieren, etwa eine Fehlermeldung anzeigen.
| | ```
empfaenger.onStatus = function(fehler) {
        trace(fehler.description);
};
``` |

Nehmen wir also an, uns sind die Zufallszahlen ausgegangen und wir wollten eine Zufallszahl beim Remote-Service mit der Rufnummer *asnative.datentypen* bestellen, konkret bei einer Cold-Fusion-Komponente (CFC). Dann sieht das passende Skript so aus.

Listing 11.66 Zufallszahl beim Service anfordern (ActionScript)

```
#include "NetServices.as"
#include "Netdebug.as"
var gatewayUrl = "http://192.168.100.2/flashservices/gateway";
NetServices.setDefaultGatewayUrl();
var verbindung = NetServices.createGatewayConnection(gatewayUrl);
/////////////////////////////////////////////////////
// Objekt mit den beiden Event Handlern
//    - onResult()
//    - onStatus()
var empfaenger = new Object();
empfaenger.onResult = function(ergebnis) {
  trace(typeof ergebnis);    // number
  trace(ergebnis);           // z.B. 0.549010530323865
};
empfaenger.onStatus = function(fehler) {
  trace(fehler.description);
};
var service = verbindung.GetService("asnative.datentypen", empfaenger);
service.schickeZufallszahl();
```

Listing 11.67 datentypen.cfc – eine ColdFusion Komponente (CFC) als Service mit einer Funktion

```
<cfcomponent name="Datentypen" access="remote" ><!---
  ///////////////////////////////////////////////////////////
  // Flash Remoting Datentypen - ColdFusion Component
  // Datentypen schicken
  /////////////////////////////////////////////////////////// --->
  <cffunction name="schickeZufallszahl"
        access="remote"
```
```

```
              returntype="numeric"
              description="Schickt eine Zufallszahl">
              <cfset ergebnis = Rand() >
         <cfreturn ergebnis>
      </cffunction>
   </cfcomponent>
```

Einfach, oder? Das Erstaunliche ist , dass wir tatsächlich auch den Datentyp *number* erhalten.

```
trace(typeof ergebnis);       // number
```

Mit dem LoadVars- oder XML-Objekt empfangene Werte landen letztlich immer als Zeichen-ketten in den Objekten, da der Datentyp nicht explizit übermittelt wird. Dies kann in bestimmten Situationen natürlich fatale Folgen haben, denken Sie nur an den +-Operator. Das riecht also schon mal sehr lecker. Davon wird man aber nicht satt.

11.6.2 Info-Service – komplexe Objekte anfordern

Lassen wir uns also ein deftigeres Objekt servieren und erweitern den Service um eine Funktion *schickeServerInfo()*. Die Server-Variablen als Eigenschaften des *SERVER*-Objekts von Cold-Fusion sollen es diesmal sein. Wichtig ist hier zu beachten, dass Sie eben nicht ein neues Skript anzufertigen brauchen, wie Sie dies vermutlich sonst getan hätten. Nein, die neue Funktion wird als Teil der CFC in das Skript integriert. Denn, auch unsere „neue Pizza" soll immer noch unter der „alten Service-Hotline" zu bestellen sein.

Listing 11.68 datentypen.cfc – den Service um eine weitere Funktion erweitern

```
<cfcomponent name="Datentypen" access="remote" ><!---
    ///////////////////////////////////////////////////////////
    // Flash Remoting Datentypen - ColdFusion Component
    // Datentypen schicken
    ///////////////////////////////////////////////////////// --->
    . . .
    <cffunction name="schickeServerInfo"
            access="remote"
            returntype="struct"
            description="Schickt das Server Objekt">
            <cfset ergebnis = SERVER >
         <cfreturn ergebnis>
      </cffunction>
</cfcomponent>
```

Listing 11.69 Modifikation des Skripts, um das Objekt im Ausgabefenster sichtbar zu machen

```
#include "NetServices.as"
#include "Netdebug.as"
var gatewayUrl = "http://192.168.100.2/flashservices/gateway";
NetServices.setDefaultGatewayUrl();
var verbindung = NetServices.createGatewayConnection(gatewayUrl);
//////////////////////////////////////////////////
// Objekt mit den beiden Event Handlern
//    - onResult()
//    - onStatus()
var empfaenger = new Object();
empfaenger.onResult = function(ergebnis) {
  trace(typeof ergebnis);  // object
  _global.server = ergebnis;
};
empfaenger.onStatus = function(fehler) {
  trace(fehler.description);
};
var service = verbindung.GetService("asnative.datentypen", empfaenger);
service.schickeServerInfo();
```

```
   Variable _global.server = [Objekt #98, Klasse 'Array'] [
     OS:[Objekt #99, Klasse 'Array'] [
       ARCH:"x86",
       VERSION:"5.0",
       BUILDNUMBER:,
       ADDITIONALINFORMATION:,
       NAME:"Windows 2000"
     ],
     COLDFUSION:[Objekt #100, Klasse 'Array'] [
       PRODUCTLEVEL:"Evaluation",
       APPSERVER:"JRun4",
       SERIALNUMBER:,
       EXPIRATION:[Objekt #101, Klasse 'Date'] {Wed Jul 17 15:37:21
GMT+0200 2002},
       PRODUCTVERSION:"6,0,0,48097",
       PRODUCTNAME:"ColdFusion Server",
       ROOTDIR:"C:\\CFusionMX",
       SUPPORTEDLOCALES:"Spanish (Modern),German (Swiss),Korean,English
(US),Spanish (Standard),Dutch (Belgian),French (Swiss),Dutch (Standard),
English (UK),Norwegian (Bokmal),French (Standard),Swedish,Japanese,
```

```
Portuguese (Standard),French (Belgian),English (Australian),German (Aus-
trian),Italian (Standard),Spanish (Mexican),Portuguese (Brazilian),
English (New Zealand),English (Canadian),Italian (Swiss),German (Stan-
dard),French (Canadian),Norwegian (Nynorsk)"
    ]
  ]
```

Wenn Sie sich das Augabefenster jetzt oben anschauen, und überlegen, wie Sie dieses Objekt vorher mit herkömmlichen Mitteln durch die Leitung in eine Flash-Anwendung befördert hätten, wird vielleicht deutlich, welchen dicken Fisch wir hier an Land gezogen haben. Wohlgemerkt, der kam mit Haut und Schuppen, inklusive aller verschachtelten Objekte.

11.6.3 Auswahl-Service – XML-Objekt laden

Als letzter Dienst im Rahmen unserer Datentyp-Beobachtung vom Hochstand aus soll sich eine Service-Funktion ein beliebiges XML-Futter einverleiben, und das Ganze als XML-Objekt schicken. Die Betonung liegt dabei auf Objekt, denn im Gegensatz zur *load()* und *sendAndLoad()* Methode des XML-Objekts, muss ein XML-Dokument vom Player nicht erst in ein XML-Objekt geparst werden. Es kommt bereits als XML-Objekt an.

Listing 11.70 datentypen.cfc – den Service um eine Funktion mit Argument erweitern

```
<cfcomponent name="Datentypen" access="remote" ><!---
    //////////////////////////////////////////////////////////////
    // Flash Remoting Datentypen - ColdFusion Component
    // Datentypen schicken
    ////////////////////////////////////////////////////////////// --->
    . . .
    <cffunction name="schickeXML"
            access="remote"
            returntype="any"
            description="Schickt angefordertes XML">
    <cfargument name="url" type="string" required="true">
        <cfhttp method="get" url="#url#">
            <cfset ergebnis = XmlParse(cfhttp.fileContent)>
        <cfreturn ergebnis>
    </cffunction>
</cfcomponent>
```

Listing 11.71 Service-Funktion mit Argument aufrufen und XML-Objekt schicken lassen

```
#include "NetServices.as"
#include "Netdebug.as"
var gatewayUrl = "http://192.168.100.2/flashservices/gateway";
```

```
NetServices.setDefaultGatewayUrl();
var verbindung = NetServices.createGatewayConnection(gatewayUrl);
////////////////////////////////////////////////////
// Objekt mit den beiden Event Handlern
//    - onResult()
//    - onStatus()
var empfaenger = new Object();
empfaenger.onResult = function(ergebnis) {
   trace(typeof ergebnis);   // object
   trace(ergebnis);          // XML anzeigen
   _global.xmldoc = ergebnis;
};
empfaenger.onStatus = function(fehler) {
   trace(fehler.description);
};
var service = verbindung.GetService("asnative.datentypen", empfaenger);
// Service Funktion diesmal mit einem Argument aufrufen
servi-
ce.schickeXML("http://www.macromedia.com/desdev/resources/macromedia resour
ces.xml");
```

Diese Stelle ist eine gute Gelegenheit, den *onStatus()* Event-Handler ins Rampenlicht zu rücken. Die Service Funktion der ColdFusion-Komponente erwartet mit der Zeile

```
<cfargument name="url" type="string" required="true">
```

bedingungslos ein Argument vom Datentyp *string*. Dieses Argument wird Ihnen auch automatisch im Service-Browser angezeigt, wenn Sie auf die entsprechende Funktion klicken.

Abbildung 11.2 Service Browser mit den drei Service Funktionen

Wird dieses Argument nicht übergeben, also z. B.

```
service.schickeXML();
```

dann erhalten wir beim Testen des Films einen freundlichen Hinweis im Ausgabefenster.

```
Der Dienst löste beim Methodenaufruf eine Ausnahme aus: The parameter URL
to function schickeXML is required but was not passed in.
```

In diesem Fall wurde nämlich jetzt der *onStatus()* Event-Handler aufgerufen (der Backofen ist explodiert, Sie erinnern sich?). Ebenso, wenn ein Laufzeitfehler im serverseitigen Skript auftritt, etwa wenn die URL ungültig ist.

```
service.schickeXML("localhost");
```

```
Der Dienst löste beim Methodenaufruf eine Ausnahme aus: Illegal character
at end of document, &#x3c;.
```

Abbildung 11.3 Automatische Dokumentation der Service-Komponente

Sie sollten also immer diesen *onStatus()* Handler implementiert haben, um auf geplatzte Leitungen auf dem Server reagieren zu können. Eine angemessene Fehlerbehandlung beschränkt sich dabei aber natürlich nicht nur auf die Flash-Anwendung, sondern auch auf die Service-Funktionen auf der Serverseite. In der Regel empfiehlt es sich, den Service erstmal ohne Flash zu testen. Um hier bei der ColdFusion-Komponente zu bleiben, reicht es beispielsweise für einen einfachen Syntax-Check, wenn Sie die Komponente im Browserfenster aufrufen. Praktischer Nebeneffekt – Sie erhalten bei bestandenem Test eine automatische Dokumentation Ihres Schaffens zum Ausdrucken und An-die-Wand-heften.

11.6.4 SOAP – Webservice konsumieren

Die vorigen Beispiele haben sich zwar einerseits ausschließlich auf ColdFusion-Komponenten bezogen, andererseits ändert sich in Bezug auf ActionScript für andere Plattformen rein gar nichts. Das ist kein leichter Zufall, sondern schwergewichtiges Konzept – eine Service-Funktion soll unabhängig von der Plattform aufrufbar sein. Und richtig spannend wird es erst, wenn man nützliche Funktionen anderer Anbieter aufrufen kann. In diesem Sinne lassen Sie uns einen Blick auf das „Konsumieren" von SOAP-basierten Webservices werfen, und Sie werden begeistert sein. Ohne jetzt natürlich einen Einstieg in die Materie bieten zu können: SOAP (Simple Object Access Protocol) ist ein einfaches, auf XML basierendes Protokoll zum Austausch von Informationen über HTTP.

http://www.w3schools.com/soap/default.asp
http://www.w3.org/TR/SOAP/

Sie werden jetzt völlig zu Recht fragen, was wir denn die ganze Zeit mit dem XML-Objekt in ActionScript gemacht haben. Nun ja, im Prinzip nichts anderes. Nur steht bei SOAP eben mehr Standard auf der Seifendose. Dass XML zum Austausch benutzt wird, davon bekommen Sie in der Regel gar nichts mit. Aber sehen Sie selbst:

11.6.4.1 Währung – Umtauschraten

Dieses erste Beispiel ruft eine Service-Funktion auf, die als Rückgabewert die Umtauschrate liefert. Sie soll Ihnen vor allem eines verdeutlichen: Es ist aus ActionScript Sicht völlig gleich, ob Sie eine Service-Funktion aufrufen, welche sich auf Ihrem eigenen Server befindet, oder eine Service-Funktion auf einem anderen Server. Denken Sie am besten immer wieder daran, wie Sie etwa bei einem Pizza-Service anrufen würden.

Tabelle 11.7 Analogie zwischen Telefonanlage und Webservices

Telefonieren	Webservices
Telefonanlage – interne Rufnummer wählen	`var service = verbindung.GetService("asnative.` `datentypen", empfaenger);`

Telefonieren	Webservices
Telefonanlage – externe Rufnummer (z.B. Pizza-Service wählen)	`var service = verbindung.GetService("http://` `www.xmethods.net/sd/` `2001/CurrencyExchangeService.wsdl", empfaenger);`

Die fiktive Rufnummer des Webservices ist also hier

http://www.xmethods.net/sd/2001/CurrencyExchangeService.wsdl

Listing 11.72 Skript mit Grundfunktionen und Empfangs-Objekt

```
#include "NetServices.as"
#include "NetDebug.as"
var gatewayUrl = "http://192.168.100.2/flashservices/gateway";
NetServices.setDefaultGatewayUrl();
var verbindung = NetServices.createGatewayConnection(gatewayUrl);
//////////////////////////////////////////////////
// Objekt mit den beiden Event Handlern
//    - onResult()
//    - onStatus()
var empfaenger = new Object();
empfaenger.onResult = function(ergebnis) {
   trace(typeof ergebnis);
   trace(ergebnis);
};
empfaenger.onStatus = function(fehler) {
   trace(fehler.description);
};
```

Listing 11.73 Adresse für den Service definieren und Funktion aufrufen

```
//////////////////////////////////////////////////
// http://www.xmethods.com/ve2/ViewListing.po?serviceid=5
var wsdl = "http://www.xmethods.net/sd/2001/CurrencyExchangeService.wsdl";
var service = verbindung.GetService(wsdl, empfaenger);
// Service Funktion mit zwei Parametern aufrufen
var parameter = {
   country1:"germany",
   country2:"euro"
}
service.getRate(parameter);
```

```
number
0.511300027370453
```

Wenn Sie dieses Skript einmal mit den vorherigen Beispielen vergleichen, werden Sie feststellen, dass sich in der Tat bis auf den Namen des Service und der Funktion rein gar nichts geändert hat – so soll es auch sein. Unter der Adresse

http://www.xmethods.com

finden Sie viele weitere Angebote, mit denen Sie Ihre Anwendungen aufpeppen können. Informationen und die verwendbaren Länder zum eben benutzten Service finden Sie unter

http://www.xmethods.com/ve2/ViewListing.po?serviceid=5

Und dies ist immer noch nur die Spitze vom Eisberg. Stöbern Sie ein bisschen bei X-Methods.

11.6.4.2 Babelfish – Übersetzen

Ich lese mit Sicherheit nicht viele Bücher, aber eines meiner absoluten Evergreens ist „Per Anhalter durch die Galaxie" von Douglas Adams, der voriges Jahr leider verstorben ist. Der darin vorkommende Babelfish ist nicht nur fischgewordener Menschheitstraum und Kult-Objekt in einem, sondern musste seinen Namen alsbald für Altavista's Übersetzungs-Service hergeben. Und Sie können sich diesen Fisch jetzt auch ganz einfach in einer Flash-Anwendung in die Ohren stecken.

http://www.xmethods.com/ve2/ViewListing.po?serviceid=14

Tabelle 11.8 Werte für den Parameter *translationmode* (Stand Juni 2002)

Übersetzung	translationmode
English -> French	"en_fr"
English -> German	"en_de"
English -> Italian	"en_it"
English -> Portugese	"en_pt"
English -> Spanish	"en_es"
French -> English	"fr_en"
German -> English	"de_en"
Italian -> English	"it_en"
Portugese -> English	"pt_en"
Russian -> English	"ru_en"
Spanish -> English	"es_en"

Listing 11.74 Babelfish aufrufen (verwendet das Skript mit den Grundfunktionen vom ersten Beispiel)

```
//////////////////////////////////////////////////
// http://www.xmethods.com/ve2/ViewListing.po?serviceid=14
var wsdl = "http://www.xmethods.net/sd/2001/BabelFishService.wsdl";
```

```
var service = verbindung.GetService(wsdl, empfaenger);
// Service Funktion mit zwei Parametern aufrufen
var parameter = {
   translationmode:"de_en",
   sourcedata:"Ist das nicht ein toller Service?!"
}
service.BabelFish(parameter);
```

```
string
that is not a mad service?!
```

Naja, die Übersetzung lässt noch etwas zu wünschen übrig, aber immerhin – es funktioniert mit minimalem Aufwand. Ein echter Plug'n'Play Babelfish, wie er im Buche steht.

11.6.4.3 Google

Um Google's Webservices wie „Suchen" und „Rechtschreibung Korrekturvorschläge" in Ihren Flash-Anwendungen nutzen zu können, benötigen Sie einen eigenen Lizenz-Schlüssel. Diesen und weitere Informationen zum Angebot erhalten Sie unter den folgenden Adressen:

http://www.google.com/apis/
http://www.google.com/apis/api_faq.html

Der derzeit kostenlose Schlüssel berechtigt Sie zu maximal 1000 Abfragen pro Tag. Beachten Sie in den folgenden Beispielen, dass sich der Lizenz-Schlüssel im Flashfilm befindet. Auf diese Weise hat der gemeine Zeitgenosse mit Hilfe der bekannten „ActionScript-Viewer" einfachen Zugang zu diesen Informationen und könnte Ihren persönlichen Schlüssel missbrauchen. Wenn es also ernst wird, sollten Sie den Schlüssel auf dem Server unterbringen und den Webservice von dort aus aufrufen. Eine andere Möglichkeit gibt es leider derzeit nicht.

doSpellingSuggestion()

Mit dieser Service-Methode können Sie sich für ein Wort einen Korrekturvorschlag von Google einholen. Dieser Service ist momentan nur für englische Wörter verfügbar.

Tabelle 11.9 Parameter der *doSpellingSuggestion()* Service Methode

Parameter	Datentyp
key	string
phrase	string

Listing 11.75 Methode aufrufen (verwendet das Skript mit den Grundfunktionen vom ersten Beispiel)

```
//////////////////////////////////////////////////
// http://www.google.com/apis/
var wsdl = "http://api.google.com/GoogleSearch.wsdl";
var service = verbindung.GetService(wsdl, empfaenger);
// Service Funktion mit falsch geschriebenem Wort aufrufen
var parameter = {
  key:"xxxxxxxxxx",
  phrase:"Actioscript"
}
service.doSpellingSuggestion(parameter);
```

```
string
ActionScript
```

doGoogleSearch()

Mit dieser Methode können Sie die geballte Kraft der Google-Suchmaschine in Ihre Anwendung integrieren.

Tabelle 11.10 Parameter der *doGoogleSearch()* Service-Methode

Parameter	Datentyp
key	string
q	string
start	int
maxResults	int
filter	boolean
restrict	string
safeSearch	boolean
lr	string
ie	string
oe	string

Listing 11.76 Methode aufrufen (verwendet das Skript mit den Grundfunktionen vom ersten Beispiel)

```
//////////////////////////////////////////////////
// http://www.google.com/apis/
var wsdl = "http://api.google.com/GoogleSearch.wsdl";
var service = verbindung.GetService(wsdl, empfaenger);
// Service Funktion mit falsch geschriebenem Wort aufrufen
var parameter = {
  key:"xxxxxxxxxx",
  q:"Hanser Verlag",
```

```
    start:0,
    maxResults:1,
    filter:true,
    restrict:"",
    safeSearch:true,
    lr:"lang_de",
    ie:"",
    oe:""
}
service.doGoogleSearch(parameter);
```

```
object
[object Object]
```

Diesmal erhalten wir also als Rückgabewert nicht einen einfachen (primitiven) Wert wie bisher, sondern ein Objekt. Das war als Suchergebnis auch zu erwarten. Unabhängig davon, dass Sie jetzt natürlich in die Google API-Dokumentation schauen könnten, um zu erfahren, was Google uns da alles zurückschickt, sind Sie vielleicht schneller, wenn Sie den *onResult()* Event-Handler um eine Zeile erweitern und einen Blick ins Ausgabefenster werfen.

Listing 11.77 Modifikation des Handlers, um das Ergebnis im Ausgabefenster betrachten zu können

```
empfaenger.onResult = function(ergebnis) {
    trace(typeof ergebnis);
    trace(ergebnis)
    _global.googleSuchErgebnis = ergebnis;
};
```

Beachten Sie bitte, dass ich den Inhalt für die Ausgabe gestutzt habe, um die Übersichtlichkeit zu wahren. Wenn Sie sich diese Objekt-Struktur anschauen, können Sie auf einen Blick erkennen, welche Daten Sie benötigen, und vor allem, wie Sie an diese Daten herankommen.

```
Variable _global.googleSuchErgebnis = [Objekt #98, Klasse 'Object'] {
    startindex:1,
    searchquery:"Hanser Verlag",
    directorycategories:[Objekt #99, Klasse 'Array'] [
      0:[Objekt #100, Klasse 'Object'] {
        fullviewablename:"Top/World/Deutsch/Wirtschaft/Branchen/...",
        specialencoding:
      }
    ],
    searchtips:,
```

```
        estimateisexact:false,
        estimatedtotalresultscount:38100,
        endindex:5,
        resultelements:[Objekt #101, Klasse 'Array'] [
           0:[Objekt #102, Klasse 'Object'] {
              snippet:" <b>...</b> Carl <b>Hanser</b> <b>Verlag</b>, ...",
              url:"http://www.hanser.de/",
              directorycategory:[Objekt #103, Klasse 'Object'] {
                 fullviewablename:"Top/World/Deutsch/Wirtschaft/Branchen/...",
                 specialencoding:
              },
              summary:"Carl <b>Hanser</b> <b>Verlag</b>. ",
              cachedsize:"19k",
              directorytitle:"<b>hanser</b> online ",
              hostname:,
              title:"<b>hanser</b> online - Fachbuch, ...",
              relatedinformationpresent:true
           },
           1:[Objekt #104, Klasse 'Object'] {
                 ...
           },
           2:[Objekt #106, Klasse 'Object'] {
                 ...
           },
           3:[Objekt #108, Klasse 'Object'] {
                 ...
           },
           4:[Objekt #109, Klasse 'Object'] {
                 ...
           }
        ],
        searchtime:0.153557,
        searchcomments:,
        documentfiltering:true
     }
```

Ein einfaches Skript, welches die Suchresultate im Ausgabefenster auflistet, sehen Sie hier:

Listing 11.78 Einfaches Skript zum Testen, welches die Suchresultate im Ausgabefenster listet

```
empfaenger.onResult = function(ergebnis) {
  trace("Resultate " + ergebnis.startindex
```

```
+ " bis " + ergebnis.endindex
+ " von ungefähr " + ergebnis.estimatedtotalresultscount + "."
+ " Suchdauer: " + ergebnis.searchtime + " Sekunden");
trace("-----------------------------------");
for (n = 0; n < ergebnis.resultelements.length; n++) {
    trace(ergebnis.resultelements[n].title);
    trace(ergebnis.resultelements[n].url);
    trace("-----------------------------------");
}
};
```

Auf der Webseite zum Buch finden Sie dieses Beispiel mit einem HTML-Textfeld und dem Scrollbalken aus dem „Flash UI Components Set" (s. Abbildung). Über die Eigenschaften *start-index*, *endindex* des Ergebnis-Objekts und den Parameter *start* der Suchfunktion, können Sie nun Ihre Benutzer komfortabel durch die Suchergebnisse blättern lassen. Informieren Sie sich aber bitte immer bei Google über den neuesten Stand und die Konditionen der Nutzung. Zum jetzigen Zeitpunkt befindet sich dieses Angebot noch in der Beta-Phase. Außerdem lassen sich momentan maximal 10 Suchergebnisse gleichzeitig anfordern (*maxResults*).

Abbildung 11.4 Google-Suchergebnis in einer Flash-Anwendung

11.6.5 Bumerang – FLASH Scope in ColdFusion

Zum Abschluss des kleinen Ausflugs zu der weiten Welt von Flash Remoting, hier noch einige knapp gehaltene Beispiele, wie Sie innerhalb einer CFC Service-Funktion auf von Flash übermittelte Parameter zugreifen können. ColdFusion bietet hierfür einen eigenen Bereich an: *FLASH*. Die gesendeten Parameter liegen im Array *FLASH.params* vor. Möchten Sie die Service-Komponente allerdings auch für andere Anwendungen bereitstellen, sollten Sie darauf verzichten und sich eher dem *<cfargument>*-Tag oder dem *arguments*-Objekt zuwenden.

Listing 11.79 Mehrere übergebene Parameter liegen im Array FLASH.params vor.

```
<cffunction name="fangeListe"
    access="remote"
    returntype="struct"
    description="Beispiel:
    fangeListe(200, true)">
<cfloop index="i" from="1" to="#ArrayLen(FLASH.params)#">
        <cfset FLASH.ergebnis[#i#] = FLASH.params[#i#]>
    </cfloop>
  <cfreturn FLASH.ergebnis>
</cffunction>
```

Listing 11.80 Zugriff auf ein Array über FLASH.params[1]

```
<cffunction name="fangeArray"
    access="remote"
    returntype="struct"
    description="Beispiel:
    fangeArray([200, true])">
    <cfloop index="i" from="1" to="#ArrayLen(FLASH.params[1])#">
        <cfset FLASH.ergebnis[#i#] = FLASH.params[1][#i#]>
</cfloop>
<cfreturn FLASH.ergebnis>
</cffunction>
```

Listing 11.81 Zugriff auf ein assoziatives Array über FLASH.params[1]

```
<cffunction name="fangeAssozArray"
    access="remote"
    returntype="struct"
    description="Beispiel:
    var a = new Array();
    a['weite'] = 200;
    a['applaus'] = true;
    fangeAssozArray(a)">
    <cfloop collection=#FLASH.params[1]# item="i">
        <cfset FLASH.ergebnis[#i#] = FLASH.params[1][#i#]>
    </cfloop>
  <cfreturn FLASH.ergebnis>
</cffunction>
```

Listing 11.82 Zugriff auf ein Objekt über das arguments-Objekt

```
<cffunction name="fangeObjekt"
    access="remote"
    returntype="struct"
    description="Beispiel:
    fangeObjekt({weite:200,applaus:true})">
    <cfloop collection= #arguments# item="i">
       <cfset FLASH.ergebnis[#i#] = arguments[#i#]>
    </cfloop>
<cfreturn FLASH.ergebnis>
</cffunction>
```

Listing 11.83 Zugriff auf ein Objekt über FLASH

```
   <cffunction name="fangeWerte"
        access="remote"
        returntype="struct"
        description="Beispiel:
        fangeWerte({weite:200,applaus:true})">
        <cfset FLASH.ergebnis.weite = FLASH.weite>
        <cfset FLASH.ergebnis.applaus = FLASH.applaus>
    <cfreturn FLASH.ergebnis>
   </cffunction>
```

11.6.6 SSAS – Server Side ActionScript

Mit ColdFusion MX läuft das geliebte ActionScript nun auch auf dem Server, wer hätte das gedacht. Der Flash-Entwickler soll sich also nicht nur bei der Entwicklung des Frontends heimisch fühlen, sondern auch eigene Service-Funktionen und Datenbank-Abfragen in der vertrauten ActionScript-Syntax erstellen können. Grundlage von SSAS bildet offiziellen Angaben zufolge **Rhino**.

http://www.mozilla.org/rhino/

11.6.6.1 Klassen-Vergleich

Die Unterschiede zwischen ActionScript, wie Sie es von Flash kennen, und ActionScript auf dem Server sind prinzipbedingt mehr als beträchtlich.

Tabelle 11.11 Entsprechungen zwischen CSAS und SSAS

Client Side ActionScript	Server Side ActionScript
Klasse „Object"	Klasse „java.util.HashMap"
Klasse „Array"	Klasse „java.util.ArrayList"
Klasse „Date"	Klasse „java.util.Date"
Klasse „RecordSet" *	Klasse „java.sql.RowSet"

* wird erst mit den Flash Remoting Autoren-Komponenten installiert und über #include "NetServices.as" eingebunden.

Informationen zu den entsprechenden Java-Klassen und deren Methoden finden Sie in der On-line Java-Dokumentation von Sun.

http://java.sun.com/j2se/1.3/docs/api/
http://java.sun.com/j2se/1.3/docs/api/java/util/package-summary.html
http://java.sun.com/j2se/1.3/docs/api/java/sql/package-summary.html

Um ein erstes Gefühl zu bekommen, wie sich dieser Unterschied auswirkt, sehen Sie sich bitte das folgende SSAS-Skript an, welches einige Service-Funktionen für das Senden eines Array-Objekts durchspielt.

Listing 11.84 Ein Array-Objekt muss in SSAS mit Methoden der HashMap-Klasse behandelt werden

```
/*
   Array Objekt welches als Argument von Flash geschickt wurde
   var arr = ["hallo", true, 123.45, null, {prop:Math.PI}];
*/
function ssas_get(arg)
{
   var ret = arg.get(0); // "hallo"
   return ret;
}
function ssas_contains(arg) {
   var ret = arg.contains("hallo"); // true
   return ret;
}
function ssas_isEmpty(arg) {
   var ret = arg.isEmpty(); // false
   return ret;
}
function ssas_subList(arg) {
   var ret = arg.subList(1,3); // [true, 123.45];
   return ret;
}
function ssas_size(arg) {
```

```
    var ret = arg.size(); // 5
    return ret;
}
function ssas_toArray(arg) {
    var arr = arg.toArray();
    var ret = arr.length; // 5
    return ret;
}
function ssas_remove(arg) {
    arg.remove(4);
    return arg; // ["hallo", true, 123.45, null];
}
```

11.6.6.2 CF.http()

Das CF-Objekt, welches Sie bereits bei der CFC-Komponente kennen gelernt hatten, steht Ihnen auch in SSAS-Skripts zur Verfügung. Damit könnten Sie auch hier mit der *CF.http()*-Methode zum Beispiel die Entwickler-News im XML-Format von Macromedia anfordern und so die Domain Sicherheits-Beschränkung des Players umgehen. Der Service wird aber jetzt nicht in Gestalt einer CFC-Komponente geboten, sondern eben zur Abwechslung mal durch ein SSAS-Skript (Dateiendung *.asr).

Listing 11.85 SSAS-Skript „cfhttp.asr"

```
function getURL(url)
{
    result = CF.http(url);
    return result.get("Filecontent");
}
```

Listing 11.86 Funktion in Flash aufrufen (verwendet das Skript mit den Grundfunktionen)

```
//////////////////////////////////////////////////
// Skript: asnative/cfhttp.asr
var service = verbindung.GetService("asnative.cfhttp", empfaenger);
// Service-Funktion mit URL als Parameter aufrufen
var url =
    "http://www.macromedia.com/desdev/resources/macromedia_resources.xml";
service.getURL(url);
```

11.6.6.3 CF.query() – RecordSet-Objekte

Für Datenbank-Abfragen in SSAS-Skripts ist die *CF.query()*-Methode zuständig. Wenn Sie die Beispiel-Datenbanken der ColdFusion-Installation noch nicht gelöscht haben, können Sie zumindest auf einem Windows-System für die folgenden Beispiele auf drei schon vorhandene Datenquellen zugreifen. Eine davon hört auf den Namen „CompanyInfo".

Listing 11.87 SSAS-Skript „cfquery.asr"

```
function getRecordSet() {
    var query = "SELECT * FROM Employee";
    var rs = CF.query("CompanyInfo", query);
    return rs;
}
```

Listing 11.88 Funktion in Flash aufrufen (verwendet das Skript mit den Grundfunktionen)

```
/////////////////////////////////////////////////////
// Skript: asnative/objektInfo
var service = verbindung.GetService("asnative.cfquery", empfaenger);
service.getRecordSet();
```

Gut, hier soll also ein *RecordSet*-Objekt zurückkommen. Nur: Wie sieht das bitte schön aus? Ähnlich wie bei Google könnten wir jetzt entweder einen Blick in die Dokumentation werfen, oder wir schauen uns das Objekt im Ausgabefenster an. Letzteres ist natürlich am Anfang immer viel spannender und vor allem lehrreicher.

Listing 11.89 Modifikation des Handlers, um das Ergebnis im Ausgabefenster betrachten zu können

```
empfaenger.onResult = function(ergebnis) {
    trace(ergebnis.__proto__ === RecordSet.prototype); // true
    _global.abfrageErgebnis = ergebnis;
};
```

```
Variable _global.abfrageErgebnis =[Objekt #98, Klasse 'RsDataProvider-
Class'] {
    serverinfo:null,
    items:[Objekt #99, Klasse 'Array'] [
      0:[Objekt #100, Klasse 'Object'] {
        Emp_ID:1,
        FirstName:"Ben",
        LastName:"Frueh",
        Dept_ID:1,
        StartDate:[Objekt #101, Klasse 'Date'] {Mon Jan 19 00:00:00
GMT+0100 1987},
```

```
            Salary:100000,
            Contract:"Yes",
            __ID__:0
          },

  …

      18:[Objekt #136, Klasse 'Object'] {
          …
      }
    ],
    uniqueID:19,
    views:[Objekt #138, Klasse 'Array'] [],
    mTitles:[Objekt #139, Klasse 'Array'] [
      0:"Emp_ID",
      1:"FirstName",
      2:"LastName",
      3:"Dept_ID",
      4:"StartDate",
      5:"Salary",
      6:"Contract"
    ],
    mRecordsAvailable:19,
    gateway_conn:[Objekt #89, Klasse 'NetConnection']
  }
```

Wie schon öfters bemerkt und erklärt, wird auch hier für das Objekt *abfrageErgebnis* der falsche Klassenbezeichner angezeigt. Das von der Service-Funktion zurückgegebene Objekt ist in Wirklichkeit eine Instanz der Klasse *RecordSet*, welche die Klasse *RsDataProviderClass* erweitert. Das Schöne ist nun, dass Sie mit diesem zurückgegebenen RecordSet-Objekt arbeiten können, ohne die Struktur zu kennen. Nur die Spalten-Bezeichner der Datenbank-Tabelle müssen Sie natürlich kennen. Zum Beispiel lassen sich die *FListBox* oder *FComboBox*- Komponente aus dem „Flash UI Components Set" dann direkt mit solch einem RecordSet-Objekt füttern. Oder Sie wenden die Methoden der RecordSet-Klasse an, welche Sie übrigens im ActionScript Panel im Ordner *Remoting* finden.

Listing 11.90 Anzeige der Datensätze mit den Methoden der RecordSet Klasse

```
empfaenger.onResult = function(ergebnis) {
  var item, anzahl = ergebnis.getNumberAvailable();
  trace(anzahl + " Datensätze gefunden");
  trace("-------------------------------------");
  for (n = 0; n < anzahl; n++) {
    item = ergebnis.getItemAt(n);
```

```
    trace(item.FirstName + " " + item.LastName);
    trace("-----------------------------------");
  }
};
```

Ist alles glatt gelaufen, sollte die Ausgabe in etwa so beginnen:

```
19 Datensätze gefunden
-----------------------------------
Ben Frueh
-----------------------------------
Marjorie Golden
-----------------------------------
Sharna Fabiano
-----------------------------------
Larry Concannon
-----------------------------------
Jeremy Allaire
-----------------------------------
Carolyn Lightner
...
```

Von diesem Punkt aus ist es nicht mehr weit, die Datenbank auch nach bestimmten Begriffen zu durchsuchen. Den Suchbegriff übergeben Sie einfach als Argument an die Service-Funktion und passen die SQL-Abfrage entsprechend an.

Listing 11.91 SSAS-Skript „cfquery.asr"

```
function suche(nachname) {
  var query = "SELECT * FROM Employee";
  query += " WHERE LastName='" + nachname + "'";
  var rs = CF.query("CompanyInfo", query);
  return rs;
}
```

Listing 11.92 Suchfunktion mit Parameter aufrufen

```
var service = verbindung.GetService("asnative.cfquery", empfaenger);
service.suche("Allaire");
```

```
2 Datensätze gefunden
-----------------------------------
Jeremy Allaire
-----------------------------------
JJ Allaire
-----------------------------------
```

Auf diesem Weg lassen sich neue Datensätze natürlich auch bequem speichern oder modifizieren. Datenbank-Anbindung, Google-Suchservice und Übersetzen mit einigen Zeilen Action-Script. Sehr praktisch.

11.7 XMLSocket – Austausch in Echtzeit

Über das *XMLSocket*-Objekt können Flash-Anwendungen mit einem passenden XML Socket Server auch Daten in Echtzeit austauschen. Damit lassen sich Chat-Anwendungen, Multiuser-Spiele, Whiteboards und vieles mehr realisieren. Die Umsetzung in ActionScript hängt allerdings auch stark vom verwendeten Socket Server ab, weswegen ich an dieser Stelle einfach auf die potenziellen Kandidaten verweise. Die dort gebotenen Dokumentationen und Beispiele sind mehr als vorbildlich, alle Server lassen sich zudem ausgiebig kostenlos testen. Die Entscheidung liegt bei Ihnen.

Jabberd

Dieser kostenlose Open Source Socket Server basiert auf dem *Jabber*-Protokoll, welches durch die *Jabber Software Foundation* betreut und entwickelt wird.

http://jabberd.jabberstudio.org
http://www.jabber.org

→ siehe auch Flabber, ein Beispiel für einen Flash Client

* *http://www.flabber.org*
* *http://home.jeremie.com/flash*

Unity

Von Derek Clayton entwickelter kommerzieller Socket Server (Java). Passende Flash Clients und Tutorials kommen von Colin Moock.

http://www.moock.org/unity

Swocket

Open-Source Socket Server von Bob Ippolito (Python).

http://swocket.sourceforge.net

Xadra Fortress

Pioneer und kommerzieller Socket Server aus dem sonnigen Kalifornien.

http://www.xadra.com

12

Audio und Video

12 Audio und Video

12.1 Mit Pauken und Trompeten

Eigentlich wollte ich in meinem anderen Leben als Tontechniker arbeiten. Aber richtig: Eine Studer-Bandmaschine mit vierundzwanzig Spuren auf satten zwei Zoll Breite war das Maß aller Dinge. Analog ist mehr und war mehr. Aber das Schicksal war gegen mich. Nun sind es acht Kanäle[1] auf einer schlappen Kiste und die ersten CDs in meiner Sammlung fangen an, Migräne vorzutäuschen. Wird digital weniger? Die Audio- und Video-Fähigkeiten haben jedenfalls in Flash MX kräftig zugenommen. Und es darf in Zukunft noch mehr von Flash erwartet werden. Buchstäblich in letzter Minute durfte ich den eben erschienenen Flash Communication Server MX von Macromedia in diesem Buch zumindest erwähnen, meine Erfahrungen damit aus der Beta-Testphase waren sehr gut. Was jetzt fehlt, sind mehr Breitbandanschlüsse, aber das ist ja mittlerweile Chefsache[2] der Bundesregierung.

12.2 Sound

Es soll im folgenden Abschnitt nicht um das Audio-Klangerlebnis an sich gehen, sondern um das Programmiererlebnis in ActionScript. Tipps, etwa: welche Komprimierung in Flash für welchen Zweck zu wählen ist und „wie der Loop am besten klingt", finden Sie an anderer Stelle. Wer sich für die Grundlagen der Akustik, Psychoakustik und Audiobearbeitung interessiert, kann sich beispielsweise unter folgenden Adressen im Selbststudium fortbilden:

http://www.dasp.uni-wuppertal.de/audite/
http://www.uni-koeln.de/rrzk/kurse/unterlagen/audio/

Des Weitern finden Sie beim Macromedia Support eine ausgewählte Sammlung an Technotes zu diesem Thema. Am Ende sollten aber immer die eigenen Löffel entscheiden, was gut ist.

---

[1] *http://www.macromedia.com/support/flash/ts/documents/soundmax.htm*
[2] *http://www.heise.de/newsticker/data/jk-21.06.02-012/default.shtml*

12.2.1 Das Sound-Objekt abhören

12.2.1.1 Klasse – ein erstes ernsthaftes Gespräch

Um einen Ton aus einem importierten Sound, sprich: einem Sound-Symbol in der Bibliothek, herauszuquetschen, sind mindestens drei Schritte am Anfang in ActionScript nötig, was dann in etwa so aussehen könnte:

```
var sndObj = new Sound();
sndObj.attachSound("Herzlich_Willkommen");
sndObj.start();
```

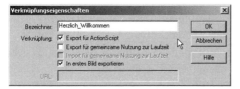

Abbildung 12.1 Auch Sounds müssen exportiert werden, um sie mit *attachSound()* verwenden zu können

Erkennen Sie die Analogien zur Arbeit mit Filmsequenzen und deren Methoden? Wenn nicht, komme ich später noch darauf zurück. Davon abgesehen: Bei drei Zeilen ActionScript lohnt es auf jeden Fall, sich Gedanken über eine eigene Klasse zu machen, welche genau diese Schritte in einer Methode bewältigt. Zumal ein Sound selten allein kommt. Für die folgenden Skripte müssten Sie sich unbedingt die Beispiele von der Webseite zum Buch herunterladen, damit Sie die passenden Sounds in der Bibliothek vorfinden.

Listing 12.1 Erster Ansatz für eine Sprecher-Klasse

```
//////////////////////////////////////////////////
// Klasse Sprecher
_global.Sprecher = function() {
};
Sprecher.prototype.sag = function(sndSymbol) {
    var sndObj = new Sound();
    sndObj.attachSound(sndSymbol);
    sndObj.start();
};
```

Listing 12.2 Instanz der Klasse erzeugen

```
//////////////////////////////////////////////////
// neue Instanz der Sprecher-Klasse
empfangsDame = new Sprecher();
```

```
// Argument ist hier einfach die Symbol-ID
empfangsDame.sag("Herzlich_Willkommen");
```

Die Konstruktor-Funktion wird hier an den globalen Variablenbereich gebunden, um auf die
Sprecher-Klasse von überall aus zugreifen zu können. Abgesehen davon, dass die virtuelle Empfangsdame Sie mit einem charmanten „Herzlich Willkommen" begrüßt, sieht es im Ausgabefenster dann so aus:

```
Globale Variablen:
  Variable _global.Sprecher = [Funktion 'Sprecher'] {
    prototype:[Objekt #2, Klasse 'Object'] {
      sag:[Funktion 'sag']
    }
  }
Stufe #0:
Variable _level0.$version = "WIN 6,0,21,0"
Variable _level0.empfangsDame = [Objekt #4, Klasse 'Sprecher'] {}
```

Mehr gibt es zu dieser *Sprecher*-Klasse eigentlich nicht zu sagen, außer dass ein einziges Wort
vielleicht ein bisschen wenig ist. Es sollen auch mehrere Phrasen sein.

12.2.1.2 Einer nach dem anderen – onSoundComplete()

Wird das Abspielen des aktuellen Sounds beendet, dann ist dies ohne Zweifel wieder ein wichtiges Ereignis im Leben eines Flashfilms, wovon das Sound-Objekt benachrichtigt werden sollte.
Dies bedeutet, es wird bei diesem Objekt der *onSoundComplete()* Event-Handler aufgerufen. Eine gute Gelegenheit und ein guter Platz, um etwa einen weiteren Sound automatisch zu starten.

Listing 12.3 Klasse Sprecher – mehrere Sounds nacheinander abspielen

```
/////////////////////////////////////////////////
// Klasse Sprecher
_global.Sprecher = function() {
};
Sprecher.prototype.sag = function(satz) {
  var sndSymbol = satz.shift();
  var sndObj = new Sound();
  sndObj.attachSound(sndSymbol);
  sndObj.scope = this;
  sndObj.onSoundComplete = function() {
    if (satz.length >= 1) {
      // es ist noch Suppe da
```

```
        this.scope.sag(satz);
    } else {
        // Suppe ist alle, jetzt Handler aufrufen
        this.scope.onEnde();
    }
  };
  sndObj.start();
};
```

Listing 12.4 Die Methode *sag()* mit einem Array-Objekt aufrufen

```
////////////////////////////////////////////////
// neue Instanz der Sprecher Klasse
empfangsDame = new Sprecher();
empfangsDame.onEnde = function() {
  trace("Fertig. Noch mal ?");
}
// Argument ist hier einfach die Symbol-ID
empfangsDame.sag([
    "Herzlich_Willkommen",
    "Asia_Touch",
    "Auf_Wiedersehen"
]);
```

Wir nutzen hier schamlos die Tatsache aus, dass die lokale Variable *satz* beim Deklarieren des *onSoundComplete()* Event-Handlers als Umgebung für das Funktionsobjekt gespeichert wird, und damit als Konsequenz das Array mit den noch **verbleibenden** Sound-Ids. Sie werden später noch eine andere Variante sehen, denn momentan wird diese Abspiel-Liste zwar Schritt für Schritt abgearbeitet, aber eben auch Schritt für Schritt durch die *shift()* Methode des Arrays „entleert".

 Beachten Sie auch hier wieder, dass sich das Schlüsselwort *this* im *onSoundComplete()* Event-Handler auf das Objekt *sndObj* bezieht und **nicht** auf das Objekt *empfangsDame*. Das ist immer wieder dieselbe Falle, in die man zu tappen droht, gegen deren magische Anziehungskraft Sie aber spätestens durch die Arbeit mit dem *XML-* und *LoadVars*-Objekt immun sein sollten. Denken Sie sich in die Methode hinein, dann klappt es auch mit dem Sound-Objekt.

Wie auch immer, es ist auch hier nötig, einen Verweis zu der Instanz mit

```
sndObj.scope = this;
```

zu speichern, um die Methode mit

```
this.scope.sag(satz);
```

letztlich aufrufen zu können. Interessant ist sicherlich auch die Benachrichtigung, wenn **alle** drei Sounds komplett abgespielt wurden. Dann ist die Abspielliste, also die Werteliste im Array, praktisch „leer gefegt" und es wird der *onEnde()* Handler aufgerufen. Mit diesem können Sie auf dieses „Fertig"-Ereignis reagieren, wie hier nur als einfache Ausgabe.

```
empfangsDame.onEnde = function() {
  trace("Fertig. Noch mal ?");
}
```

Ein Problem gibt es aber dennoch: Angenommen, Sie wollen die zugehörigen Sounds als SWF in ein anderes Level laden, dann hören Sie leider nichts mehr. Die Gründe für dieses Fiasko und vieles mehr erfahren Sie im nächsten Abschnitt.

12.2.1.3 Meisterhaft – Globale Sounds und andere Kanäle

Ich hatte Sie am Anfang so ganz nebenbei gefragt, ob Sie die Analogie zu MovieClip-Instanzen und deren Methoden erkennen, erinnern Sie sich? Diese Analogie zu erkennen, ist sehr wichtig, denn sie hilft, das Konzept der Arbeit mit Sounds in ActionScript besser zu verstehen und auch mit Problemen fertig zu werden, welche im Zusammenhang mit Zeitleisten auftreten können.

```
var sndObj = new Sound();
sndObj.attachSound(sndSymbol);
sndObj.start();
```

Nur Wenigen ist an dieser Stelle denn auch wirklich bewusst, dass Sie damit in ActionScript im Prinzip genau dasselbe realisieren, wie wenn Sie manuell dieses Sound-Symbol aus der Bibliothek auf die Bühne ziehen. Auch hier wird eine Instanz des Sounds, also ein Sound-Objekt erzeugt. Dieses bekannte und so erfolgreiche Flash-Konzept, eine Instanz sowohl im Autorenmodus als auch zur Laufzeit erzeugen zu können, kennen Sie schon von anderen Objekten. Denken Sie etwa an das Color-Objekt oder wie schon erwähnt an das Erzeugen von MovieClip-Instanzen. Wenn Sie Lust haben, vergleichen Sie doch einfach mal das unten gezeigte Panel mit den Methoden des Sound-Objekts in der AS-Referenz, und verschaffen Sie sich einen Überblick über die Unterschiede und Gemeinsamkeiten.

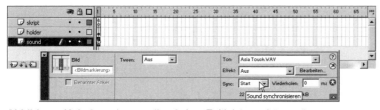

Abbildung 12.2 Sound manuell auf einer Zeitleiste „anhängen"

Es ist nur fast dasselbe: Wenn Sie im Skript wirklich das erreichen wollen, was die obige Abbildung zeigt, müssten Sie an die Konstruktor-Funktion *Sound()* noch explizit als Argument einen Verweis auf diejenige Zeitleiste übergeben, an welche dieses Symbol „angehängt" werden soll.

```
sndObj = new Sound(this);
```

Oder, da es sich hier ja konkret um die Hauptzeitleiste handelt, auch

```
sndObj = new Sound(_root);
```

oder

```
sndObj = new Sound(_level0);
```

Übergeben Sie keinen Verweis auf einen MovieClip als Argument an den Konstruktor, erzeugen Sie ein so genanntes globales Sound-Objekt für Ihren Film, eine Art *Master Channel* wie Sie dies von einem richtigen Mischpult her kennen. Ein Objekt, welches Sie deswegen am besten in den globalen Bereich stecken sollten, und mit welchem Sie dann Einstellungen vornehmen können, die eben **alle** Sounds im Film betreffen. Sehr nützlich, wenn Sie etwa die Gesamt-Lautstärke für die Anwendung einstellen wollen.

```
_global.masterKanal = new Sound();
masterKanal.setVolume(10);
```

Der Vergleich mit dem Master-Kanal an einem Mischpult ist dabei durchaus ernst zu nehmen, die Funktionen sind tatsächlich vergleichbar. Sound-Objekte, welche dagegen an eine Zeitleiste gebunden werden, fungieren im Mischpult-Modell entsprechend als normale Kanäle mit einer eigenen Skala. Sie können beispielsweise den Wert für die Lautstärke eines Kanals durchaus auch größer als den in der Referenz angegebenen Maximalwert von 100 setzen. Passen Sie aber auf – auch Übersteuerungen lassen sich damit leicht provozieren. Oder vielleicht wollen Sie ja genau das erreichen?

Listing 12.5 Globales Sound-Objekt als Master-Kanal und ein anderes Objekt als Kanal

```
_global.masterKanal = new Sound();
masterKanal.setVolume(10);
// Sound Objekt an Zeitleiste binden
var kanal = new Sound(this);
trace(kanal.getVolume()); // 100
// Werte auch > 100 möglich
kanal.setVolume(1000);
trace(kanal.getVolume()); // 1000
```

12.2.1.4 Organisation – Virtuelles Mischpult-Objekt

Wenn sich Ihr Flash-Projekt schallwellenartig ausdehnt, sollten Sie vielleicht ernsthaft darüber nachdenken, die Sound-Objekte in einer Art globalem Mischpult-Objekt zu organisieren. Beachten Sie in dem Zusammenhang, dass Sie systembedingt mit der Anzahl der Sound-Kanäle eingeschränkt sind, welche Sie gleichzeitig abspielen können (siehe dazu auch Macromedia Technote ID #15335).

Listing 12.6 Vorschlag, um Sound-Objekte als virtuelle Mischpult-Kanäle zu organisieren

```
_global.mischpult = {
  masterKanal:new Sound()
}
mischpult.masterKanal.setVolume(50);
// target steht hier symbolisch für eine Referenz auf einen MovieClip
mischpult.kanal_1 = new Sound(target);
mischpult.kanal_2 = new Sound(target);
mischpult.kanal_3 = new Sound(target);
mischpult.kanal_4 = new Sound(target);
mischpult.kanal_5 = new Sound(target);
mischpult.kanal_6 = new Sound(target);
mischpult.kanal_7 = new Sound(target);
mischpult.kanal_8 = new Sound(target);
```

```
Globale Variablen:
  Variable _global.mischpult = [Objekt #1, Klasse 'Object'] {
    masterKanal:[Objekt #2, Klasse 'Sound'] {},
    kanal_1:[Objekt #3, Klasse 'Sound'] {},
    kanal_2:[Objekt #4, Klasse 'Sound'] {},
    kanal_3:[Objekt #5, Klasse 'Sound'] {},
    kanal_4:[Objekt #6, Klasse 'Sound'] {},
    kanal_5:[Objekt #7, Klasse 'Sound'] {},
    kanal_6:[Objekt #8, Klasse 'Sound'] {},
    kanal_7:[Objekt #9, Klasse 'Sound'] {},
    kanal_8:[Objekt #10, Klasse 'Sound'] {}
  }
```

Beachten Sie weiterhin, dass sich Änderungen der Werte für Balance und Lautstärke bei einem Objekt immer auf alle Sounds auswirken, welche an dieselbe Zeitleiste gebunden sind.

Listing 12.7 Änderungen an Volumen und Balance wirken sich auch auf andere Sounds der Zeitleiste aus

```
_global.mischpult = {
  masterKanal:new Sound()
```

```
}
mischpult.masterKanal.setVolume(100);
mischpult.loop_1 = new Sound(this);
mischpult.loop_2 = new Sound(this);
// Setzt z.B. das Volumen für *alle* Sounds dieser Zeitleiste auf 20
mischpult.loop_1.setVolume(20);
trace(mischpult.loop_1.getVolume());          // 20
trace(mischpult.loop_2.getVolume());          // 20
```

Dies ist natürlich denkbar ungünstig, wenn Sie etwa mehrere Sound-Loops zusammen für einen Titel arrangieren und dabei individuell die Lautstärke und Balance einstellen wollen. Auch die *stop()* Methode bringt, wenn nicht als Argument anders angegeben, alle Sound-Instanzen einer Zeitleiste zum Schweigen.

```
// würde *alle* Sounds der Zeitleiste stoppen
mischpult.loop_1.stop();
// würde Instanzen des Sounds mit der Symbol-ID "paigu" stoppen
mischpult.loop_1.stop("paigu");
```

Die Lösung liegt in der Benutzung von dedizierten MovieClip-Instanzen für jedes einzelne Sound-Objekt, also für jeden Kanal. Da es in diesem Zusammenhang aber zusätzliche Probleme bei der Synchronisation der Kanäle gibt, greife ich diese Thematik weiter hinten noch einmal gesondert auf.

12.2.1.5 Wissenswert – Laden eines SWF in ein anderes Level

Wie waren wir eigentlich auf dieses globale Sound-Objekt gekommen? Ach ja, das Laden eines SWF mit den Sounds in ein anderes Level hat nicht funktioniert. Nun, dies hängt damit zusammen, dass wenn Sie versuchen, die *attachSound()* Methode bei einem globalen Sound-Objekt anzuwenden, diese Methode immer in der Bibliothek von *_level0* das Symbol sucht und eben nicht in der Bibliothek des geladenen Films! Das ist kein Fehler, sondern ein Feature. Dies ist aber nicht weiter tragisch, denn wir brauchen nur einen Verweis auf die Zeitleiste anzugeben, in welche der Film geladen wurde, hier zum Beispiel ein Verweis auf *_level1*. Viel eleganter ist es aber, im ersten Bild des zu ladenden Films etwa einen *onSoundsLoaded()* Handler aufzurufen, mit der eigenen Zeitleiste als Argument → *this*.

```
_level0.onSoundsLoaded(this);
```

Diese übergebene Referenz auf die eigene Zeitleiste, auf welcher sich – leger ausgedrückt – nun die Bibliothek befindet, wird im folgenden Skript bis zum Konstruktor durchgereicht. Lohn des ganzen Aufwandes ist es, dass die *attachSound()* Methode letztlich die richtigen Symbole in der richtigen Bibliothek findet.

Listing 12.8 Die modifizierte Sprecher-Klasse

```
/////////////////////////////////////////////////////
// Klasse Sprecher
_global.Sprecher = function(ziel) {
   this.ziel = ziel;
};
Sprecher.prototype.sag = function(satz) {
   var sndSymbol = satz.shift();
   var sndObj = new Sound(this.ziel);
   sndObj.attachSound(sndSymbol);
   sndObj.scope = this;
   sndObj.onSoundComplete = function() {
      if (satz.length >= 1) {
         // es ist noch Suppe da
         this.scope.sag(satz);
      } else {
         // Suppe ist alle, jetzt Handler aufrufen
         this.scope.onEnde();
      }
   };
   sndObj.start();
};
```

Listing 12.9 Das Ziel für das Sound-Objekt wird jetzt der Konstruktor-Funktion übergeben

```
this.onSoundsLoaded = function(level) {
   /////////////////////////////////////////////////
   // neue Instanz der Sprecher Klasse
   empfangsDame = new Sprecher(level);
   empfangsDame.onEnde = function() {
      trace("Fertig. Noch mal ?");
   }
   // Argument ist hier einfach die Symbol-ID
   empfangsDame.sag([
         "Herzlich_Willkommen",
         "Asia_Touch",
         "Auf_Wiedersehen"
   ]);
}
```

```
// SWF mit den Sounds laden
loadMovieNum("sounds.swf",1);
```

Ein angenehmer Nebeneffekt ist zudem bei dieser Lösung, dass es keine Rolle spielt, wohin Sie diesen Film laden, es wird immer die richtige Referenz als Argument an den *Sound()* Konstruktor übergeben. Das gilt übrigens nicht nur für die Hauptzeitleiste eines Levels, sondern auch für jede andere Zeitleiste. Dass die Angabe einer Zeitleiste nicht nur lästiges Übel, sondern vor allem auch notwendig ist und trickreich genutzt werden kann, soll im folgenden gezeigt werden.

12.2.1.6 Globalisierung – im Sinne von Planet Erde

Bei diesem Beispiel werden drei Sound-Pakete in unterschiedlichen Sprachen, in verschiedene Levels geladen. Allein durch Änderung des Wertes einer globalen Variable für die Sprache können Sie die Sprecher-Sounds im Handumdrehen in einer anderen Sprache abspielen lassen. Je nachdem, an welche Zeitleiste das Sound Objekt gebunden wird.

Listing 12.10 Modifikationen der Klasse Sprecher

```
_global.Sprecher = function() {
};
Sprecher.prototype.sag = function(satz) {
   ...
   var sndObj = new Sound(gSoundLib[gLanguage]);
   ...
};
```

Listing 12.11 Sprachpakete werden in unterschiedliche Levels geladen

```
// SWF mit den Sounds laden
_global.gSoundLib = [];
loadMovieNum("soundlibs/sounds_deutsch.swf",1);
loadMovieNum("soundlibs/sounds_englisch.swf",2);
loadMovieNum("soundlibs/sounds_spanisch.swf",3);
```

Die geladenen Filme füllen dann selbstständig das Objekt `gSoundLib` mit einer Referenz auf die Zeitleiste, wo sich die Sounds in der passenden Sprache befinden.

Listing 12.12 Die Skriptzeile im ersten Bild des geladenen Films

```
_global.gSoundLib["deutsch"] = this;
_global.gSoundLib["englisch"] = this;
_global.gSoundLib["spanisch"] = this;
```

```
Variable _global.gSoundLib = [Objekt #4, Klasse 'Array'] [
   spanisch:[Movieclip:_level3],
   englisch:[Movieclip:_level2],
   deutsch:[Movieclip:_level1]
]
```

Das fertige Beispiel mit den dazugehörigen Sounds finden Sie auf der Buch-Webseite. Beachten Sie bitte, dass hier nicht überprüft wird, wann die Filme mit den Sounds geladen sind. In der Praxis wird es zudem selten effektiv sein, Sounds in mehreren Sprachen gleichzeitig in eine Anwendung zu laden. Vielmehr würden Sie wahrscheinlich immer nur eine, und zwar die jeweils passende Sprache laden wollen. Dennoch gibt Ihnen dies vielleicht Anregungen für entsprechende eigene Lösungen.

12.2.1.7 Ruhe

Ist Ihnen eigentlich bisher aufgefallen, dass das Sound-Objekt in der *Sprecher*-Klasse immer einer lokalen Variablen zugeordnet wurde? Ich hatte gehofft, Sie fragen mich zwischendurch. Nun gut, eigentlich wollte ich Ihnen nur zeigen, dass es auch so geht. Wir haben allerdings jetzt das Problem, dass wir keine greifbare Referenz zu diesem Sound-Objekt haben. Mit diesem Handicap könnten wir dieses Sound-Objekt weder an unser virtuelles Mischpult vernünftig anbinden, noch einen Sound gezielt stoppen. Wir müssen also die Klasse ein wenig modifizieren.

Listing 12.13 Das Sound-Objekt wird zur Objekt-Eigenschaft und ist somit immer greifbar

```
//////////////////////////////////////////////////
// Klasse Sprecher
_global.Sprecher = function(ziel, mixer, kanal) {
   this.ziel = ziel;
   this.sndObj = new Sound(this.ziel);
   mixer[kanal] = this.sndObj;
};
Sprecher.prototype.sag = function(satz) {
   var sndSymbol = satz.shift();
   this.sndObj.attachSound(sndSymbol);
   this.sndObj.scope = this;
   this.sndObj.onSoundComplete = function() {
      if (satz.length >= 1) {
         // es ist noch Suppe da
         this.scope.sag(satz);
      } else {
         // Suppe ist alle, jetzt Handler aufrufen
         this.scope.onEnde();
```

```
    }
  };
  this.sndObj.start();
};
Sprecher.prototype.ruhe = function() {
  this.sndObj.stop();
  this.onEnde();
}
Sprecher.prototype.onKeyDown = function() {
  this.ruhe();
}
```

Listing 12.14 Globales virtuelles Mischpult

```
_global.mischpult = {
  masterKanal:new Sound()
}
mischpult.masterKanal.setVolume(90);
```

Das Sound-Objekt für die Sprecher-Instanz wird jetzt im Konstruktor erzeugt und zugleich Eigenschaft dieser Instanz. Zusätzlich werden an die Konstruktor-Funktion noch eine Referenz zum Mischpult-Objekt und der Bezeichner des Kanals übergeben. Diese Technik ist nicht unbedingt der einzige Weg, doch ein guter Ansatz. Wichtig ist hier vor allem, dass Sie erkennen, dass man damit durchaus auch mehrere Sprecher Instanzen derselben Klasse „auf unterschiedliche Kanäle legen" könnte. Nämlich einfach, indem man den Kanal anders benennt. Genauso, wie verschiedene Mikrofone für mehrere Sprecher an ein Mischpult angeschlossen werden. Der gewissenhafte Techniker beschriftet diesen Kanal natürlich auch mit einem kleinen Aufkleber. Mit dem Sound-Objekt als greifbare Eigenschaft der Instanz lässt sich dieser Sprecher nun auch einzeln „stumm schalten".

```
Sprecher.prototype.ruhe = function() {
  this.sndObj.stop();
  this.onEnde();
}
```

Diese Methode soll aufgerufen werden, wenn man eine beliebige Taste drückt. Deswegen der *onKeyDown()* Event-Handler. Und natürlich soll dann auch richtig Pumpe sein. Deswegen wird der *onEnde()* Handler an dieser Stelle ebenfalls aufgerufen. Dieser soll später einmal die Hintergrundmusik anheben. Und spätestens jetzt sollten Sie sich freuen, dass Sie in den anderen Kapiteln zu Objekten und Ereignissen nichts umsonst gelernt haben. Denn hier kommt vieles zusammen und viel Neues dazu. Zum Beispiel eine dezente Hintergrundmusik.

Listing 12.15 Beispiel mit einem Kanal für Hintergundmusik

```
this.onSoundsLoaded = function(level) {
    ////////////////////////////////////////////////////
    // neue Instanz der Sprecher Klasse
    empfangsDame = new Sprecher(level, mischpult, "empfangsDame");
    empfangsDame.onEnde = function() {
        mischpult.hintergrundMusik.setVolume(100);
    }
    Key.addListener(empfangsDame);
    empfangsDame.sag([
        "Herzlich_Willkommen",
        "Auf_Wiedersehen"
    ]);
}
this.onLoopLoaded = function(level) {
    var sndObj = new Sound(level);
    mischpult.hintergrundMusik = sndObj;
    sndObj.setVolume(40);
    sndObj.attachSound("bgloop");
    sndObj.start(0,1000);
}
// SWF mit den Sounds laden
loadMovieNum("sounds.swf",1);
loadMovieNum("bgloop.swf",2);
```

Listing 12.16 Skript im ersten Bild des geladenen SWF

```
_level0.onLoopLoaded(this);
```

Das Wichtigste, was Sie zum Schluss noch tun sollten, ist, einen Blick in das Ausgabefenster zu werfen, wo Sie das virtuelle Mischpult-Objekt mit den jeweiligen Kanal-Eigenschaften sehen könnnen.

```
Variable _global.mischpult = [Objekt #6, Klasse 'Object'] {
    masterKanal:[Objekt #7, Klasse 'Sound'] {
        duration:[Get/Set] undefined,
        position:[Get/Set] undefined
    },
    hintergrundMusik:[Objekt #8, Klasse 'Sound'] {
        duration:[Get/Set] 8716,
        position:[Get/Set] 2972
    },
```

```
empfangsDame:[Objekt #9, Klasse 'Sound'] {
   scope:[Objekt #10, Klasse 'Sprecher'] {
      ziel:[Movieclip:_level1],
      sndObj:[Objekt #9, Klasse 'Sound'],
      onEnde:[Funktion 'onEnde']
   },
   onSoundComplete:[Funktion 'onSoundComplete'],
   duration:[Get/Set] 990,
   position:[Get/Set] 990
   }
}
```

Mit dieser Herangehensweise bei der Organisation ist es nun doch relativ leicht, die Lautstärke-Werte der einzelnen Sound-Objekte zentral zu kontrollieren. Probieren Sie doch einfach einmal, einen Fader „anzuschließen". Und wenn nötig, ließen sich auch die Abspielposition *position* und die Dauer *duration* abfragen und anzeigen.

12.2.2 Sound Loops

12.2.2.1 Organisation

Wir hatten bereits festgestellt, dass man Sound-Objekte an eine individuelle Zeitleiste binden muss, wenn man diese individuell etwa in der Lautstärke beeinflussen will; etwa so:

```
var sndObj = new Sound(this.createEmptyMovieClip("kanal",0));
```

Was liegt also näher, als zu sagen: „ *Gut, dann entwickle ich eine Loop-Klasse, wo die Instanzen eben gebürtige MovieClips sind. Damit hat dann jeder Loop gleich seine eigene Zeitleiste, wenn ich eine Instanz davon erzeuge.* " So könnte es aussehen.

Listing 12.17 Eine Loop-Klasse (Skript im ersten Bild des MovieClip-Symbols *clip_loop*)

```
#initclip
/////////////////////////////////////////////////
// Klasse Loop
function Loop() {
   this.sndObj = new Sound(this);
   // Verweis zum Sound Objekt
   this.mixer[this.kanal] = this.sndObj;
   this.sndObj.attachSound(this.kanal);
   this.sndObj.start(0,1000);
};
```

```
Loop.prototype = new MovieClip();
Object.registerClass("clip_loop", Loop);
#endinitclip
```

Und so werden die Instanzen gebildet und die Lautstärke für jeden Kanal individuell eingestellt.

Listing 12.18 Instanzen der Loop-Klasse bilden und Lautstärke einstellen

```
_global.mischpult = {
    masterKanal:new Sound()
}
mischpult.masterKanal.setVolume(100);
// Loop Instanzen bilden
this.attachMovie("clip_loop", "loop_1", 1, {
    mixer:mischpult,
    kanal:"rhythm"});
this.attachMovie("clip_loop", "loop_2", 2, {
    mixer:mischpult,
    kanal:"paigu"});
this.attachMovie("clip_loop", "loop_3", 3, {
    mixer:mischpult,
    kanal:"erhu"});
// Kanallautstärke regeln
mischpult.rhythm.setVolume(90);
mischpult.paigu.setVolume(80);
mischpult.erhu.setVolume(20);
```

```
Globale Variablen:
  Variable _global.mischpult = [Objekt #1, Klasse 'Object'] {
    masterKanal:[Objekt #2, Klasse 'Sound'] {
      duration:[Get/Set] undefined,
      position:[Get/Set] undefined
    },
    rhythm:[Objekt #3, Klasse 'Sound'] {
      duration:[Get/Set] 4011,
      position:[Get/Set] 1486
    },
    paigu:[Objekt #4, Klasse 'Sound'] {
      duration:[Get/Set] 2007,
      position:[Get/Set] 1486
    },
    erhu:[Objekt #5, Klasse 'Sound'] {
```

```
    duration:[Get/Set] 2009,
    position:[Get/Set] 1486
  }
}
```

Dass die *start()* Methode gleich im Konstruktor ausgeführt wird, kann man so machen, ist aber nicht der Weisheit letzter Schluss. Auch dass die Dauer *(engl. duration)* der Sounds nicht zu passen scheint, soll uns hier nicht weiter stören. Wir werden das Ganze im nächsten Abschnitt noch viel cleverer gestalten und damit zwei Fliegen mit einer Klappe schlagen. Denn: Das Synchronisieren von mehreren *Sound-Loops* beim Start ist nicht so ganz ohne Tücken.

12.2.2.2 Start-Synchronisation

Also denn, Start-Synchronisation von Loops. Fast könnte man glauben, es hat sich hier ein eigener Forschungszweig herausgebildet, ein Jahrmarkt der Tricks und Kniffs, auf dem sich die Entwickler-Gemeinde in regelmäßigen Abständen tummelt. Das Problem ist primär, dass der Player beim ersten Aufrufen der *start()* Methode eine gewisse Zeit braucht, den Sound zu initialisieren und dann abzuspielen. Das ist sogar normal. Diese Verzögerung ist in MX allem Anschein nach kürzer geworden, aber immer noch eine meßbare Größe, und vor allem: sie ist abhängig vom System und der Quelle. Je nach Material ergeben sich dadurch mehr oder weniger hörbare Verschiebungen, selbst für perfekt geschnittene Samples. Ein Standard-Workaround sah schon immer so aus.

Alle Sounds starten → Alle Sounds stoppen → Alle Sounds starten

Das scheint für mehrere Kanäle doch ziemlich aufwändig zu sein. Gut so, denn damit haben wir die zweite Fliege vor der Klatsche und einen Grund mehr, die Loop-Klasse umzugestalten.

Listing 12.19 Klasse Loop-Instanzen werden jetzt als Listener bei einem Wiedergabe-Objekt registriert

```
#initclip
// Neue Ereignis-Quelle erzeugen und initialisieren
_global.Wiedergabe = new Object();
ASBroadcaster.initialize(Wiedergabe);
/////////////////////////////////////////////////
// Klasse Loop
function Loop() {
  this.sndObj = new Sound(this);
  // Verweis zum Sound Objekt
  this.mixer[this.kanal] = this.sndObj;
  this.sndObj.attachSound(this.kanal);
  Wiedergabe.addListener(this);
```

```
}
Loop.prototype = new MovieClip();
Object.registerClass("clip_loop", Loop);
////////////////////////////////////////////////
// onStart/onStop Event Handler
Loop.prototype.onStart - function(anzahl) {
   this.sndObj.start(0, anzahl);
};
Loop.prototype.onStop = function() {
   this.sndObj.stop();
};
#endinitclip
```

Die Instanzen werden wie im vorherigen Skript erzeugt. Nur das Starten des Sounds erfolgt jetzt eben nicht im Konstruktor wie vorhin, sondern wird durch Senden der Nachricht „onStart" ausgelöst. Falls Ihnen diese Listener-Technik nicht mehr vertraut ist, blättern Sie bitte im Kapitel zu den Ereignissen noch einmal kurz nach. Praktisch ist hier tatsächlich, dass Sie alle Loops in einem Ruck benachrichtigen und somit sehr effektiv arbeiten können.

Listing 12.20 Instanzen der Loop-Klasse bilden, Lautstärke einstellen, Nachrichten senden

```
// Nachrichten an alle Loop-Instanzen senden
// Start -> Stop -> Start (falls nötig)
Wiedergabe.broadcastMessage("onStart",1000);
Wiedergabe.broadcastMessage("onStop");
Wiedergabe.broadcastMessage("onStart",1000);
```

12.2.2.3 Einblenden und Ausblenden

Mehrere gleichzeitig abspielende Sounds können Sie über das globale Sound-Objekt ein- und ausblenden. So könnten Sie zum Beispiel für das obige Skript ein Einblenden realisieren:

Listing 12.21 Automatisches Einblenden

```
mischpult.masterKanal.setVolume(0);
...
this.onEnterFrame = function() {
   var vol = mischpult.masterKanal.getVolume();
   mischpult.masterKanal.setVolume(++vol);
   if (vol >= 100) {
      delete this.onEnterFrame;
   }
}
```

Listing 12.22 Automatisches Ausblenden

```
mischpult.masterKanal.setVolume(100);
...
this.onEnterFrame = function() {
  var vol = mischpult.masterKanal.getVolume();
  mischpult.masterKanal.setVolume(--vol);
  if (vol <= 0) {
    delete this.onEnterFrame;
  }
}
```

12.2.3 Externe MP3-Dateien laden

Wie viele Sektkorken haben wohl weltweit geknallt, als sich herausstellte, dass man ab sofort in seine Flash-Anwendungen auch externe MP3-Dateien laden kann?! Fakt ist, dass dieses Feature einigen Konverter-Tools die Daseins-Berechtigung geraubt hat und dort entsprechend sicher andere Dinge geknallt haben. Zudem will dieses Feature beherrscht sein, denn es kommt in zwei verschiedenen Geschmacksrichtungen.

 Mit Flash MX ist alles anders als sonst. Macromedia hat den zugehörigen Flash Player gründlich überarbeitet und auch für die Autorenumgebung eine neue Version herausgebracht (6r40). Es wurden dabei zahlreiche Mängel im Zusammenhang mit dem Sound-Objekt beseitigt und neue Eigenschaften wie das ID3-Objekt hinzugefügt. Informieren Sie sich bitte unbedingt in den Release Notes über den neuesten Stand der Dinge.

12.2.3.1 Streaming

Auch beim Sound-Objekt gibt es einen *onLoad()* Event-Handler. Das zieht sich also mit schöner Regelmäßigkeit durch die Grundfesten von ActionScript. Einmal gelernt, bedeutet gewusst bis zur Rente, und so dürfte Ihnen das folgende Skript mehr als vertraut vorkommen.

Listing 12.23 Eine externe MP3-Datei während des Ladens abspielen (streaming)

```
song = new Sound(this.createEmptyMovieClip("stream",0));
song.onLoad = function(stat) {
  if(stat) {
    trace("Datei fertig geladen.");
  } else {
    trace("Datei nichtgefunden.");
  }
}
/////////////////////////////////////////////////////
```

```
// optionale Einstellung der Pufferzeit
trace(_soundbuftime); // 5 Sekunden ist Standard
_soundbuftime = 5;
// dieser Sound soll während des Ladens abgespielt werden (streaming)
song.loadSound("http://192.168.100.2:8080/ABPK.mp3", true);
```

Verantwortlich dafür, dass dieser Sound schon während des Ladens abgespielt wird, ist übrigens der zweite Parameter der *loadSound()* Methode. Besitzt dieser den Wert *true*, wird der Sound als Stream behandelt. Zum Testen des Streaming-Verhaltens müssen Sie übrigens nicht ständig Ihre Leitung belasten, sondern können beispielsweise den *WebSpeed Simulator* zur Hilfe nehmen.

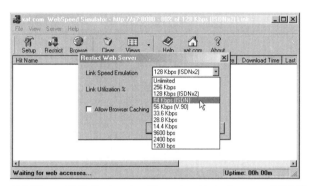

Abbildung 12.3 Testen des Streaming-Verhaltens von MP3-Dateien mit WebSpeed Simulator (xat.com)

Im obigen Beispiel werden alle Server-Anfragen über Port 8080 (welcher sich beliebig einstellen lässt) mit der eingestellten Geschwindigkeit beantwortet. Sehr nützlich auch zum Optimieren der Pufferzeit, welche eine globale Einstellung ist und angibt, nach welcher Zeit das Abspielen beginnen soll. Der *onLoad()* Event-Handler wird tatsächlich erst aufgerufen, wenn die Datei auch vollständig im Kasten ist und nicht etwa, wenn der Sound anfängt zu spielen.

12.2.3.2 Event-Sounds

Besitzt das zweite Argument der *loadSound()* Methode den Wert *false*, wird der Sound als so genannter *Event-Sound* behandelt. Das bedeutet, er wird vollständig geladen.

Listing 12.24 Eine externe MP3-Datei als Event-Sound laden

```
song = new Sound(this.createEmptyMovieClip("event",0));
song.onLoad = function(stat) {
   if(stat) {
      trace("Datei fertig geladen.");
      // Starten des Sounds
      this.start();
```

```
  } else {
      trace("Datei nichtgefunden.");
  }
}
// dieser Sound soll vollständig geladen und dann abgespielt werden
song.loadSound("http://192.168.100.2:8080/ABPK.mp3", false);
```

Diesen Weg werden Sie in der Regel benutzen, um etwa Sound-Loops zu laden. Oder andere kürzere Samples, welche unbedingt komplett in der Anwendung vorhanden sein müssen. Beachten Sie, dass in dem Fall das Einstellen der Pufferzeit natürlich keine Bedeutung mehr hat.

12.2.3.3 Lade- und Positionsanzeige

Mit der gegenwärtigen Player-Version erlebt man einige Überraschungen, was die Eigenschaften eines Sound-Objekts angeht. Möchte man beispielsweise im *onLoad()* Handler die Länge eines Titels ermitteln, liefert die Eigenschaft *duration* hier gelegentlich – und meistens beim ersten Laden einer Datei – den Wert *undefined*. In der Hoffnung auf Besserung will ich nicht weiter darauf eingehen und die Sache mit einem Hinweis abhaken. Die Setter-Methode *setDuration()* dieser Eigenschaft liefert scheinbar immer den korrekten Wert. Gut, kommen wir zu „normalen" Problemen, genauer gesagt zu einem, welches wieder mit der Objekt-Eigenschaft *duration* zu tun hat, nur diesmal nicht fehlerbelastet. Eine Balkenanzeige soll den Ladeprozess eines Streaming-Sounds und dessen Abspielposition anzeigen. Leichter gesagt als getan, und ein Blick auf das folgende Skript sagt Ihnen auch, warum.

Listing 12.25 Die Eigenschaft *duration* gibt beim Streaming nicht die Gesamtlänge des Sounds an

```
song = new Sound(this.createEmptyMovieClip("stream",0));
song.onLoad = function(stat) {
  if(stat) {
      trace("Datei fertig geladen.");
  } else {
      trace("Datei nichtgefunden.");
  }
}
song.loadSound("http://192.168.100.2:8080/ABPK.mp3", true);

this.onEnterFrame = function() {
  var abgespielt = song.position / song.duration;
  trace(song.position + " ms von " + song.duration + " ms");
}
```

```
. . .
0 ms von 4180 ms
0 ms von 4180 ms
52 ms von 4258 ms
157 ms von 4415 ms
261 ms von 4415 ms
287 ms von 4571 ms
392 ms von 4650 ms
470 ms von 4780 ms
575 ms von 4859 ms
679 ms von 4859 ms
758 ms von 5016 ms
862 ms von 5094 ms
940 ms von 5094 ms
. . .
```

Die Eigenschaft *song.duration* gibt Ihnen also beim Streaming nicht die Länge des gesamten Titels an, sondern die Zeitdauer des Stückchens, welches schon geladen ist. Um die abgespielte Zeit mit einem Balken oder Positionszeiger korrekt anzeigen zu können, muss dieser Wert mit dem Verhältnis von geladenen Bytes zu Gesamtbytes verrechnet werden. Dadurch erhalten Sie während des Ladens wenigstens schon einen ungefähren Wert für die Gesamtzeit des Titels.

Listing 12.26 Ungefähre Dauer des Titel ermitteln

```
this.onEnterFrame = function() {
    var abgespielt = song.position / song.duration;
    var geladen = song.getBytesLoaded() / song.getBytesTotal();
    var gesamtzeit = song.duration / geladen; // ungefähr
    var abgespielt = song.position / gesamtzeit;
    trace(song.position + " ms von " + gesamtzeit + " ms");
}
```

Für eine einfache Balkenanzeige reicht dies aber aus, wie Sie gleich sehen werden. Interessant ist in dem Zusammenhang, mit zu überprüfen, ob die bestehende Verbindung ausreicht, den Stream auch ordentlich abzuspielen. Gerät die Differenz

```
song.duration - song.position
```

in eine bedrohliche Region, sollte man darauf reagieren. Zum Beispiel könnten Sie den Besucher automatisch zum nächstbesten DSL-Anbieter schicken, und eine Provision kassieren. Hehe, na im Ernst, man kann dann überlegen, dem Besucher eventuell einen Stream anzubieten, der weniger Bandbreite benötigt. Im Folgenden habe ich die Differenz mit 1000 ms bemessen. Wird der Abstand zu klein, meldet sich das Ausgabefenster. Um zu verhindern, dass die Alarmglocke gleich zu Beginn des Ladeprozesses losschrillt, wird noch abgefragt, ob wenigstens die Puffergrenze mit _soundbuftime_ erreicht wurde.

Listing 12.27 Erkennung einer zu langsamen Verbindung beim Streaming

```
this.onEnterFrame = function() {
   var abgespielt = song.position / song.duration;
   var geladen = song.getBytesLoaded() / song.getBytesTotal();
   var gesamtzeit = song.duration / geladen;      // ungefähr
   var abgespielt = song.position / gesamtzeit;
   if ((song.duration - song.position) <= 1000
      && (song.position >= _soundbuftime)
      && (geladen < 1)) {
      trace("Verbindung zu langsam !");
   }
};
```

Dies sind alles Hinweise auf kritische Punkte, die Sie für sich in Ruhe erkunden sollten, bevor wir zu einem ersten einfachen Ansatz für eine ActionScript-Klasse kommen, die das alles so weit beachtet. Sie werden viele Gemeinsamkeiten mit der *Loop*-Klasse entdecken, bis auf einen Unterschied: Die Sound-Instanz wird hier nicht im Konstruktor erzeugt, da die Eigenschaft *position* einen falschen Wert liefert, wenn ein Sound mehr als einmal in dieselbe Instanz geladen wird. Eventuell ist dieses Problem aber in der aktuellen Version schon gelöst – bitte erkundigen Sie sich nach dem neusten Stand der Dinge.

Listing 12.28 Klasse Stream, welche eine Balkenlänge für geladene Bytes/Abspielzeit steuern kann

```
#initclip
///////////////////////////////////////////////
// Klasse Stream
function Stream() {
   this.balkenlaenge = this.balkenBytes._xscale;
   this.init();
}
Stream.prototype = new MovieClip();
Object.registerClass("clip_stream", Stream);

///////////////////////////////////////////////
// Methoden
Stream.prototype.init = function() {
   this.balkenBytes._xscale = 0;
   this.balkenAudio._xscale = 0;
```

```
};
///////////////////////////////////////////////
// Stream::streamen()
Stream.prototype.streamen = function(streamUrl) {
  this.init();
  // wenn es keine Probleme gibt, können Sie das
  // Sound-Objekt im Konstruktor erzeugen
  this.sndObj = new Sound(this);
  this.sndObj.scope = this;
  this.sndObj.onSoundComplete = function() {
     this.scope.onSoundComplete(); // Callback Handler aufrufen
  };
  this.sndObj.onLoad = function() {
     this.scope.onStreamLoaded(); // Callback Handler aufrufen
  };
  this.sndObj.loadSound(streamUrl, true);
  this.onEnterFrame = this.streamingHandler;
};
///////////////////////////////////////////////
// Stream::streamingHandler()
Stream.prototype.streamingHandler = function() {
  // Verhältnisse berechnen
  var geladen = this.sndObj.getBytesLoaded()
/ this.sndObj.getBytesTotal();
  var abgespielt = this.sndObj.position
/ (this.sndObj.duration / geladen);
  // Die Balken entsprechend skalieren
  this.updateBalken(this.balkenBytes, geladen);
  this.updateBalken(this.balkenAudio, abgespielt);
  // Überprüfen, ob die Verbindung zu langsam ist
  if (this.isSlowConnection()) {
     this.onSlowConnection();      // Callback Handler aufrufen
  } else {
     this.onGoodConnection();      // Callback Handler aufrufen
  }
};
///////////////////////////////////////////////
// Stream::updateBalken()
Stream.prototype.updateBalken = function(balken, wert) {
  balken._xscale = wert * this.balkenlaenge;
};
///////////////////////////////////////////////
```

```
// Stream::isSlowConnection()
Stream.prototype.isSlowConnection = function() {
  if ((this.sndObj.duration - this.sndObj.position) <= this.pufferMin
&& (this.sndObj.position >= _soundbuftime)
&& (this.sndObj.getBytesLoaded()
/ this.sndObj.getBytesTotal() < 1)) {
    return true;
  }
};
#endinitclip
```

Das Bilden einer Instanz aus dieser *Stream*-Klasse gestaltet sich dann recht komfortabel. Es werden einfach zwei Verweise zu den Balken und eine minimale Pufferzeit im *Init-Objekt* übergeben.

Abbildung 12.4 Zwei Balken als Lade- und Zeitanzeige

Sollte diese Zeit als Reserve unterschritten werden, d. h. droht das Streaming ins Stocken zu geraten, dann wird der Abspielbalken zur Warnung für den Benutzer rot eingefärbt. Möglich wäre an dieser Stelle auch, die Pufferzeit automatisch zu vergrößern, oder wie schon erwähnt, einen anderen, weniger bandbreitenhungrigen Stream zu laden.

Listing 12.29 Erzeugen einer Instanz aus der Klasse

```
var song = this.attachMovie("clip_stream", "m_song", 0, {
              pufferMin:1000,
              balkenBytes:this.m_ladebalken,
              balkenAudio:this.m_abspielbalken
              });
// Handler implementieren
song.onSlowConnection = function() {
  var colObj = new Color(this.balkenAudio);
  colObj.setTransform({rb:255});
  // _soundbuftime = 10; // optional
}
song.onGoodConnection = function() {
  var colObj = new Color(this.balkenAudio);
  colObj.setTransform({rb:0});
}
song.onSoundComplete = function() {
```

```
  trace("Streaming Sound komplett abgespielt");
  this.streamen("http://192.168.100.2:8080/ABPK.mp3");
}
song.onStreamLoaded = function() {
  trace("Streaming Sound fertig im Speicher geladen");
}
song.onError = function() {
  trace("Datei nicht gefunden, oder ein anderes Leck am Bug");
}
song.streamen("http://192.168.100.2:8080/arovane.mp3");
```

Das Implementieren der Handler ist natürlich wie immer optional, soll aber die diversen Ereignisse verdeutlichen, die im Leben eines Streams auftreten können. Hier wird als Beispiel im *onSoundComplete()* Handler einfach ein anderer Stream geladen, wenn der erste beendet ist. Der ideale Ort, um etwa eine XML-Playliste abzuarbeiten oder den geladenen Stream nochmals abzuspielen. Wie das geht, erfahren Sie im nächsten Abschnitt.

12.2.3.4 Streamen und Abspielen

Mit den ersten Flash Playern der Version 6.x war es leider noch nicht möglich, einen als Stream geladenen Sound mit der *start()* Methode nochmals abzuspielen. Die neueren Versionen haben diesen Fehler zum Glück behoben. Erkundigen Sie sich bitte trotzdem in den Release Notes über aktuellste Informationen zu diesem Thema. Auf jeden Fall soll die Klasse *Stream* jetzt mit dieser Funktionalität erweitert werden.

Listing 12.30 Erweiterung der Klasse Stream mit einer einfachen Abspielmethode

```
//////////////////////////////////////////////////
// Stream::spielen()
Stream.prototype.spielen = function() {
  this.sndObj.start();
  this.onEnterFrame = this.abspielHandler;
};
//////////////////////////////////////////////////
// Stream::abspielHandler()
Stream.prototype.abspielHandler = function() {
  var abgespielt = this.sndObj.position / this.sndObj.duration;
  // Den Balken entsprechend skalieren
  this.updateBalken(this.balkenAudio, abgespielt);
}
```

Sie sehen, dass hier jetzt natürlich nur der Balken für die Abspielzeit „bedient" werden muss, da der Sound ja schon vollständig geladen ist. Zum Testen wird diese Methode im *onSound-Complete()* Handler aufgerufen. Erinnert mich an nicht enden wollende Auslaufrillen der einen oder anderen Vinyl-Scheibe in meinem Regal.

Listing 12.31 Modifikation des *onSoundComplete()* Handlers

```
song.onSoundComplete = function() {
   this.spielen();
}
```

Auch wenn es damit vom Kern des Themas Sound wegführt, möchte ich Ihnen zum Abschluss noch einen Ansatz zeigen, wie Sie eine Instanz dieser *Stream*-Klasse letzlich mit einem XML-Objekt „verkuppeln" können, genauer gesagt: mit einer Playlisten-Steuerung.

12.2.3.5 Playliste mit XML-Speisung

Wollen Sie eine Wiedergabeliste zur Steuerung des Ablaufs ins Rennen schicken, hat diese Funktionalität zunächst grundsätzlich nichts in der Klasse zu suchen, die sich um das Laden und Abspielen des Sounds kümmert. Nehmen wir einfach die folgende Liste:

Listing 12.32 Einfache Playliste im XML-Format (playliste.xml)

```
<playliste>
   <titel datei="ABPK.mp3" />
   <titel datei="BREEDERS.mp3" />
   <titel datei="PAUL_NEWMAN.mp3" />
</playliste>
```

Listing 12.33 Klasse Playliste

```
//////////////////////////////////////////////////
// Playliste
Playliste = function(streamObj, mp3Ordner) {
   super();
   this.ignoreWhite = true;
   this.streamObj = streamObj;
   this.mp3Ordner = mp3Ordner;
   this.titelNummer = 0;
   this.streamObj.playliste = this;
   this.streamObj.onSoundComplete = function() {
      // den nächsten Titel der Playliste abspielen
      this.playliste.streamNext();
   }
```

```
}
Playliste.prototype = new XML();
////////////////////////////////////////////////
// Playliste::onLoad()
Playliste.prototype.onLoad = function(stat) {
  this.titelNodes = this.firstChild.childNodes;
  this.streamNext();
}
////////////////////////////////////////////////
// Playliste::streamNext()
Playliste.prototype.streamNext = function() {
  var dat = this.titelNodes[this.titelNummer].attributes.datei;
  var url = this.mp3Ordner + dat;
  this.streamObj.streamen(url);
  trace(url);
  this.titelNummer++;
  this.titelNummer %= this.titelNodes.length;
}
```

Der Konstruktor-Funktion wird hier eine Referenz zur Instanz übergeben, die sich um das Streamen des Titels kümmert, sowie der Ordner, wo sich die MP3-Dateien befinden. Alles andere dürfte Ihnen noch sehr gut aus dem XML-Kapitel bekannt sein.

Listing 12.34 Ordner übergeben, wo sich die Dateien befinden, und Playliste laden

```
var sendung = new Playliste(song, "http://192.168.100.2:8080/");
sendung.load("http://192.168.100.2:8080/playliste.xml");
```

Der Einfachheit halber und zum ausgiebigen Testen des Skripts fängt die Wiedergabe der Liste immer wieder von vorne an.

```
this.titelNummer++;
this.titelNummer %= this.titelNodes.length;
```

Sie würden hier sicherlich die Wiedergabe stoppen wollen, wenn alle Titel durch sind. Oder eine neue Liste laden etc.

12.2.4 ID3-Tag für MP3-Dateien auslesen

Ab der Player Version 6r40 lassen sich die Informationen des ID3-Tags für MP3-Dateien in ActionScript auslesen. Genauer, sie liegen als Eigenschaften eines ID3-Objekts vor. Da dieses Objekt momentan noch nicht in deutsch dokumentiert ist, hier eine Übersicht:

```
sndObj.id3.songname
sndObj.id3.artist
sndObj.id3.album
sndObj.id3.year
sndObj.id3.comment
sndObj.id3.track (ID3v1.1)
sndObj.id3.genre
```

Es muss der ganze Titel vollständig geladen sein, bevor Sie Zugriff auf dieses Objekt haben. Auf der Webseite zum Buch finden Sie weiterhin eine externe ActionScript-Datei, welche alle Genres in einem Array enthält, und die Sie nur noch mit *#include* einbinden brauchen. Die Genre-ID entspricht dabei der Position im Array und liefert entsprechend das Genre.

Listing 12.35 Inhalt der Datei „GenreList.as"

```
// http://www.id3.org/id3v2.3.0.txt
_global.genreListID3 = [
"Blues",
   "Classic Rock",
   "Country",
   "Dance",
   "Disco",
   "Funk",
   ...
];
```

12.3 Mikrofon

12.3.1 Alle mal herhören

Die neuen Klassen *Microphone* und *Camera* bilden momentan in ActionScript bei der Art und Weise, wie man ein Objekt erhält, eine Ausnahme. Dies passiert nämlich nicht etwa über das Schlüsselwort *new*, sondern über die Methode *get()* des Funktionsobjekts. Nur diese liefert ein Objekt, mit dem man arbeiten kann. Als Argument kann dieser Methode noch ein Index übergeben werden, für den Fall, dass mehrere Mikrofone angeschlossen sind. Ohne Argument wird eine Referenz zum Objekt mit dem Standard-Mikrofon geliefert.

Listing 12.36 Auflisten aller Mikrofone

```
// Auflisten aller Mikrofone
for (var i = 0; i < Microphone.names.length; i++) {
   trace("Index " + i + " = " + Microphone.names[i]);
```

```
}
var micObj = Microphone.get();
```

```
Variable _level0.micObj = [Objekt #1, Klasse 'Microphone'] {
    index:[Get/Set] 0,
    activityLevel:[Get/Set] -1,
    name:[Get/Set] "SoundMAX Digital Audio",
    silenceLevel:[Get/Set] 10,
    silenceTimeOut:[Get/Set] 2000,
    rate:[Get/Set] 8,
    gain:[Get/Set] 50,
    useEchoSuppression:[Get/Set] 0,
    muted:[Get/Set] true
}
```

Richtig sinnvoll ist solch ein Mikrofon-Objekt sicherlich erst im Zusammenhang mit dem *Flash Communication Server MX* von Macromedia.

http://www.macromedia.com/software/flashcom/

Als Vorgeschmack und unter der kühnen Annahme, dass auch in Zukunft nicht unbedingt jeder diesen Server zur Verfügung haben wird, hier noch eine kleine Beispielanwendung mit einigen Eigenschaften und Methoden dieses Objekts.

12.3.2 Pegelanzeige

Was immer Sie in Zukunft mit Mikrofonen machen werden - wichtig ist, dass Sie erkennen: Ein Mikrofon-Objekt in ActionScript ist eine ganz gewöhnliche Ereignisquelle – wie etwa das Ihnen bekannte *Mouse*-Objekt. Insofern gibt es an dieser Stelle absolut nichts Neues zu berichten, außer dass ein Mikrofon-Objekt bei eintretenden Ereignissen selbst benachrichtigt wird. Zum Beispiel bei einem *Activity*-Ereignis. Dieses tritt immer dann ein, wenn der Mikrofonpegel den eingestellten Ruhepegel übersteigt oder unterschreitet.

Abbildung 12.5 Mikrofonpegelanzeige

Das folgende Beispiel zeigt den Mikrofonpegel an und implementiert den entsprechenden *onActivity()* Event-Handler.

Listing 12.37 Pegelanzeige für ein Mikrofon

```
this.micObj = Microphone.get();
this.micObj.onActivity = function() {
   if (this.activityLevel > this.silenceLevel) {
      trace("an");
   } else {
      trace("aus");
   }
}
this.attachAudio(this.micObj);
this.onEnterFrame = function() {
   // Balken skalieren, je nach Mikrofon-Level
   this.m_balken._yscale = this.micObj.activityLevel;
}
```

12.4 Kamera

12.4.1 Alle mal herschauen!

Auch das Arbeiten mit einer Web-Kamera und dem *Camera*-Objekt in ActionScript wird eigentlich nur mit dem *Flash Communication Server MX* sinnvoll sein. Informationen finden Sie hier:

http://www.macromedia.com/software/flashcom/

Eine Referenz zu einem Kamera-Objekt, und somit zu einer Kamera erhält man mit der *get()* Methode des Konstruktor-Funktionsobjekts. Stehen mehrere Kameras am System zur Auswahl, können Sie mit einem Index als Argument eine Kamera auswählen. Im Prinzip genau dasselbe wie beim Mikrofon, nur in Grün. Die meisten Webcams haben auch ein Mikrofon eingebaut.

Listing 12.38 Auflisten aller Kamera

```
// Auflisten aller Kameras
for (var i = 0; i < Camera.names.length; i++) {
   trace("Index " + i + " = " + Camera.names[i]);
}
var camObj = Camera.get();
```

```
Variable _level0.camObj = [object #1, class 'Camera'] {
    nativeModes:[getter/setter] undefined,
```

```
        keyFrameInterval:[getter/setter] 15,
        bandwidth:[getter/setter] 16384,
        motionLevel:[getter/setter] 50,
        motionTimeOut:[getter/setter] 2000,
        quality:[getter/setter] 0,
        loopback:[getter/setter] false,
        width:[getter/setter] 160,
        height:[getter/setter] 120,
        fps:[getter/setter] 15,
        activityLevel:[getter/setter] -1,
        muted:[getter/setter] false,
        currentFps:[getter/setter] 0,
        name:[getter/setter] "Philips ToUcam Pro Camera; Video",
        index:[getter/setter] "0"
    }
```

12.4.2 Bewegungsmelder

Ohne diese nicht ganz ernst zu nehmende Anwendung hätten Sie vermutlich dieses Buch nie und nimmer gekauft. Es geht um ein Spiel, einen Bewegungmelder in ActionScript, manchen von Ihnen vielleicht eher als „Beamten-Mikado" bekannt. Wer sich zuerst bewegt, hat verloren. So einfach ist das, und es funktioniert tatsächlich.

Listing 12.39 Beamten-Mikado mit ActionScript

```
this.camObj = Camera.get();
this.camObj.onActivity = function() {
     trace("Verloren !");
}
this.camObj.setMotionLevel(10,10);
// this.kamera ist die Video Instanz auf der Bühne
this.kamera.attachVideo(this.camObj);
this.onEnterFrame = function() {
  // Balken setzen, je nach Bewegungs-Level
  this.m_balken._yscale = this.camObj.activityLevel;
}
```

12.5 Video

Das reine Abspielen von Video-Sequenzen in einer Flash Anwendung hat momentan nicht viel mit ActionScript zu tun. Das Video erstreckt sich auf der Bühne über die volle Zeitleiste und wird mit den Methoden *stop()* und *play()* gesteuert. Hauptaugenmerk sollte für Sie als Entwickler hierbei vor allem auf der optimalen Kompression liegen. Ob sich die Kosten von derzeit $119 für die Anschaffung der Vollversion von *Sorenson Squeeze* zugunsten einer besseren Qualität auch wirklich lohnen, müssen Sie selbst entscheiden.

http://www.sorenson.com

Allgemeine Tipps zum Umgang mit Video in Flash MX finden Sie in der Technote #14571 und im Tutorial von Tim Statler.

http://www.macromedia.com/support/flash/images_video/flash_video/

Für **Videokonferenzen**, **Streaming Video** und **Video Capture** ist einmal mehr der *Flash Communication Server MX* von Macromedia das Gerät der Wahl.

http://www.macromedia.com/software/flashcom/

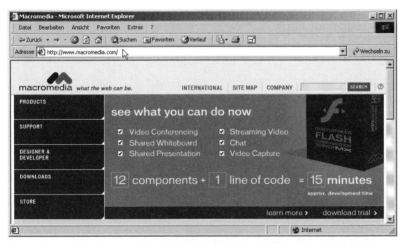

Abbildung 12.6 Mhm, alles mit einer Zeile Code, auch Whiteboard und Chat

Erhältlich als „Personal" und „Professional Edition" setzt Macromedia auf gerade mal eine Zeile Code, dafür aber auf ein Dutzend Komponenten. Was wird nur eines Tages aus uns armen Programmierern werden? Ah, gut – mehr Freizeit. ☺

Grund genug, uns mit letzterem Thema intensiv zu beschäftigen: den Komponenten.

13

Komponenten

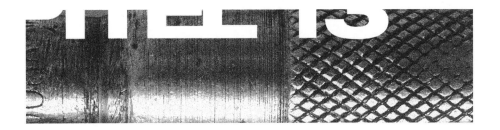

13 Komponenten

13.1 Bauklötze staunen

Jetzt, wo Sie sich so fleißig durch das gesamte Buch geackert haben (wirklich?), kann ich Ihnen zur Belohnung an dieser Stelle eröffnen, dass Sie schon längst in der Lage sind, eigene Komponenten zu erstellen. Oder, um die offizielle Bezeichnung zu verwenden: *Flash MX Components.* Die Rächer der unglücklichen *SmartClips* aus der Vorversion.

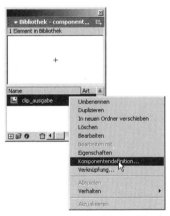

Abbildung 13.1 Ein MovieClip-Symbol als Komponente definieren

Sämtliche Klassen aus diesem Buch, die von der MovieClip-Klasse geerbt hatten, lassen sich nämlich auch als eine Komponente definieren (s. Abbildung). Ein solider Baustein, der sich wie im Lego-Kasten in Ihre Anwendung einsetzen lässt.

 Es geht in diesem Kapitel vor allem darum, die einzelnen Schritte durchzuspielen und auf potenzielle Probleme hinzuweisen. Dabei wird ein sicherer Umgang mit ActionScript vorrausgesetzt. Sie werden die im weiteren Verlauf erstellte Komponente höchstwahrscheinlich nicht ohne das solide Wissen aus den bisherigen Kapiteln nachvollziehen können. Betrachten Sie dies hier als eine Art Gesellenstück. Das waren noch Zeiten! Los geht's.

13.2 Die einfachste Komponente der Welt

13.2.1 Ein bekanntes Skript

Fangen wir also mit einer ganz einfachen Komponente an. Sie soll nichts weiter tun, als einen Text im Ausgabefenster auszugeben, sobald sie auf der Bühne initialisiert wird.

Listing 13.1 Die einfachste Komponente der Welt (Skript im ersten Bild eines Filmsequenz-Symbols)

```
#initclip
function Ausgabe() {
   trace(this.ausgabeText);
}
Ausgabe.prototype = new MovieClip();
Object.registerClass("clip_ausgabe", Ausgabe);
#endinitclip
```

Auf die Bühne gebracht wird eine Instanz dieser Klasse dann mit der bekannten Methode.

Listing 13.2 Erzeugen einer Instanz mit *attachMovie*

```
this.attachMovie("clip_ausgabe", "plop", 0, {
            ausgabeText: "Bin ich jetzt eine Komponente ?"
            });
```

Beim Testen des Films in der Autorenumgebung stellt der Interpreter die berechtigte Frage:

```
Bin ich jetzt eine Komponente ?
```

Und wir stellen fest – absolut nichts Ungewöhnliches, was das Skript anbetrifft. Welche Königin aber schlägt nun diese ActionScript-Klasse und das Symbol zur Komponente? Was bitte macht den Unterschied? Der Unterschied ist der, dass Sie zur Laufzeit mit dem Init-Objekt der *attach-Movie()* Methode einen Satz Parameter an die Konstruktor-Funktion übergeben können. Nicht aber, wenn Sie das Teil manuell auf die Bühne ziehen, also im Autorenmodus. Dann würde zwar auch das Ausgabefenster aufgehen, aber der Wert *undefined* angezeigt werden.

```
undefined
```

Hier muss man die Parameter irgendwie anders eingeben und speichern. Genau dies wird möglich, wenn Sie ein MovieClip-Symbol in der Bibliothek als Komponente definieren, sprich mindestens einen Parameter definieren.

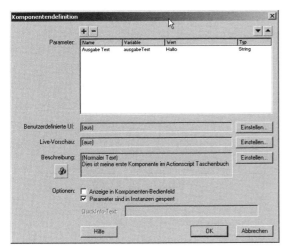

Abbildung 13.2 Das Fenster für die Komponentendefinition

Wenn Sie die Instanz auf der Bühne auswählen, können Sie die Werte für diese Parameter modifizieren.

Abbildung 13.3 Panel, wo die Parameter für eine Komponente manuell eingegeben werden

Man kann für dieses Panel übrigens auch eine eigene Oberfläche entwerfen, was ich aber im Allgemeinen zu vermeiden suche. Wie auch immer: Ob *attachMovie()* mit Init-Objekt, oder *Drag'n'Drop* mit Parameter-Panel – beides hat letztlich denselben Effekt. Und je nachdem, was Sie vorhaben oder wie es Ihnen lieber ist, wird das eine effektiver sein, als das andere. So wollen Sie sicherlich nicht die Parameter für etwa tausend Instanzen per Hand im Panel eintippen. Hingegen werden besonders Designer den Drag'n'Drop-Weg mit Panel bevorzugen, um schon im Autorenmodus auch eine visuelle Kontrolle zu haben. In der Bibliothek erkennen Sie übrigens den Status „Komponente" an einem geänderten Icon.

Abbildung 13.4 Icon → ein Stapel mit drei Bauklötzchen

13.2.2 Ein eigenes Icon

Sicherlich finden Sie diese erste Komponente genauso gelungen wie ich, und es wird Zeit, sich Gedanken über einen weltweiten Vertrieb zu machen. Kein normaler Mensch würde heute noch *Coca Cola* trinken, hätten die nicht so ein verdammt zeitloses Logo auf den Flaschen kleben. Also muss auch ein eigenes Icon für die Komponente her. Vor diesem gewagten Schritt sei noch erwähnt, dass Sie auch so schon aus einem ganzen Sack von Icons wählen können.

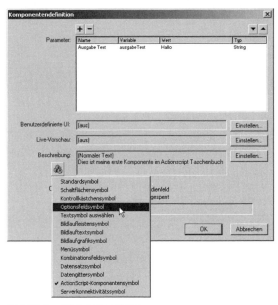

Abbildung 13.5 Icon wählen

Ein eigenes Icon ist schnell erstellt. Und zur Erholung mal ganz ohne ActionScript.

- Grafik 24 x 20 Pixel im Tool der Wahl anlegen und z.B. als GIF exportieren;
- in der Film-Bibliothek einen Ordner namens *FCustomIcons* anlegen;
- Grafik in die Bibliothek importieren;
- dem Bitmap-Symbol **denselben** Bezeichner wie dem Komponenten-Symbol geben (hier wäre dies zum Beispiel *clip_ausgabe*)
- Bibliothek schließen und wieder öffnen, um das neue Icon zu aktivieren

 Falls das neue Icon nicht erscheinen will oder nicht aktualisiert wird, kann es sein, dass Sie die Flash IDE neu starten müssen. Dieses Verhalten war nicht zu 100% nachzuvollziehen, trat aber gelegentlich bei meinem Laptop auf. Außerdem gibt Macromedia als Icongröße 20 x 20 und nicht 24 x 20 an. Optimal scheint aber tatsächlich eine Dimension von 24 x 20 zu sein, mit einem 1px breiten Rand.

Abbildung 13.6 Der Ordner *FCustomIcons* enthält das selbst erstellte Icon.

Jetzt, wo alles gut aussieht, können wir uns wieder dem Thema ActionScript zuwenden. Hier sind einige wichtige Dinge zu beachten.

13.3 WordChecker – Das Rundum-Sorglos-Paket

Ich habe lange überlegt, welche Komponente es denn sein soll, um Ihnen möglichst alles zu zeigen, was man zu diesem Thema wissen muss. Am Ende – es ist Sonntag abends – bin ich auf einen Baustein gekommen. Eine automatische Worterkennung, die man nur auf ein **HTML-Textfeld** plumpsen zu lassen braucht und schon werden während (!) des Tippens vorgegebene Wörter erkannt, farbig formatiert und mit einem Link versehen. Dabei treibt uns das knallig gelbe Schlauchboot wieder einmal in Gewässer, die noch auf keiner ActionScript-Landkarte eingezeichnet sind.

13.3.1 _targetInstanceName und horizontal Eigenschaften

Ziehen Sie doch mal die *ScrollBar*-Komponente aus dem *Flash UI Components Set* auf ein dynamisches Textfeld und beobachten Sie, wie sich der Scrollbalken automatisch am Textfeld ausrichtet und passend skaliert. Oben, unten, rechts, links. Je nachdem, in welchem (gedrehten) Quadranten Sie die Komponente haben fallen lassen (s. Abbildung). Eine weitere – zudem sehr angenehme – Überraschung ist, dass der **Instanzname** des Textfeld-Objekts nach dem „Drop" automatisch im Parameter-Fenster der ScrollBar-Komponente auftaucht.

Abbildung 13.7 Der Name des Textfeld-Objekts taucht im Panel auf

Dies scheint der Grund zu sein, warum der Scrollbalken sofort erkennt, für welches Textfeld er zuständig ist; aber bitte wie kommt der Name ins Panel? Das Geheimnis liegt in einer ganz bestimmten Eigenschaft dieser ScrollBar-Komponente → *targetInstanceName*. Hat Ihre Komponente diese Eigenschaft definiert, setzt die Flash-Autorenumgebung automatisch beim „Fallen-lassen" der Komponente den Wert dieser Eigenschaft. Dieses sehr praktische Feature der Na-mens-Übergabe funktioniert übrigens auch bei MovieClip-Instanzen einwandfrei. Mit einem kleinen Abstrich: Bei MovieClip-Instanzen richtet sich die Komponente nicht in vier mögliche Richtungen aus, sondern hakt sich immer links oben fest. Daran haben sich viele Leute schon die Haare ausgerissen. Ich wage mich hier an einen Macromedia-Offiziellen zu erinnern, der meinte, man hätte am Ende keine Zeit mehr gehabt, dieses vierseitige Ausrichten auch für MovieClip-Instanzen zu implementieren. Schade eigentlich.

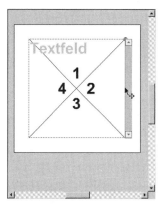

Abbildung 13.8 Die ScrollBar-Komponente richtet sich automatisch aus und wird auf die Größe des Text-felds skaliert (an Objekten ausrichten muss aktiviert sein, d.h. der kleine Magnet im Toolbar gedrückt!)

Dieses Ausrichten in alle vier Richtungen und automatische Skalieren & Rotieren fällt allerdings auch nicht vom Himmel, sondern muss explizit erst für eine Komponente „freigeschaltet" wer-den, was derzeit noch nicht dokumentiert ist. Dies passiert, indem Sie in der Komponentendefi-nition einen weiteren Parameter vom Typ *Boolean* mit dem Bezeichner *horizontal* hinzufügen. Nachdem sich also der Sesam für uns Normalsterbliche geöffnet hat, können wir die Komponen-te und die ActionScript-Klasse entwerfen.

13.3.2 Die Komponente entwerfen

Eine Komponente entwerfen bedeutet immer, sich zunächst in Ruhe auf den Hosenboden zu set-zen, zu überlegen, was man will und sich folgende Punkte durch den Kopf gehen zu lassen:

- Eine Komponente ergibt meist nur Sinn, wenn sie auch durch Nicht-Programmierer und an-dere Kollegen ohne viel Aufwand eingesetzt werden kann. Und einem selbst Zeit spart.
- Gibt es die Komponente eventuell schon, oder will ich nur mein Ego befriedigen?
- Eine Komponente ist **keine** Anwendung – versuchen Sie also bitte nicht, alles in eine Kom-ponente zu werfen. Entwerfen Sie lieber mehrere kleine Bausteine für das große Puzzle, die Sie auch in anderen Anwendungen wieder verwenden können.

- In Anlehnung an die vorigen Punkte – was soll die Komponente alles können, welche Eigenschaften, Methoden werden benötigt?
- Eine Komponente sollte leicht erweiterbar und gut dokumentiert sein. Sie wären nicht der Erste, der nach einem Jahr fassungslos vor dem eigenen Skript steht. Oder dann vielleicht eher auch daneben liegt.

Ich muss bei allen guten Ratschlägen zugeben, dass ich auch gerne bei einer Idee einfach „drauflos holze" und schaue, was bei der ganzen Sache rauskommt. Das ist auch gut so.

Abbildung 13.9 Für bekannte Wörter wird automatisch der Link gesetzt (noch während des Tippens)

Um die Motivation zu heben und eine bessere Vorstellung zu bekommen, um was es gehen soll, sehen Sie in der Abbildung eine Beispiel-Anwendung, welche die Komponente verwendet, welche jetzt erstellt werden soll.

Angestrebte Feature-Liste der Komponente

- Drag'n'Drop auf ein beliebiges HTML-Textfeld
- Eine beliebig erweiterbare Liste mit Wörtern und passenden Links
- Automatisches Setzen eines Links, noch während der Text eingetippt wird
- Nachträgliches Setzen aller Links für den ganzen Text
- Frei wählbare Linkfarbe
- Linkfarbe wird als Balken am Textfeld angezeigt (dient nur zur Kontrolle)
- Optionaler Unterstrich für den Link

13.3.3 Der erste Ansatz

Der erste Prototyp einer Komponente ist immer der spannendste Schritt. Hier zeigt sich, ob die Idee wirklich so funktioniert, wie man sich das vorgestellt hat. Allerdings sollten die Parameter schon zu diesem Zeitpunkt feststehen.

Tabelle 13.1 Ausgangs-Parameter im Fenster für die Komponenten-Definition

Name	Variable	Wert	Datentyp
Textfeld Instanz	_targetInstanceName	defaultValue	Standard
Horizontal	horizontal	false	Boolean
Wortliste	wortListe	Objekt mit Worten / URLs	Objekt
Link Farbe	_linkFarbe	#0000FF	Farben
Link Strich	_linkStrich	true	Booelan

Listing 13.3 Der erste Ansatz für die ActionScript-Klasse WordChecker

```
#initclip
/////////////////////////////////////////////////
// Klasse WordChecker
function WordChecker() {
  // _targetInstanceName liefert den Namen, keinen Verweis!
  this.target = this._parent[this._targetInstanceName];
  this.target.addListener(this);
  this.target.text = "";
  // Balken zur Kontrolle einfärben
  var colObj = new Color(this);
  colObj.setRGB(this._linkFarbe);
}
WordChecker.prototype = new MovieClip();
Object.registerClass("WordChecker", WordChecker);
/////////////////////////////////////////////////
// WordChecker::onChanged() Event Handler
WordChecker.prototype.onChanged = function() {
  var position = Selection.getEndIndex();
  this.vergleicheWort(position);
};
/////////////////////////////////////////////////
// WordChecker::vergleicheWort()
WordChecker.prototype.vergleicheWort = function(ende) {
  for (wort in this.wortListe) {
    var anfang = ende - wort.length;
    // das getippte Wort mit der Liste vergleichen
    var getippt = this.target.text.substring(anfang, ende);
    if (getippt.toLowerCase() == wort.toLowerCase()) {
      // Format für den Link
      var format = new TextFormat();
      format.color = this._linkFarbe;
      format.underline = this._linkStrich;
      // URL aus der Wortliste auslesen
```

```
        format.url = this.wortListe[wort];
        // das erkannte Wort markieren
        this.target.setTextFormat(anfang, ende, format);
        // es kann nur ein Wort geben, jetzt ausbrechen
        break;
      }
    }
};
#endinitclip
```

Lassen Sie uns die wichtigsten Stellen im Skript einmal durchgehen.

```
this.target = this._parent[this._targetInstanceName];
```

Ehrlich gesagt, darauf falle ich jedesmal rein. Die Eigenschaft *targetInstanceName* liefert nämlich nicht etwa einen Verweis zur Textfeld-Instanz, sondern eben nur den Namen. Hoffentlich hat Macromedia in der nächsten Version Erbarmen mit mir. Hier müssen wir uns erst einen Verweis zusammenbasteln.

```
this.target.addListener(this);
```

Symbiose in Reinkultur. Die Instanz der Komponente meldet sich beim Textfeld als Listener an, um informiert zu werden, wenn der Text sich ändert. Dann wird der Event Handler aufgerufen.

```
WordChecker.prototype.onChanged = function() {
  var position = Selection.getEndIndex();
  this.vergleicheWort(position);
};
```

Die *vergleicheWort()* Methode der Klasse ist relativ simpel – jedes Mal, wenn etwas getippt wird, wird überprüft, ob ein Wort in der definierten Wortliste eventuell geschrieben wurde. Momentan werden Wörter nur erkannt, wenn sich der Cursor am Ende eines Worts befindet.

```
var position = Selection.getEndIndex();
```

Später sehen Sie noch eine „brutale" Methode, die den ganzen Text mit einem Ruck überprüft.

13.3.4 addProperty() und Get/Set-Eigenschaften

Sie hatten eingangs gesehen, dass wir für die Linkfarbe auch einen Datentyp „Farbe" definiert hatten. Nun, dies ist wirklich eines der schmackhaftesten Bonbons in Flash MX. Damit erscheint wie von Geisterhand ein Color-Picker im Komponenten-Panel, womit jeder Entwickler einen Farbwert – wofür auch immer – so intuitiv auswählen kann, wie er es von der Flash IDE gewohnt ist.

Abbildung 13.10 Color-Picker für die eigene Komponente

Den Datentyp „Farbe" gibt es allerdings nicht wirklich – der Color-Picker liefert letztlich natürlich einen Wert vom Typ *number*, dargestellt oben als Hex-Zahl.

13.3.4.1 Das Problem

Geblendet von so viel Komfort, haben wir trotzdem ein Problem. Ein Außenstehender, der nicht mit dem Skript dieser Klasse vertraut ist, hat momentan keine Möglichkeit, die Linkfarbe oder die Option für den Unterstrich zur Laufzeit zu ändern. Gut, sagen wir ihm also: „*Hier hast du die Eigenschaften für die Format-Optionen, mach damit, was du willst.*"

```
deineInstanz._linkFarbe
deineInstanz._linkStrich
```

Und schon haben wir den Mund zu weit aufgerissen und das nächste Problem. Denn mit diesen Werten wird zwar das Format aller neu erstellten Links beeinflusst, aber weder die Farbe des Balkens (jetzt wissen Sie, warum der mitspielen darf), noch die ganzen anderen Links werden davon beeinflusst. Letzteres ist ein selbst gewähltes Problem. Als ob es nicht schon genug davon gäbe. Wir lassen also Blitz und Donner auf die Erde sausen und versuchen den Undankbaren mit drei weiteren Methoden ruhig zu stellen.

Listing 13.4 Erweiterung der Klasse um Methoden zum Setzen des Formats

```
/////////////////////////////////////////////////
// WordChecker::checkeAlles()
WordChecker.prototype.checkeAlles = function() {
    var anzahlZeichen = this.target.text.length;
    for (var n = 0; n <= anzahlZeichen; n++) {
        this.vergleicheWort(n);
    }
};
/////////////////////////////////////////////////
// Methoden WordChecker::setLinkFarbe()
```

```
WordChecker.prototype.setLinkFarbe = function(arg) {
  // Format und Links aktualisieren
  this._linkFarbe = arg;
  // Balken zur Kontrolle einfärben
  var colObj = new Color(this);
  colObj.setRGB(arg);
  this.checkeAlles();
};
////////////////////////////////////////////////////
// Methoden WordChecker::setLinkStrich()
WordChecker.prototype.setLinkStrich = function(arg) {
  // Format und Links aktualisieren
  this._linkStrich = arg;
  this.checkeAlles();
};
```

Sehen Sie, wie jetzt in der *setLinkFarbe()* Methode die Farbe des MovieClips modifiziert werden kann? Und auch alle schon gesetzten Links werden neu eingefärbt, was die *checkeAlles()* Methode erledigt. Selbiges passiert, wenn sich die Option für den Unterstrich ändert. Damit können wir auch die Konstruktor-Funktion modifizieren, indem wir dort einfach die beiden neuen Methoden zum Setzen des Formats aufrufen.

Listing 13.5 Modifikation des Konstruktors

```
function WordChecker() {
  // _targetInstanceName liefert den Namen, keinen Verweis!
  this.target = this._parent[this._targetInstanceName];
  this.target.addListener(this);
  this.target.text = "";
  // Methode setzt auch Balkenfarbe
  this.setLinkFarbe(this._linkFarbe);
  this.setLinkStrich(this._linkStrich);
}
```

Listing 13.6 Skript zum Testen der neuen Methoden („End"-Taste setzt eine Zufallsfarbe für alle Links)

```
Key.addListener(this);
this.onKeyDown = function() {
  if (Key.getCode() == Key.END) {
    meinWordChecker.setLinkFarbe(random(0xFFFFFF));
    meinWordChecker.setLinkStrich(random(2));
  }
}
```

Und was ist der Dank für die ganze Mühe? Jetzt kommt doch tatsächlich jemand angelaufen und meint: *Das verstehe ich nicht. Erst kann ich im Init-Objekt der attachMovie() Methode so wunderschön die Eigenschaften*

```
_linkFarbe:0xFF0000
_linkStrich:true
```

definieren, und nun soll ich zwei „komplizierte" Methoden verwenden – warum kann ich nicht einfach genau diese Parameter von oben auch zur Laufzeit setzen?

Listing 13.7 *attachMovie()* Methode, um die Komponente auf die Bühne zu bringen

```
this.attachMovie("WordChecker", "meinWordChecker", 0, {
  _targetInstanceName:"meinTextfeld",
  horizontal:"wurscht",
  wortListe: {
    blitz:"http://www.blitz.de",
    donner:"http://www.donnder.de"
    },
  _linkFarbe:0xFF0000,
  _linkStrich:true
});
```

Wir müssen uns geschlagen geben, das Komponenten-Design ist nicht perfekt. Aber es gibt ein Licht, welches in anderen Programmiersprachen schon seit Jahren leuchtet und mit Flash MX nun auch in ActionScript angezündet wurde.

13.3.4.2 Das Get/Set-Prinzip

Sie können in ActionScript mit der *addProperty()* Methode so genannte Get/Set-Eigenschaften für ein Objekt definieren. Nicht nur für Komponenten, sondern für alle Objekte. Bei diesen speziellen Eigenschaften wird nicht einfach der Wert ausgelesen und gesetzt. Nein, es wird eine *Set-Funktion* aufgerufen, wenn jemand dieser Eigenschaft einen Wert zuweist, wobei der Wert als Argument übergeben wird. Und es wird eine *Get-Funktion* aufgerufen, wenn jemand diesen Wert ausliest. Sie müssen sich wenn nötig darum kümmern, diesen Wert intern irgendwie zu speichern.

Listing 13.8 Einfaches Beispiel, wie eine Get/Set-Eigenschaft funktioniert

```
var bergsteiger = new Object();
bergsteiger.getFunktion = function() {
  trace("Get Funktion");
  return this.$schwindelfrei;
```

```
};
bergsteiger.setFunktion = function(arg) {
   trace("Set Funktion");
   this.$schwindelfrei = arg;
};
bergsteiger.addProperty("schwindelfrei",
   bergsteiger.getFunktion,
   bergsteiger.setFunktion
   );
bergsteiger.schwindelfrei = true;
```

```
Set Funktion
```

Achten Sie darauf, dass die Eigenschaft

```
$schwindelfrei
```

zum Speichern des Werts unbedingt einen anderen Bezeichner als die Get/Set-Eigenschaft

```
schwindelfrei,
```

bekommt – ein häufiger Denkfehler! Wenn Sie sich die Variablen auflisten lassen, ergibt sich Folgendes:

```
Variable _level0.bergsteiger = [Objekt #1, Klasse 'Object'] {
    getFunktion:[Funktion 'getFunktion'],
    setFunktion:[Funktion 'setFunktion'],
    schwindelfrei:[Get/Set] true,
    $schwindelfrei:true
  }
Get Funktion
```

Die Get/Set-Eigenschaft *schwindelfrei* wird hier eben als solche mit *[Get/Set]* markiert und zeigt uns den Wert an, der in Wirklichkeit in der Eigenschaft *$schwindelfrei* gespeichert ist. Sehen Sie die letzte Zeile? Wenn das Ausgabefenster den Wert für die Get/Set-Eigenschaft abfragt, wird hier ebenfalls die Get-Funktion aufgerufen, deswegen die Ausgabe! Man könnte mit Blick auf das Fenster durchaus annehmen, dass der Wert hier doppelt gespeichert wird. Dem ist aber nicht so. Die Get/Set-Eigenschaft liefert immer den Wert, den die Get-Funktion liefert, was im folgenden Beispiel sehr schön zu erkennen ist.

Listing 13.9 Die Get/Set-Eigenschaft liefert immer den Wert, den die Get-Funktion liefert

```
var bergsteiger = new Object();
bergsteiger.getFunktion = function() {
  trace("Get Funktion");
  return "ich zeige dir jetzt mal was ganz anderes";
};
bergsteiger.setFunktion = function(arg) {
  trace("Set Funktion");
  this.$schwindelfrei = arg;
};
bergsteiger.addProperty("schwindelfrei",
                  bergsteiger.getFunktion,
                  bergsteiger.setFunktion
                  );
bergsteiger.schwindelfrei = true;
```

```
Variable _level0.bergsteiger = [Objekt #1, Klasse 'Object'] {
    getFunktion:[Funktion 'getFunktion'],
    setFunktion:[Funktion 'setFunktion'],
    schwindelfrei:[Get/Set] "ich zeige dir jetzt mal was ganz anderes",
    $schwindelfrei:true
  }
Get Funktion
```

Gut, warum braucht man so etwas? Nun, im Prinzip passiert ja bei diesen Get/Set-Eigenschaften nichts anderes, als dass Methoden aufgerufen werden. Das heißt, Sie können in diesen Methoden vielerlei Aktionen ausführen. Sie können etwa überprüfen, ob der gesetzte Wert für die Eigenschaft gültig ist, oder ob überhaupt ein Wert gesetzt wurde. Sie können auch einen Schreibschutz verhängen, indem Sie als Argument für die Set-Methode den Wert *null* angeben.

Listing 13.10 Eigenschaft mit Schreibschutz

```
var bergsteiger = new Object();
bergsteiger.getFunktion = function() {
  trace("Get Funktion");
  return "du kannst mich nicht ärgern.";
};
bergsteiger.setFunktion = function(arg) {
  trace("Set Funktion");
  this.$schwindelfrei = arg;
};
bergsteiger.addProperty("schwindelfrei",
```

```
    bergsteiger.getFunktion,
    null
    );
bergsteiger.schwindelfrei = true;
```

```
Variable _level0.bergsteiger = [Objekt #1, Klasse 'Object'] {
    getFunktion:[Funktion 'getFunktion'],
    setFunktion:[Funktion 'setFunktion'],
    schwindelfrei:[Get/Set] "du kannst mich nicht ärgern."
    }
Get Funktion
```

Sie müssen sich vor allem darüber klar werden, dass es kein Problem gibt, was nicht auch **ohne** eine Get/Set-Eigenschaft zu lösen wäre. Darüber zerbrechen sich viele Leute den Kopf. Nein, es ist nur für die reine Vorstellung und speziell auch für den Anwender von Komponenten oft viel einfacher und viel intuitiver, den Wert einer Eigenschaft für ein Objekt zu setzen und zu lesen, anstatt sich die Namen zweier Methoden zu merken und diese zu bemühen. Beispielsweise den Wert einer Farbe. Pikanterweise macht Macromedia bei den hauseigenen Komponenten überhaupt keinen Gebrauch von Get/Set-Eigenschaften, wenn ich das richtig gesehen habe. Wenn Sie Lust haben, schauen Sie in diesem Zusammenhang auch nach den beiden Objekt-Methoden

```
meinObjekt.watch()
meinObjekt.unwatch()
```

Hiermit lassen sich die Werte von Eigenschaften überwachen, allerdings mit Einschränkungen für Get/Set-Eigenschaften. Jetzt aber wieder zurück zur Komponente.

13.3.4.3 Get/Set-Eigenschaften am Prototype der Klasse

Was Get/Set-Eigenschaften für ein Prototype-Objekt anbetrifft, so ist die ActionScript-Referenz recht verwirrend. Verglichen mit dem vorigen Beispiel ändert sich dabei nicht viel, außer dass das Objekt nicht mehr Bergsteiger ist, sondern das Prototype-Objekt der Klasse.

Listing 13.11 Definieren der beiden Get/Set-Eigenschaften am Prototype der Klasse

```
//////////////////////////////////////////////////
// Get/Set Eigenschaften
WordChecker.prototype.addProperty("_linkFarbe",
   WordChecker.prototype.getLinkFarbe,
   WordChecker.prototype.setLinkFarbe);
WordChecker.prototype.addProperty("_linkStrich",
```

```
  WordChecker.prototype.getLinkStrich,
  WordChecker.prototype.setLinkStrich);
```

Listing 13.12 Die dazugehörigen Get/Set-Methoden

```
//////////////////////////////////////////////////
// Get / Set Methoden für _linkFarbe
WordChecker.prototype.getLinkFarbe = function() {
  return this.$_linkFarbe;
};
WordChecker.prototype.setLinkFarbe = function(arg) {
  // Format und Links aktualisieren
  this.$_linkFarbe = arg;
  // Balken zur Kontrolle einfärben
  var colObj = new Color(this);
  colObj.setRGB(arg);
  this.checkeAlles();
};
//////////////////////////////////////////////////
// Get / Set Methoden _linkStrich
WordChecker.prototype.getLinkStrich = function() {
  return this.$_linkStrich;
};
WordChecker.prototype.setLinkStrich = function(arg) {
  // Format und Links aktualisieren
  this.$_linkStrich = arg;
  this.checkeAlles();
};
```

Wir schaffen mit dieser Herangehensweise eine Art Schnittstelle für unsere Komponente. Eine Schnittstelle, mit den öffentlichen Get/Set-Eigenschaften auf der einen Seite und den als intern anzusehenden Eigenschaften der Instanz auf der anderen Seite. Dazwischen liegt die Schnitte.

Tabelle 13.2 Betrachtung der Schnittstelle für die Komponente

Äußere Eigenschaften (öffentlich / public)	Innere Eigenschaften (intern / private)
_linkFarbe	$_linkFarbe
_linkStrich	$_linkStrich

Die Aufteilung in öffentliche und interne Eigenschaften ist ein reines Modell, ich komme später darauf zurück. Achten Sie vor allem wieder darauf, einen anderen Bezeichner zu wählen. Günstig ist es etwa, ein Dollarzeichen voranzustellen. Jetzt wird es knifflig, raten Sie mal – es gibt für jede Instanz zwei Get/Set-Eigenschaften aus der Prototype-Definition und es gibt zwei

gleichnamige „normale" Eigenschaften aus der Komponenten-Definition. Wer ist der Stärkere, wird die Set-Methode korrekt aufgerufen und der Balken eingefärbt? Nein.

Listing 13.13 Modifikation des Konstruktors (jetzt ohne Aufruf der Set-Methoden)

```
////////////////////////////////////////////////
// Klasse WordChecker
function WordChecker() {
  // _targetInstanceName liefert den Namen, keinen Verweis!
  this.target = this._parent[this._targetInstanceName];
  this.target.addListener(this);
  this.target.text = "";
}
```

```
...
Variable _level0.WordChecker = [Funktion 'WordChecker'] {
    prototype:[Objekt #2, Klasse 'MovieClip'] {
        onChanged:[Funktion 'onChanged'],
        vergleicheWort:[Funktion 'vergleicheWort'],
        checkeAlles:[Funktion 'checkeAlles'],
        getLinkFarbe:[Funktion 'getLinkFarbe'],
        setLinkFarbe:[Funktion 'setLinkFarbe'],
        getLinkStrich:[Funktion 'getLinkStrich'],
        setLinkStrich:[Funktion 'setLinkStrich'],
        _linkFarbe:[Get/Set] undefined,
        _linkStrich:[Get/Set] undefined
    }
  }
...
Variable _level0.meinWordChecker._linkFarbe = 16711680
Variable _level0.meinWordChecker._linkStrich = true
...
Variable _level0.meinWordChecker._linkFarbe = [Get/Set] undefined
Variable _level0.meinWordChecker._linkStrich = [Get/Set] undefined
...
```

Der Interpreter hat hier einen zu viel abbekommen und sieht doppelt. Die Komponenten Parameter **überdecken** die gleichnamigen Get/Set-Eigenschaften, welche im Prototype-Objekt deklariert wurden. Auch wenn man uns wie versprochen automatisch die Get/Set-Eigenschaften für die Instanz bereitgestellt hat – wir kommen einfach nicht an das Ding heran. Zum Glück gibt es einen einfachen Workaround für dieses Verhalten.

1. Die Parameter für die Komponente in temporären Variablen zwischenspeichern.
2. Die Komponenten-Parameter löschen (danach existiert nur noch die Get/Set-Eigenschaft).
3. Den nun „freiliegenden" Get/Set-Eigenschaften die temporären Werte zuweisen.

Umgesetzt wird das Ganze in der Konstruktor-Funktion und sieht für das Beispiel so aus:

Listing 13.14 Workaround, um die Get/Set Eigenschaften für die Instanz zu aktivieren (im Konstruktor)

```
function WordChecker() {
    // _targetInstanceName liefert den Namen, keinen Verweis!
    this.target = this._parent[this._targetInstanceName];
    this.target.addListener(this);
    this.target.text = "";
    // Get/Set Eigenschaften aktivieren
    var temp_farbe = this._linkFarbe;
    var temp_strich = this._linkStrich;
    delete this._linkFarbe;
    delete this._linkStrich;
    this._linkFarbe = temp_farbe;
    this._linkStrich = temp_strich;
}
```

```
...
Variable _level0.meinWordChecker.$_linkFarbe = 16711680
Variable _level0.meinWordChecker.$_linkStrich = true
Variable _level0.meinWordChecker._linkFarbe = [Get/Set] 16711680
Variable _level0.meinWordChecker._linkStrich = [Get/Set] true
...
```

Dies funktioniert nicht nur für einfache (primitive) Werte, sondern auch für Objekte, welche als Komponenten-Parameter definiert wurden.

13.3.4.4 Get/Set-Ausgangswerte im Prototype definieren

Wenn Sie eine Komponente im Autorenmodus auf die Bühne bringen, stehen dieser sofort die Parameterwerte zur Verfügung, welche im Panel für diese Instanz definiert wurden. Nicht so, wenn Sie zur Laufzeit eine Instanz dieser Komponente mit der *attachMovie()* Methode erzeugen. Hier müssten Sie in gewohnter Art und Weise solche Ausgangswerte im Prototype der Klasse hinterlegen. Aber aufpassen – initialisieren Sie die Ausgangswerte am besten in den „pseudo-internen" Eigenschaften.

```
WordChecker.prototype.$_linkFarbe = 0x0000FF;
WordChecker.prototype.$_linkStrich = true;
```

Mit der folgenden Variante wird zwar auch ein Schuh draus, dieser könnte aber eventuell anfangen zu drücken, denn jetzt werden natürlich auch die Get/Set-Methoden aufgerufen, mit möglicherweise ungewolltem Ausgang.

```
WordChecker.prototype._linkFarbe = 0x0000FF;
WordChecker.prototype._linkStrich = true;
```

Diese Eigenschaften und Werte stehen dann natürlich über die Prototype-Kette auch Klassen zur Verfügung, welche erben. Das ist wichtig, sonst beschweren sich die ganzen OOP-Nasen, und Sie haben bald die Nase voll von denen. Und so sieht der neue Bauplan aus:

```
Variable _level0.WordChecker = [Funktion 'WordChecker'] {
    prototype:[Objekt #2, Klasse 'MovieClip'] {
        onChanged:[Funktion 'onChanged'],
        vergleicheWort:[Funktion 'vergleicheWort'],
        checkeAlles:[Funktion 'checkeAlles'],
        getLinkFarbe:[Funktion 'getLinkFarbe'],
        setLinkFarbe:[Funktion 'setLinkFarbe'],
        getLinkStrich:[Funktion 'getLinkStrich'],
        setLinkStrich:[Funktion 'setLinkStrich'],
        _linkFarbe:[Get/Set] 255,
        _linkStrich:[Get/Set] true,
        $_linkFarbe:255,
        $_linkStrich:true
    }
}
```

13.3.5 Zugriffskontrolle, Optimieren und Verstecken

Wenn die Komponente einwandfrei vor sich hinwerkelt, können Sie sich daran machen, den Kasten zu optimieren und professioneller zu gestalten. Aussehen ist alles, nicht nur im Rock'n'Roll (wie oft hatte ich das in diesem Buch schon erwähnt?). Als Waschgang bietet es sich an, die ganzen Eigenschaften und Methoden der Klasse „zu verstecken", um die Übersicht im Ausgabefenster zu wahren. Besonders bei vielen Instanzen sicherlich eine Überlegung wert. Informationen zu *ASSetPropFlags()* finden Sie wie gewohnt im Anhang.

Listing 13.15 Verstecken von Prototype-Objekt und Instanz-Eigenschaften

```
#initclip
//////////////////////////////////////////////////
// Klasse WordChecker
function WordChecker() {
```

```
   ASSetPropFlags(this, null, 1, 0);
}
WordChecker.prototype = new MovieClip();
...
ASSetPropFlags(WordChecker.prototype, null, 7, 0);
#endinitclip
```

Über das dritte Argument der *ASSetPropFlags()* Funktion lässt sich ferner der Schreibschutz für bestimmte Eigenschaften modifzieren, falls Sie dies für notwendig erachten. Einen völlig anderen Ansatz zeigt dagegen Crockford aus dem JavaScript-Lager.

http://crockford.com/javascript/private.html

Man sollte allerdings nicht mit der Brechstange versuchen, aus einer Sprache mehr herauszuholen, als drin ist. Javascript und ActionScript sind nicht Java, man kann es kaum übersehen. ActionScript kennt von Natur aus auch keine echte Zugriffskontrolle auf Objekt-Eigenschaften und Methoden, also auch keine Zugriffsangaben wie *public*, *private* oder *protected*. Dennoch ist es zumindest interessant, diesen Weg zu kennen und durchzuspielen.

Listing 13.16 Der Weg nach Crockford

```
//////////////////////////////////////////////
// Klasse WordChecker
function WordChecker() {
   ...
this.format = new TextFormat();
   //////////////////////////////////////////////////
   // Private Get/Set Methoden für _linkFarbe
   var getLinkFarbe = function() {
      return this.format.color;
   };
   var setLinkFarbe = function(arg) {
      this.format.color = arg;
      var colObj = new Color(this);
      colObj.setRGB(arg);
      this.checkeAlles();
   };
   //////////////////////////////////////////////////
   // Private Get/Set Methoden _linkStrich
   var getLinkStrich = function() {
      return this.format.underline;
   };
   var setLinkStrich = function(arg) {
```

```
    this.format.underline = arg;
    this.checkeAlles();
  };
  ...
  this.addProperty("_linkFarbe", getLinkFarbe, setLinkFarbe);
  this.addProperty("_linkStrich", getLinkStrich, setLinkStrich);
  ...
}
```

Den vollständigen Ansatz finden Sie auf der Webseite zum Buch. Ob diese Herangehensweise allerdings von Vorteil ist, müssen Sie selbst entscheiden. Schließlich werden die Funktionen in jeder Instanz neu deklariert und sind im Hinblick auf die Vererbung über die Prototype-Kette kontraproduktiv.

13.3.6 Live-Vorschau und das xch-Austauschobjekt

Eine Vorschau für die eigene Komponente ist die Krönung und das Sahnehäubchen mit Schoko-streusel der ganzen Arbeit. Damit kann man Änderungen an den Parametern der Komponente schon im Autorenmodus live verfolgen. Das Symbol der Komponente wird dafür in einen **neuen** leeren Film auf die Bühne gezogen. Das ist auch gleichzeitig der größte Mangel an dem ganzen Live-Vorschau Konzept. Denn bei jeder Änderung an der Komponente müssen Sie auch den Film für die Live-Vorschau aktualisieren, was recht nervig sein kann. Die Live-Vorschau sollte aus diesem Grund immer das „Allerletzte" sein, was Sie machen sollten, sonst drehen Sie ir-gendwann durch. Um das Prinzip zu verdeutlichen, gestaltet sich die Live-Vorschau in dem WordChecker-Beispiel sehr einfach. Das Wichtigste, was Sie für den Anfang wissen müssen, ist:

- Im Live-Vorschau Film haben Sie über das xch-Objekt *(eXCHange, zu deutsch Austausch)* vollen Zugriff auf die aktuellen Parameter im Komponenten-Panel.
- Wird der Wert eines Parameters im Panel geändert, ist dies ein Ereignis. Sie können darauf reagieren, indem Sie den *onUpdate()* Event-Handler implementieren, um etwa den neuen Wert abzufragen.
- Wenn Sie im Autorenmodus eine Komponente mit Vorschau skalieren, dann skalieren Sie die **Bühne** des Vorschau-Films, **nicht** die Komponente in diesem. Dies ist mit Abstand der häufigste Denkfehler in diesem Zusammenhang! Sie können auf dieses Ereignis wie gewohnt reagieren, indem Sie im Skript des Vorschaufilms mit *Stage.addListener()* ein Objekt davon benachrichtigen lassen und dort den *onResize()* Event-Handler implementieren.
- Denken Sie daran, dass der *onResize()* Handler nur im „noScale"-Modus aufgerufen wird.
- Deaktivieren Sie die Live-Vorschau für die Komponente im Live-Vorschau Film – diese wird nicht benötigt und führt nur zu Komplikationen und unerwünschten Nebeneffekten.

- Wenn Sie für die Komponente eine Datei als Live-Vorschau Film wählen wollen, setzt Flash MX immer automatisch den absoluten Pfad ein. Machen Sie daraus möglichst einen relativen Pfad, sonst funktioniert ein Vorschau-Film in einer externen Datei nicht auf anderen Rechnern (s. Abbildung).

Abbildung 13.11 Achtung – machen Sie aus dem absoluten Pfad einen relativen Pfad!

Bei eingebetteten Live-Vorschau Filmen wird die Vorschau zudem aus Sicht desjenigen Ordners ausgeführt, in welchem die Komponente installiert wurde, z. B.

```
<Anwendungsdaten>\Macromedia\Flash MX\Configuration\Components
```

Dies ist aber nur in Ausnahmefällen von Bedeutung, wenn Sie etwa Filme mit relativer Adresse in der Vorschau laden wollen. Doch nach so vielen schwer verdaulichen Regeln kommt nun die leichte Kost. Das Skript im Vorschaufilm umfasst gerade mal drei Zeilen. Mit Kommentar.

Listing 13.17 Wenn im Panel eine andere Farbe gewählt wird – Skript im Vorschau Film

```
this.onUpdate = function() {
    // wc ist die Instanz der Komponente im Live Preview SWF
    // xch ist die Schnittstelle zum Panel
    this.wc._linkFarbe = xch._linkFarbe;
}
```

Dieser Film wird exportiert, als Vorschau gewählt und färbt den – zugegeben überflüssigen – Balken der Komponente im Autorenmodus mit der Farbe, welche mit dem Farb-Picker gewählt wurde. Genial, oder?! Sie müssen dies einfach ein paar mal in Ruhe für sich durchspielen, um ein Gefühl zu bekommen und hinter das Konzept der Live-Vorschau zu steigen. Dies ist eine reine Gewöhnungssache, bei der ich am Anfang auch mächtig geknabbert habe.

13.3.7 Ab ins Körbchen

Soll die Komponente im Bedienfeld auftauchen, müssen Sie nur einige Dinge beachten.

Abbildung 13.12 Die fertige Komponente im Bedienfeld

Der Gruppenname, hier im Beispiel „Hanser ActionScript Buch" ergibt sich aus dem Namen der Flash-Datei, welche die Komponete(n) beherbergt:

„Hanser ActionScript Buch.fla"

welche in den Ordner

```
<Anwendungsdaten>\Macromedia\Flash MX\Configuration\Components
```

platziert werden muss, um automatisch erkannt zu werden. Damit eine Komponente auch wirklich dort auftaucht, muss zusätzlich in der Komponenten-Definition die Option *„Anzeige im Komponenten-Bedienfeld"* aktiviert sein, wobei Sie dann noch einen kurzen Tooltip-Text eingeben können. Damit können Sie all Ihre **eigenen** Komponenten in einer einzigen Flash-Datei organisieren und je nach Bedarf bestimmte Komponenten, die Sie gerade nicht benötigen, ausblenden.

Abbildung 13.13 Option Anzeige im Bedienfeld muss aktiviert sein

13.3.8 Verpacken für Exchange: die MXI-Datei-Definition

Wollen Sie Ihr Schaffenswerk anderen Entwicklern anbieten? Ist die Komponente gewaschen, poliert, und funktioniert sie danach immer noch zur Freude aller Beteiligten? Gut, dann können Sie das „Produkt" verpacken. Andere Entwickler können diese Komponente über den *Macromedia Extension Manager* installieren.

http://www.macromedia.com/de/exchange/em_download/

Das Komplizierteste daran ist das Schreiben der so genannten *MXI-Datei*. Diese enthält genaue Informationen über die Komponente, deren Bestandteile, sowie Anweisungen für die Installation. Alles im XML-Format, wobei derzeit nur ANSI-codierte Dateien vom Extension Manager akzeptiert werden. Nein, Stopp – ich nehme alle zurück: Das Komplizierteste ist mit Abstand das Finden der Dokumentation. Die genaue Beschreibung der Tags finden Sie nicht bei Flash-Exchange sondern hier.

http://download.macromedia.com/pub/dw_exchange/mxi_file_format.pdf

Ich will Ihnen aber die Arbeit und das Zusammensuchen abnehmen. Ohne den Inhalt für die beiden *CDATA*-Sektionen könnte es so aussehen.

Listing 13.18 Beispiel für eine MXI-Datei ohne CDATA-Inhalte

```
<macromedia-extension
name=" Hanser ActionScript Buch "
version="1.0"
type="Flash Component">
   <products>
      <product name="Flash" version="MX" primary="true"/>
   </products>
   <author name="Ralf Siegel"/>
   <description><![CDATA[
      ...
   ]]></description>
   <ui-access><![CDATA[
      ...
      ]]></ui-access>
   <files>
      <file name="Hanser ActionScript Buch.fla"
destination="$flash/Components"/>
   </files>
</macromedia-extension>
```

Diese Datei wird durch den Extension Manager eingelesen, wenn Sie im Menü auf den Punkt „Erweiterung erstellen ..." gehen. Mögen Sie eigentlich Bücher mit solchen Screenshots?

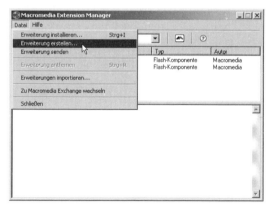

Abbildung 13.14 Die MXI-Datei einlesen

Ist diese korrekt, werden **alle** in *<file>* Tags angegebenen Dateien ins Paket gesteckt und später beim „Endverbraucher" in das Verzeichnis entpackt, welches Sie von vorhin kennen.

```
<Anwendungsdaten>\Macromedia\Flash MX\Configuration\Components
```

Die Pfadangaben müssen da natürlich stimmen, sonst findet der Extension Manager die Flash-Datei nicht und gibt eine Fehlermeldung aus. Im obigen Beispiel liegt die Datei *„Hanser Action-Script Buch.fla"* also im selben Verzeichnis wie die MXI-Datei. Das produzierte Paket in Gestalt einer MXP-Datei kann man dann zum Testen bei sich auf dem Rechner installieren. Dabei wird einem dann auch die tiefere Bedeutung der Tags klar, was sicher mehr hilft als 28 Seiten Dokumentation in Englisch. Sprechen Sie eigentlich Englisch?

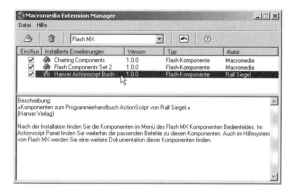

Abbildung 13.15 Nach der Installation des MXP-Pakets mit der WordChecker-Komponente

13.3.9 Custom Actions

Ich hatte vorhin erwähnt, dass alle Dateien gepackt werden, und Sie haben sich eventuell gewundert, was er denn noch verschnüren will, außer der Flash-Datei. Nun, Sie können in Flash MX tatsächlich das ActionScript-Panel um eigene Aktionen erweitern, oder um den passenden englischen Begriff zu bemühen, mit *Custom Actions*. Damit könnten wir für die WordChecker-Komponente Eigenschaften und Methoden eintragen, und auch die Online-Hilfe erweitern. Am besten, Sie schauen sich als Erstes einmal im Ordner

```
<Anwendungsdaten>\Macromedia\Flash MX\Configuration\ActionsPanel
```

die dortigen XML-Dateien an (z. B. *ActionsPanel.xml*), um einen Eindruck von der Sache zu bekommen. Achtung - passen Sie bitte auf, dass Sie diese Standard-Dateien nicht beschädigen! Stattdessen werden zwei neue XML-Dateien angelegt, diesmal UTF-8 codiert.

```
HanserActionScriptBuch.xml
HanserActionScriptBuchRef.xml
```

Im Folgenden wird für diese Dateien nur die grobe Struktur gezeigt, die vollständige Beschreibung inklusive aller Tag-Attribute finden Sie auf der Webseite zum Buch.

Aktionen-Bedienfeld erweitern

Listing 13.19   XML-Struktur, um das Aktionen-Bedienfeld der Flash MX IDE zu erweitern

```xml
<customactions>
  <actionspanel>
<folder name="Hanser ActionScript Buch" ...>
<folder name="WordChecker" ...>
        <folder name="Methoden" ...>
          <string name="keine" .../>
        </folder>
        <folder name="Eigenschaften" ...>
          <string name="_linkFarbe" .../>
          <string name="_linkStrich" .../>
        </folder>
      </folder>
    </folder>
  </actionspanel>
  <colorsyntax>
    <identifier text="_linkFarbe"/>
```

```
      <identifier text="_linkStrich"/>
  </colorsyntax>
  <codehints>
      <!-- nur zur Demonstration -->
      <typeinfo pattern="_linkFarbe" object="WordChecker"/>
      <typeinfo pattern="_linkStrich" object="WordChecker"/>
  </codehints>
</customactions>
```

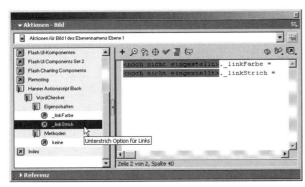

Abbildung 13.16 Die Eigenschaften der Komponente erscheinen im Aktionen-Bedienfeld

Referenz-Bedienfeld erweitern

Listing 13.20 XML-Struktur, um das Referenz-Bedienfeld zu erweitern

```
<customactions>
  <reference
path="HanserActionScriptBuch/WordChecker/Eigenschaften/_linkFarbe">
      <p class="titleStyle">WordChecker._linkFarbe</p>
      <p class="subTitle">Verfügbarkeit</p>
      <p>Flash Player 6.</p>
      <p class="subTitle">Verwendung</p>
      <p>meinObjekt._linkFarbe</p>
      <p class="subTitle">Beschreibung</p>
      <p>Eigenschaft; gibt den RGB Wert für Linkfarbe an.</p>
  </reference>
  <reference
path="HanserActionScriptBuch/WordChecker/Eigenschaften/_linkStrich">
      <p class="titleStyle">WordChecker._linkStrich</p>
      <p class="subTitle">Verfügbarkeit</p>
      <p>Flash Player 6.</p>
      <p class="subTitle">Verwendung</p>
```

```
    <p>meinObjekt._linkStrich</p>
    <p class="subTitle">Beschreibung</p>
    <p>Eigenschaft; ein Boolescher Wert. Gibt an, ob die Links einen Un-
terstrich bekommen oder nicht</p>
  </reference>
</customactions>
```

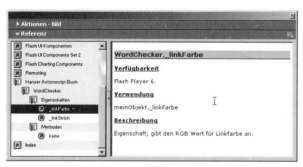

Abbildung 13.17 Die selbst geschriebene Hilfe für die Komponente erscheint im Referenz-Bedienfeld

Es sei in diesem Zusammenhang auch auf das CustomActions-Objekt hingewiesen, dessen Methoden zum Beispiel der *Service Browser* von *Flash Remoting* benutzt, um eine Service-Methode zu installieren/zu deinstallieren. Dies gilt natürlich nur für die Autorenumgebung. Wenn es Sie interessiert, können Sie mit einem kleinen Skript die eben installierten Erweiterungen anzeigen lassen. Hier hat Macromedia gut für die Zukunft vorgesorgt.

Listing 13.21 Anzeige der installierten CustomActions-Aktionen

```
trace(CustomActions.list());
trace("-----------------");
var meineCustomActions = CustomActions.get("HanserActionScriptBuch");
var xmlObj = new XML(meineCustomActions);
trace(xmlObj);
```

Die beiden XML-Dateien dem Paket hinzufügen

Zu guter Letzt werden diese beiden Dateien der schon bestehenden MXI-Datei und damit dem MXP-Paket hinzugefügt. Installiert jemand dieses Paket, erhält er nicht nur die Komponente, sondern auch eine Online-Dokumentation mit Pfiff. Bieten Sie eventuell immer eine Version auch ohne Dokumentation an, damit jeder selber entscheiden kann, was er/sie braucht.

Listing 13.22 Hinzufügen der CustomActions-Dateien in die MXI-Beschreibung

```
...
<files>
```

```
    <file name="Hanser ActionScript Buch.fla"
destination="$flash/Components"/>
    <file name="CustomActions/HanserActionScriptBuch.xml"
destination="$flash/ActionsPanel/CustomActions"/>
    <file name="CustomActions/HanserActionScriptBuchRef.xml"
destination="$flash/ActionsPanel/CustomActions"/>
</files>
...
```

Eine kommerzielle Anwendung, die Ihnen bei der Komponenten-Dokumentation helfen könnte, ist *FlashDoc* von *Cybersage Software*. Dieses, an *JavaDoc* angelehnte Werkzeug, steht dem Entwickler auch als Online-Service zur Verfügung:

http://www.cybersage.com/flashdoc.asp
http://www.cybersage.com/flashdoc_webservice.asp

Zum Schluss noch eine wichtige Durchsage. Diese Komponente sollte vor allem eins bringen – Ihnen den Weg vom Anfang bis zum Ende aufzeigen. Sie ist bei weitem nicht perfekt – fügen Sie eigene Methoden hinzu, optimieren Sie die Routine, welche nach den Wörtern sucht. Vielleicht wollen Sie die Wortliste in XML-Form von einem Server Ihrer Wahl laden und die Komponente damit initialisieren. Aber verwechseln Sie dabei nicht den Anspruch, den eine Komponente hat, mit dem einer Anwendung.

13.4 Andere Komponenten

Flashcomponents.net

http://www.flashcomponents.net

Wird sehr engagiert betrieben und bietet die derzeit beste Sammlung an Komponenten. Es gibt fast kaum noch etwas, was es nicht gibt.

Macromedia Flash Exchange

http://dynamic.macromedia.com/bin/MM/exchange/main.jsp?product=flash

Die folgenden Komponenten sind praktisch auch der Ersatz für Generator-Objekte.

- Flash UI Components Set
- Flash UI Components Set 2
- Charting Components

Es gab und gibt teilweise sehr heftige Kritiken zu all diesen Komponenten. Streitpunkt ist immer wieder das mit dem Einsatz verbundene Anschwellen der Dateigröße, welches scheinbar in keinem Verhältnis zum Nutzen steht. Dazu muss man entgegenhalten, dass diese Komponenten sich in Bedienung und Verhalten strikt daran ausrichten, was der Benutzer erwartet. Stichwort *Usability*, Sie wissen schon. Man soll ja auch nicht das Rad neu erfinden. So funktioniert der Scrollbalken nach allen Regeln der Kunst, und ist deswegen die meistgenutzte Komponente bei mir im täglichen Einsatz. Dazu kommt, dass sich Macromedia's Komponenten grundlegende ActionScript-Klassen teilen. Mit dem Effekt: je mehr Komponenten man davon einsetzt, desto effektiver wird das Größe/Nutzen-Verhältnis im exportierten Film. Weniger schön sind die mangelnde Dokumentation und die im Laufe der Zeit entdeckten Fehler und Unterschiede im Code-Design, auf die ich aber jetzt nicht weiter eingehen möchte. Persönlich würde ich mir für die Zukunft wünschen, dass diese UI-Elemente **direkt** in den Flash Player integriert werden.

 Ich möchte bei dieser Gelegenheit und an dieser Stelle kurz erklären, warum dieses Buch die Flash-UI-Komponenten nicht weiter behandelt. Die Komponenten, welche Macromedia mit Flash MX ausliefert, gehören nicht zum Kern der Sprache ActionScript. Sie sind Zugaben, um Ihnen als Entwickler die tägliche Arbeit zu erleichtern, aber nicht notwendig, um erfolgreich in ActionScript programmieren zu können. Und wer weiß, was in der nächsten Version folgen wird. Zudem müsste man dann schon alle Komponenten ausführlich behandeln, was vermutlich ein eigenes Buch füllen würde. Wären Sie daran interessiert?

Komponenten für Macromedia Flash Communication Server MX

http://www.macromedia.com/software/flashcom/download/components/

Von der Audio-Konferenz bis hin zum Zeichenbrett ist alles im Paket.

14

Lokale Spezialitäten

14 Lokale Spezialitäten

14.1 Shared Objects – Cookies-Ersatz

Die so genannten *Shared Objects* gehören eigentlich auf die Sahnetorte des *Flash Communication Server MX* von Macromedia, lassen sich aber auch ohne diesen Server verspeisen. Und zwar, um Informationen bei einem Besucher **lokal** zu speichern. Deswegen nennt man diese denn auch im Englischen *Local Shared Objects*, im Gegensatz zu den *Remote Shared Objects* für die Zusammenarbeit mit dem oben genannten Server. Und schon die lokalen Vertreter dieser Kekse haben es in sich. Denken Sie an *Cookies* und Sie wissen, um was es geht. Es können nicht nur einfache Werte gespeichert werden, sondern ActionScript-Objekte, die auch wiederum Objekte als Eigenschaften besitzen können. Sie können also richtig komplexe Datenstrukturen bei einem Benutzer auf der Festplatte zwischenlanden, deren Auswüchse vom selbigen nur durch die Angaben im Einstellungsmanager im Zaum gehalten werden.

http://www.macromedia.com/de/support/flashplayer/help/settings/

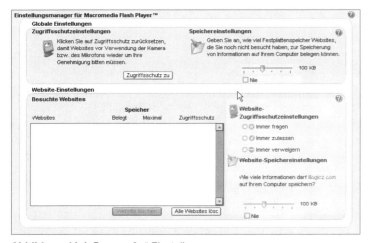

Abbildung 14.1 Der „große" Einstellungsmanager

14.1.1 Eigenschaften, Methoden und Ereignisse

Da dieses Objekt offensichtlich primär für Anwendungen mit dem Kommunikations-Server gedacht war, ist in der ersten Ausgabe der ActionScript-Referenz dieses Objekt gar nicht erst dokumentiert. Mittlerweile hat Macromedia dies aber nachgeholt (momentan nur in Englisch).

http://www.macromedia.com/support/flash/action_scripts/local_shared_object/

14.1.2 SharedObject-Objekt ausloten

Wie bei der *Camera* und *Microphone* Klasse, werden auch Objekte der *SharedObject* Klasse nicht mit dem *new* Schlüsselwort erzeugt. Die *getLocal()* Methode liefert stattdessen eine Referenz zu dem benötigten Objekt.

Listing 14.1 Die *getLocal()* Methode liefert eine Referenz zum Shared Object namens *Keks*

```
var cookieObj = SharedObject.getLocal("Keks");
```

```
Variable _level0.cookieObj = [Objekt #1, Klasse 'SharedObject'] {
    data:[Objekt #2, Klasse 'Object'] {}
  }
```

Entsprechend ungewöhnlich ist auch der Umstand, dass Sie nun das Objekt nicht direkt mit Ihren Informationen bevölkern können, sondern ausschließlich die Eigenschaft *data*.

Listing 14.2 Speichern des aktuellen Datums im Shared Object namens *Keks*

```
var cookieObj = SharedObject.getLocal("Keks");
var datumAktuell = new Date();
cookieObj.data.datum = datumAktuell;
```

```
Variable _level0.cookieObj = [Objekt #1, Klasse 'SharedObject'] {
   data:[Objekt #2, Klasse 'Object'] {
     datum:[Objekt #3, Klasse 'Date'] {Thu Jul 11 16:36:43 GMT+0200 2002}
   }
 }
Variable _level0.datumAktuell = [Objekt #3, Klasse 'Date']
```

Die Methode *flush()* zum endgültigen Speichern des Objektes ist nicht zwingend notwendig. Ohne sie wird vom Player versucht, das Objekt auf die Platte zu bringen, wenn der Film beendet wird. Sie verpassen somit die Möglichkeit, diesen Vorgang zu kontrollieren und auf die Situation zu reagieren.

14.1.3 Datum des letztes Besuchs ermitteln

Da sich Objekte in einem Shared Object speichern lassen, ist es denkbar einfach, zu überprüfen, ob und wann ein Besucher diesen Film schon gesehen hat. Denn: Speichern Sie ein aktuelles *Date*-Objekt, können Sie neue Besucher begrüßen und sich bei alten über deren langes Fernbleiben ereifern.

Listing 14.3 Einen neuen Besucher erkennen und die Datumsdifferenz anzeigen

```
///////////////////////////////////////////////
// Informationen in einem SharedObject speichern
var cookieObj = SharedObject.getLocal("Keks");
var datumAktuell = new Date();
// gespeichertes Datum auslesen
var datumGespeichert = cookieObj.data.datum;
if (datumGespeichert == undefined) {
  // noch kein Cookie gesetzt
  trace("Erster Besuch !");
} else {
  // Datum Differenz berechnen
  var diff = (datumAktuell - datumGespeichert) / 1000;
  trace("Hi " + cookieObj.data.benutzer.vorname);
  trace("Dein letzter Besuch ist " + diff + " Sekunden her !");
}
///////////////////////////////////////////////
// Datum und Benutzer Infos im SharedObject aktualisieren
cookieObj.data.datum = datumAktuell;
cookieObj.data.benutzer = {
  name:"Siegel",
  vorname:"Ralf"
};
cookieObj.flush(); // jetzt speichern
```

In der letzten Zeile wird versucht, das Objekt mit den Informationen auf die Festplatte des Benutzers „zu spülen" *(engl. flush)*. Die Betonung liegt dabei auf „versucht", denn der Benutzer kann uns die Leitung zur Festplatte einfach zudrehen. Wie kann man darauf reagieren, welcher Klempner fühlt sich für so eine Situation zuständig? Übrigens, der Landeplatz für die Objekte liegt in folgendem Ordner, die Dateien besitzen die Endung *.sol.

```
<Anwendungsdaten>\Macromedia\Flash Player
```

14.1.4 Benutzer-Rollenspiel

Es gibt drei Situationen, die es gilt durchzuspielen. Die erste Möglichkeit ist: Der gemeine Benutzer hat in den Einstellungen permanent das Speichern verweigert. Dann liefert die *flush()* Methode als Rückgabe den Booleschen Wert *false*.

Abbildung 14.2 Speichern nie zulassen – die *flush()* Methode liefert den Wert false

Die zweite Möglichkeit ist: Der Benutzer hat das Speichern zugelassen, und es gab genügend Platz dafür. Dann liefert die *flush()* Methode als Rückgabewert den Booleschen Wert *true*.

Abbildung 14.3 Speichern auf 10KB begrenzen

Nichts Spektakuläres also. Diese Werte können Sie abfragen, und Ihre Konsequenzen daraus ziehen. Die dritte Möglichkeit ist die spannendste – hier ist uns der Benutzer generell wohl gesonnen, war aber zu knauserig mit dem Speicherplatz. Die Abfolge ist wie folgt:

1. Die *flush()* Methode liefert die Zeichenkette „pending", was übersetzt so viel heißt wie „in der Schwebe hängen" oder „im Wartezustand".
2. Danach öffnet sich der Einstellungsmanager **automatisch** und bittet um mehr Speicherplatz.
3. Wenn der Benutzer seine Entscheidung getroffen hat, ist das ein Ereignis. Der *onStatus()* Event Handler des Shared Objects wird mit einem Informations-Objekt als Argument aufgerufen. Dieses besitzt die beiden Eigenschaften *level* und *code*.
4. Fiel die Entscheidung positiv aus, wird die Einstellung vom Manager angepasst und das Shared Object **automatisch** gespeichert, ansonsten passiert nichts.

Mit einem kleinen Testfilm lässt sich dieser Ablauf leicht nachvollziehen. Verwendet werden dabei die FPushButton und FScrollBar-Komponenten aus dem *Flash UI Components Set*. Damit kann man sich ohne viel Aufwand sehr schnell eine Testumgebung schaffen, mit welcher Sie das Ganze in Ruhe für sich durchspielen können.

Abbildung 14.4 Die *flush()* Methode hat den Wert „pending" geliefert, der Manager geht danach betteln.

Das Informations-Objekt liefert hier in Abhängigkeit von der Benutzerentscheidung folgende Werte für die beiden Eigenschaften *level* und *code*.

Tabelle 14.1 Eigenschaften des Informations-Objekts in Abhängigkeit von der User-Entscheidung

	level	code
Verweigern	"error"	"SharedObject.Flush.Failed"
Zulassen	"status"	"SharedObject.Flush.Success"

Listing 14.4 Das Skript zum Testfilm mit dem *onStatus()* Event-Handler

```
/////////////////////////////////////////////////
// Push Button Click Handler
this.onPushButtonPressed = function(knopf) {
   // Eingabe Textfeld auslesen
   cookieObj.data.vorname = eingabe.text;
   // je nach Knopf Speicherplatz reservieren
   var memo = Number(knopf.getLabel());
   var stat = cookieObj.flush(memo);
   schreibe(stat);
};
/////////////////////////////////////////////////
// Ausgabe in ein Textfeld, um im Browser zu testen
```

```
_global.schreibe = function(txt) {
   anzeige.text += txt + newline;
};
//////////////////////////////////////////////////
// Shared Object und onStatus() Event-Handler
_global.cookieObj = SharedObject.getLocal("FlushTest");
cookieObj.onStatus = function(infoObjekt) {
   schreibe("level: " + infoObjekt.level);
   schreibe("code: " + infoObjekt.code);
};
schreibe("Hi " + cookieObj.data.vorname);
```

Staffelung in der Speicherzuteilung

Der Manager verwendet zudem eine Staffelung für die Speicherzuteilung. Um einen Bereich so effektiv wie möglich auszunutzen, bietet es sich an, den exakten Wert für die Obergrenze zu kennen, welcher sich leicht errechnen lässt.

Tabelle 14.2 Berechnung der Argumente für die *flush()* Methode

Eingestellter Bereich	Umrechnung in Bytes	Maximaler Wert in Bytes
keine	–	–
10KB	10 * 1024	10240
100KB	100 * 1024	102400
1MB	1 * 1024 * 1024	1048576
10MB	10 * 1024 * 1024	10485760
Unbegrenzt	–	> 10485760

Dies bedeutet, dass schon mit einem Byte über dem Maximalwert der Einstellungsmanager um Erlaubnis fragt, in den nächsthöheren Speicherbereich zu wechseln. Beispielsweise erfordert

```
cookieObj.flush(10241);
```

einen eingestellten Bereich von 100KB.

14.1.5 Löschzug

Für Verwirrung sorgt gern auch der Mechanismus, wann und wie ein *Shared Object* von der Festplatte gelöscht wird. Sie können dies beobachten, wenn Sie im passenden Ordner nachschauen, z. B.

```
<Anwendungsdaten>\Macromedia\Flash Player\localhost\...\ FlushDemoFilm.swf\
```

Aus dem letzten Beispiel würden Sie eine Datei mit dem Namen

```
FlushTest.sol
```

wiederfinden. Diese Datei wird automatisch vom Flash Player gelöscht, wenn das lokale *Shared Object* mit dem Namen „FlushTest" keine Eigenschaften mehr aufweist. Mit den Zeilen

```
delete cookieObj.data.vorname;
cookieObj.flush();
```

würde entsprechend das Licht ausgehen, da dies die einzige Eigenschaft war. Bei *Remote Shared Objects* verhält es sich etwas anders, was uns aber hier nicht weiter interessieren soll. Denken Sie daran, dass jeder Film einen eigenen Ordner für *Shared Objects* anlegt.

14.2 Local Connection – JavaScript-Zahnersatz

Ich kann mich an nur wenige Projekte in der Vergangenheit erinnern, bei denen zwei autonome Filme über Javascript & Co. miteinander kommunizieren mussten. Und wenn doch, war dies immer eine aufreibende Sache mit allen damit verbundenen Risiken, die uns das Browser-Abenteuer heutzutage immer noch bietet. Damit ist nun Schluss. Über ein *LocalConnection*-Objekt können zwei autonome Filme miteinander kommunizieren, und dies sogar über die Domaingrenze hinaus, wenn dies erlaubt wird. Damit könnten Sie beispielsweise ein Glossar in einem kleinen Browserfenster laufen lassen, während der Benutzer in der Haupt-Anwendung in einem anderen Fenster unterlegte Begriffe anklicken kann und sofort zur richtigen Stelle im Glossar geleitet wird. Im Zusammenhang mit dem *Flash Communication Server MX* lassen sich *Whiteboard* und Teilnehmer einer Videokonferenz in eigene Fenster verbannen, ohne dass jemand dabei den Faden verliert.

14.2.1 Eigenschaften, Methoden und Ereignisse

Auch die *LocalConnection* Klasse hat es aus besagten Gründen nicht in die erste Ausgabe der ActionScript-Referenz geschafft, was Macromedia ebenfalls kurz nach Veröffentlichung von Flash MX nachgeholt hat (momentan nur in Englisch).

http://www.macromedia.com/support/flash/action_scripts/local_connection_objects/

14.2.2 LocalConnection-Objekt ausloten

Ein LocalConnection-Objekt müssen Sie sich wie ein Telefon vorstellen. Entgegen anders lautenden Gerüchten kann man sich sogar selbst anrufen.

Listing 14.5 Ein Selbstgespräch führen

```
// Ein neues Verbindungsobjekt erzeugen
_global.telefon = new LocalConnection();
// Eine Verbindung zur "Rezeption" herstellen
telefon.connect("Vermittlung");
telefon.abnehmen = function(wer) {
   trace("Hallo " + wer + " ! Wie geht's ? ");
}
telefon.send("Vermittlung", "abnehmen", "Ralf");
```

```
Hallo Ralf ! Wie geht's ?
```

Erinnert Sie das Skript an etwas, wenigstens ein bisschen?

Listing 14.6 Verblüffende Ähnlichkeit mit einer Ereignisquelle als Listener-Objekt

```
// Ein neues Listener-Objekt erzeugen
_global.telefon = new Object();
// Das Objekt bei sich selbst als Listener registrieren
ASBroadcaster.initialize(telefon);
telefon.addListener(telefon);
// Den Event Handler implementieren
telefon.abnehmen = function(wer) {
   trace("Hallo " + wer + " ! Wie geht's ? ");
}
telefon.broadcastMessage("abnehmen", "Ralf");
```

Auch ein LocalConnection-Objekt verschickt Nachrichten und kann Nachrichten empfangen, genauso wie eine Ereignisquelle einen Ereignisempfänger benachrichtigt. Ein Listener-Objekt registrieren Sie mit *addListener()* bei der betreffenden Ereignisquelle, ein LocalConnection-Objekt schaltet sich mit *connect()* auf die gewünschte „Leitung" und kann fortan auf dieser „Leitung" senden und empfangen, und das, wohlgemerkt, filmübergreifend!

14.2.3 Ping – auf Sendung!

Probieren wir das neue Spielzeug also mit zwei Filmen. Einer davon überträgt jede Sekunde ein und dasselbe Kommando. Der andere Film ermittelt die Zeit, wie lange dieser schon sendet. Sie

werden dabei feststellen, dass mehrere Filme zugleich senden können, aber nur einer alles empfangen kann. Und zwar derjenige Film, der als Erstes die Verbindung hergestellt hat. Bricht dieser die Verbindung ab, erscheint eine Fehlermeldung bei den sendenden Filmen.

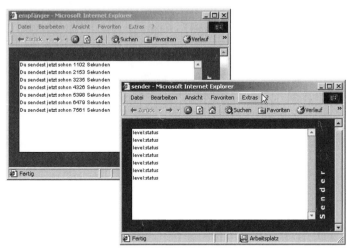

Abbildung 14.5 Sender und Empfängerfilm (probieren Sie mehrere Sender/Empfänger !)

Beide Filme verwenden einmal mehr ein einfaches Textfeld und den Scrollbalken aus dem *Flash
UI Components Set.* Der *onStatus()* Event-Handler wird nach jedem Sendeversuch aufgerufen.
Wieder mit einem Info-Objekt als Argument, so wie Sie das ja schon von dem *Shared Object*
kennen.

Listing 14.7 Skript im Senderfilm

```
/////////////////////////////////////////////////
// Ausgabe in ein Textfeld, um im Browser zu testen
_global.schreibe = function(txt) {
   anzeige.text += txt + newline;
};
// Ein neues Verbindungsobjekt erzeugen
_global.telefon = new LocalConnection();
telefon.onStatus = function(infoObjekt) {
   for (var i in infoObjekt) {
      schreibe(i + ":" + infoObjekt[i]);
   }
};
// Eine Verbindung zur "Vermittlung" herstellen
telefon.connect("Vermittlung");
setInterval(telefon, "send", 1000,
      "Vermittlung", "abnehmen", new Date());
```

Listing 14.8 Skript im Empfängerfilm

```
///////////////////////////////////////////////
// Ausgabe in ein Textfeld, um im Browser zutesten
_global.schreibe = function(txt) {
   anzeige.text += txt + newline;
};
// Ein neues Verbindungsobjekt erzeugen
_global.telefon = new LocalConnection();
// Eine Verbindung zur "Rezeption" herstellen
telefon.connect("Vermittlung");
// Die Kommando Methode implementieren
telefon.abnehmen = function(datumObj) {
   var diff = new Date() - datumObj;
   schreibe("Du sendest jetzt schon " + diff + " Sekunden");
};
```

14.2.4 Schluss – Aus

Wollen Sie keine Kommandos mehr vom Vorgesetzten auf der Leitung empfangen, macht die *close()* Methode dem ganzen Schrecken ein Ende. Auf diese Art und Weise können Sie sich immer genau einmal benachrichtigen lassen.

```
telefon.abnehmen = function(datumObj) {
   var diff = new Date() - datumObj;
   schreibe("Du sendest jetzt schon " + diff + " Sekunden");
   this.close()
};
```

Dieser Abbruch verursacht eine Fehlermeldung im Senderfilm. Spezielle Hinweise, was bei der Kommunikation über Domaingrenzen hin zu beachten ist, entnehmen Sie bitte der oben erwähnten Dokumentation. Einen besseren Abschluss hätte ich mir nämlich gar nicht suchen können. Auch ich kappe jetzt die Verbindung, bedanke mich bei Ihnen fürs Zuhören und sage auf Wiedersehen, vielleicht bis zum nächsten Mal.

15

Käfersuche

15 Käfersuche

„Das englische Wort für Softwarefehler ist ‚Bug', also Käfer. Als die Computer noch mit Relais als Schaltelementen funktionierten, störten manchmal Insekten die Datenverarbeitung. Sie krabbelten in die Computergehäuse (das waren damals ja noch ganze Zimmer) und wurden zwischen den Schaltern zerquetscht. Die Programmierer hatten also echte ‚Bugs' in ihrer Anlage. Jetzt ratet mal, was ein ‚Debugger' zu tun hatte."

gefunden unter:
http://www.w-akten.de/computer.shtml

Die ganze Geschichte gibt's hier:
http://sunsite.informatik.rwth-aachen.de/jargon300/bug.html

15.1 Krabbeln ja, aber nicht hier

Die Suche, das Einkreisen und das Beheben von Fehlern in einer Anwendung gehört bei der Programmierung mit zu den anspruchvollsten Aufgaben überhaupt. Vor allem deshalb, weil die Weichen für die Aussicht auf ein erfolgreiches Gelingen viel früher gestellt werden, als man denkt – nämlich ganz am Anfang. Das fängt mit so einfachen Dingen, wie ausreichend viele Kommentare oder sinnvolle Bezeichner an und endet bei einem durchdachten Aufbau. Oder andersrum. Wie auch immer – der richtige Riecher, gepaart mit Erfahrung und dem Wissen um potenzielle Stolperfallen macht aus Ihnen dann endgültig einen eiskalten „Debugger". Um immer gleich das richtige Relais zu finden, ist es vor allem wichtig, dass Sie die verschiedenen Pappenheimer kennen. Wir haben es hier mit folgenden Gattungen zu tun:

- Syntaxfehler und Warnmeldungen
- Laufzeitfehler
- Logische Fehler
- Player, Plattform und Performance-Probleme
- Sicherheitsmängel

Andere vergeben auch gerne die Kategorien „tödlich", „dämlich" und „lästig".

15.2 Syntaxfehler und Warnmeldungen (Compiler)

15.2.1 Syntaxfehler

Eindeutige Fehlerbeschreibung

Vergessene Zeichen, Anführungsstriche, Klammern - zum Glück beschreibt der Compiler bei diesen Dingen meistens relativ genau, wo der Schuh drückt.

Listing 15.1 Fehlendes Anführungszeichen

```
var zeichen = "hallo;
```

```
Szene=Szene 1, Ebene=Ebene 1, Bild=1: Zeile 1: Stringliteral wurde nicht
richtig beendet
     var zeichen = "hallo;
```

Listing 15.2 Linke Seite muss eine Variable oder Eigenschaft sein

```
krabbeln() = "Ich bin kitzlig";
```

```
Szene=Szene 1, Ebene=Ebene 1, Bild=1: Zeile 1: Die linke Seite des Zuwei-
sungsoperators muss eine Variable oder eine Eigenschaft sein.
     krabbeln() = "Ich bin kitzlig";
```

Listing 15.3 Schade eigentlich – nicht unterstützte Konstrukte

```
try {
   getURL("schokolade");
} catch {
   trace("zerflossen");
}
```

```
Szene=Szene 1, Ebene=Ebene 1, Bild=1: Zeile 1: Das JavaScript-Konstrukt
'try' wird nicht unterstützt
     try {

Szene=Szene 1, Ebene=Ebene 1, Bild=1: Zeile 3: Das JavaScript-Konstrukt
'catch' wird nicht unterstützt
     } catch {
```

Listing 15.4 Die angegebene Include-Datei kann nicht gefunden werden.

```
#include "Nimm_mich_mit.as"
```

```
Szene=Szene 1, Ebene=Ebene 1, Bild=1: Zeile 1: Fehler beim Öffnen der
Include-Datei Nimm_mich_mit.as: Datei nicht gefunden.
      #include "Nimm_mich_mit.as"
```

Nicht eindeutige Fehlerbeschreibung

Genauer hinschauen muss man dann schon, wenn die Beschreibung nicht das eigentliche Problem trifft. Sie werden aber mit der Zeit einen gewissen Spürsinn entwickeln.

Listing 15.5 Ungültiger Bezeichner links vom Zuweisungsoperator (darf nicht mit einer Ziffer anfangen !)

```
8s = t + r;
```

```
Szene=Szene 1, Ebene=Ebene 1, Bild=1: Zeile 1: ;' erwartet
8s = t + r;
```

Listing 15.6 Fehlender Plus-Operator nach dem ersten String-Literal

```
trace("Hier ist " System.capabilities.os + " installiert.");
```

```
Szene=Szene 1, Ebene=Ebene 1, Bild=1: Zeile 1: )' oder ',' erwartet
      trace("Hier ist " System.capabilities.os + " installiert.");
```

Listing 15.7 Ein Komma muss hier durch einen Punkt angegeben werden.

```
var preis = 1,99;
```

```
Szene=Szene 1, Ebene=Ebene 1, Bild=1: Zeile 1: Bezeichner erwartet
      var preis = 1,99;
```

15.2.2 Warnungen

Eine Warnung bedeutet das, was sie verspricht. Sie werden gewarnt, aber das Skript wird trotzdem erfolgreich kompiliert. Sie können Warnungen ignorieren, sollten es aber nicht.

Listing 15.8 Verwenden eines Bezeichners, der für ein integriertes Objekt verwendet wird

```
mouse = "versteck dich";
```

```
**Warnungen** Szene=Szene 1, Ebene=Ebene 1, Bild=1: Zeile 1: Der Bezeich-
ner 'mouse', bei dem es nicht auf die Groß-/Kleinschreibung ankommt, ver-
deckt das integrierte Objekt 'Mouse'.
      mouse = "versteck dich";
```

15.3 Laufzeitfehler (Interpreter)

Echte Laufzeitfehler gibt es in ActionScript eigentlich fast gar nicht. Sie können durch Nullen dividieren und aus einem Objekt die Wurzel ziehen, was das Zeug hält. Der Benutzer Ihrer Anwendung wird am Ende nur bei der Endlosschleife mit einer Meldung konfrontiert. Bei allen anderen „Zwischenfällen" legt der Player den Mantel des Schweigens über die Angelegenheit.

Listing 15.9 Maximal 256 Stufen, danach passiert gar nichts mehr

```
function rekursiv() {
   rekursiv();
}
rekursiv();
```

```
256 Rekursionsstufen wurden in einer Aktionsliste überschritten.
Es handelt sich wahrscheinlich um eine Endlosschleife.
In diesem Film werden keine weiteren Aktionen ausgeführt.
```

Listing 15.10 Typischer Fall einer Endlosschleife

```
for (var i=0; i>=0; i++) {
   j = 2 * i;
}
```

Abbildung 15.1 Der Interpreter würde das Skript gerne abbrechen

Listing 15.11 Ungültige URL

```
this.loadMovie("unbekannt.swf");
```

```
Error opening URL file:///....../unbekannt.swf
```

Listing 15.12 Ungültiges Objekt

```
with(irgendwas) {
   machwas();
}
```

```
Fehler: Eine 'with'-Aktion schlug fehl, da das angegebene Objekt nicht
vorhanden ist.
```

Es sei der Vollständigkeit wegen angemerkt, dass unendliche Schleifen und Rekursionen in anderen Publikationen als logische Fehler gehandelt werden.

15.4 Logische Fehler

Logische Fehler sind die schlimmsten. Der Film scheint zu laufen, doch das Resultat stimmt nicht. Das Textfeld zeigt die Einträge falsch oder gar nicht an, die Filmsequenzen bewegen sich in die falsche Richtung, oder es passiert ganz ohne erkennbaren Grund einfach gar nichts. Dann heißt es Ruhe bewahren und sich auf die Pirsch begeben. Meistens ist es nur ein falsches Vorzeichen, oder Sie haben eine Methode in Ihrer Funktion missverstanden.

15.4.1 Top 10 – die hartnäckigsten Käfer

Dies ist eine rein subjektive Hitliste von typischen Fehlern, welche keinesfalls als vollständig zu betrachten ist. Vorschläge sind wie immer vollkommen.

15.4.1.1 Zuweisungsoperator statt Vergleichsoperator

Ein sehr häufiger und schwer zu findender Fehler. Hier wird statt einer Bedingung mit dem Vergleichsoperator eine Zuweisung formuliert.

Listing 15.13 Zuweisung statt Vergleich

```
var salat = "grün";
if (salat = "grün") {
   trace("Der Salat ist grün.");
}
```

Das obige Skript bewirkt keine Ausgabe, da die Zuweisungsoperation natürlich nicht den Wert *true* liefert. Schlimmer noch – die Zuweisung wird tatsächlich ausgeführt. Das folgende Skript zeigt eine typische Situation dafür. Man glaubt, das Skript arbeitet einwandfrei, denn die Ausgabe bringt hier „Der Salat ist nicht grün". In Wirklichkeit findet diese Ausgabe unabhängig vom Wert der Variablen statt, deren Gesichtsfarbe dazu noch prompt von „blau" zu „grün" wechselt.

Listing 15.14 Zuweisung statt Vergleich

```
var salat = "blau";
if (salat = "grün") {
   trace("Der Salat ist grün.");
} else {
```

```
    trace("Der Salat ist nicht grün");
}
```

```
Variable _level0.salat = "grün"
```

Listing 15.15 Vergleich

```
var salat = "grün";
if (salat == "grün") {
    trace("Der Salat ist grün.");
}
```

15.4.1.2 Funktionsausführung statt Zuweisung einer Referenz

Auf dem neuen Weg, eine Ereignisprozedur über eine Zuweisung zu definieren, lauert eine hinterhältige Fallgrube auf leichte Beute.

Listing 15.16 Es wird dem Handler keine Referenz zugewiesen, sondern die Funktion einmal ausgeführt

```
function ausgabe() {
    trace("Bildeintritt");
}
this.onEnterFrame = ausgabe();
```

```
Bildeintritt
```

Listing 15.17 Dem Handler wird nun eine Referenz zu der Funktion zugewiesen

```
function ausgabe() {
    trace("Bildeintritt");
}
this.onEnterFrame = ausgabe;
```

```
Bildeintritt
Bildeintritt
Bildeintritt
Bildeintritt
Bildeintritt
...
```

15.4.1.3 Verwendung falscher Datentypen/unerwartete Typenumwandlung

Logische Fehler im Zusammenhang mit ungünstig gewählten Datentypen, oder eine unerwarte Typenumwandlung sind sehr häufig. Begünstigt wird dies natürlich auch durch den lockeren Umgang mit den Datentypen in ActionScript und die automatische Typenumwandlung, welche uns verwöhnt. Einige Parade-Beispiele:

Listing 15.18 Eine vorangestellte 0 kennzeichnet eine Oktalzahl (... und keine Postleitzahl)

```
var plz = 01027;
```

```
Variable _level0.plz = 535
```

Listing 15.19 Zahlenwerte von LoadVars/XML-Serverabfragen liegen als Zeichenkette vor

```
var serverVariable = "10";
var serverErgebnis = serverVariable + 1;
```

```
Variable _level0.serverVariable = "10"
Variable _level0.serverErgebnis = "101"
```

15.4.1.4 Fehlende Angabe von *this* in einem Event Handler

Dies dürfte vor allem den Umsteigern von Flash 5 relativ oft passieren. Deklarieren Sie eine Objektmethode oder speziell einen Event-Handler für einen MovieClip auf einer anderen als der Zeitleiste dieser Filmsequenz, so müssen Sie vor der Angabe von *_parent* immer explizit mit *this* auf die Zeitleiste der Instanz verweisen.

Listing 15.20 Fehlende Referenz zur Zeitleiste des MovieClips

```
this.boden = "hart";
this.createEmptyMovieClip("drehrumbum",0);
this.drehrumbum.onEnterFrame = function() {
   trace("Der Boden ist " + _parent.boden);
   trace(_parent); // undefined
}
```

```
Der Boden ist
Undefined
Der Boden ist
Undefined
Der Boden ist
Undefined
...
```

Listing 15.21 So wird's was – mit *this* geht der Pfad richtig los

```
this.boden = "hart";
this.createEmptyMovieClip("drehrumbum",0);
this.drehrumbum.onEnterFrame = function() {
  trace("Der Boden ist " + this._parent.boden);
  trace(this._parent);
}
```

```
Der Boden ist hart
_level0
Der Boden ist hart
_level0
Der Boden ist hart
_level0
...
```

15.4.1.5 Der Einser-Wahnsinn

Dies kommt sehr selten vor, treibt einen aber dann zum Wahnsinn. Abhängig vom Font, den Sie im AS-Editor verwenden, können Sie eine „eins" nicht von einem kleinen „L" unterscheiden. Und fangen an, an sich und der Welt zu zweifeln.

Listing 15.22 Sehen Sie einen Unterschied? Der Interpreter auf jeden Fall

```
var eins = 1;
var L = l;
```

```
Variable _level0.eins = 1
Variable _level0.L = undefined
```

15.4.1.6 Das erste Element eines Arrays bekommt eine 0

Kostet oftmals eine Überwindung: Das erste Element eines Arrays hat den Index 0 und nicht 1.

Listing 15.23 Der Index 1 markiert das zweite Element und nicht das erste

```
var feld = ["a", "b", "c"];
trace(feld[1]); // b
```

```
Variable _level0.feld = [Objekt #1, Klasse 'Array'] [
    0:"a",
    1:"b",
```

```
    2:"c"
  ]
```

15.4.1.7 Sortieralbtraum

Dies ist ein echter Klassiker. Die *sort()* Methode sortiert standardmäßig immer entsprechend den Regeln für **Zeichenketten**. Dies entspricht in der Tat dem ECMAScript-Standard, und selbiges gilt auch für die *sortOn()* Methode. Wenn Sie also keine andershandelnde Sortierfunktion angeben, werden Zahlen **nicht** etwa nach ihrem Wert, sondern immer entsprechend ihrer Zeichenketten-Repräsentation sortiert.

Listing 15.24 So werden nicht die Werte der Zahlen sortiert

```
var feld = [1000, 20, 50, 100];
feld.sort();
```

```
Variable _level0.feld = [Objekt #2, Klasse 'Array'] [
    0:100,
    1:1000,
    2:20,
    3:50
  ]
```

Listing 15.25 So wird's richtig – geben Sie die Sortierregel in einer zusätzlichen Funktion an

```
// Sortierfunktion
function sortierRegel(a, b) {
   return (a > b);
};
var feld = [1000, 20, 50, 100];
feld.sort(sortierRegel);
```

```
Variable _level0.feld = [Objekt #2, Klasse 'Array'] [
    0:20,
    1:50,
    2:100,
    3:1000
  ]
```

Listing 15.26 Die vom Interpreter verwendete Regel, wenn keine Sortierfunktion angegeben wird

```
// Standard Sortierfunktion
function sortierRegel(a, b) {
```

```
    return (String(a) > String(b));
};
```

15.4.1.8 Alles verdreht nach Array.reverse()

Der interne Indizierungs-Mechanismus für Array-Objekte wurde im Flash Player 6 gegenüber der Vorgängerversion geändert. Aus Optimierungsgründen. Dies kann aber zu unerwarteten Ergebnissen etwa nach Anwendung der *reverse()* Methode führen. Verwenden Sie in dem Fall nicht eine *for-in* sondern eine *for* Schleife.

Listing 15.27 Kein Fehler des Players, sondern nur ein etwas eigensinniges Verhalten

```
var feld = ["Das", "ist", "aber", "komisch"];
feld.reverse();
// Ungünstig
for (var i in feld) {
    trace(i + ":" + feld[i]);
}
trace("--------------------------");
// Besser
for (var i=0; i<feld.length; i++) {
    trace(i + ":" + feld[i]);
}
```

```
2:ist
1:aber
3:Das
0:komisch
--------------------------
0:komisch
1:aber
2:ist
3:Das
```

15.4.1.9 Schleifendurchlauf bringt zu viel ans Licht

Alle Eigenschaften eines Objekts, welche nicht als versteckt markiert sind, tauchen in einer *for-in* Schleife auf. Das gilt auch, wenn Sie eine Klasse mit Methoden erweitern.

Listing 15.28 Selbst definierte Methode taucht beim Durchlaufen der Objekt Eigenschaften ungewollt auf

```
Object.prototype.ausdrucken = function() {
    for (var eigenschaft in this) {
        trace(eigenschaft + "=" + this[eigenschaft]);
    }
}
var mensch = {
    arme:2,
    beine:2,
    kopf:"keiner"
}
mensch.ausdrucken();
```

```
ausdrucken=[type Function]
arme=2
beine=2
kopf=keiner
```

Verstecken Sie solche Eigenschaften mit der *ASSetPropFlags()* Anweisung, da sie Ihre ganze Anwendung mit einem Schlag auf den Kopf stellen können.

```
ASSetPropFlags(Object.prototype, ["ausdrucken"], 1, 0);
```

15.4.1.10 Wer warten kann, ist klar im Vorteil

Wenn Sie Filme, Bilder, Daten oder Sounds laden – denken Sie immer daran, dass Sie warten müssen, bis Nachschub verfügbar ist, um auf bestimmte Eigenschaften zugreifen zu können. Dies scheint so offensichtlich, wird aber doch auch schnell mal übersehen. Sie können demzufolge nicht erwarten, in einer Zeile ein Foto mit der *loadMovie()* Methode anzufordern und in der nächsten Skriptzeile gleich die Dimensionen verfügbar zu haben.

15.5 Player-, Plattform- und Performance-Probleme

Schlagen alle Versuche fehl, ein Problem in den Griff zu bekommen, sollte die erste Anlaufstelle immer das *Flash Support Center* sein, eventuell sind Sie ja über einen Käfer im Flash Player gestolpert oder Macromedia hat ein Sicherheitsloch gestopft. Diese wirklich sehr umfangreiche und kostenlose Sammlung an Technotes wird viel zu oft unterschätzt. Nutzen Sie diese Informationen für sich!

http://www.macromedia.com/support/flash/

Flash MX Releasenotes

http://www.macromedia.com/support/flash/releasenotes/mx/rn_mx_de.html

Flash Player 6 Release Notes

http://www.macromedia.com/support/flash/releasenotes/player/rn_6_de.html

Developer Security Zone

http://www.macromedia.com/v1/developer/securityzone/

15.6 Sicherheitsmängel

Sicherheit ist ein sehr umfassendes Thema, deshalb hier nur ein kleiner Hinweis: Speichern Sie niemals geheime Daten wie Passwörter in Ihren Filmen – diese lassen sich leicht ausspionieren:

http://www.buraks.com/asv/

15.7 Kammerjägerausrüstung

Um logische Fehler oder gar einen möglichen Bug des Players einzukreisen, benötigt man Hilfsmittel und die richtige Strategie. Ich muss leider zugeben, dass ich mich immer noch nicht mit dem eingebauten *Flash Debugger* anfreunden kann. Trotz aller Verbesserungen und neuer Features wie dem Setzen von *Breakpoints*. Schon die Tatsache, dass das Unterfenster für die Variablen und Eigenschaften nie so eingestellt bleibt, wie man es sich zurechtgezurrt hat, disqualifiziert die ganze Sache für mich. Was bleibt ist unsere zuverlässige, gute alte Freundin, die *trace()* Aktion und das Ausgabefenster. Falls Sie dieses Buch komplett durchgearbeitet haben, wird Sie dieses Statement sicherlich wenig verwundern. Weiterhin gilt es, besonders bei Spielen, herauszufinden, warum eine Anwendung zu langsam ist und wo Reserven liegen.

15.7.1 trace()

Mit *trace()* können Sie wunderbar Ergebnisse und Zwischenergebnisse im Testmodus ausgeben und überprüfen. Wie das funktioniert, haben Sie an vielen Stellen ja schon gesehen.

Listing 15.29 Eine *trace()* Aktion, um ein (Zwischen-)Ergebnis im Testmodus zu überprüfen

```
var c = 2 * Math.PI;
trace(c);
```

```
6.28318530717959
```

15.7.2 Variablen/Objekte auflisten

Im Testmodus schnell zu erreichen über die Tastenkombination *STRG+ALT+V* für die Variablen und *STRG+L* für die Objekte. Aber denken Sie daran, dass dieses Ausgabefenster immer nur den aktuellen Stand wiedergibt. Die Werte werden hier nicht permanent aktualisiert, es sei denn, Sie drücken wieder die genannte Tastenkombination.

15.7.3 Snapshot von Objekten

Oft lohnt es sich bei bestimmten Aufgaben, eigene Snapshot-Funktionen zu schreiben, etwa um Objekteigenschaften an zeitlich verschiedenen Stellen zu vergleichen. Die Ausgaben können dabei entweder mit *trace()* ins Ausgabefenster, mit einer Zeichenkette in ein extra Textfeld oder mit der undokumentierten *MMSave()* Funktion in eine externe Datei gespeichert werden. Leider gibt es bis jetzt keine Möglichkeit, die *trace()* Aktion mit diesen Funktionen zu erweitern oder zu überschreiben. Vom Prinzip her sieht es dann aber so aus:

Listing 15.30 Prinzip, wie eine Snapshot-Funktion aussehen könnte

```
_global.snapshot = function(wo) {
    trace("--------------------------------------");
    trace(wo);
    trace("--------------------------------------");
    for (var i in System.capabilities) {
        trace(i + ":" + System.capabilities[i]);
    }
};
snapshot("Testpunkt A");
// zu einem späteren Zeitpunkt dann
snapshot("Testpunkt B");
```

```
--------------------------------------
Testpunkt A
--------------------------------------
language:de
os:Windows 2000
input:point
manufacturer:Macromedia Windows
...
--------------------------------------
Testpunkt B
--------------------------------------
language:de
```

```
os:Windows 2000
input:point
manufacturer:Macromedia Windows
```

Nun würden wir genau wissen, dass sich das OS nicht geändert hat und der Fehler demzufolge woanders liegen muss. Glück gehabt.

15.7.4 Geschwindigkeitsvergleiche

Eine ähnliche Herangehensweise würden Sie wählen, um ein Skript hinsichtlich der Geschwindigkeit zu untersuchen. Welche Struktur, welche Methode oder welcher Operator ist schneller? Raten Sie mal, wie das folgende Rennen ausgeht !

Listing 15.31 Test, welche Schleife schneller ist

```
var t_start, t_differenz, i;
t_start = getTimer(); j=0;
for (i = 1; i <= 5000; i++) { j += i; }
t_differenz = getTimer() - t_start;
trace("Zeit: " + t_differenz);
trace(j);
/////////////////////////////////////////////////
t_start = getTimer(); j=0;
for (i = 1; i <= 5000; i++) { j -= i; }
j *= -1;
t_differenz = getTimer() - t_start;
trace("Zeit: " + t_differenz);
trace(j);
```

15.7.5 FLASM

Wenn es wichtig wird, das allerletzte Quäntchen aus Ihrer Anwendung herauszuholen, sollten Sie vielleicht einen Blick auf FLASM werfen, ein Kommandozeilen-Assembler/Disassembler für *ActionScript Bytecode*.

http://flasm.sourceforge.net/

Interessant auch, einmal hinter die Kulissen zu schauen.

Viel Spaß beim „Entkäfern".
☺

Anhang

A Werkzeugkasten

Im Werkzeugkasten finden Sie eine Reihe nützlicher Funktionen und einfache Tools. Diese sind zwar nicht unbedingt nötig, um in Actionscript erfolgreich zu programmieren, erleichtern aber vieles. Laden Sie sich von der Webseite zum Buch auch den zugehörigen Werkzeugkasten herunter, welcher zum Beispiel die *extends()* Methode enthält, und installieren Sie diesen wie dort angegeben. Den Werkzeugkasten können Sie dann einfach in jedes beliebige Skript einbinden, wie etwa

```
#include "werkzeugkasten.as"
```

A.1 #include – Externe Skripte einbinden

Mit Flash MX lassen sich nun externe Actionscript-Dateien endlich an einer zentralen Stelle im Installationsordner sammeln und jederzeit mit *#include* einbinden. Damit entfällt das lästige Kopieren immer wieder benötigter Erweiterungen. Falls noch nicht vorhanden, legen Sie dazu einfach einen Ordner *„Include"* im *„Configuration"*-Ordner der Flash-Installation an, was auf meinem Windows-Rechner so aussieht:

```
C:\Programme\Macromedia\Flash MX\Configuration\Include
```

Eine Datei in diesem Order, z.B. *„werkzeugkasten.as"* lässt sich nun in jedem Film mit

```
#include "werkzeugkasten.as"
```

einbinden. Sie können aber vor allem auch Ihre Skripte in Ordnern organisieren, wie etwa

```
C:\Programme\Macromedia\Flash MX\Configuration\Include\asnative
```

und diese mit einer Pfadangabe einbinden.

```
#include "asnative/werkzeugkasten.as"
```

A.2 ASSetPropFlags() – Attribute für Eigenschaften setzen

Der ECMAScript-Standard legt fest, dass die Eigenschaften eines Objekts zusätzliche Attribute haben können, welche darüber bestimmen, wie eine Eigenschaft benutzt werden kann, zum Beispiel, ob eine Eigenschaft schreibgeschützt erscheinen soll. In Actionscript gibt es eine undokumentierte Funktion, mit der sich diese Attribute setzen lassen:

ASSetPropFlags (*Objektpfad, Eigenschaftsliste, Attributwert, Schutzflag*)

- *Objektpfad* – der Pfad zum Objekt
- *Eigenschaftsliste* – die Eigenschaften, für die das Attribut gesetzt werden soll. Ist entweder ein *Array* mit den gewählten Eigenschaften als Zeichenketten-Wert oder hat den Wert *null*, wenn die Änderungen alle Eigenschaften des Objekts betreffen sollen.
- *Attributwert* – eine Zahl, welche sich aus der Tabelle unten ergibt. Der Wert bestimmt, ob die angegebene(n) Eigenschaft(en) schreibgeschützt, löschgeschützt,versteckt sein sollen.
- *Schutzflag* – wenn auf den Wert *false* gesetzt, sind die bereits eingebauten Eigenschaften von diesen Änderungen nicht betroffen.

Tabelle A.1 Werte für Attributwert

AttributWert Ganzzahl	Attributwert Binärzahl	Schreibschutz	Löschschutz	Versteckt
0	0000			
8	1000	-	-	-
1	0001	-	-	x
2	0010	-	x	-
3	0011	-	x	x
4	0100	x	-	-
5	0101	x	-	x
6	0110	x	x	-
7	0111	x	x	x

Einige Beispiele für den Einsatz

Tabelle A.2 Testobjekt

```
person = {
    vorname:"Ralf",
    nachname:"Siegel"
}
// alle Eigenschaften sichtbar
ASSetPropFlags(this.person, null, 8, 1);
```

```
Variable _level0.person = [Objekt #1, Klasse 'Object'] {
    constructor:[Funktion 'Object'],
    __proto__:[Objekt #3] {},
    nachname:"Siegel",
    vorname:"Ralf"
  }
```

```
// alle Eigenschaften sichtbar, bis auf die eingebauten
ASSetPropFlags(this.person, null, 8, 0);
```

```
Variable _level0.person = [Objekt #1, Klasse 'Object'] {
    nachname:"Siegel",
    vorname:"Ralf"
  }
```

```
// Die Eigenschaft vorname verstecken
ASSetPropFlags(this.person, ["vorname"], 1, 0);
```

```
Variable _level0.person = [Objekt #1, Klasse 'Object'] {
    nachname:"Siegel"
  }
```

```
// alle Eigenschaften des Objekts verstecken
ASSetPropFlags(this.person, null, 1, 0);
```

```
Variable _level0.person = [Objekt #1, Klasse 'Object'] {}
```

```
// alle Eigenschaften schreibgeschützt
ASSetPropFlags(this.person, null, 4, 0);
person.vorname = "Ralph";
```

```
Variable _level0.person = [Objekt #1, Klasse 'Object'] {
    nachname:"Siegel",
    vorname:"Ralf"
  }
```

A.3 ASNative() – die interne Verdrahtung

http://chattyfig.figleaf.com/flashcoders-wiki/index.php?ASNative

A.4   Function.extends()

Eine eigene Methode, welche in diesem Buch zur Erweiterung einer Klasse benutzt wird. Lehnt sich an das aus anderen Sprachen bekannte Schlüsselwort *extends* an.

```
// Praktische universelle Methode, um eine Klasse zu erweitern
Function.prototype.extends = function(SuperClass)
{
  this.prototype.__proto__ = SuperClass.prototype;
  this.prototype.__constructor__ = SuperClass;
  ASSetPropFlags(this.prototype, ["__constructor__"], 1);
};
```

A.5   Reguläre Ausdrücke

Reguläre Ausdrücke sind momentan noch Fremdwörter für ActionScript. Verbunden mit der Hoffnung auf Besserung verschaffen die folgenden Links bis zur nächsten Version Abhilfe.

http://www.jurjans.lv/flash/RegExp.html
http://homepage.ntlworld.com/andy_black/andy/flash/regexp/

A.6   WDDX

Ein Serializer/Deserializer für Flash MX finden Sie unter folgender Adresse:

http://chattyfig.figleaf.com/~bhall/code/wddx_mx.as

Allgemeine Information zu diesem XML-basierten Datenaustauschformat unter:

http://www.macromedia.com/v1/developer/TechnologyReference/WDDX.cfm

A.7   Skript-Schnipsel für alle Lebenslagen

Die derzeit umfangreichste Sammlung für die schnelle Lösung zwischendurch:

http://www.layer51.com/proto/

Index